U0904400

武树臣 著

寻找独角兽：

古文字与中国古代法文化

山东大学出版社

图书在版编目(CIP)数据

寻找独角兽:古文字与中国古代法文化/武树臣著.
—济南:山东大学出版社,2015.9
ISBN 978-7-5607-5368-3

Ⅰ.①寻… Ⅱ.①武… Ⅲ.①汉字—古文字学—研究
②法律—文化研究—中国—古代 Ⅳ.①H121②D909.22

中国版本图书馆 CIP 数据核字(2015)第 223114 号

责任编辑:尹凤桐
封面设计:牛　钧

出版发行:山东大学出版社
社　址　山东省济南市山大南路 20 号
邮　编　250100
电　话　市场部(0531)88364466
经　销:山东省新华书店
印　刷:济南新科印务有限公司
规　格:720 毫米×1000 毫米　1/16
23 印张　420 千字
版　次:2015 年 9 月第 1 版
印　次:2015 年 9 月第 1 次印刷
定　价:56.00 元

自　序

在中国传统法律文化研究中，对典型古汉字的研究别具意义。这是因为，中国的汉文字是象形表意文字。“中国文化能如此历久不变，足以让后人追根溯源，或许就是由于使用了表意文字。”“表意文字自然要比表音文字更能显示优越性。”①它们像一尊尊活着的化石，凝结了真实而丰富的历史文化信息，蕴含着一帧帧古代社会生活(包括法律实践活动)的真实画卷。我们不应忘记，在文字诞生之前，口耳相传的历史对后人的影响也许异乎寻常的强烈。况且，对部落长老来说，“记住过去的事情是他们的分内工作”②。当文明的旭日升起之际，当某一特定的文字诞生的那一刻，它已经远不是造字者个人主观创造的艺术品了。因为它已具备了非如此刻画、如此构造、如此表现的内在必然性。换言之，某一文字所期标识的某一社会现象、事物或行为，已经历过多少代先民的口耳相传，形成共识和具象，姑称之为约定俗成的“群体印象”，一旦有机会将它付诸刀尖笔端，便非如此表示不可了。符合这一共同规律的文字便长久地活了下来；反之，便消失在历史长河中。古代法律又何尝不是这样呢？在远古社会，作为人们公共行为规范的法，包括可以做什么和不可以做什么的规矩和解决人们发生纠纷的处理原则或先例，这些知识都作为专

---

① ［英］罗素：《中国问题》(中译本)，秦悦译，学林出版社1996年版，第25页。

② ［英］巴兹尔·戴维逊：《古老非洲的再发现》(中译本)，屠尔康、葛佶译，三联书店1973年版，第12页。

业知识被固定的家族世代背诵着。正如穗积陈重所说:“法律记忆之公职,为中世纪北欧各国之通制”,而且是“初期文化低级之国家普通之现象也”。[①] 当文字产生之际,这些行为规范及其所伴随的思想观念便凝化在文字结构当中,等待我们去发现和描述。特别是在直接历史材料匮乏的时候,我们不得不更多地仰仗古文字。这样,深究某些典型汉字的字形和本义,前可探其源头,后可迹其流轨。况且,其字义之中正沉淀了先民的思想意识、风俗习惯。这些内容无不与中国传统法律文化的深层价值观紧密相连、水乳交融。

在进入主题之前,我想先就相关问题说明如下:

第一是关于东夷民族。东夷民族是在殷商之前至战国末期,生活在以齐鲁平原为重心的环渤海地区,即今山东、辽宁、内蒙古、河北、河南、安徽、江苏、浙江等广大地区的古老民族。王国维指出:“自五帝以来,政治文物所自出之都邑,皆在东方”;“自上古以来,帝王之都皆在东方太皞之虚”;“少皞与颛顼之虚皆在鲁卫”。[②] 蒙文通亦谓:“古之建帝都封大国,皆自东而西。……黄帝自穹桑登帝位,后徙鲁曲阜;少昊邑于穹桑以登帝位,都于曲阜,与周为鲁;穹桑在鲁北,颛顼始都穹桑,后徙帝邱,于周为卫。则上世王者多作都于鲁。”[③]这个东方指的就是史前时代或曰传说时代的东夷。他们的后裔一直存在于整个古代社会。东夷民族有很多分支,其中以鸟为图腾的氏族占据重要位置。东夷民族又是开放的民族,一支以独角龙(以红山文化遗址出土的C形龙为代表)或独角兽(廌)为图腾的蚩尤部族,自西而东进入东夷领地,并与土著居民结为姻亲,最后发展成“兄弟八十一人”的强盛部落。蚩尤部落与西部的黄帝部落曾经发生战争。以鸟为图腾的殷之先人,原属少皞氏,世居穷桑。《左传·昭公二十九年》:“少皞氏有四叔:曰重、曰该、曰修、曰熙……世不失职,遂济穷桑。”“该”即殷先王亥;“穷桑”在今山东曲阜一带。从殷王亥(该)开始,殷人自东而西地进入中原,首先打败了土著有易部落,最后终于打

① [日]穗积陈重:《法律进化论》,黄尊三等译,中国政法大学出版社1997年版,第13、86页。

② 王国维:《观堂集林》(上),中华书局1959年版,第451、452页。

③ 蒙文通:《蒙文通文集》第4卷,巴蜀书社1998年版,第7页。

败了夏人的统治，建立了殷商王朝。史前时代的众多文明成果多出自东夷。[①] 这些文明成果不仅涉及物质文明，还涉及最古老的思想观念，它们在思想文化方面的最终结晶是春秋战国时期的齐鲁文化，而这些思想观念的古老渊源是东夷民族的风俗习惯。在某种意义上似乎可以说，这些古老的风俗习惯就是原生形态的法。

第二是关于东夷民族与殷商之间的渊源关系。在学术界，关于殷商民族及其文化的来源问题，见仁见智，未有定论。笔者同意殷商是东夷民族的一支的观点："商人原出于东夷"，"原始的商族可能是山东地区东夷族之一支"。[②] 傅斯年的《夷夏东西说》说："商人虽非夷，然曾抚有夷方之人，并用其文化。"[③]东夷文化曾经是殷商民族的母体文化，因为东夷和殷商两者曾经处于大致相同的自然环境、社会形态和历史经历。东夷人实力强大，殷人在与夏人征战时曾经得到东夷人的支持。尽管进居统治地位的殷人曾经把夷人置于自己的统治之下。如《左传·昭公二十四年》谓"纣有亿兆夷人"，又曾多次"征夷"，甚至最终亡于征夷。《左传·昭公四年》记载："商纣为黎之搜，东夷叛之。"《左传·昭公十二年》记载："纣克东夷而陨其身。"西方的周人乘机打败了商人。但是，殷商与东夷之间的政治行为并不能改变他们之间的文化渊源关系。如果说在殷商时代仍然保存着浓厚的母系氏族的文化传统的话，那么，在殷商之前和与殷商同时并存的东夷民族，则曾经经历过兴旺发达的母系氏族时代。这个时代留给中华民族的伟大历史遗产就是夷礼，而殷礼就是在继承夷礼的基础上不断发展完善而形成的。按照王国维《殷周制度论》"夏商二代文化略同"，而"殷周间之大变革"的论断[④]，以及傅斯年先生在《夷夏东西说》中揭示的中国远古历史发展的轨迹："三代及近于三代之前期，大体上有东西不同的两个系统。这两个系统，因对峙而生争斗，因争斗而起混合，因混合而文化进展。夷与商属于东系，夏与周属于西系。"[⑤]我们

① 参见张富祥：《东夷文化通考》，上海古籍出版社2008年版，第338、339页。

② 张富祥：《东夷文化通考》，上海古籍出版社2008年版，第321、431页。

③ 欧阳哲生编：《傅斯年全集》(三)，湖南教育出版社2003年版，第213页。

④ 王国维：《观堂集林》(上)，中华书局1959年版，第452、453页。

⑤ 欧阳哲生编：《傅斯年全集》(三)，湖南教育出版社2003年版，第181、182页。

似乎可以这样推测:周礼对殷礼的取代,是农耕生产方式最终取代游牧、居牧生产方式,父系制度最终取代母系制度残余,统一的宗法贵族政体取代分散的联盟政体,这一历史巨变在社会上层建筑领域的反映。而周礼从殷礼中所继承的,正是夷礼、殷礼所蕴含的古老的风俗习惯和礼仪。

第三是关于甲骨文的史料价值。运用殷商甲骨文材料不仅可以探讨殷商而且还可以探讨殷商以前漫长时期的社会生活,这是为什么呢?尽管郭沫若认为甲骨文"在商代都还只是在文字构造的途中"[①],但是,今天我们看到的甲骨文毕竟已经达到相对成熟的程度了。我们有理由推测,在相对成熟的殷商甲骨文之前曾经存在过积累、传播、约定俗成的漫长历史。周谷城曾经说:"商代的文化已经很高,断不是出自突然……商代以前的夏代必有相当高的文化。"[②]有学者认为,"汉字产生的源流至迟可由甲骨文上推到夏代"[③],"东夷民族就是一个经过图像文字阶段的民族"[④]。还有学者判断:"夏代已经掌握了文字","殷墟甲骨文之前存在着一种起码由夏初延续到殷商后期的、以毛笔书于简牍的更古老字体"。[⑤]在殷商之前,东夷民族经过长期实践而积累的丰富的生活经验和口耳相传的历史故事,已经形成一种集体的共同见解。当文字被刻画出来的那一刻,该文字所期表达的意义便无不与当时的社会生活和集体常识相契合。今天,我们怎样才能客观地诠释殷商甲骨卜辞中的文字之义呢?我想,首先应当打破甲骨卜辞的局限性,从更广义的文化视野来审视甲骨文字。因为甲骨卜辞中的甲骨文字,在很大程度上是占卜专业文字,其字义和功用相对狭窄。我们甚至可以推测,仅仅从语法角度而言,甲骨卜辞中的甲骨文字还不能等同于日常通用文字。《尚书·多士》:"唯殷先人,有册有典。"殷商的通用文字包括政务及生活领域的文字,大多刻写在竹木简册上面。可惜,这些宝贵史料没有保存下来。这就要求我们,努力探索某一具体文字被创造出来时所依据的原始社会场景和思想

---

① 郭沫若:《中国古代社会研究》,人民出版社1954年版,第8页。
② 周谷城:《中国通史》,上海人民出版社1981年版,第25页。
③ 张富祥:《东夷文化通考》,上海古籍出版社2008年版,第321页。
④ 逄振镐:《东夷文化研究》,齐鲁书社2007年版,第258页。
⑤ 张其昀:《甲骨文之前更古老字意的推测》,《南通大学学报(社会科学版)》2006年第4期。

意识，以此为途径来追溯该字所期表达的本义。这样，我们就能够通过甲骨文材料既可以了解殷商社会，也可以窥测远古时代即东夷时代的社会生活。在这个意义上可以说，甲骨文是今天研究中国东部史前史的活化石。

第四是关于本书所运用的研究方法。毋庸赘言，在史前史研究领域，最为理想的研究方法是力争将古代文献、传说史料、发掘文物等有机地结合起来。在此框架下面，还有一种值得提倡的研究方法，就是“文字索原”的方法，即周清泉先生所说的“文字考古”的方法。这种研究方法和杨树达先生所总结的“据礼俗释字”[①]的方法是相通的。诚如王献唐所说：“真谛之出，愈古愈质，必眼下浅显事理，一语可以勘破者。汉魏而下，但望字生义，展转推籀，愈求愈深，而去古愈远。更不独名号如此，盖凡前人典籍之名物制度，据实而言，则平淡无奇。汉人务炫人主，自标邃奥，为保持其学术上之地位，故意深求，使人闻义恍芒，莫测精微，由直而曲，出浅入深。古学至此，已俨然别辟疆域，似进而实退，以求美转失真实故也。”[②]周清泉亦认为：“传统的文字训诂，由于目的在于说教儒经周人意识的今义，就成了掩埋文字本身的本义、古义的尘土，故要寻求文字所记载的意识的本来面目，就须得考古，才能发掘出古人意识及其精神文明的真面貌，从而探索出此文化的根源及其进化的历史。而此文字考古的方法，则应根据原始思维联想的思想模式及相似相同的相似律，在意识物化为文字后所普遍存在的音同义通或义通音同的现象，在音以载义的原则下，寻求其对客观事物命名时能指的意及所指的识，从而也就发掘出文字特别是古文字所录载的原始意识。而原始意识中的文化进化的源流，也就出土面世，陈现出来。这就是以神话、巫术行为等形成所表象出来的原始的古代历史。”[③]胡澱咸也指出：“《说文》所收录的是篆文，篆文不是我国最早的文字，很多字已不是初形，而是已经改变了的字形。有的是孳乳的，有的是讹变的，其所说的字义也很多是引申义或假借义，不是本义……甲骨文是接近于开始造字时的文字，其字形也保有

---

① 杨树达：《积微居金文说》，上海古籍出版社2013年版，第4页。

② 王献唐：《炎黄氏族文化考》，齐鲁书社1985年版，第458页。

③ 周清泉：《文字考古》(一)，四川人民出版社2003年版，第182页。

开始造字时所表达的辞义，从甲骨文到金文到篆文，中间没有中断，其演变发展的情况可以看到。甲骨文发现以后，汉字演变发展的源流及其规律便应该可以寻找。”[①]我赞同这种研究方法，拙著试图尝试的就是这种研究方法。

在这里，我不揣冒昧，试图以一种新的视角和一般读者喜读乐阅、图文并茂的方式来描述中国法的原始风貌，即以典型古文字为线索，以古文献和传说史料为参考，以出土材料为佐证，以图像资料为衬托，对中国远古时代的法律文化作出大写意式的诠释和描述。由于学力有限，若有不当及谬误之处，希望广大读者特别是大方之家批评指教。

作者

2015 年 1 月

① 胡澱咸：《甲骨文金文释林》，安徽人民出版社 2006 年版，第 405 页。

目 录

绪言 东夷文化与中国法的原生形态

一 关于东夷民族

王国维《殷周制度论》指出:“自五帝以来,政治文物所自出之都邑,皆在东方。”“自上古以来,帝王之都皆在东方太皞之虚”,“少皞与颛顼之虚皆在鲁卫。”[①]此处的“东方”,有狭、广二义。狭义指以渤海湾为中心的中国东部地区,广义泛指东亚地区。而生活在东方的古老民族是东夷。傅斯年在《夷夏东西说》中说:“三代及近于三代之前期,大体上有不同的两个系统。这两个系统,因为对峙而生争斗,因争斗而起混合,因混合而文化进展。夷与商属于东系,夏与周属于西系。”[②]在史前的传说时代,东夷民族是一个遍居东方或曰东亚地区的土著民族,他们是东亚最早的主人。其中,以龙、独角兽和凤鸟为图腾的部落居于核心地位。后来,夏民族的一支,即以龙为图腾的黄帝部落,自西方东迁,与蚩尤部落遭遇。黄帝打败了蚩尤,建立了更大规模的部落联盟,完成了夷夏民族的第一次融合。此后,夏人确立了最初的王朝,跨入文明的大门,奠定了中华民族的根基。与此同时,东夷民族不断壮大并拓展其领域,最后与夏人发生冲突。“夏后氏一代有三次大的战争,第一次是益(伯益,东夷之人)启(夏后启)之争;第二次是后羿(东夷之人)少康(夏帝)之争;最后是汤(商汤)桀(夏桀)之争,

① 王国维:《观堂集林》(上),中华书局 1959 年版,第 451、452 页。

② 欧阳哲生编:《傅斯年全集》(三),湖南教育出版社 2003 年版,第 181、182 页。

可说那是夷夏之争。战争的结果是东方的夷人胜利了。商西向拓土，嬴姓东夷之人在商人旗帜之下入于西戎，散布四方，建立起许多国家。”[①]东夷的一支殷民族入主中原，取代了夏人的统治，建立商朝，完成了夷夏民族的第二次融合。此后，源自西北夏民族的周人又取代殷人的统治，建立周朝，完成了夷夏的第三次融合。最后，作为东夷后裔的秦人兼并东方六国，建立了统一的多民族组成的秦王朝，实现了中华民族的空前大融合。总之，在漫长的民族融合过程中，东夷民族历久而不衰，创造并延续着独特的文明薪火。

二　东夷民族的领袖及其事功

《史记・五帝本纪》记载的以黄帝、颛顼、帝喾、帝尧、帝舜为代表的“五帝”时代，相当于中国的史前时期。“五帝”时代的东夷民族，均出自太昊、少昊两集团。其中重要的代表人物有蚩尤、颛顼、祝融、帝喾、帝舜、皋陶、伯益等。东夷民族对中华民族的伟大贡献和这些代表人物的作为是分不开的。

第一是蚩尤。《尚书・吕刑》孔传云：“九黎之君，号曰蚩尤。”马融说：“少昊之末，九黎君名。”《国语・楚语下》韦昭注：“九黎，黎氏九人，蚩尤之徒也。”蚩尤生活的地方是“少昊”，亦即今山东一带。《逸周书・尝麦解》说：“命蚩尤宇于少昊，以临四方。”“九黎”即生活在今山东、河北、河南交界处的一个部落，其酋长就是蚩尤。[②]“九黎”亦即后来所称的“九夷”。蚩尤部可能原出于今胶东一带的古莱夷，尔后势力不断扩大。据传说：“蚩尤兄弟八十一人”[③]，其势力范围可能涉及整个东夷了[④]。蚩尤部落的贡献很多。其一是制造金属武器——“五兵”。《太平御览》卷三三九引《兵书》云：“蚩尤之时，铄金为兵，割革为甲，始制五兵。”《中华古今注》说，蚩尤“造立兵杖、大弩”。《管子・地数》说，蚩尤利用火山爆发产生的金属制造剑、铠、矛、戟、戈，相兼诸侯凡二十一部。由于蚩尤能征善战，故被后世尊为战胜之神而加以祭祀。其次是“五刑”。《尚书・吕刑》说：“蚩尤惟始作乱”，“作五虐之刑曰法”。“五刑”即劓、刵、椓、黥、杀。黄帝战胜蚩尤后

① 田倩君：《说夷》，宋镇豪、段志洪：《甲骨文献集成》第12册，四川大学出版社2000年版，第358～362页。

② 参见徐旭生：《中国古史的传说时代》，文物出版社1985年版，第48～53页。

③ 《史记・五帝本纪》张守节《正义》引《龙鱼河图》，中华书局1997年影印本。

④ 参见张富祥：《东夷文化通考》，上海古籍出版社2008年版，第201页。

仍沿用“五刑”，并使蚩尤部落“主兵”。“五刑”成为中国古代刑制的雏形。

第二是颛顼。“颛顼是蚩尤的直接继承者，二名只不过一音之转。《山海经·大荒东经》说他是‘少昊孺帝’，这是颛顼部落出于少昊集团的基本口传史料。《国语·楚语下》说蚩尤之乱后‘颛顼受之’，这是他继承蚩尤的最好文献依据。”①《吕氏春秋·古乐》载：“帝颛顼生自若水，实处空桑，乃登为帝。”《路史·后纪八》引《尚书大传》云：“穷桑，颛顼所居。”“空桑”即“穷桑”，指今山东曲阜一带。一说在阳谷县景阳冈一带。② 因此，“可以推定颛顼也属于夷人的一个分支系统”③。颛顼部是在蚩尤战败后发展起来的，后来取代黄帝做了部落联盟的盟主。他曾采取“依鬼神以制义”④，“绝地天通”的宗教改革，并且“正五帝之官”，促进了多民族统一融合的进程。《淮南子·齐俗训》说：“帝颛顼之法，妇人不辟男子于路者，拂之于四达之衢。”颛顼即高阳氏。《搜神记》说：“昔高阳氏有同产而为夫妇，帝放之于崆峒之野，相抱而死。神鸟以不死草覆之，七年男女同体而生，二头四手足，是为蒙双氏。”由此可证，颛顼时代严格推行族外婚，禁止兄弟与姐妹为婚。《吕氏春秋·古乐》说，颛顼喜好“八风之音”，故创作了音乐，“以祭上帝”。

第三是祝融。祝融是颛顼的孙子，亦即重黎。《尚书·吕刑》说，颛顼帝“乃命重黎绝地天通，罔有降格”。《国语·楚语》将重黎分化为二：“颛顼受之，乃命南正重司天以属神，命火正黎司地以属民。”《左转·昭公二十九年》说，“火正”曰祝融。“火正”是掌管历法、农业事务的官职。“火”可能指太阳，古人以观太阳运行轨迹来定时令，指导农业生产。远古的日历可能就是这样产生的。可见“司天”与“司地”是不可分的职务。故《国语·郑语》说：“夫黎为高辛氏火正，以淳燿敦大天明地德，光照四海，故命之曰祝融，其功大矣。”《礼记·月令》郑玄注：“祝融，颛顼氏之子曰黎，为火官。”《淮南子·时则训》高诱注：“祝融，一名黎，为高辛氏火正，号为祝融，死为火神也。”黎实即重黎，亦即祝融。“火正”所掌管的历法即东夷民族的“火历”。⑤ 如《尚书·尧典》所谓：“历象日月星辰，敬授民时。”联想到大汶口文化出土陶器上面的符号中有“炅”形者，这也许正是东夷民族发明太阳历（即火历）的一个旁证。

第四是帝舜，又称虞舜。“虞”为掌田猎之官职。《孟子·离娄下》说：“舜生

---

① 张富祥：《东夷文化通考》，上海古籍出版社 2008 年版，第 202 页。

② 参见张学海：《张学海考古论集》，学苑出版社 2000 年版，第 240 页。

③ 郭沫若：《中国史稿》，人民出版社 1962 年版，第 115 页。

④ 《史记·五帝本纪》，中华书局 1997 年影印本。

⑤ 参见张富祥：《东夷文化通考》，上海古籍出版社 2008 年版，第 269 页。

于诸冯，迁于负（夷）夏，卒于鸣条，东夷之人也。”舜对农业、渔业生产做过突出的贡献。故《墨子·尚贤下》说：“昔者舜耕于历山，陶于河濒，渔于雷泽，灰（成）于常阳。尧得之服泽之阳，立为天子。使接天下之政，而治天下之民。”《史记·五帝本纪》也说：“舜耕历山，渔雷泽，陶河滨，作什器于寿丘，就时于负（夷）夏。……一年而所居成聚，二年成邑，三年成都。尧乃赐舜絺衣与琴，为筑仓廪，予牛羊。”舜做了部落联盟的领袖后，在各方面都颇有建树。据《尚书·舜典》记载其功绩主要有以下几个方面：其一，建立祭祀制度，“受终于文祖”，行“上帝”之祭，四时寒暑之祭，山川群神之祭，这些内容可以从龙山文化遗址出土的礼器来证明。其二，建立礼乐制度。其三，建立朝觐巡狩制度，统一“律度量衡”。其四，划分行政区域，征收贡赋，对下级官员实行升贬。其五，完善刑法。“象以典刑，流宥五刑，鞭作官刑，扑作教刑，金作赎刑。眚灾肆赦，怙终贼刑。”

第五是皋陶，又称咎陶、咎繇，“实即昊字的缓读”[①]。皋陶是古代著名的大法官，在尧舜时执掌刑法，史称“皋陶作刑”“皋陶作律”。最早的“律”当是乐律。《吕氏春秋·古乐》就记载：“皋陶作为夏籥九成。”《尚书·舜典》说：“蛮夷猾夏，寇贼奸宄，汝作士，五刑有服，五服三就，五流有宅，五宅三居，惟明克允。”皋陶执掌司法，用“一角之羊”来裁判疑难案件。《论衡·是应》载：“皋陶治狱，其罪疑者，令羊触之。有罪则触，无罪则不触。盖天生一角圣兽，助狱为验，故皋陶敬羊，起坐事之。”《墨子·明鬼》详记神羊裁判的事迹，并说“著在齐之《春秋》”。齐地即今山东一带，正是皋陶的故乡。

三　东夷民族的文明成果

东夷民族对中华民族的杰出贡献还表现在诸多文明成果上面。据《世本·作篇》所载，这些发明创造主要有：

伏犧制以俪皮嫁娶之礼。

伏犧造琴瑟。

夷作鼓。

巫彭作医。

芒作網。

① 张富祥：《东夷文化通考》，上海古籍出版社2008年版，第218页。

芒氏作羅。

蚩尤以金作兵器。

蚩尤作五兵：戈、矛、戟、酋矛、夷矛。

宿沙作煮盐。

羲和占日，常仪占月，臾区占星气。

夷牟作矢，挥作弓。

奚仲作车。

祝融作市。

咎繇作耒耜。

巫咸作筮，巫咸作鼓，巫咸作医。

毋句作磬。

舜始陶。

舜造箫，夔作乐，垂作钟，叔（均）造磬。

仪狄始作酒醪，变五味。

逢蒙作射。

昆吾作陶。[①]

除此之外，其实还可以再加上：蚩尤作五刑（《尚书·吕刑》），咎陶作刑（《竹书纪年》），“咎陶谟，虞始造律”（《风俗通义》），“皋陶造狱法律存”（《急救篇》），“皋陶造法律”（《后汉书·张敏传》），皋陶作狱，“立犴狱，造科律，是皋陶”（《路史·后纪·少昊》），等等。

值得一提的还有两件事：一是冶铜。山东境内发现5处铜器制品，距今4400～4000年。[②] 这一发现，也许和《管子·地数》所载“葛卢之山发而出水，金从之，蚩尤受而制之，以为剑铠矛戟”具有某种联系。二是远古文字或文字符号。北辛文化、大汶口文化、龙山文化遗址出土器物装饰纹样，可能蕴含着文字符号的雏形。山东诸城前寨、莒县陵阳河、大朱村和安徽蒙城尉迟寺等大汶口文化遗址发现的陶文符号有21个。邹平丁公龙山文化遗址发现的陶文符号有11个。江苏高邮龙虬庄龙山文化遗址发现陶文4个。[③] 山东寿光、昌乐发现骨刻文字。刘凤君认为，骨刻文字是山东龙山文化中晚期遗存，距今4500～4000年，是比安阳甲骨文更早的文字，属东夷文字，是中国早期图画象形文字。[④]

① 宋衷注、秦嘉谟等辑：《世本八种》，中华书局2008年版，第355～364页。

② 参见方辉：《海岱地区青铜时代考古》，山东大学出版社2007年版，第36页。

③ 参见王永波、张春玲：《齐鲁史前文化与三代礼器》，齐鲁书社2004年版，第116、118、119、125页。

④ 参见刘凤君：《昌乐骨刻文》，山东画报出版社2008年版，第152页。

王国维所谓“自五帝以来，政治文物所自出之都邑，皆在东方”，表面上说的是“都邑”，而实质上说的是“政治文物”。而“政治文物”就应当包括上述种种发明创造。因此，可以说远古时代的发明创造大多出于东夷民族。其中最重要的文明成果就是法。

四 东夷民族与法的起源

在史前的传说时代，在黄河流域生活着东夷、西夏、北狄三大集群。黄帝代表北狄集群，炎帝代表西夏集群，太昊、少昊代表东夷集群。东夷民族是与西夏民族、北狄民族相对应的重要的民族。其发端于传说的黄帝时代，经历了尧、舜、禹、夏、商、周等重要时期。其生活领地是以泰山为中心的中国东部地区，其代表人物或部落主要有蚩尤、颛顼、祝融、帝喾、虞舜、皋陶、伯益等。东夷民族同北狄、西夏民族一样为中华民族做出过杰出的贡献。在这些贡献中，最为突出的是古代法律文化成果。

据《史记·五帝本纪》(引《龙鱼河图》)、《管子·五行》《尚书·吕刑》所载，在传说中的黄帝时代，属于东夷人集团的蚩尤部落，已经拥有八十一个氏族。他们凭借锐利器侵凌他族，横行天下。他们为了统一号令和奴役战败的异族，创制了五种残酷的刑罚，并把它们称为“灋”(法)。蚩尤部落的嫡系苗民在施行刑罚上采取了过于激烈的行动，即将五种刑罚广泛地施于内部，从而遭到普遍的抵制，并且削弱了自己的力量。

黄帝部落战胜了蚩尤部落，建立了空前规模的部落联盟机构，《管子·五行》说“黄帝得六相而天地治”。这“六相”分管兵、廪、士师、司徒、司马、李诸职，而蚩尤部的酋长虽被黄帝杀死，其部民却被吸收进来。蚩尤部仍主兵，他们创造的五种刑罚也被继承下来了。其实，“六相”不过是六个部落酋长，他们之间的分工被相对稳定地固定下来，这些部落显贵逐渐获得了担任其他一切官职的独占权，正如恩格斯所说的“军事首长、最高祭祀和某些法庭的审判长”[①]，并世袭下去。

以黄帝为代表的部落联盟机构实际上近似于雅典总议事会，是个“中央管理机关”。“以前由各部落独立处理的一部分事务，被宣布为共同的事务，而移

---

① 《马克思恩格斯选集》第4卷，人民出版社1995年版，第126页。

交给设在雅典的总议事会管辖了。由于这一点,雅典人比美洲任何土著民族都前进了一步:相邻的各部落的单纯的联盟,已经由这些部落融合为单一的民族所代替了。于是就产生了凌驾于各个部落和氏族的法的习惯之上的雅典普遍适用的民族法。只要是雅典的公民,即使在非自己部落的地区,也取得了确定的权利和新的法律保护。但这样一来就跨出了摧毁氏族制度的第一步……”①

以黄帝为旗帜的部落联盟的确立,正是中华民族形成的原始起点。正如《国语·周语下》总结的:“唯有嘉功,以命姓受祀,迄于天下。及其失之也,必有慆淫之心间之。故亡其姓氏,踣毙不振;绝后无主,湮替隶圉。夫亡者岂繄无宠?皆黄、炎之后也。”然而,以黄帝为首的部落联盟是通过长期战争而形成的。部落联盟的确立以参战各部落间的“权利再分配”为条件。因为“对被征服者的统治,是和氏族制度不相容的”②。这样,为了维系部落联盟的权威,就很难仍然仰仗原有的氏族制度而不得不求助于新的行为规范,这就是蚩尤部落创制的“法”。而蚩尤部落所创制的“法”正是针对“寇贼、鸱义、奸宄、夺攘、矫虔”③等行为采取的制裁措施。

及至尧、舜、禹时代,部落联盟机构得到进一步的扩大和完善。当时已有“四岳”,即“四方诸侯”④,实际上是四方之部落酋长。联盟的重大事情均要“咨四岳”然后决定,实际上是召集部落酋长议事会。尧、舜、禹即以部落酋长的身份被推选为联盟最高军事首长。⑤ 一些著名的“群牧”“群后”,如稷、契、皋陶、垂、益、伯夷、朱、虎、熊、罴、夔、龙等22人⑥,都是世袭的部落酋长。他们在部落联盟中分别担任职务,这些职务则由该部落世袭下去。

当时主持司法事务的是皋陶。《尚书·舜典》载:“帝曰:皋陶,蛮夷猾夏,寇贼奸宄。汝作士。五刑有服,五服三就;五流有宅,五宅三居。”“象以典刑,流宥五刑,鞭作官刑,扑作教刑,金作赎刑,眚灾肆赦,怙终贼刑。”又《皋陶谟》曰:“皋陶方祇厥叙,方施象刑惟明”;“天讨有罪,五刑五用”。总的来看,当时的刑法制度已相当完备,包括五刑、五流、象刑、赎刑、鞭扑诸项。下面分别说明。

其一,五刑,指五种刑罚:杀、宫、刖(一说刖为剕)、劓、墨。《尚书·吕刑》:(蚩尤)“杀戮无辜,爰始淫为劓、刵、椓、黥。”原义似为:起初只有杀戮一种措施,

---

① 《马克思恩格斯选集》第4卷,人民出版社1995年版,第108页。
② 《马克思恩格斯选集》第4卷,人民出版社1995年版,第152页。
③ 《尚书·吕刑》。
④ 《汉书·百官公卿表》,中华书局1997年影印本。
⑤ 参见金景芳:《中国奴隶社会史》,上海人民出版社1983年版,第5页。
⑥ 参见《尚书·尧典》。

这样就会诛及无辜者，为此就增加了割鼻、割耳、破坏生殖器、刺面四种刑罚，加上原来的杀刑，共称为五刑。肉刑盖源于原始社会的同状复仇习惯。拉法格指出："只有那种与所受损伤恰恰相等的伤害——以命还命，以烙还烙——才能满足原始人追求平等的精神。""同等报复是为代替流血复仇而创造和施行，它能为原始人所承认是因为这能满足他们的复仇欲，同等报复一经成为风俗就应当像一切风习一样作出具体规定。"[①]但是，当部落联盟成立之后，氏族之间、部落之间的复仇行为便受到限制，本来在氏族社会中享有的"权利"现在却由部落联盟机关代为行使了。刑罚制度由是产生。这种刑罚的社会意义冲破当事人的范围，带有现代刑法理论的"特殊预防"和"一般预防"的色彩。正如拉法格指出的："埃及人把强奸自由妇女的犯罪者的睾丸割去，通奸的犯罪者则受割鼻之刑。""伪造货币或关防者砍手"，"小偷小窃谈不到死刑，只是砍断他们的手"。[②]其作用是"去其为恶之具，使夫奸人无用复肆其志，止奸绝本，理之尽也。亡者刖足，无所用复亡。盗者截手，无所用复盗。淫者割其势，理亦如之。除恶塞源，莫善于此，非徒然也。"[③]这种刑罚手段还起着"一般预防"的作用，使别人出于畏惧或耻辱感而不敢违法犯罪。没有区别，就没有法律。如果对违法犯罪者统统处以死刑，就不会产生专门执掌司法事务的法官了。

五刑中的黥刑，最早不是刑罚手段。它来源于蚩尤时代的文身。文身施于不同性别、不同年龄的人，有文额、文乳、文臂、文胸、文趾等等。文身来源于两性及婚姻的禁忌，违反这些禁忌是要受到严惩的。如《路史·前纪》载：有巢氏时有人"其性喜淫，昼淫于市，帝怒，放之于西南"。《搜神记》有："昔高阳氏有同产而为夫妇，帝放之。"《淮南子·齐俗训》载："帝颛顼之法，妇人不辟男子于路者，拂之于四达之衢。"文身的作用正是为了逐渐杜绝父女之间、母子之间、兄弟与姐妹之间的性行为。蚩尤部落由于最早施行了文身禁忌而强健了体魄，提高了智力，并率先完成了由母系氏族向父系氏族的转变，形成由"兄弟八十一人"组成的部落。后来，东夷民族的文身习惯传播到其他民族，成为推动中华民族由野蛮向文明发展的有力杠杆。以文身为载体的禁忌制度，成为礼的重要内容。而礼作为重要的行为规范，最终成为法的重要组成部分。

其二，五流，即以距离远近为五等的流放之刑。流放是原始社会对待氏族内部"违法犯罪"者的最残酷的刑罚。原始人必须处在氏族集体之中，才能抵御来自各个方面的威胁和伤害。原始人经常不断地与动物和人作战。他们的心

---

① [法]拉法格：《思想起源论》，王子野译，三联书店1963年版，第74、75页。

② [法]拉法格：《思想起源论》，王子野译，三联书店1963年版，第76页。

③ 《晋书·刑法志》，中华书局1997年影印本。

灵被想象的危险包围着，不可能单独生活，于是联合起来过群居生活。他们不能理解在群体以外怎么能生存，被驱逐等于判处死刑。诚如拉法格所说："放逐是原始氏族最可怕的惩罚之一。"[①]恩格斯也指出："凡是部落以外的，便是不受法律保护的。在没有明确的和平条约的地方，部落与部落之间便存在着战争，而且这种战争进行得很残酷。"[②]一个被逐出氏族的原始人，或许还有机会被别的氏族收容而生存下去，但他一旦被逐出他所属的部落，就无异于死刑了。当部落联盟成立之后，各部落都有了相对稳定的生存空间，这时，原先那种逐出氏族、逐出部落的以血缘亲疏为标准的放逐之刑，就演变成以距离（地域）为标准的流放之刑了。《尚书·尧典》所载的"流共工于幽州，放欢都于崇山，窜三苗于三危，殛鲧于羽山，四罪而天下咸服"就是古老的流刑。不过，被放逐的对象可能不是个人，而是一个氏族，否则他们一经流放便会永远消失。古代的"灋"字含有"氵"，很可能不代表公平，而与流刑有关。

其三，象刑。对象刑历来有不同解释。有一种意见认为，象刑即以社会舆论为后盾、以羞辱为手段的象征性刑罚。这种刑罚是以原始社会的特殊背景为基础的。须知，原始人的集体荣誉感是极强的。拉法格指出："带给一个野蛮人的侮辱，整个氏族都会有所感觉，好像它是带给每个成员一样。流一个野蛮人的血等于流全氏族的血，氏族的所有成员都负有为侮辱复仇的责任。"[③]随着社会生活的变化，个人的荣誉感也发达起来："在野蛮期的低级阶段，人类的较高的属性便已开始发展起来了；个人的尊严、雄辩、宗教的情感、正直、刚毅、勇敢，此时已成为品格的一般特质；""每个人都承认印第安人所具有的那种强烈的独立意识和自尊心。"[④]孟德斯鸠在论述古代决斗风俗时曾指出："一个人看重了荣誉，就终身从事一切获致荣誉所不可或缺的事情。""在野蛮人的法典里，是有一些不解之谜的。佛里兹人的法律对受到棍子打的人只给赔偿金半个苏。但对极轻微的伤害，它却规定要给付比这还要多的赔偿金。……荣誉观念的特别准则已在产生与形成。……日耳曼各民族在荣誉的观念上，同我们是一样敏感的；不，他们甚至是更为敏感些。对于各种侮辱，就是最疏远的亲属也猛烈地感同身受；他们所有的法典都建立在这个基础之上。"[⑤]

关于尧舜时代的象刑，《尚书大传》《荀子·正论》《慎子》（佚文）《论衡·四

---

① ［法］拉法格：《思想起源论》，王子野译，三联书店 1963 年版，第 70 页。

② 《马克思恩格斯选集》第 4 卷，人民出版社 1995 年版，第 96 页。

③ ［法］拉法格：《思想起源论》，王子野译，三联书店 1963 年版，第 71 页。

④ 《马克思恩格斯全集》第 45 卷，人民出版社 1985 年版，第 384、416 页。

⑤ ［法］孟德斯鸠：《论法的精神》（下），张雁深译，商务印书馆 1963 年版，第 233、240、242 页。

讳》等文献均有记载。大致是说，令受上刑、中刑、下刑者身着非常之服饰，以示羞侮。这种羞辱性的措施，从圜土之法中亦有反映。《竹书纪年》载："夏帝芬三十六年作圜土。"圜土是监狱的雏形。关于"圜土之法"，《周礼·秋官·司圜》这样追述道："司圜掌收教罢民：凡害人者，弗使冠饰，而加明刑焉，任之以事而收教之。能改者，上罪三年而舍，中罪二年而舍，下罪一年而舍。其不能改而出圜土者，杀。虽出，三年不齿。凡圜土之刑人也，不亏体；其罚人也，不亏财。"其中的"罢民"，是指"恶人不从化、为百姓所患苦而未入五刑者"；"弗使冠饰"，即以黑巾蒙其首；"加明刑"，是"书其罪恶于大方版，著其背"；"任之以事"即从事劳役；"不齿"，不齿于人，为舆论所轻贱；"不亏体"是不受肉刑，保全肢体；"不亏财"，即以劳役折抵赔偿金。[①] 这些人被释放出来以后，仍要穿"不齿之服"，"垂緌五寸"，即冠缨比常人多垂下五寸，以示身份。"圜土之法"是将象刑与强制劳役相结合的一种新的刑罚措施，其威慑力自然比象刑大得多。但其"不亏体""不亏财"，仍表现了氏族的脉脉温情。随着生产力的发展和社会结构的不断分化，氏族纽带的某些环节已经被贫富之分和统治者与被统治者之间的鸿沟所冲破，原来那层温情脉脉的薄纱终于被扯掉，露出了血淋淋的刀锯来。至于羞辱性的刑罚，陕西岐山县出土的西周铜器《朕匜铭文》和《周礼》中的《司圜》及《礼记·玉藻》等亦有表述。后世刑制中仍有其遗迹。由是观之，象刑者必有所本而非臆造。其时之象征性刑罚，盖针对轻微违法犯罪者。刑其一人，全族受侮，受刑者深受族人舆论之谴责，其威力仅次于流放。后来，个体家庭或小家族渐多，原先以氏族、部落为单位的集体荣誉感日渐衰落，象征性刑罚渐失其威力，最终代之以肉刑。象刑的目的与其说是为了惩罚违法者，毋宁说是保护集体平安。古人相信神鬼有扬善惩恶的威力，用象征性的手段把犯罪者以及犯了什么罪标示出来，神鬼要惩罚就惩罚他吧，我们大家是无辜的。也许到了某一阶段，人们厌恶那些身上有象刑符号的负罪者，担心他们把不祥传染给周围的人们，象征性刑罚就演变为肉刑。

其四，赎刑，即以财产或货币抵免刑罚的一种制度。赎刑是血亲复仇传统与私有财产权观念的混合物，也是缓解血亲复仇的一剂良药。恩格斯在《家庭、私有制和国家的起源》中指出："在氏族制度内部，还没有权利和义务的分别。参加公共事务，实行血族复仇或为此接受赎罪，究竟是权利还是义务这种问题，对印第安人来说是不存在的。""从氏族制度中产生了把父亲或亲属的仇敌关系像友谊关系一样继承下来的义务。同样，也继承用以代替血族复仇的、为杀人

---

① 参见沈家本：《历代刑法考》(一)，中华书局 1985 年版，第 305、306 页。

或伤人赎罪的赔偿金。这种赎金在上一代还被认为是德意志人特有的制度，但现在已经证明，在成百个民族中都是这样，这是起源于氏族制度的血族复仇的一种普遍的较缓和的形式。”[①]孟德斯鸠写道：“从塔西佗的著作，可以知道日耳曼人只有两种死罪。他们把叛徒吊死，把懦夫溺死。这就是他们所仅有的两种公罪。当一个人侵犯了另一个人，受冒犯或受伤害的人的亲族就加入争吵；仇恨就通过赔偿来消除。双方当事人之间成立一种协议，来履行赔偿。因此，野蛮民族的法典就把这种赔偿称为和解金。所有这些和解金都用货币的数额规定。但是这些民族，尤其是在日耳曼的时候，几乎是没有货币的，所以他们可以用牲畜、麦子、家具、武器、狗、猎鹰、土地等等给付。法律本身又常常规定这些东西的价值。这说明，为什么他们的金钱那么少，而罚金的种类却又那么多。”[②]梅因认为：“古代社会的刑法不是犯罪法，这是不法行为法，或用英国的术语，就是侵权行动法。被害人用一个普通民事诉讼对不法行为人提起诉讼，如果他胜诉，就可以取得金钱形式的损害赔偿。这个特点，最有力地表现在日耳曼部落的统一法律当中。它们对杀人罪也不例外有一个庞大的用金钱赔偿的制度，至于轻微损害，除少数例外，亦有一个同样庞大的金钱赔偿制度。”[③]梅因还引用垦布尔在《盎格鲁—撒克逊》中的一段话：“根据盎格鲁—撒克逊法律，对于每一个自由人的生命，都可以按照他的身份而以一定金钱为赔偿，对于其身受的每一个创伤，对于他的民权、荣誉或安宁所造成的几乎每一种损害，都可以用相当的金钱为赔偿；金额按照偶然情势而增加。”[④]拉法格强调私有财产制对于赎刑的决定性意义：“复仇欲虽然受到同等报复和仲裁会议的约束，始终没有停；只有私有财产才能拔掉它的爪和牙。财产负有消灭由私人的复仇所引起的混乱的使命，但它自身就是在家庭内部，在纠纷和犯罪的血泊中降生。”“财产的感情钻入人类的心中，动摇了一切最根深蒂固的感情、本能和观念，激起了新的欲望。只有私有财产才抑制和减弱了复仇欲——这古老的、统治着半开化人心灵的欲望。自私有财产建立起来以后，流血不再要求用血来抵偿：它要求的是财产。同等报复法也改变了。”“于是，代替以命偿命、以牙还牙，人们要求以家畜、铁和金子来抵偿生命、抵偿牙齿和抵偿其它的伤损。卡佛列人要牛，斯堪的纳维亚人、日耳曼人和半开化人已经要货币——他们在与更文明的民族接触中学会了使用货币。”“血仇的惩罚起初取决于受害一方的意志，他们按照自己的意见决

① 《马克思恩格斯选集》第4卷，人民出版社1995年版，第159、140页。

② ［法］孟德斯鸠：《论法的精神》（下），张雁深译，商务印书馆1963年版，第332、334页。

③ ［英］梅因：《古代法》，沈景一译，商务印书馆1959年版，第208页。

④ ［英］梅因：《古代法》，沈景一译，商务印书馆1959年版，第209页。

定物品的数量和质量………过分的赔偿使这种赎罪方法实际上成为不可能而引起无休无止的争吵。为了防止这种困难，半开化人不得不规定可行的赎金数目。半开化人的法典详细地规定了一条自由人的生命，按其出身和等级，要罚多少赎金，用自然物或金钱支付，手、臂、腿等处受伤又罚多少赎金，对他的荣誉的一切侮辱和对他的家庭安宁的一切破坏又罚多少赎金。"①

尧舜时代的赎刑只针对轻微的犯罪。《尚书·尧典》云："金作赎刑。"马融注："金，黄金也。意善功恶，使出金赎罪，坐不戒慎者。"这里是指过失犯罪。而朱熹认为赎刑适用于"罪之极轻，虽入于鞭扑之刑而情法犹有可议者。""后世始有赎五刑法，非圣人意也。"②赎刑之制被夏朝所承继，故《书序》谓："训夏赎刑。"《尚书·吕刑》谓："五刑之疑有赦，五罚之疑有赦，其罚百锾；二百锾、五百锾、六百锾、千锾。"意思是说，对本应处以五种刑罚的犯罪者，因证据不足难以定罪的，可以赦免，但以一定数量的锕纳赎，或者是对特殊案件以罚金代替五种刑罚。我们还没有发现由血亲复仇转向赎制的原始证据，及至两汉，为亲属复仇的行为还得到舆论的赞扬和官府的通融，而《唐律》则禁止"私和"，即私下与凶手和好。中国远古的赎制主要不是来源于以钱财赔偿伤害民间的协议，而是发端于官府的慎刑主张。这恐怕与宗法家族观念的深厚和私有财产观念的相对淡薄有关。

其五，鞭扑。鞭扑是针对官员的体罚手段，当然也带有辱侮的性质。《朕匜铭文》中有"鞭汝千"，可见其伤害程度并不很酷烈。《尚书·尧典》曰："三载考绩，三考黜陟幽明。"据此可证，舜时已有对公职人员的考查制度，鞭扑之刑恐怕就是针对失职者的，又谓"鞭作官刑"。"官刑"即关于公职人员的专门法律规范。夏朝承而继之，故有"官师相规，工执艺事以谏"。③ 而商朝又沿而用之，故有"汤之官刑"。④

总之，尧舜时代的刑罚制度已十分完备，这说明，以此为后盾的法律规范也已经达到相当发达的水平。因为刑罚本身不是目的，维护某种社会秩序才是目的。当时法律活动的代表人物是皋陶，一些对后世有重大影响的法律总是与皋陶的名字联在一起。正如马克思所说的："雅典人正处在出现立法家的阶段上，这时的立法是采取纲要或粗线条的形式，都和某人的名字联系着。"⑤于是，我们

---

① ［法］拉法格：《思想起源论》，王子野译，三联书店 1963 年版，第 79～83 页。

② 朱熹：《答郑景望》，《朱文公文集》卷三七，清咸丰徐树铭刊本。

③ 《左传·襄公十四年》引《夏书》语，中华书局 1980 年版。

④ 《墨子·非乐上》(上海古籍出版社 1986 年版)及《尚书·伊训》(中华书局 1986 年版)。

⑤ 《马克思恩格斯全集》第 45 卷，人民出版社 1985 年版，第 518 页。

从众多文献中不仅看到关于皋陶的事迹，也看到了“皋陶之刑”。《左传·昭公十四年》载叔向曰：“《夏书》曰：昏、墨、贼，杀。皋陶之刑也。”总之，中国的法律自黄帝时代萌芽以后，至尧舜时代便初步确立了。尽管夏朝以后，国家诞生，法律亦发生了大的变化。但是，进入文明以后的中国古代法律，不论其内容或特征，都可以从传说时代那里窥见其最原始的风貌。

王国维的《殷周制度论》提出：“自五帝以来，政治文物所自出之都邑，皆在东方。”[1]东夷对中国古代政治文物的影响是巨大的。东夷民族由许多部落组成。其中，最重要的核心部落有三个：一是以龙为图腾的部落。《大戴礼·五帝德》说：“颛顼乘龙而至四海”，“帝喾春夏乘龙”。据《山海经》记载：祝融“乘两龙”，冯夷“乘两龙”，蓐收、句芒“乘两龙”。河南濮阳西水坡仰韶文化遗址出土的蚌壳摆塑图案，距今6000余年，其中就有人骑龙的形象，就是证明。二是独角兽图腾部落即蚩尤部落。三是鸟图腾部落，包括殷人。经过数千年，这些古老的图腾形象不但没有被人们遗忘，反而堂而皇之地走向政治殿堂。其中，龙的形象被皇帝皇族所垄断，仙鹤、鹭鸶、锦鸡等鸟禽们成为文官补服的图样，狮、虎、熊、彪等走兽们成为武官补服的标志，而独角兽则成为监察御史和法官补服的图案。古代天子服饰的十二章纹样，更是集中了天地之灵物，凝结了远古社会众多的图腾元素。

图1　远古装饰纹样[1]

图2　远古符号文字[2]

① 王国维：《观堂集林》(上)，中华书局1959年版，第451页。

② 大汶口、龙山文化的远古装饰纹样。王永波、张春玲：《齐鲁史前文化与三代礼器》，齐鲁书社2004年版，第116页。

③ 大汶口、龙山文化的远古符号文字。王永波、张春玲：《齐鲁史前文化与三代礼器》，齐鲁书社2004年版，第119页。

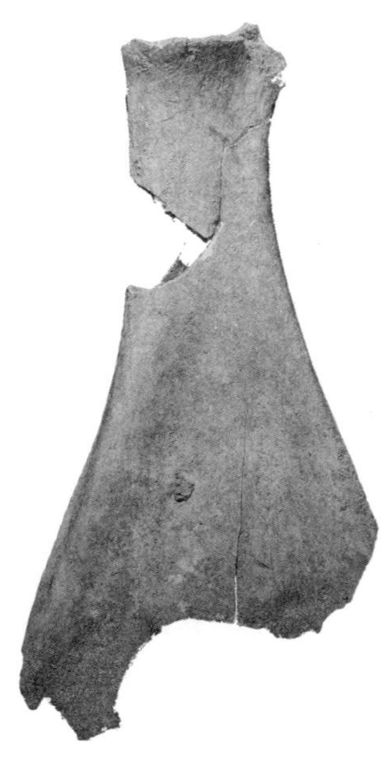

图3 骨刻文字（局部）①

图4 骨刻文字（局部）②

图5 骨刻文字（局部）③

① 山东龙山文化遗址出土。刘凤君：《昌乐骨刻文》，山东画报出版社2010年版，第18页。

② 刘凤君：《昌乐骨刻文》，山东画报出版社2010年版，第19页。

③ 刘凤君：《昌乐骨刻文》，山东画报出版社2010年版，第19页。

第一章　寻找最初的廌

——独角兽的踪迹

一　古文字中的“廌”字

“廌”字在甲骨文中已经多次出现。据不完全统计，在甲骨文中，“廌”字形作为单字和复合字共六十余见。李宗焜的《甲骨文字编》对甲骨文中的“廌”字形作了全面的整理。其中不仅包括单字“廌”的字形，还包括带有“廌”字形的复合字字形，从而为我们的研究提供了诸多便利。

根据姚孝遂的《殷墟甲骨刻辞类纂》，包含“廌”字的卜辞（含今译）有十余条。在卜辞当中，“廌”字单字在字句中的基本功能是名词，包括人名、地名、祭祀名。卜辞中还有“黄廌”“御廌”“子廌”“封廌”“廌龙”五个名词。其中，“御廌”一词，郭沫若认为是司法官吏的职名。“廌龙”一词在甲骨卜辞中出现了两次。尽管“廌龙”很可能是一个名词或人名、地名、族名，但是，联想到龙和独角兽是东夷民族的重要部落图腾，如果我们大胆推测，该词是否与氏族图腾有联系，或者说，它与龙图腾氏族和独角兽图腾氏族相结合的后裔是否有关？这些问题值得继续研究。

关于“廌协王事”。“廌”是人名、族名，还是官职名？“廌”即“豸”，读如“解”。“廌协王事”，即处理和协调国家事务？由于文献不足，无法判断，只能主观推测。有学者认为，“廌协王事”就是“廌帮助王办事”，“协助王断案”。[①] 此解可供参考。

---

① 张永和：《灋义探源》，《法学研究》2005 年第 3 期。

尽管如此，“廌”的存在已是不可置疑的客观事实。到了汉代，关于“廌”的传说不断丰富起来。这些传说，其实是凭借文人墨客之笔，把世代口耳相传的故事变成了可以用眼睛阅读的文字篇章。这些文字，与其说是文学创作，毋宁说是对千百年来众多民族的集体记忆进行了一次整理。有了这些文字以后，儒生们便可以在屋檐下用眼睛温故知新，他们阅读的是雅言；而一般民众则依然凭借口耳相传以快言论，他们传播的是俗言。从民族文化和地域文化的角度来看，“廌”属于东夷包括殷商民族的产物。周人取代殷人的统治之后，东夷殷商民族的文化传统和思想元素受到某种程度的压抑或扭曲。春秋以降，由于西周礼制的不断式微，东夷殷商民族文化元素又渐渐复苏。齐鲁文化本与东夷殷商文化同源，特别是到了汉武帝时代，经过齐学加工修饰的儒家学术被奉为官方正宗学术之后，那些源于东夷殷商文化的思想元素或古老传说，便披着齐鲁文化的外衣悄悄地登场了。在文化的传递当中，民族文化始终占据着主角的地位。那些乍看似乎突然间出现的新东西，其实是古已有之、连绵未绝的，它们就在身边，从未走远。置故土的传统文化元素而不顾，却要一门心思地在域外寻找其源头，恐怕真是舍近求远了。

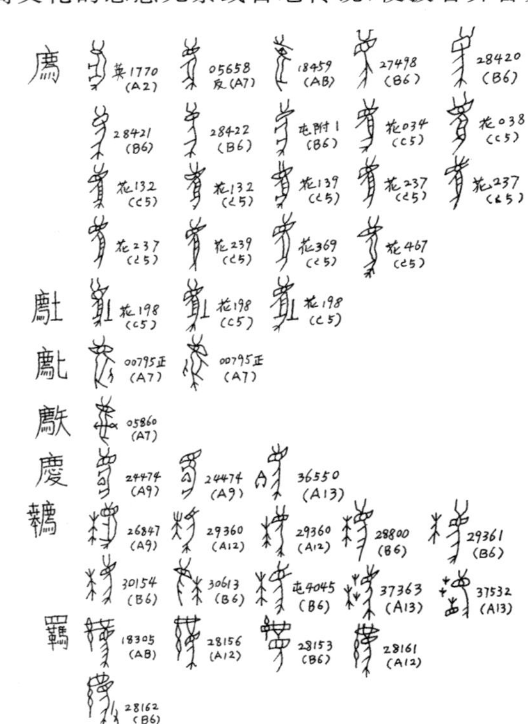

图 1-1-1　甲骨文中的廌字②

除了甲骨文之外，“廌”字形在其他古文字——金文、陶文、简牍、帛书等文字字形当中，亦屡见不鲜，从而向我们展现了先秦“廌”字形历史演变的轨迹。

“廌”的重要性首先表现在它与“灋”（今法字）的内在联系上。《广雅·释诂》说：“廌，灋也。”注：“廌与灋同义。”①那么，“廌”为什么会有“灋”之义呢？

① 王念孙：《广雅疏证》，江苏古籍出版社 2000 年版，第 9 页。

② 作者摹写。参见李宗焜编著：《甲骨文字编》（中），中华书局 2012 年版，第 586 页。

图 1-1-2 其他古文字中的廌字①

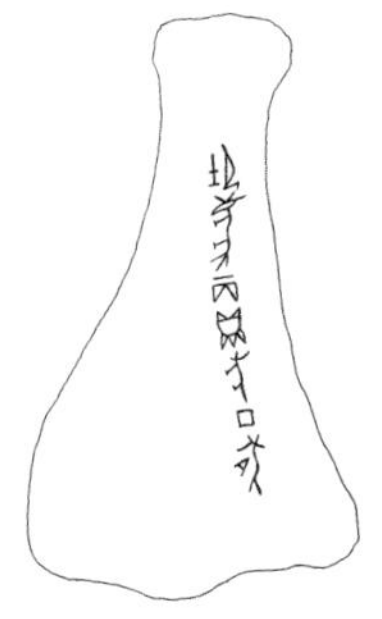

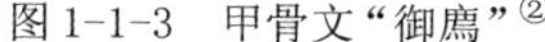

图 1-1-3 甲骨文“御廌”②

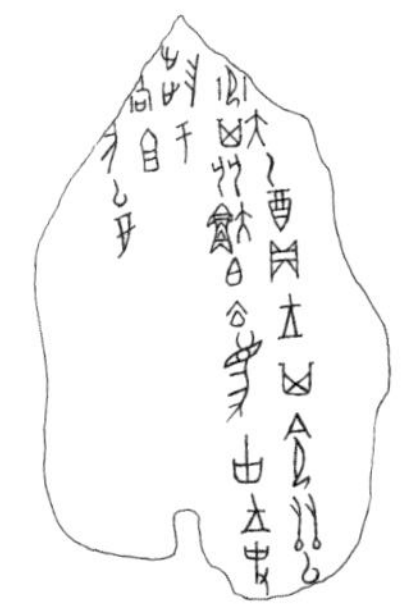

图 1-1-4 甲骨文“廌协王事”③

---

① 作者摹写。

② 姚孝遂:《殷墟甲骨刻辞类纂》(中),中华书局 1989 年版,第 633 页。

③ 宋镇豪、段志洪:《甲骨文献集成》第 5 册,四川大学出版社 2000 年版,第 75 页;徐中舒:《甲骨文字典》,四川辞书出版社 1989 年版,第 1078 页。

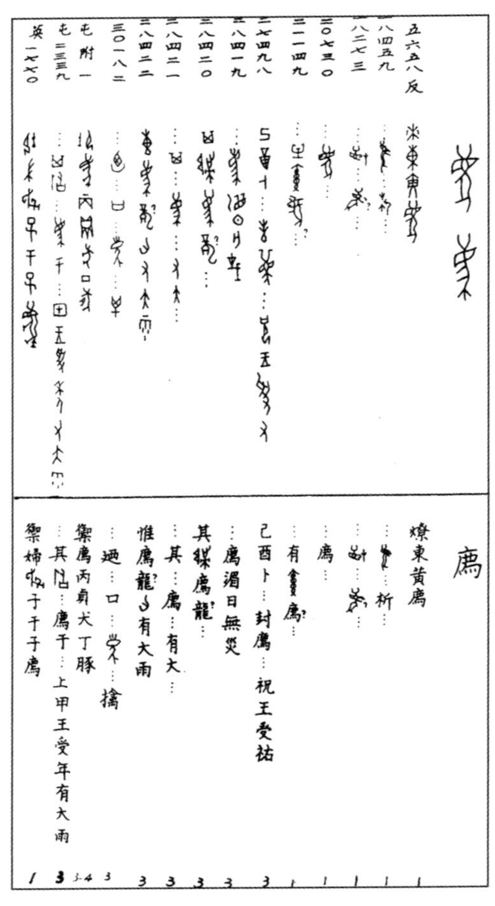

图 1-1-5　甲骨卜辞[①]

二　廌的名称和形象

东汉许慎《说文解字》："灋，刑也。平之如水，从水。廌所以触不直者去之，从去。法，今文省。""廌，解廌兽也。似山牛（一说'山牛'为'羊'字之讹）一角。

① 姚孝遂：《殷墟甲骨刻辞类纂》（中），中华书局 1989 年版，第 632 页。

古者决讼，令触不直。象形，从豸省。”“薦，兽之所食草。从廌从草。古者神人以廌遗黄帝。帝曰：何食何处？曰：食廌，夏处水泽，冬处松柏。”可见，至少在东汉时代，人们已经将廌与独角兽和远古法官联系在一起。许慎的解释并非其个人的创造，而是对古代历史和传说的总结。自从春秋时代孔子提倡关注现实生活、不语怪力乱神的学风以后，儒家知识分子大都坚持以往。及至司马迁撰《史记》摒弃其文不雅驯者，王充《论衡》批驳世间无稽之谈，无意之间竟遗失了许多传说史料。许慎《说文解字》能够客观记录民间口耳相传的历史知识，实为一大幸事。当今学者亦有持否定意见者，认为关于廌和独角兽的传说并非我国自古有之，乃两汉间伴随西域文化传入而形成。此说虽然新颖，却举不出客观的证据来。

廌又称为“解”“獬”“觟”“觽”“解廌”“解豸”“獬廌”“獬豸”“觟觽”。廌字的字形比较稳定，但廌的发音却是多样的。而关于廌的故事更多的是靠着语言来传播的。是否可以这样推测，与廌相关的人名、族名、神祇名或发音可能就是见诸文字的蚩尤、颛顼、祝融、咎繇、皋陶、蓐收、鵕鸠、西王母。他们大都与东夷民族独角兽图腾、与世代执掌的司法事务具有种种联系，这些名称可能是标识着这些部落氏族在不同时代、不同地域和不同部族的不同称谓。

关于廌的形象，历来说法不一。为了全面把握廌的形象，现将既存的说法和与独角兽有关的图像资料，择要罗列如下：

其一，似牛说。《说文解字》：“廌，解廌兽也，似山牛一角。”段玉裁注：“《玉篇》《广韵》《太平御览》所引皆无山字。”《神异经》：“东北荒中有兽，如牛，一角，毛青，四足似熊，见人斗则触不直，闻人论则咋不正，名曰解豸。”徐中舒的《甲骨文字典》：“《说文》谓廌似牛近是”，“牛与廌所以别者，以廌有多毛之尾，此殆上古野牛之特征”。①

其二，似羊说。《后汉书·舆服志下》：“解豸神羊，能别曲直，楚王尝获之，故以为冠。”《金楼子·兴王》：“常年之人得神兽若羊，名曰解豸。”《论衡·是应》：“觟觽者，一角之羊也，性知有罪。皋陶治狱，其罪疑者，令羊触之，有罪则触，无罪则不触。斯盖天生一角圣兽，助狱为验，故皋陶敬羊，起坐事之。”

其三，似鹿说。《汉书·司马相如传》注引张揖曰：“解廌，似鹿而一角。人君刑罚得中则生于朝廷，主触不直。”

其四，似麟说。《隋书·礼仪志》引蔡邕曰：“解豸，如麟，一角。”《说文解字》：“麒，仁兽也，麋身，牛尾，一角，从鹿其声。”

---

① 徐中舒：《甲骨文字典》，四川辞书出版社 1989 年版，第 1077、1078 页。

其五，似熊一角。《路史余论》四“獬豸”引《苏氏演义》：(獬豸)“毛青，四足，似熊，性忠，见斗则触不直，闻论则咋不正。”《神异经》：“东北荒中，有兽如牛，一角毛青，四足似熊。见人斗则触不直，闻人论则咋不正。”出土玉器有独角熊形象。

此外，还有一些独角动物，它们虽然不一定与廌有关，但是诸多独角动物的存在多少也增加了廌曾经生存过的可能性。这些独角动物是：(1)独角马。《山海经》中有几种独角马。(2)独角狐。《山海经·海外西经》有乘黄，一角，如狐。(3)独角鸟。《山海经》有独角鸟。(4)似犀牛一角。(5)似豹一角。(6)似虎一角。(7)独角鱼。《山海经》中有独角鱼。特别值得注意的是，商周玉器中也有独角鸟形象。自然界也许罕见真实的独角鸟，但是，东夷民族多以鸟类为其图腾。独角鸟形象也许是独角兽图腾之民族与鸟图腾之民族相结合的产物。

综上所述，可见廌是一个形如牛、羊、鹿、麟一样的动物，其特点是独角，其功用是别曲直、正刑罚、赏善罚恶。其实，它既不是神奇的动物，也不是一个传奇式的古代人物，而是自黄帝时起世代主管军事和司法事务的东夷集团蚩尤部落的图腾，即一角之兽——廌，其读音或名称为蚩尤、颛顼、祝融、咎繇、皋陶。又称作“夷兽”“仁兽”“圣兽”。颐和园仁寿殿里有一尊麒麟铜像，“仁寿”盖取“夷兽”谐音。“夷兽”即“一角圣兽”。

图 1-2-1　独角牛[①]

图 1-2-2　独角牛[②]

---

① 《山海经·海内南经》：“兕在舜葬东，湘水南，其状如牛，苍黑一角。”马昌仪：《古本山海经图说》(上)，广西师范大学出版社 2007 年版，第 76 页。

② 《山海经·海内南经》：“兕在舜葬东，湘水南，其状如牛，苍黑一角。”马昌仪：《古本山海经图说》(上)，广西师范大学出版社 2007 年版，第 78 页。

图1-2-3　独角羊①

图1-2-4　独角羊②

图1-2-5　独角鹿③

图1-2-6　独角图④

---

① 《山海经・北次三经》："泰戏之山，无草木，多金。有兽焉，其状如羊，一角一目。"马昌仪：《古本山海经图说》(上)，广西师范大学出版社2007年版，第437页。

② 《山海经・西山经》："符禺之山，其兽多葱聋，其状如羊而赤鬣。"马昌仪：《古本山海经图说》（上），广西师范大学出版社2007年版，第109页。

③ 东汉。鎏金铜独角鹿。河南省偃师市李家村出土，现藏河南省博物馆。杨泓：《中国美术全集：墓葬及其他雕塑》（一），黄山书社2010年版，第167页。

④ 东汉。陕西省米脂县征集，现藏陕西省米脂县博物馆。信立祥：《中国美术全集：画像石画像砖》（二），黄山书社2010年版，第346页。

图 1-2-7 麒麟像①

图 1-2-8 麒麟雕塑②

图 1-2-9 独角熊③

图 1-2-10 独角狐④

---

① 董作宾：《获白麟解》。宋镇豪、段志洪：《甲骨文献集成》第 26 册，四川大学出版社 2000 年版，第 180~194 页。

② 勒保夫妇诰封碑碑座，现藏北京石刻艺术博物馆。《北京文物精粹大系》编委会、北京市文物局：《北京文物精粹大系 · 石雕卷》，北京出版社 1999 年版，第 265 页。

③ 商代。独角熊玉佩，妇好墓出土，现藏中国社会科学院考古研究所。杨伯达：《中国玉器全集》（上），河北美术出版社 2005 年版，第 150 页。

④ 《山海经 · 海外西经》：“有乘黄，其状如狐，其背上有角，乘之寿二千岁。”马昌仪：《古本山海经图说》（下），广西师范大学出版社 2007 年版，第 780 页。

图 1-2-11　独角鸟①

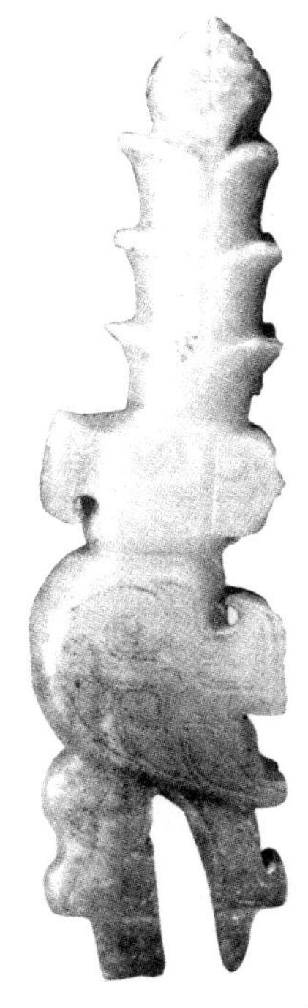

图 1-2-13　独角鸟③

图 1-2-12　独角鸟②

图 1-2-14　独角马④

图 1-2-15　独角马⑤

---

① 《山海经·南次二经》：（鹿无之山）"有兽焉，名曰蛊雕，其状如雕而有角，其音如婴儿，是食人。"马昌仪：《古本山海经图说》（上），广西师范大学出版社 2007 年版，第 68 页。

② 西周。独角鸟玉雕。孙华：《中国美术全集·玉器》（一），黄山书社 2010 年版，第 200 页。

③ 商代。独角鸟玉雕，头顶有花冠状独角。谢天宇：《中国古代玉器收藏与鉴赏全书》（上），天津古籍出版社 2004 年版，第 93 页。

④ 《山海经·北次三经》：（印泽）"其中多駮马，牛尾而白身，一角，其音如呼。"马昌仪：《古本山海经图说》（上），广西师范大学出版社 2007 年版，第 385 页。

⑤ 《山海经·西次四经》："中曲之山，有兽焉，其状如马，面白身黑尾，一角，虎牙爪，音如鼓，其名曰驳，是食虎豹，可以御兵。"马昌仪：《古本山海经图说》（上），广西师范大学出版社 2007 年版，第 272 页。

图 1-2-16　独角犀①

图 1-2-17　独角豹②

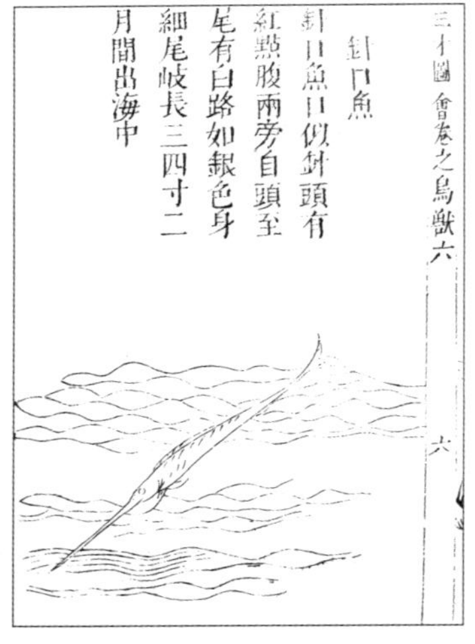

图 1-2-19　独角鱼④

图 1-2-18　独角虎③

图 1-2-20　琉璃摩羯⑤

① 《山海经·南次三经》：“祷过之山，其上多金玉，其下多犀。”马昌仪：《古本山海经图说》(上)，广西师范大学出版社 2007 年版，第 74 页。

② 《山海经·西次三经》：“章莪之山，无草木，多瑶碧，所为甚怪。有兽焉，其状如赤豹，五尾一角，其音如击石，其名曰狰。”马昌仪：《古本山海经图说》(上)，广西师范大学出版社 2007 年版，第 217 页。

③ 东汉时期。红陶虎纹独角兽，陕西勉县长林镇杨宅村汉墓出土，现藏陕西勉县博物馆。杨泓主编：《中国美术全集：墓葬及其他雕塑》(一)，黄山书社 2010 年版，第 181 页。

④ 王圻：《三才图会》(下)，上海古籍出版社 1988 年版，第 2268 页。

⑤ 西夏陵区 3 号墓出土，现藏宁夏博物馆——作者拍照。

三　廌与独角龙虎

廌作为独角兽图腾符号，究竟是何时产生的？它最初又是来源于何种动物？这是一个应当回答却又是非常难以回答的问题。因为现存历史文献当中没有记载，我们只能根据出土文物作主观的推测。其中，最主要的焦点就是独角动物图形。值得欣慰的是，近数十年以来，考古领域发掘出了一些独角动物形象，从而给我们的推测提供了客观条件。

查海石堆塑龙，距今8000年。1994年，辽宁省阜新市沙拉乡查海村西南2.5公里查海遗址发现，全长19.7米，宽1.8～2米，用大小均等的红褐色石块摆塑而成，同时出土一大批石器、陶器、玉器。其文化性质被定为兴隆洼文化，时代为距今8000年。① 其玉器堪称我国发现最早的玉器，龙形摆塑亦被认为系我国最早的龙形发掘物。但是，由于制作材料和工艺的限制，我们还不能描述龙的局部形象。

焦墩卵石摆塑独角龙，距今6000年。1993年，考古工作者在黄梅焦墩新石器遗址发现卵石摆塑龙，全长4.46米，高2.28米，宽0.3～0.65米，龙形呈昂首直身，曲颈卷尾，独角上扬，背部有三鳍，腹下伸三足，其年代被认为约距今6000年。② 这是独角龙形象首次出现的记录。但是，由于没有更详细的文字和图像材料，我们还不能具体评述。

濮阳西水坡独角龙独角虎，距今6000年。1987年，河南省濮阳市文物考古工作者在濮阳市西水坡发掘新石器时代墓葬，即45号墓，获得重大成果。该墓中央有一具成年男性骨骸，长度为1.84米(一说1.7米)，仰卧，头南足北，骨骸东侧有蚌壳堆塑龙，头北尾南，长1.74米，昂首曲颈，骨骸西侧有蚌壳堆塑虎，头北尾南，长1.39米，头微低，尾下垂，龙虎均背向骨骸，此墓葬的年代为距今6000年。③ 有学者判断墓主的身份为原始社会的部落首领、巫师。关于蚌壳堆

① 辛岩、方殿春：《查海遗址1992～1994年发掘报告》，辽宁省文物考古研究所编：《辽宁考古文集》，辽宁民族出版社2003年版，第13页。

② 陈树祥：《黄梅发现新石器时代卵石摆塑巨龙》，1993年8月22日《中国文物报》。

③ 濮阳市文物管理委员会等：《河南濮阳西水坡遗址发掘报告》，《文物》1988年第3期。

塑龙虎的形象，有学者提出龙为鳄鱼[①]，还有学者发现虎有独角[②]。笔者十分赞同虎有独角说。同时，笔者曾经仔细观察过墓葬，产生了一个大胆的猜测，即蚌壳堆塑龙也是独角。它的独角长在头的顶部。如果把视线放低，就会发现龙额上面的角不是双角而是独角。独角不在龙额的左侧而在龙额的中部，独角的位置与地面大体平行，从而排除了龙有双角的可能性。如果是这样的话，我们就可以把濮阳市西水坡的蚌壳堆塑龙虎改称为"独角龙"和"独角虎"。

凌家滩独角玉龙（玉虎），距今5300年。1998年10～11月，安徽省文物考古研究所第三次发掘安徽含山县凌家滩遗址，发现环形动物玉雕件，被称"凌家滩玉龙"。在此前的发掘中曾发现许多石器、陶器、玉器。玉器当中有玉玦、玉璜、玉龟、玉人、八角星纹玉版等。此后又有第四、第五次发掘，收获颇丰。第三次发掘在第16号墓出土的玉龙呈偏心圆环状，长径为4.4厘米，短径为3.9厘米，厚约2厘米，首部呈兽面，脊背有长鬣形纹，直至尾部。关于首部特征，发掘报告这样描述："吻部突出，阴线刻出嘴、鼻，阴刻圆点为眼，头部阴刻几条线呈皱纹和龙须，头雕两角。"[③]但是，朱乃诚认为玉龙当为玉虎，理由十分充分。笔者同意玉虎说。笔者认为，该物不仅是玉虎，而且是独角玉虎。发掘报告所谓"头雕两角"实为"头雕两耳"。其独角之形从横截面示意图中表现得十分明显。[④]

三星他拉独角玉龙，距今4000年。1971年春天，内蒙古翁牛特旗三星他拉村村民在该村北山岗植树时，于半米深土中发现墨绿色C形玉饰件。此玉饰件后被称为"三星他拉玉龙""三星他拉C形龙"。该玉饰件为一整块玉料制作，整体呈圆形，高26厘米，龙体呈环状，龙体横截面略呈椭圆形，直径2.3～2.9厘米。龙头颈部略呈"S"形，弯曲流畅，吻部前伸，略向上翘，嘴部紧闭，不露牙齿，鼻端截平，有对称鼻孔，双眼呈梭形而突起，眼尾上翘，额部颚底部阴刻细密方格网状纹，颈脊有长鬣，长21厘米，约占龙体1/3，鬣呈扁薄片状，鬣自前至尾磨有浅凹槽，鬣边缘磨出锐角如刃，鬣尾部上卷，末端尖锐，通体圆润光洁，龙体刚劲，长鬣高扬。[⑤]

学界对"三星他拉C形龙"的文化属性及年代持有不同意见。有学者认为，

---

① 朱乃诚：《中华龙：起源和形成》，三联书店2009年版，第8页。
② 参见金刚：《图腾动物独角兽原型考》，《内蒙古大学学报（人社版）》2005年第1期。
③ 安徽省文物考古研究所：《安徽含山县凌家滩遗址第三次发掘报告》，《考古》1999年第11期。
④ 朱乃诚：《中华龙：起源和形成》，三联书店2009年版，第84、85页。
⑤ 谢天宇：《中国玉器收藏与鉴赏全书》（上），天津古籍出版社2006年版，第55页。

“三星他拉C形龙”属于红山文化遗存，其年代不晚于距今5000年。[①] 也有学者认为，“三星他拉C形龙”不属于红山文化，而属于夏家店文化，其年代在距今4000～3500年。[②]

其实，学术界也许有一个共同的失误，就是将“三星他拉C形龙”头颈上面的独角误判为长鬣。理由有二：第一，那个所谓的“长鬣”符合长角的特征。“长鬣”本应当如马鬣般呈披散状，那么，为什么会竖立向上？为什么会呈扁薄片状？为什么会有浅凹槽？为什么其边缘锋利如刃？其末端又为什么会呈尖锐状？第二，试想一下，一个通身没有毫毛且无足的似蛇动物，怎么可能在其局部（头颈部）生出毫毛？现实中有这样的动物吗？因此，“三星他拉C形龙”头颈上面的鬣应当是独角。这种独角形状在后世的艺术作品中时有出现。因此，“三星他拉C形龙”则应当改称为“三星他拉C形独角龙”。

孙家岗玉雕龙。湖南省文物工作者于1991年11月在发掘澧县孙家岗墓中地时于4号墓葬发现的。玉龙长9.1厘米，宽5.1厘米，“镂空透雕，龙体蟠曲，头顶及后部为高耸的角状装饰”[③]。如此看来，该雕件十分重视龙头的角部。但是，关于该玉雕龙的角是双角还是独角，尚无法判断。

肖家屋脊独角玉雕盘龙。肖家屋脊独角玉雕盘龙本名为“肖家屋脊玉雕盘龙”。1988年，考古人员发掘湖北天门石家河肖家屋脊遗址时从瓦棺中发现的。其玉料呈黄绿色，有灰白色斑，龙体首尾相悬接，呈玦形，外径为3.8厘米，龙体宽1.2厘米，厚0.8厘米。上颌凸出，下颌回收，额部有一道横凸棱，额顶到顶后部有长角形浮雕。属于石家河文化晚期，距今4000年。[④] 龙头颈部上方的“长角形浮雕”，其实就是一只宽大肥厚的独角。那么，如果是这样的话，“肖家屋脊玉雕盘龙”就应当称为“肖家屋脊独角玉雕盘龙”。

起码到了商代，龙、虎被凝化在文字中。甲骨文中已经出现“龙”“虎”字。但是，从文字当中，似乎已经看不到独角的痕迹。但是，甲骨文“龙”字上方的“开”形，和商周独角龙形玉佩上部类似“日”字形的圆柱形状是十分接近的，也许两者之间有渊源的关系。

西周以后，在艺术品当中仍然能够看到独角龙、独角虎的形象。比如西周的独角龙形佩、战国的绞丝纹龙形佩和云纹独角龙形佩、东汉的红陶虎纹独角兽。从某种角度来说，这些艺术形象是远古独角龙、独角虎形象的继承和怀念，

---

① 孙守道：《三星他拉红山文化玉龙考》，《文物》1984年第6期。

② 朱乃诚：《中华龙：起源和形成》，三联书店2009年版，第79页。

③ 湖南省文物考古研究所：《澧县孙家岗新石器时代墓群发掘简报》，《文物》2000年第12期。

④ 朱乃诚：《中华龙：起源和形成》，三联书店2009年版，第24、25页。

并非艺术家凭空臆造。

廌作为似羊、牛、鹿、马、虎、麟的独角兽，应当是在独角龙、独角虎的基础上逐渐演变形成的。后来，龙、麟等都吸收其他动物的共有特征，演变成双角动物，而廌却一直保留了它的独角特征。独角虎形象背后很可能隐藏着廌与虎的原始联系。良渚玉器上面的神徽盖即表现为蚩尤骑虎之状。有学者探讨了虎与独角兽的最初联系，认为麒麟并非鹿属，而是虎和犀牛合成的产物。① 值得注意的是，古人认为虎亦属于“仁兽”。“仁”通“夷”，“仁兽”即“夷兽”，东夷之兽，这样，虎便与麒麟一样归属于东夷了。《山海经·海内北经》曰：“林氏国有珍兽，大若虎，五采毕具，尾长于身，名曰驺吴，乘之日行千里。”“驺吴”即“驺虞”。《说文解字》曰：“虞，驺虞也，白虎黑文，尾长于身，仁兽，食自死之肉。”“驺虞族的祖灵图腾是虎，是兽王。”②《山海经·海外东经》曰：“君子国在其北，衣冠带剑，食兽，使二文虎在旁。”可见，东夷的君子国与文虎是有渊源的。《说文解字》说“謶”字与“灋”字同意。“虥”字的本义与独角虎有关（参阅本书第七章第八节）。总之，廌不论源于何种动物，它自始至终保持着独角形象，这一情况恐怕应当归功于廌的原始社会职能，人们依然希望它继续用独角来维护社会公平，摒除邪恶。

图 1-3-1　查海独角石塑龙③

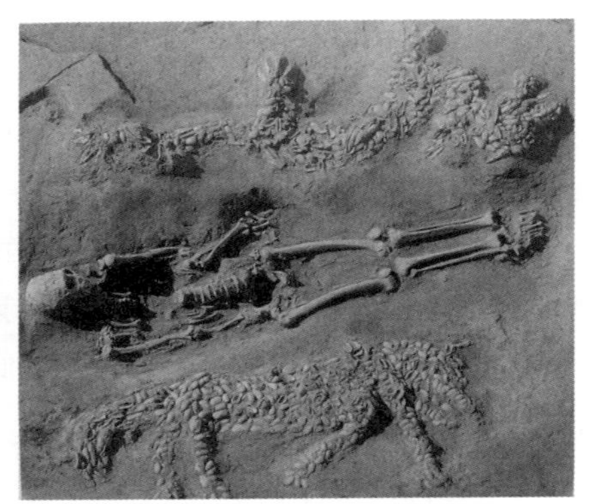

图 1-3-2　濮阳蚌塑龙虎④

---

① 参见金刚：《图腾动物独角兽原型考》，《内蒙古大学学报（人社版）》2005 年第 1 期。

② 周清泉：《文字考古》（一），四川人民出版社 2002 年版，第 115 页。

③ 朱乃诚：《中华龙：起源和形成》，三联书店 2009 年版，第 18 页。

④ 仰韶文化。河南濮阳市西水坡出土。罗世平：《中国美术全集：宗教雕塑》（一），黄山书社 2010 年版，第 5 页。

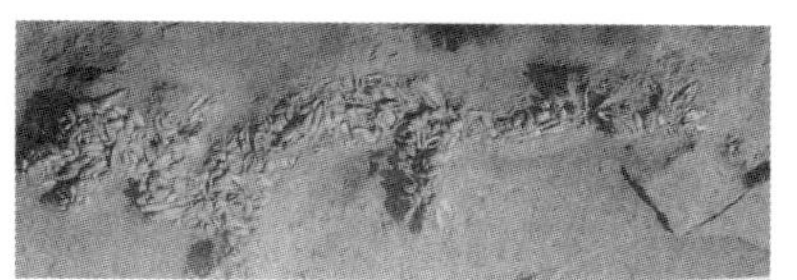
图 1-3-3　濮阳蚌塑独角龙①

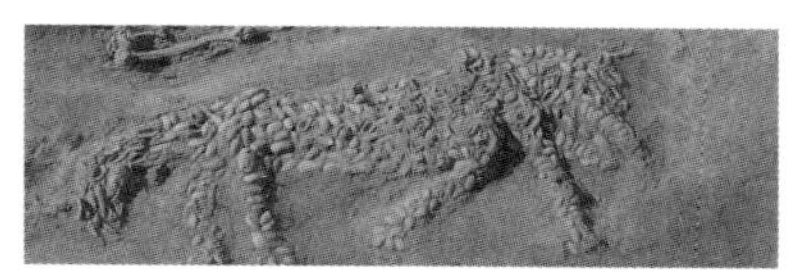
图 1-3-4　濮阳蚌塑独角虎②

图 1-3-5　凌家滩龙形饰③

图 1-3-6　凌家滩龙形饰示意图④

图 1-3-7　独角玉龙⑤

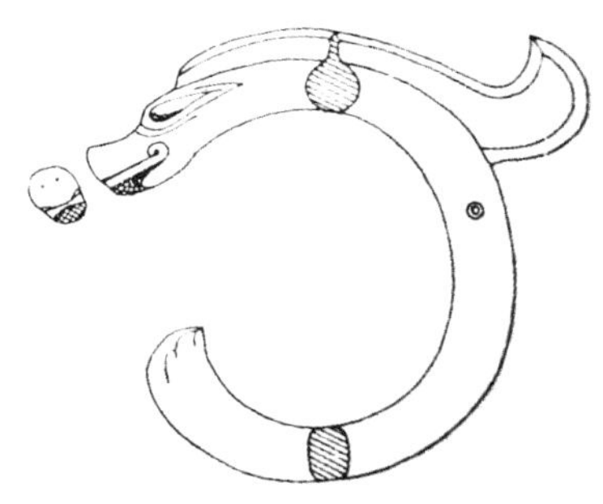
图 1-3-8　独角玉龙示意图⑥

---

① 仰韶文化。河南濮阳市西水坡出土。罗世平:《中国美术全集:宗教雕塑》(一),黄山书社 2010 年版,第 5 页。龙额上有独角。

② 仰韶文化。河南濮阳市西水坡出土。罗世平:《中国美术全集:宗教雕塑》(一),黄山书社 2010 年版,第 5 页。虎额上有独角。

③ 凌家滩文化。安徽含山县凌家滩遗址 1 号墓出土,现藏安徽省文物考古研究所。孙华:《中国美术全集:玉器》(一),黄山书社 2010 年版,第 31 页。作者按:额上有独角。

④ 朱乃诚:《中华龙:起源和形成》,三联书店 2009 年版,第 84 页。

⑤ 红山文化。内蒙古翁牛特旗三星他拉村出土,现藏国家博物馆。孙华:《中国美术全集:玉器》(一),黄山书社 2010 年版,第 11 页。作者按:额上有独角。

⑥ 朱乃诚:《中华龙:起源和形成》,三联书店 2009 年版,第 123 页。

图 1-3-9 独角玉龙①

图 1-3-10 孙家岗玉龙饰②

图 1-3-11 肖家独角玉龙③

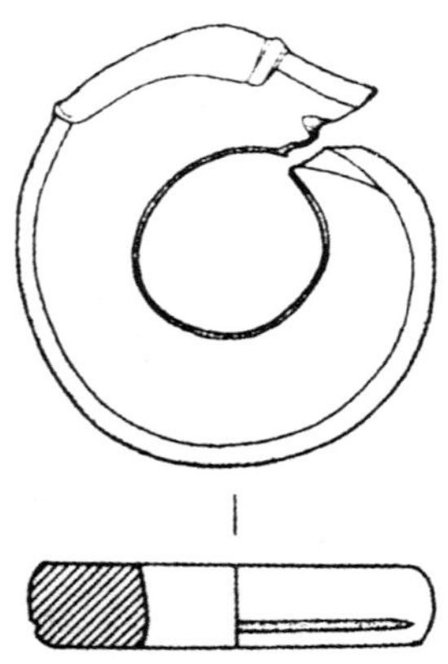

图 1-3-12 肖家独角玉龙示意图④

① 红山文化。内蒙古翁牛特旗广德公乡黄谷屯出土，现藏内蒙古翁牛特旗博物馆。孙华：《中国美术全集：玉器》(一)，黄山书社 2010 年版，第 12 页。作者按：额上有独角。

② 石家河文化。朱乃诚：《中华龙：起源和形成》，三联书店 2009 年版，第 122 页。

③ 石家河文化。朱乃诚：《中华龙：起源和形成》，三联书店 2009 年版，第 123 页。作者按：额上有独角。

④ 石家河文化。朱乃诚：《中华龙：起源和形成》，三联书店 2009 年版，第 123 页。

图 1-3-13　独角龙形佩①

图 1-3-15　独角龙形佩③

图 1-3-14　独角龙形佩②

图 1-3-16　独角虎形佩④

图 1-3-17　绞丝纹独角龙形佩⑤

① 商代。河南安阳妇好墓出土。孙华:《中国美术全集:玉器》(一),黄山书社 2010 年版,第 118 页。

② 西周。陕西西安市长安区张家坟墓地出土,现藏中国社会科学院考古研究所。孙华:《中国美术全集:玉器》(一),黄山书社 2010 年版,第 192 页。

③ 西周。陕西西安市长安区张家坟墓地出土,现藏中国社会科学院考古研究所。孙华:《中国美术全集:玉器》(一),黄山书社 2010 年版,第 191 页。

④ 西周。陕西宝鸡市茹家庄 1 号墓地出土,现藏陕西省宝鸡市青铜器博物馆。孙华:《中国美术全集:玉器》(一),黄山书社 2010 年版,第 205 页。

⑤ 战国。河南洛阳市唐宫路小学出土,现藏洛阳市文物工作队。孙华:《中国美术全集:玉器》(二),黄山书社 2010 年版,第 287 页。

图 1-3-18　云纹独角龙形佩①

图 1-3-19　独角陶龙②

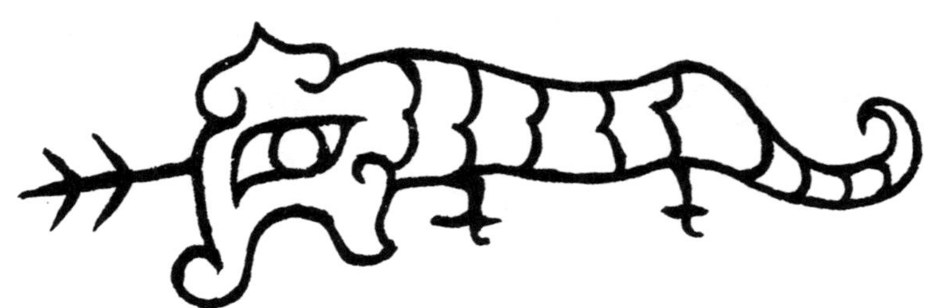

图 1-3-20　独角虎③

---

① 战国。河南淮阳县平粮台 16 号墓出土，现藏河南省文物考古研究所。孙华：《中国美术全集：玉器》(二)，黄山书社 2010 年版，第 287 页。

② 元代。陕西西安市元墓出土，现藏陕西历史博物馆。杨泓：《中国美术全集：墓葬及其他雕塑》(二)，黄山书社 2010 年版，第 510 页。

③ 礼器图案。容庚：《金文编》，中华书局 1985 年版，第 1077 页。

四　廌与解廌

东汉许慎《说文解字》曰："灋，刑也。平之如水，从水。廌所以触不直者去之，从去。法，今文省。""廌，解廌兽也。似山牛一角。古者决讼，令触不直。象形，从豸省。凡廌之属皆从廌。""薦，兽之所食草。从廌从草。古者神人以廌遗黄帝。帝曰：何食何处？曰：食薦，夏处水泽，冬处松柏。"[①]薦草，可能是薰华草。《山海经·海外东经》："君子国在其北，衣冠带剑，食兽，使二文虎在旁。其人好让不争。有薰华草，朝生夕死。"

清段玉裁《说文解字注》："廌，解廌兽也。四字一句。似牛一角。各本皆作似山牛，今删正。《玉篇》《广韵》及《太平御览》所引皆无山也。古者决讼，令触不直者，下者字依《玉篇》补。《神异经》曰：东北荒中有兽，如牛，一角，毛青，四足似熊，见人斗则触不直，闻人论则咋不正，名曰解豸。《论衡》曰：獬豸者，一角之羊，性识有罪。皋陶治狱，有罪者，令羊触之。按，古有此神兽，非必皋陶赖之听狱也。《广韵》曰：《字林》《字样》作解廌，《广雅》作貈豸，陆作獬豸。陆谓陆法言切韵也。廌与解叠韵，与豸同音通用。廌能止不直，故古训为解。《左传·宣公十七年》：庶有廌乎。杜注：廌，解也。《释文》本作廌，《正义》本作豸。陆云：廌解之训见《方言》。孔云：豸，解也，方言文。今《方言》卷十二：瘐，解也。瘐必廌之误字。既误后乃反以胡记耳。左释文大书廌字，俗改为鸠，莫能諟正。象形，谓象其头角也。从豸省，此下当有豸亦声，宅买切。"[②]

清桂馥《说文解字义证》："解廌兽也者，或借豸字。宣十七年《左传》：庶有廌乎。注云：廌，解也。《释文》：解音蟹。董巳《舆服志》：獬豸，神羊也。《金楼子·兴王篇》：常年之人得神兽若羊名曰獬豸。《隋书·礼仪志》引蔡邕曰：獬豸，如麟一角。似山牛一角者，《神异经》：有兽如牛一角，名曰獬豸。古者决讼令触不直者，《太元·坚次八》：唯用獬豸之贞。注云：獬豸，好直之兽也。又《难上九》：獬豸，终以直其有施。注云：獬豸，直兽也。有疑则以角触之。终能为人别曲直。故可施行。《困学纪闻》引作觟觽。《论衡·是应篇》：儒者所云：觟觽者，一角之羊也，性知有罪，皋陶治狱，其罪疑者，令羊触之，有罪则触，无罪则不触。斯盖天生一角圣兽，助狱为验，故皋陶敬羊，起坐事之。《神异经》：东北荒

---

① 许慎：《说文解字》，中华书局1963年版，第202页。

② 段玉裁：《说文解字注》，浙江古籍出版社2006年版，第469页。

中，有兽如牛，一角毛青，四足似熊。见人斗则触不直，闻人论则咋不正，名曰解豸。一名任法兽。故立狱皆东北，依所在也。《汉书·司马相如传》：弄獬豸。张揖曰：解廌似鹿而一角。人君刑罚得中，则生于朝廷，主触不直者。《宋书·符瑞志》：獬豸知曲直，狱讼平则至。束皙《玄居释》：朝养触邪之兽，廷有指佞之草。《唐书·俣思止传》：高元礼教曰：上如问君不识字，宜对：獬豸不学，而能触邪。胡广注《汉官篇》：御史法冠，一名獬豸。獬豸兽名，知人曲直，触邪佞。《汉官仪》：《左传》南冠而絷，楚冠也。秦灭楚，以其冠赐近臣。御史服之。即今獬豸冠也。古有解廌兽，触不直者。故执宪以其形用为冠，令触人也。《续汉书·舆服志》：法冠一曰柱后或谓之獬豸冠。獬豸神羊，能别曲直，楚王尝获之，故以为冠。牛僧儒《象化解》：獬豸之性触，而瑰饰獬豸冠，足以象触邪。"①

商承祚《甲骨文字研究》："廌，此字昔皆释马，余前承其误。董作宾先生谓，此乃一角之兽而非马。是也。然以为麟则非。余意廌字。《说文》：'廌，解廌兽也。似山牛一角。古者决讼，令触不直者。象形，从豸省。'《异物志》：'东北荒中有兽，名獬豸，一角性忠，见人斗则触不直者，闻人论则咋不正者。'是廌为善兽，古习见之。故甲骨文有获廌之辞。"②

董作宾《获白麟解》："在中国古代记载里，一角的兽，名目繁多。如廌、犀、兕、麠、麃、騰、驳之类"；"此种一角能牴之兽，古或有之，但不知应属何类。解廌之名，当是后人附会为之者。因廌音宅买切，略同于牴，以其善于抵触，所以呼之曰廌。后来又因他能分解曲直，辨别斜正，所以在廌上又冠以解的美名。"③

郭沫若《出土文物二三事》认为：（御廌）"廌或作豸，是莫须有的一种怪兽——獬廌的省称。《说文》'解廌，兽也。似山牛，一角。古者决讼令触不直者。'盖古时奴隶主于判处罪状时，将牛角去其一，以神乎其事。故后世司法官所戴之冠名'獬廌冠'。廌字音读如宰，在此即读为宰，当是执法小吏。"④

值得注意的是，"廌""豸""解"三字同义。《说文解字》："解，判也，从刀判牛角。一曰：解，廌兽也。""判，分也。从刀，半声。"清桂馥《说文解字义证》："判也者。《月令》：鹿角解、麋角解。宣四年《左传》：宰夫将解鼋。《庄子·养生主》：庖丁解牛。《晏子》：公怒，令人操刀解养马者。《鲁语》：晋文公解曹地以分诸侯。《汉书·贾谊传》：所排击割剥，皆众理解也。颜注：解，支结也。一曰解廌兽也者，本书：廌，解廌，兽也。《广韵》：解廌，仁兽，似牛，一角。又云：《字林》《字样》俱作解廌。《广雅》作獬豸，陆作獬豸也。"又说"解廌兽也者，或借豸字。宣十七年《左

① 桂馥：《说文解字义证》，齐鲁书社 1987 年版，第 838 页。

② 商承祚：《甲骨文字研究》，天津古籍出版社 2008 年版，第 126 页。

③ 宋镇豪、段志洪：《甲骨文献集成》第 26 册，四川大学出版社 2000 年版，第 180～194 页。

④ 郭沫若：《出土文物二三事》，人民出版社 1972 年版，第 26 页。

传》：庶有廌乎。注云：廌，解也。”[①]

有意思的是，“解”既是名词，与“廌”“豸”同义，又是动词，有分辨是非、解决纷争之义。久而久之，解又名物化为解结者，其文化符号就是兽角做的觿——“能治烦决乱者佩觿”。《说文解字》：“觿，佩角锐耑，可以解结。从角巂声。诗曰：童子佩觿。”“耑，物初生之题也。”清桂馥《说文解字义证》：“佩角锐耑，可以解结者，《广韵》引无佩字。王注《楚辞》：解结者佩觿。《说苑·修文篇》：能治烦决乱者佩觿。又《杂言篇》：百人操觿，不可为固结。《内则》小觿注云：小觿，解小结也。觿如锥，以象骨为之。赵宧光曰：觿多用鹿茸中小角，就形而成。诗云云者，卫风芄蘭文。传云：觿所以解结。”[②]古代常以所佩之物来表识其人的身份、职务，如《庄子·田子方》所谓“缓佩玦者，事至而断”。因此，“能治烦决乱者佩觿”，佩觿者或许正是排难解忧、解决纷争的法官形象。

通过以上内容可以发现，廌是“古习见之”的独角动物。其实它是东夷民族蚩尤部落的图腾标识，由于这个部落创造了“灋”，又世世代代执掌司法事务，而最早的法官是军事法官，所以蚩尤被后人奉为法神、刑神、战神。

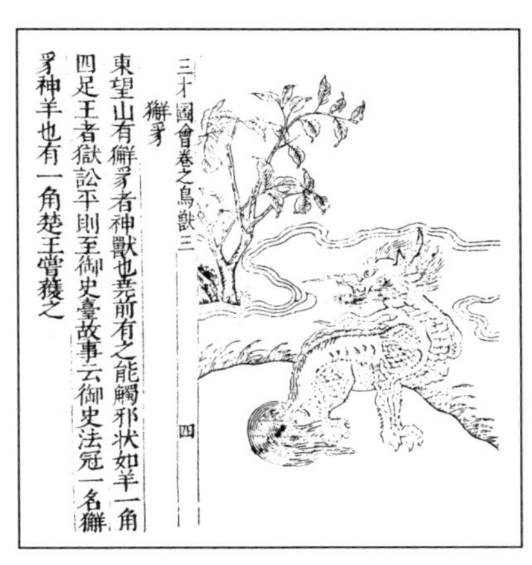
三才圖會卷之鳥獸三　四

獬豸

東望山有獬豸者神獸也堯前有之能觸邪狀如羊一角四足王者獄訟平則至御史臺故事云御史法冠一名獬豸神羊也有一角楚王嘗獲之

图 1-4-1　獬豸图[③]

图 1-4-2　铜獬豸[④]

图 1-4-3　铜獬豸[⑤]

---

① 桂馥：《说文解字义证》，齐鲁书社 1987 年版，第 372、838 页。

② 桂馥：《说文解字义证》，齐鲁书社 1987 年版，第 372 页。

③ 王圻：《三才图会》（中），上海古籍出版社 1988 年版，第 2202 页。

④ 东汉。甘肃酒泉市下河清 18 号墓出土，现藏甘肃省博物馆。杨泓：《中国美术全集：墓葬及其他雕塑》（一），黄山书社 2010 年版，第 181 页。

⑤ 魏晋。甘肃嘉峪关出土，现藏甘肃省博物馆。杨泓：《中国美术全集：墓葬及其他雕塑》（一），黄山书社 2010 年版，第 191 页。

图 1-4-4 彩绘木獬豸①

图 1-4-6 獬豸图③

图 1-4-7 脊兽獬豸④

图 1-4-5 二十八宿斗木獬②

图 1-4-8 獬豸像局部⑤

① 东汉。甘肃武威市磨嘴子出土，现藏甘肃省博物馆。杨泓：《中国美术全集：墓葬及其他雕塑》（一），黄山书社 2010 年版，第 182 页。

② 山西晋城市玉皇庙西庑二十八宿第十身。斗木獬双手执圭，身后立一獬廌。罗世平：《中国美术全集：宗教雕塑》（二），黄山书社 2010 年版，第 457 页。

③ 内蒙古鄂托克旗凤凰山 1 号墓出土，室东壁壁画（局部）。罗世平：《中国美术全集：墓室壁画》（一），黄山书社 2010 年版，第 47 页。

④ 徐华铛：《古建上的主要装饰纹样——麒麟》，《古建园林技术》2001 年第 1 期。

⑤ 东汉。陕西神木县大保当出土，现藏陕西省考古研究院。信立祥：《中国美术全集：画像石画像砖》（二），黄山书社 2010 年版，第 309 页。

图 1-4-9　獬豸像①

图 1-4-10　獬豸图②

图 1-4-11　鹿角觽③

图 1-4-12　獬豸像④

① 东汉。陕西米脂县官庄大出土，现藏陕西省西安碑林博物馆。信立祥：《中国美术全集：画像石画像砖》(二)，黄山书社 2010 年版，第 341 页。

② 西晋。甘肃省嘉峪关市新城出土。罗世平：《中国美术全集：墓室壁画》(一)，黄山书社 2010 年版，第 168 页。

③ 西周。觽是日常生活用具，其用途是解结。辽宁建平县董家沟村出土，现藏辽宁省博物馆。孙华：《中国美术全集：青铜器》(二)，黄山书社 2010 年版，第 579 页。

④ 东汉。陕西神木县大保当出土，现藏陕西省考古研究院。信立祥：《中国美术全集：画像石画像砖》(二)，黄山书社 2010 年版，第 309 页。

图 1-4-13　獬豸像(局部)[①]

图 1-4-14　獬豸图[②]

图 1-4-15　獬豸石兽[③]

图 1-4-16　獬豸图绘[④]

① 东汉。陕西神木县大保当出土，现藏陕西省考古研究院。信立祥:《中国美术全集:画像石画像砖》(二),黄山书社 2010 年版,第 320 页。

② 北齐。山西太原市晋源区王郭村出土墓室壁画。罗世平:《中国美术全集:墓室壁画》(一),黄山书社 2010 年版,第 248 页。

③ 北京昌平区十三陵神道石像生獬豸石兽。《北京文物精粹大系》编委会、北京文物局编:《北京文物精粹大系·石雕卷》,北京出版社 2000 年版,第 206 页。

④ 清代。《北京文物精粹大系》编委会、北京文物局编:《北京文物精粹大系·陶瓷卷》(下),北京出版社 2005 年版,第 182 页。

五　廌与麟

在古人心目中，麟是神秘的动物。韩愈《获麟解》说："麟之为灵，昭昭也。咏于诗，书于春秋，杂出于传记百家之书。虽妇人、小子，皆知其为祥也。然麟之为物，不畜于家，不恒有于天下。其为形也不类。非若马、牛犬豕、豺狼、麋鹿然。然则虽有麟，不可知其为麟也。角者吾知其为牛，鬣者吾知其为马，犬豕、豺狼、麋鹿，吾知其为犬豕、豺狼、麋鹿，惟麟也不可知。"[①]可见，在唐朝人心目中，麟已经是形象含混、虚无缥缈的动物了。

"麟"的古字是"麐"。甲骨文有"麐"字，是殷商有麟的一个原始证明。廌的形象似牛、似羊、似鹿者，形似也。而如麟者，神似也。

《说文解字》："麟，大牝鹿也，从鹿粦声。"桂馥《说文解字义证》："大牝鹿也者，牝当为牡。《玉篇》：麟大麚也。《东京赋》：解罘放麟，薛注：大鹿曰麟。陆玑诗疏：今并州界有麟，大小如鹿，非瑞应麟也。故司马相如赋：射麋角麟。谓此麟也。""麟"的古字是"麐"。《说文解字》："麐，牝麒也，从鹿吝声。"桂馥《说文解字义证》："牝麒也者。《白帖》：牡曰麒，牝曰麟。《史记·司马相如传》：兽则麒麟角端。《索隐》引张揖云：雄曰麒，雌曰麟。何法盛《征祥记》：麒麟者，牡曰麒，牝曰麟。牡鸣曰游圣，牝鸣曰归昌。"关于"麒"，《说文解字》："麒，仁兽也，麋身牛尾一角，从鹿其声。"（一说"麋身牛尾一角"六字衍，当在"麐"字条下）

桂馥《说文解字义证》："本书冓字云：杜林以为麒麟字。《春秋保乾图》：岁星散为麟。《春秋运斗枢》：机星得则麟生。《孝经援神契》：德至鸟兽则麒麟臻。《白帖》：麟者麕身狼尾马足，含仁戴义，雄鸣曰游圣，雌鸣曰归昌。王者不刳胎则在郊。《广雅》：麒麟，狼题肉角，含仁怀义，音中钟吕，步行中规，折还中矩，游必择土，翔必后处，不履生虫，不折生艸，不群居，不旅行，不入阱陷，不罗罘网，文章彬彬，故呼为大角之兽。《说苑》：麒麟，含仁怀义，音中律吕，步行中规，折旋中矩，择土而践，位平然后处，不群居，不旅行，份兮其有质文也，悠闲则循循如也，动则有容仪。《孔丛子·记问篇》：叔孙氏之车子曰鉏商，樵于野而获麟兽焉。众莫之识，以为不祥。弃之五父之衢。冉有告夫子曰：麕身而肉角，岂天之妖乎。夫子曰：今何在，吾将观焉。遂往，谓其御高柴曰：若求之言，其必麟乎。

① 韩愈：《韩昌黎全集》，中国书店1991年版，第185页。

到视之,果信。《鹖冠子·度万篇》:麒麟者,元阳之兽,阴之精也。《春秋孔演图》:麟,木精也。宋均注云:木精生水,故曰陰。木气好土,土黄木青,故麟色青黄。《五经异义》:今春秋公羊说:麐者木精,一角,赤目,为火候。《古春秋左氏说》:麐生于火而游于中央,轩辕大角之兽。奉德侯陈钦说:麐,西方毛虫,金精也。京房《易传》:麟有五采,腹下黄,高丈二。《月令章句》:天官五兽中有大角,轩辕之信。凡麟生于火,游于土,故脩其母,致其子,五行之精也。视明礼脩,则麒麟臻。又颂云:皇矣大角,降生灵兽,视明礼脩,麒麟来乎。郭璞赞:麟惟灵兽,与麐同体,智在隐纵,仁表不抵,孰为来哉,宣尼挥涕。薛综颂:懿哉麒麟,惟兽之伯,世平睹景,否则戢足,德以卫身,不布牙角。《瑞应图》:麟,王者嘉祥也,羊头,狼蹄,圆顶,身有五彩,腹下黄,高一丈二尺。含仁抱义,不群居,不旅行,彬彬乎其有文章。食嘉禾之实,饮珠玉之英。何法盛《征祥记》:麟,麞身牛尾,狼头一角,黄色马足。仁兽也者,《哀公十四年春秋经》:西狩获麟。杜注:麟者仁兽。《公羊传》:麟者仁兽也。何注:状如麕,一角而戴肉,设武备而不为害,所以为仁也。《周书·王会》:麟者仁兽也。《春秋孔演图》:麟,仁兽,木之精也。曹植《仁孝论》:禽兽惟白虎麒麟称仁兽者,以其明盛衰,知治乱也。何法盛《征祥记》:麒麟者,毛虫之长,仁兽也。麇身牛尾一角者,麇当为麇。《初学记》引作:麕身,牛尾,肉角。《御览》引作:马身,牛尾,肉角。《一切经音义》二引作:麇身,牛尾,一角,角头有肉。《释兽》:麟,麕身,牛尾,一角。郭注:角头有肉。陆玑《诗疏》:麟,麕身,牛尾,马足,黄色,员蹄,一角,角端有肉。《牟子》:麟,麕身,牛尾,鹿蹄,马背。《京房易传》:麟,麕身,牛尾,狼额,马蹄。《说苑》:麒麟,麕身,牛尾,圆顶,一角。《诗》:麟之角,传云:麟角所以表其德也。笺云:麟角之末有肉,示有武而不用。《家语·辨物篇》:有麐而角者何也,孔子往观之,曰:麟也。……《汉书·武帝纪》:获白麟。颜注:麟,麇身,牛尾,马足,黄色,圆蹄,一角,角端有肉。劝进表:一角之兽。李善引《感精符》曰:麟一角,明海内共一主也。《古文苑·大赦赋》:扪麒麟之肉角。注云:麒麟,瑞兽,一角,角端有肉。《后汉书·班固传》:肉角训毛。注云:肉角谓麟也。《搜神记》:麟如麕,羊头,头上有角,其末有肉。西凉武昭王《麒麟颂》:一角圆蹄,行中规矩。《史记·司马相如传》:兽则麒麟角端。《索隐》:郭璞云:麒似麟而无角。馥案:传记言,皆曰麟,不曰麒,或有麒麟并举,而无单属麒者。据郭氏说,则麇身牛尾一角六字,当在麐下,后人改移于此。”①

麒、麟、麐、麇、麕、麞、麠、麈、麡等皆鹿属,故其身体形状大体相似。其中,唯麠、麟、麐具有牛尾一角的特征。这一特征和廌是十分相近的,只是廌的尾部

① 桂馥:《说文解字义证》,齐鲁书社 1987 年版,第 839、840 页。

更大些。《说文解字》:“麐,牝麒也。”朱骏声曰:“经典皆以麟为之。”段曰:“经典无作麐者。”《逸周书・王会》:“规规以麟,麟,仁兽也。”集注:“《说文》以麟为大牡鹿,则麐是本字,麟乃假借字也。”①

关于甲骨文中的“麟”字,曾经有过一次争论。1930 年,董作宾作《获白麟解》。根据此文我们知道,1929 年,李济先生从殷墟获得残缺的大兽首,上有不完全的刻辞。刻辞中有“获白麟”字样。经专家检测,此兽为牛科动物。② 自从《获白麟解》发表以后,不少学者对董作宾的观点提出不同意见。如方国瑜的《获白麟解质疑》(《师大国学丛刊》1931 年第 2 期)、唐兰的《获白兕考》(《史学年报》1932 年第 4 期)等等。他们认为,甲骨文中“获白麟”的“麟”应当是“兕”。这些新的意见获得了叶玉森、郭沫若、商承祚、李孝定等学者的肯定。现在大部分的学者皆释为“获白兕”。③ 尽管如此,我认为董作宾的《获白麟解》一文不仅具有全面的史料价值,而且打开了古代中西方文化交流的广阔研究视野。近年来,学术界关于中国古代中西交流的研究成果,莫不受到董作宾《获白麟解》这篇文章的启迪。

在古文献中,麟这种罕见的动物首次出现于公元前 481 年春天,在鲁国国都的西郊,有人获麟。经过孔子的观察后确定此物为麟。那年,孔子已经 71 岁高龄了。据《左传・哀公十四年》载:“十四年春,西狩于大野,叔孙氏之车子鉏商获麟,以为不祥,以赐虞人。仲尼观之,曰:麟也。然后取之。”《春秋公羊传・哀公十四年》:“非中国之兽也。”又说:“麟者仁兽也,有王则至,无王者则不至。有以告者曰:有麇而角者。孔子曰:孰为来哉?孰为来哉?反袂拭面涕沾袍,曰:吾道穷矣!”《史记・孔子世家》:“鲁哀公十四年春,狩大野。叔孙氏车子鉏商获兽,以为不祥。仲尼视之,曰:麟也。取之。曰:河不出图,洛不出书,吾已矣夫!颜渊死,孔子曰:天丧予!及西狩获麟,曰:吾道穷矣!”麟死了,孔子为什么如此悲伤?是哀伤天下之不安,还是愁怨圣王之不至?或是缘于“关雎之应,实无麟而若麟之瑞,春秋之作,实有麟而非麟之时”④。其实,只要想一想孔子的先祖,就不难明白。孔子的先祖是殷人,殷人又是东夷民族的一支。独角兽廌和独角之麟都是东夷民族诸部落的图腾。由于世代的久远,廌和麟都成了稀罕之兽,难怪被人们称为“非中国之兽”。“中国”当指“中原”。寻常百姓不知原委,以麟为稀罕之物,实属正常,孔子岂能不晓!一生胸怀大志、奔波劳碌、无所

① 黄怀信等:《逸周书汇校集注》(下),上海古籍出版社 1995 年版,第 916 页。

② 宋镇豪、段志洪:《甲骨文献集成》第 26 册,四川大学出版社 2000 年版,第 180～194 页。

③ 雷焕章:《兕试释》,《中国文字》1983 年第 8 期。

④ 韩愈:《韩昌黎全集》,中国书店 1991 年版,第 185 页。

成功、风烛残年的孔子，看到千年先祖的图腾夷兽突然出现，而且又不幸死亡，他老人家如何不悲伤心疼？此事对孔子打击之重恐远非今人所能体味。史称孔子于是年止笔。又过了两年，逝世。《左传・哀公十六年》载“夏四月己丑孔子卒”，享年73岁。孔子的身世和他的学识，以及他对传统文化的钟爱，足以使我们猜想——在廌和麟背后一定隐含着先民久远的记忆！承载这种记忆的人不是个体的人，而是集体的民族。只要这个民族存在着，这种记忆便不会丢失。正因如此，及至宋代，孔府门外牌楼上自然会有四只角端独角兽，孔府院内影壁上自然会画着一尊麒麟像，而不是用来告诫族人杜绝贪婪的贪兽——像廉政教育提示板上面所说的那样。而孔子墓前神道旁自然会有一对石角端独角兽。也正因如此，及至清代，颐和园东门一进门的仁寿殿——实为仁兽殿、夷兽殿，院里有一尊铜麒麟，殿里有一对铜角端兽。这些实实在在的文物，不正是中华民族集体记忆的标志吗？这些古老的记忆，难道没有儒家学者专门论述使之见诸笔墨，就会被无数民间长老和能工巧匠们通通忘却吗？

在春秋战国秦汉的文献中，“麟”并不罕见。《诗经・周南・麟趾》：“麟之趾，振振公子。”“麟之定（额），振振公姓。”“麟之角，振振公族。”《左传・哀公十四年》：“春，西狩获麟。”屈原《天问》：“麟可复之羁兮，岂异乎犬羊？”《孟子・公孙丑上》：“麒麟之于走兽。”《战国策・赵策四》：“刳胎焚夭而麒麟不至。”《礼记・礼运》：“麟凤龟龙，谓之四灵。”《孝经・古契》：（麟）“吐三卷书，孔子精而读之。”《史记・司马相如传》载《子虚赋》：“兽则麒麟角端。”《史记・孝武本纪》：“郊雍，获一角兽，若驾然。”《索隐》引郭璞云：“汉武获一角兽若驾，谓之麟是也。”《汉书・终军传》：“从上幸雍祠五畤，获白麟，一角而五蹄。”许慎《五经异义》：“龙东方也，虎西方也，凤南方也，龟北方也，麟中央也。”蔡邕《月令章句》：天官五兽，左苍龙右白虎前朱雀后玄武，“中有大角轩辕麒麟之位”。《广雅・释兽》：“麒麟，狼题肉角，含仁怀义，故呼为大角之兽。”轩辕即黄帝。王充《论衡・指瑞》：“麒麟，兽之圣也。”

此后，历代正史都不乏对获麟、见麟的记录。根据董作宾《获白麟解》一文的统计，历代获麟、见麟的数字及地域如下：

春秋：	1	山东嘉祥县
两汉：	54	陕西、山东、河南
晋：	17	山东、河南
南北朝：	1	甘肃
唐：	6	甘肃、陕西、山东、山西、河南

五代：	4	四川、甘肃
宋：	1	山西
元：	1	帕米尔
明：	6	域外

根据今人研究，明代引自方外的所谓麒麟，应当是来自非洲或南亚的长颈鹿。

麒与麟同类。《史记·司马相如传》注引张辑说："雄曰麒，雌曰麟。"《说文解字》："麒，仁兽也，麋身，牛尾，一角，从鹿其声。""仁兽"之说源于《春秋公羊传·哀公十四年》："麟者仁兽也，有王则至，无王者则不至。"何休注："状如麇，一角而戴肉。"古代"仁"与"夷"二字多通用。[①] 故"仁兽"当为"夷兽，非中原之兽也"[②]。此处之"夷"即指古义之夷。王献唐《炎黄氏族文化考》指出："小篆夷字从大从弓，为今夷字所出。大为人，人即夷，夷人善弓矢，字从人从弓，正为指事。""从矢从弓，矢弓为夷人所造故也。"[③]如此，则"仁兽"亦即"夷兽"，意谓东夷之兽也。

古夷人居住在今山东一带，正是蚩尤、皋陶的故乡。《说文解字》羊部："东方貉从豸"，"夷，东方之人也，从大从弓"。"豸"即"廌"，"大"即"人"或"矢"。"夷人"发明了弓矢，"弓""矢"二字的重叠便是"夷"字。甲骨文中被视为"射"的字，旋转90度，就是"夷"字。麒麟似鹿，廌亦为鹿属。两者均长着独角，触不直而主公正。《说苑·辨物》谓麒麟"含仁怀义，音中律吕，行步中规，折旋中矩，择土而践，位平然后处"。如此，则廌即麒麟也。《春秋经·哀公十四年》："西狩获麟。"《论衡·指瑞》说汉武帝"西巡狩，得白麟，一角而五趾"。《淮南子·览冥训》说："昔者黄帝治天下。"由于"法令明而不暗"，故"麒麟游于郊"，法制清明则麒麟显灵，隐约道出法律与麒麟的深层联系。麒麟者，其廌乎！

董作宾的《获白麟解》作于1930年。此前，章鸿钊所作《麒麟解》认为，明代所得麒麟，即今阿非利加产的名为"其拉夫"(Giraffe)的长颈鹿。提出："古之麒麟虽不可考，意或即此物也。"董作宾在《获白麟解》一文中指出，明代得自非洲的名为"其拉夫"的长颈鹿，并不是中国古代的麟。中国古代多次发现白麟，可考的有商代武丁(或祖甲)时获白麟，汉武帝时获白麟，晋朝时获白麟。当然，获麟或见麟的记载就更多了。获麟或见麟的地方大约在黄河中下游，包括山东、河北、河南、山西、陕西、宁夏、甘肃等地。白麟的特征是：白色、牛尾、一角。《山海经·北山经》所谓"驳"也符合这一特点。商代捕获的白麟，并不是中国固有

① 于省吾：《释人尸𡰥仁夷》，《大公报·文史周刊》(天津)14期，1947年1月15日。

② 史树青：《麟为仁兽说——兼论有关麒麟的问题》，《古文字研究》第17辑，中华书局1989年版，第405～412页。

③ 王献唐：《炎黄氏族文化考》，齐鲁书社1985年版，第38页。

的动物，而是来自方外。具体地方即两河流域的美索不达米亚地区。这种动物在亚述王朝和巴比伦王朝时代被称作“里姆”(Rimu)，后来被视为神牛。“里姆”两字应当是音译得来的词，连读之便是“麟”(Lin)。① 尽管甲骨文里面的“获白麟”应为“获白兕”，但是，因为甲骨文里有“麐”(即麟)字，况且麟与兕皆为一角之兽，古人有可能把它们视为一物。因此，我们可以推测，最迟在殷商时代，我们的先民和古老的中亚民族可能有了最初的交往。我们对陌生动物的命名也许来自方外。古老的中东地区的人指着那只动物，对同样古老的中国人说：它的名字叫“里姆”(麟)，就如同古老的中国人对古老的外国人说，这是茶叶、瓷器一样。因此，可以说，麟是世界的动物，独角兽也是世界的动物。

三才圖會卷之鳥獸三
麐
麐土畜也信而應禮以足至者也軒轅大角之獸狼額赤
目五蹄含仁懷義音中鍾呂行中規矩不群居不旅行不
入陷穽不罹羅網王者至仁則出蓋太平之符也故麐似
麟牡麒牝麐陰王獸故牝曰麐也

图 1-5-1　麐兽图②

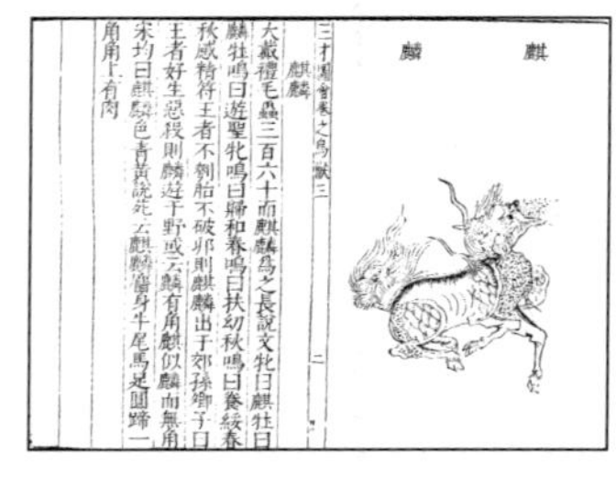
三才圖會卷之鳥獸三
麒麟
大戴禮毛蟲三百六十而麒麟爲之長說文牝曰麒牡曰
麟牡鳴曰遊聖牝鳴曰歸和春鳴曰扶幼秋鳴曰養綏春
秋感精符王者不刳胎不破卵則麒麟出于郊孫卿子曰
王者好生惡殺則麟遊于野或云麟有角麒似麟而無角
宋均曰麒麟色青黃說苑云麒麟麕身牛尾馬足圓蹄一
角角上有肉

图 1-5-2　麒麟图③

图 1-5-3　羽人骑麟图④

图 1-5-4　麒麟图⑤

① 宋镇豪、段志洪：《甲骨文献集成》第 26 册，四川大学出版社 2000 年版，第 180～194 页。

② 王圻：《三才图会》(下)，上海古籍出版社 1988 年版，第 2215 页。

③ 王圻：《三才图会》(下)，上海古籍出版社 1988 年版，第 2201 页。

④ 西汉。河南洛阳出土。人有双翼，麒麟似鹿，头生独角，一角神兽。常任侠：《中国美术全集·画像石画像砖》，上海人民美术出版社 1988 年版，第 196 页。

⑤ 西晋。甘肃省敦煌市佛爷庙湾第 37 号墓出土，现藏甘肃省文物考古研究所。罗世平：《中国美术全集：墓室壁画》(一)，黄山书社 2010 年版，第 118 页。

图 1-5-5　独角兽图①

图 1-5-6　石麒麟②

图 1-5-7　脊兽麒麟像③

图 1-5-8　石麒麟④

图 1-5-9　双麒麟像⑤

图 1-5-10　麒麟雕塑⑥

---

① 曲阜孔府院内影壁独角兽图。——作者拍照。作者按:此兽原型本应为麒麟。

② 南朝陈。江苏南京市栖霞区新合村陈文帝永宁陵神道石刻。杨泓:《中国美术全集:墓葬及其他雕塑》(一),黄山书社 2010 年版,第 226 页。

③ 北京牛街礼拜寺麒麟石雕。徐华铛:《古建上的主要装饰纹样——麒麟》,《古建园林技术》2001 年第 1 期。

④ 南朝齐。江苏丹阳市云阳镇田家村齐武帝景安陵神道石刻。杨泓:《中国美术全集:墓葬及其他雕塑》(一),黄山书社 2010 年版,第 219 页。

⑤ 清代。博博尔代诰封碑麒麟首,北京石雕印书馆藏。《北京文物精粹大系》编委会、北京市文物局:《北京文物精粹大系·石雕卷》,北京出版社 1999 年版,第 239 页。

⑥ 明代,北京海淀区碧云寺石牌坊麒麟。《北京文物精粹大系》编委会、北京市文物局:《北京文物精粹大系·石雕卷》,北京出版社 1999 年版,第 230 页。

图 1-5-11　麒麟雕塑①

图 1-5-12　麒麟雕塑②

图 1-5-13　麒麟织绣③

图 1-5-14　麒麟补服④

麐　　

存下九一五　前四·四七·三

图 1-5-15　甲骨文麐字⑤

---

① 北京东城区鼓楼内。《北京文物精粹大系》编委会、北京市文物局:《北京文物精粹大系·石雕卷》,北京出版社 1999 年版,第 217 页。

② 元代。北京北海公园快雪堂。《北京文物精粹大系》编委会、北京市文物局:《北京文物精粹大系·石雕卷》,北京出版社 1999 年版,第 143 页。

③ 清代。现藏北京艺术馆。《北京文物精粹大系》编委会、北京市文物局:《北京文物精粹大系·织绣卷》,北京出版社 2000 年版,第 190 页。

④ 清代。现藏北京艺术馆。《北京文物精粹大系》编委会、北京市文物局:《北京文物精粹大系·织绣卷》,北京出版社 2000 年版,第 26 页。

⑤ 作者摹写。

六　廌与饕餮

西周的礼器上往往铸有一幅奇怪的图案,名叫"饕餮"。《吕氏春秋·先识》:"周鼎著饕餮,有首无身,食人未咽,害反及身,以言报更也。"《史记·五帝本纪》:"缙云氏有不才子,贪于饮食,冒于货贿,天下谓之饕餮。"《集解》:"贾逵曰:缙云氏,姜姓也,炎帝之苗裔,当黄帝时任缙云之官也。"《正义》引《神异经》云:"西南有人焉,身多毛,头上戴豕,性很恶,好息,积财而不用,善夺人谷物,强者夺老弱者,畏群而击单,名饕餮。"《路史·后纪·蚩尤传》注:"三代彝器多著蚩尤之象,为贪虐者之戒,其状率为兽形,傅以肉翅。"由上可知,饕餮即蚩尤之后,蚩尤亦称"炎帝",姜姓,《路史·后纪·蚩尤传》:"蚩尤姜姓,炎帝之裔也。"(蚩尤)"封禅号炎帝"。蚩尤被黄帝诛杀,身首异处,"圣人著其像于尊彝以为贪戒"。而饕餮"有首无身",其结论就是——"蚩尤即是饕餮"。[①] 廌即蚩尤,所以,廌即与饕餮同义。不仅蚩尤与饕餮同源,作为蚩尤嫡系的三苗也与饕餮有了不解之缘——《尚书·尧典》"三苗"马融注:"西裔也。三苗,国名也。缙云氏之后为诸侯,盖饕餮也。"郑康成云:《左传》"缙云氏不才子谓之饕餮","而三苗为饕餮可知"。饕餮的形状正是"廌"的形象,饕餮"头上戴豕","豕"即矢,箭。头上竖着一支箭,这正是独角兽的特征,两旁的"肉翅"正是蚩尤"耳鬓如剑戟"之状。这些特征都融入良渚神人兽面纹图像当中。大约自西周以后,周人改写历史,饕餮就衍化成贬义词了。

西周铸造礼器的动因大致有三:一为有功于王室,被册封赏赐,铸其文辞于器而留传后世。二为贵族间争讼由法官裁决,将判词铸之鼎器之上以为见证。三为征讨不廷者,火其礼器而铸新器。如《国语·周语下》:"无亦鉴于黎苗之王,下及夏商之季。上不象天而下不仪地。中不知民而方不顺时,不供神祇而蔑弃五则。是以人夷其宗庙,而火焚其彝器,子孙为隶,下夷于民。"铸饕餮之形的礼器当属第三种情况。对那些"贪于饮食,冒于货贿""积财而不用,善夺人谷物"的方国、贵族,来个"大刑用甲兵",捣其庙堂,夺其礼器,永远开除他们的贵族身份,然后将其礼器焚而铸之。这种新铸的带有饕餮之形的礼器之所以具有威慑力,就在于它上面有"廌"的形象,这是一种有形的刑器、无文的法典!

---

① 袁珂:《中国古代神话》,中华书局 1960 年版,第 126 页。

西周的饕餮纹形是从商代礼器继承而来的，我们从大量商代青铜器当中可以看到饕餮纹。不仅如此，有学者认为，远在夏代就有饕餮纹器物。能够将良渚文化的神徽、陶寺文化的玉蚩尤、二里头文化的绿松石铜牌饰联系起来的，可能就是饕餮纹。古人所云“三代彝器多著蚩尤之象”，其渊源比三代更为久远。

三才圖會卷之鳥獸四

饕餮

饕餮羊身而人面其目在腋下虎齒人爪音如嬰兒食人如物鉤玉之山有之山海經謂之狍鴞

廿八

图 1-6-1　饕餮图①

图 1-6-2　神徽②

图 1-6-3　兽面玉琮③

图 1-6-4　神徽④

图 1-6-5　兽面玉琮⑤

① 王圻：《三才图会》(下)，上海古籍出版社 1988 年版，第 2240 页。

② 良渚文化。孙华：《中国美术全集：玉器》(一)，黄山书社 2010 年版，第 55 页。

③ 良渚文化。孙华：《中国美术全集：玉器》(一)，黄山书社 2010 年版，第 37 页。

④ 良渚文化。孙华：《中国美术全集：玉器》(一)，黄山书社 2010 年版，第 57 页。

⑤ 良渚文化。孙华：《中国美术全集：玉器》(一)，黄山书社 2010 年版，第 36 页。

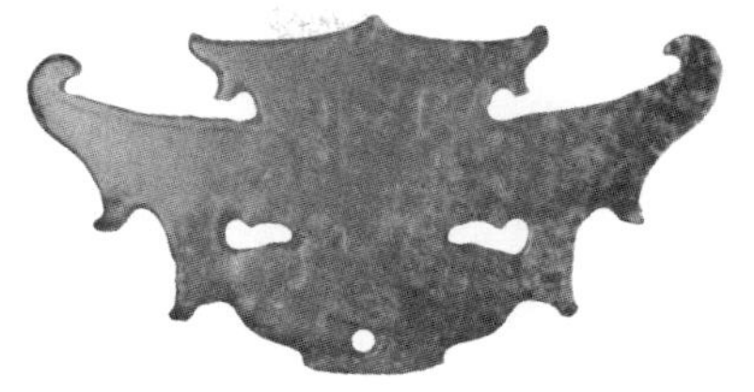

图 1-6-6　玉蚩尤①

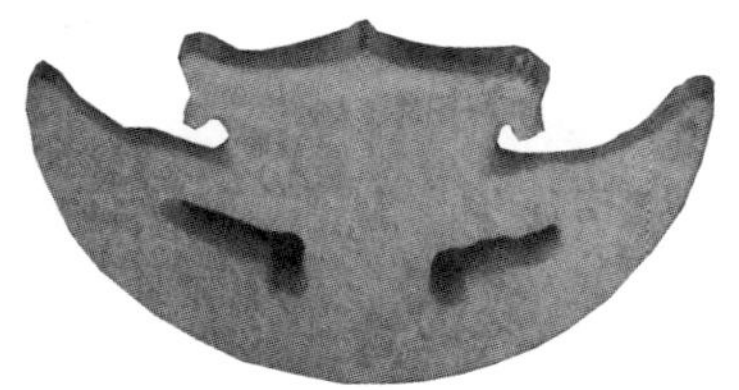

图 1-6-7　兽面玉雕②

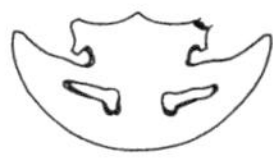

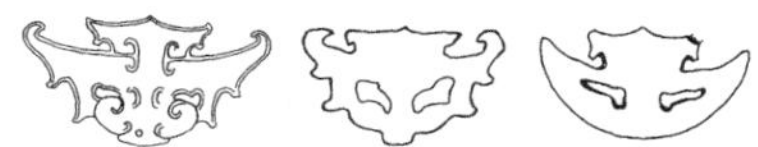

图 1-6-8　兽面玉牌演变图③

图 1-6-9　绿松石铜牌饰④

图 1-6-10　绿松石铜牌饰⑤

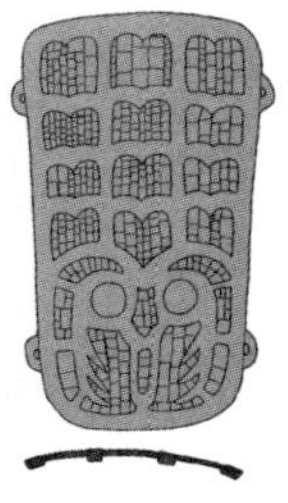

图 1-6-11　绿松石铜牌饰⑥

① 陶寺文化。孙华:《中国美术全集:玉器》(一),黄山书社 2010 年版,第 77 页。

② 石家河文化。肖家屋脊遗址出土。朱乃诚:《中华龙:起源和形成》,三联书店 2009 年版,第 125 页。

③ 下图:左为陶寺,中为六合,右为肖家屋脊。朱乃诚:《中华龙:起源和形成》,三联书店 2009 年版,第 138 页。

④ 二里头文化。朱乃诚:《中华龙:起源和形成》,三联书店 2009 年版,第 145 页。

⑤ 二里头文化。朱乃诚:《中华龙:起源和形成》,三联书店 2009 年版,第 145 页。

⑥ 二里头文化。朱乃诚:《中华龙:起源和形成》,三联书店 2009 年版,第 146 页。

图 1-6-12　牛方鼎①

图 1-6-14　牛方鼎局部③

图 1-6-15　兽面纹提梁壶④

图 1-6-13　神面大钺②

图 1-6-16　兽面簋⑤

① 商代。河南省安阳市殷墟出土，现藏台北故宫博物院。孙华：《中国美术全集：青铜器》(一)，黄山书社 2010 年版，第 54 页。

② 商代。山东省青州市苏埠屯出土，现藏中国国家博物馆。孙华：《中国美术全集：青铜器》(一)，黄山书社 2010 年版，第 257 页。

③ 商代。河南省安阳市殷墟出土，现藏台北故宫博物院。孙华：《中国美术全集：青铜器》(一)，黄山书社 2010 年版，第 54 页。

④ 商代。江西省遂川县泉江镇洪门村出土，现藏江西省遂川县文物保管所。孙华：《中国美术全集：青铜器》(二)，黄山书社 2010 年版，第 347 页。

⑤ 西周堇临簋，现藏北京故宫博物院。孙华：《中国美术全集：青铜器》(二)，黄山书社 2010 年版，第 395 页。

图 1-6-17　牛鼎①

图 1-6-18　兽面纹提梁壶②

图 1-6-19　龙首方卣③

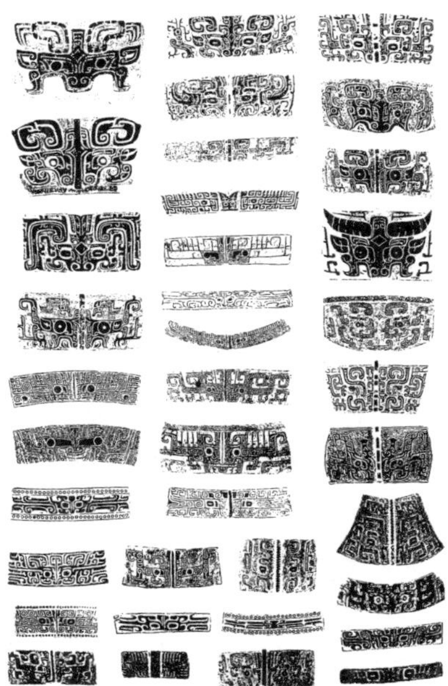

图 1-6-20　饕餮纹集萃④

---

① 西周。现藏美国宾夕法尼亚大学博物馆。孙华:《中国美术全集:青铜器》(二),黄山书社 2010 年版,第 354 页。

② 西周。现藏上海博物馆。孙华:《中国美术全集:青铜器》(二),黄山书社 2010 年版,第 567 页。

③ 西周。现藏美国华盛顿弗利尔美术馆。孙华:《中国美术全集·青铜器》(二),黄山书社 2010 年版,第 509 页。

④ 李松:《中国美术史·夏商周卷》,北京师范大学出版社 2011 年版,第 35 页。

七 廌与犀兕

兕与犀是古老的动物。在甲骨文里有“兕”字，金文有“犀”字。兕与犀本是两种不同的动物，但却常常连称“犀兕”。《左传·宣公二年》谓：“犀兕尚多。”《墨子·公输》：“荆有云梦，犀兕麋鹿满之。”《山海经·南次三经》：“祷过之山，其上多金玉，其下多犀兕。”“犀兕”之所以连称，可能是因为它们具有几个共同特点：一是体型均巨大。二是貌皆似水牛。三是其皮坚固皆可以制甲。《周礼·冬官考工记·函人》：“函人为甲，犀甲七属，兕甲六属，合甲五属。兕甲寿百年。”四是兕头上有一角，而犀有三角犀，亦有一角犀。一角之兕与一角之犀外形十分接近。于是有人将两者视同一物。如《集韵·旨韵》：“兕，一说雌犀也。”一角兕犀作为一种独角兽与麟、廌具有形似之处。因此，当我们寻找远古独角兽时，不能不顺便关注一下犀兕。

《说文解字》曰：“兕如野牛而青，象形。与禽离头同。”清桂馥《说文解字义证》：“本书卷首标目作𤉡。徐锴、李涛本并同。盖象其足尾之形。玉篇作𤉢。《急救篇》：豹狐距虚豺犀兕。颜注云：兕似野牛而青，重千斤，一角，角甚大。《释兽》：兕似牛。郭云：一角，青色，重千斤。《诗》：何草不黄，匪兕匪虎。传云：兕虎，野兽也。《乡射记》大夫兕中注云：兕，兽名，似牛一角。《论语》：虎兕出于柙。宣二年《左传》：犀兕尚多。《晋语》：昔吾先君唐叔，射兕于徒林。韦云：兕似牛而青，善触人。《南山经》：祷过之山，其下多犀兕。注云：兕似水牛，青色，一角，重三千斤。《史记·司马相如传》：兕象野犀。正义曰：兕状如水牛。《古文苑·蜀都赋》：期牛兕旄。注云：兕如水牛，角在额上，古人以为爵，谓之兕觥。郭璞《山海经图赞》：兕为壮兽，似牛青黑，力无不倾，自焚以革，皮充武备，角助文德。范应元《老子注》：兕猛兽，状如牛，青色，一角，虎鼻，识神兽。刘欣期《交州记》：兕出九德，有一角，角长三尺余，形如马鞭柄。《南越志》：西巩县东暨于海，其中多水兕，形似牛。《广志》：兕角斑似毒冒，足有十爪也。兕如野牛而青者，《艺文类聚》引作如野牛而青，皮坚厚，可以为铠。《御览》引作如野牛，青毛，其皮坚厚，可以为铠。《诗》《左传》《论语》正义所引并同。《一切经音义》十九《南州异物志》：兕角长二尺余，形似马鞭柄，其皮坚可为铠甲。蔡氏《月令章句》：犀兕，水牛之属，以为甲盾鼓鞞。与禽离头同者，本书禽字云：禽离兕头相似。兕古文从儿，与兽头同。”①

《说文解字》载：“犀，南徼外牛，一角在鼻，一角在顶，似豕。从牛尾声。”王筠句读：“徼犹塞也，东北谓之塞，西南谓之徼。”清桂馥《说文解字义证》：“《汉书·平帝纪》：黄支国献犀牛。《地理志》：平帝元始中，王莽辅政，欲耀威德，厚遣黄支王，令遣使献生犀牛。《淮南·地形训》：南方之美者，有梁山之犀象焉。高注：有犀角象牙。南徼外牛者……颜注：徼犹塞也，东北谓之塞，西南谓之徼。《越语》：今夫差衣水犀之甲者，亿有三十。韦云：犀形似豕而大，今徼外所送，有山犀有水犀，水犀之皮有珠甲，山犀则无。《后汉·书章帝纪》：南徼外蛮夷献生犀。注云：刘欣期《交州记》曰：犀，其毛如豕，蹄有三甲，头如马，有三角，鼻上角短，额上头上角长。……《急救篇》：豹狐距虚豺犀兕。颜注：犀，黑色，似水牛而豬头，大鼻庳脚，脚有三蹄.其顶额及鼻凡有三角，亦有一角者，善食荆刺。《海内南经》：狌狌，西北有犀牛，其状如牛而黑。吴録《地理志》：武陵沅南县以南，皆有犀。一角在鼻，一角在顶者，《汉书·司马相如传》：穷奇象兕。颜注：犀，一角在鼻，一角在额前。《岭表录异》：犀，二角，一在额上为兕犀，一在鼻上差小，为胡帽犀。《交州记》：犀有二角，鼻上角长，额上角短。或曰三角者水犀也，二角者，山犀也。在顶者谓之顶犀，在鼻者谓之鼻犀。……通天犀所以能殺毒者，其为兽，专食百草之有毒者，及众木有荆棘者，不妄食柔滑之草木也。《楚辞九叹》：去鸡骇于筐簏。注云：鸡骇，文犀也。言弃文犀之角，置于筐簏而不佩带，蔽其美质，失其性也。《战国策》：楚献鸡骇之犀于秦。《孝经援神契》：神灵滋液则犀骇鸡。宋衷注曰：角有光，鸡见而骇也。王灿《游海赋》：群犀代角，巨象解齿。刘孝标言：犀堕角埋之。梁祚《魏国统》云：西南夷有异犀，三角，或时解脱，则埋于深密之处，不欲令人见。似豕者，绎兽：犀似豕。郭璞犀赞：犀之为状，形兼牛豕。《南州异物志》：犀头似豪猪。”②

在古代，犀与兕的境遇略有不同。兕因其勇猛，多为陵墓之护卫兽。此待遇与獬豸、麒麟、角端、辟邪、天禄、桃符并无太大差别。犀虽然面貌不佳，但其形象常见于青铜礼器，且置于庙堂之中。明代以后还成为官员的补服图案。有漂亮纹理的犀角被称为“文犀”，以犀角制作的器物和药材均十分珍贵。可以说，犀之贵，不在其革，而在其角。其他独角兽之角，概莫能比。

---

① 桂馥：《说文解字义证》，齐鲁书社 1987 年版，第 823 页。

② 桂馥：《说文解字义证》，齐鲁书社 1987 年版，第 116、117 页。

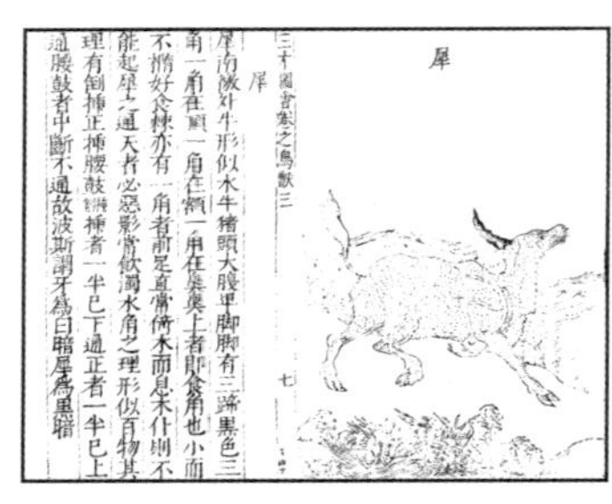

犀

三才圖會鳥獸三

犀

犀南徼外牛形似水牛豬頭大腹卑脚脚有三蹄黑色三角一角在頂一角在額一角在鼻鼻上者即食角也小而不橢好食棘亦有一角者前足直常倚木而息木仆則不能起犀之通天者必惡影常飲濁水角之理形似百物其理有倒插正插腰鼓插插者一半已下通正者一半已上通腰鼓者中斷不通故波斯謂牙爲白暗犀爲黑暗

七

图 1-7-1　犀图①

兕

禱過山多兕狀如野牛青色一角長三尺餘似馬鞍善觸身重千斤其皮堅厚可以制鎧又曰兕似虎而小不咥人夜間獨立絕頂山崖聽泉聲好静直至禽鳥鳴時天將曉方歸其巢

三才圖會卷之鳥獸四　十二

图 1-7-2　兕图②

图 1-7-3　铜犀形尊③

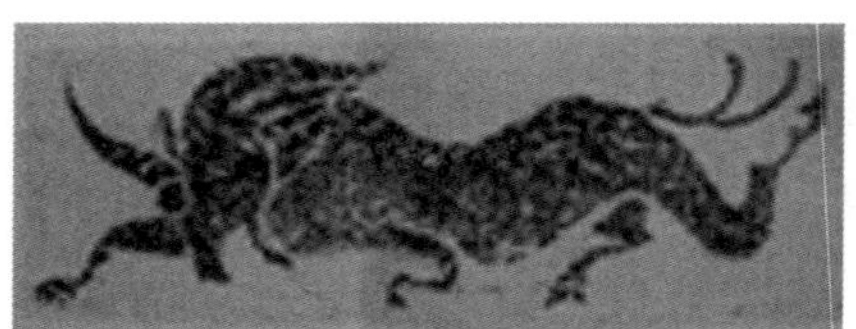

图 1-7-4　兕图④

① 王圻:《三才图会》(下),上海古籍出版社 1988 年版,第 2203 页。

② 王圻:《三才图会》(下),上海古籍出版社 1988 年版,第 2227 页。

③ 商代。山东寿张县梁山出土,其盖已失,现藏美国旧金山亚洲艺术博物馆。杨泓:《中国美术全集:幕葬及其他雕塑》(一),黄山书社 2010 年版,第 27 页。

④ 东汉。河南省南阳市出土,现藏河南省南阳汉画馆。信立祥:《中国美术全集:画像石画像砖》(一),黄山书社 2010 年版,第 101 页。

图 1-7-5　铜犀形插座①

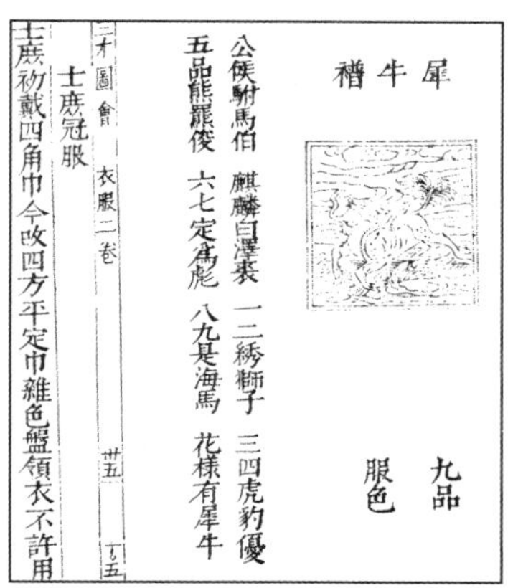

犀牛補

九品服色

公侯駙馬伯　麒麟白澤表　一二綉獅子　三四虎豹優
五品熊羆俊　六七定彪彪　八九是海馬　花樣有犀牛

三才圖會　衣服二卷　廿五

士庶冠服

士庶初戴四角巾今改四方平定巾雜色盤領衣不許用

图 1-7-6　犀牛补服②

兕

前七·三四·一　乙七六四　甲三九三九　佚四二七

犀

犀伯鼎　古鉥

图 1-7-7　甲骨文兕犀③

① 战国。河北平山县出土，现藏河北省文物研究所。杨泓：《中国美术全集：墓葬及其他雕塑》（一），黄山书社 2010 年版，第 57 页。

② 王圻：《三才图会》（中），上海古籍出版社 1988 年版，第 1529 页。

③ 作者摹写。

八　廌与蚩尤

廌与蚩尤的关系也许是本质性的。其理由有以下几点：第一，廌是图腾，是是个视觉的符号，蚩尤是这个图腾的发音，是听觉的符号。第二，蚩尤发明“五虐之刑曰灋”，古字“灋”就像化石一样把蚩尤和廌凝结在一起。第三，廌的古音和蚩尤也许十分接近。第四，蚩尤和廌的故乡都在东夷。

据传说，蚩尤部落最早发明了冶炼金属，同时发明了金属武器。蚩尤部落的贡献很多。其中就是制造金属武器——“五兵”。《太平御览》卷三三九引《兵书》云：“蚩尤之时，铄金为兵，割革为甲，始制五兵。”马镐《中华古今注》说：蚩尤“造立刀戟、兵杖、大弩”。苏鹗《苏氏演义》说：“蚩尤作五兵，谓戈殳戟酋矛夷矛也。”《管子·地数》也说蚩尤制作剑、铠、矛、戟、戈。《吕氏春秋·荡兵》说：“蚩尤作兵。”《世本》说：“蚩尤作五兵。”《尸子》说：“造冶者蚩尤。”兵就是兵器，据说是用火山爆发形成的金属锻造而成的。《管子·地数》载：“葛卢之山发而出水，金从之，蚩尤受而制之，以为剑铠矛戟。是岁，相兼者诸侯九。雍之山发而出水，金从之，蚩尤受而制之，以为雍狐之戟芮戈。是岁，相兼者诸侯十二。”于是，手执利器、身着铠甲的蚩尤部落的勇士，便俨然成了战无不胜的神人。《史记·五帝本纪》引《龙鱼河图》说：“蚩尤兄弟八十一人，并兽身人语，铜头铁额，食沙石子，造立兵仗刀戟大弩，威振天下，黄帝仁义，不能禁止蚩尤，遂不敌，乃仰天而叹。”黄帝面对所向披靡的铁甲军，竟束手无策了。但是，神通广大的黄帝终于在众神的鼎力支持下打败了蚩尤。《山海经·大荒北经》：“蚩尤作兵伐黄帝，黄帝乃令应龙攻之冀州之野。应龙畜水，蚩尤请风伯雨师，从大风雨，黄帝乃下天女曰魃，雨止，遂杀蚩尤。”

蚩尤是五兵的发明者，又善于征战。故被后人当作战神加以祭祀。廌是蚩尤部的图腾，因此，廌便成为祭祀的对象。从目前掌握的文献来看，西周即以蚩尤为战神而加以祭祀。《周礼·春官·肆师》：“肆师之职常立国祀之礼。……凡四时之大甸猎，祭表貉，则为位。”郑注：“貉，师祭也，为十百之百，于所立表处为师祭，祭造军法者，祷气势之增倍也，其神盖蚩尤，或曰黄帝。”

秦以“尚武”名世，自然敬奉战神蚩尤。《史记·封禅书》：秦朝祭祀东方八神，“三曰兵主，祠蚩尤。蚩尤在东平陆监乡，齐之西境也”。蚩尤在重法贵武的秦朝受到尊奉，实在是十分自然的事。《史记・封禅书》说，刘邦统一天下后，“令祝官立蚩尤之祠于长安”。可见，廌（即蚩尤）是被当作战争之神而加以祭祀的。据刘铭恕《武梁祠后石室所见黄帝蚩尤战图考》介绍，蚩尤的象形是“半人半兽之怪物，虽作人立，而豹首虎爪，记头戴以弓，左右手一持戈，一持剑，左右足，一登弩，一蹑矛，睹其形状，至为狞猛”[①]。

其实，良渚文化遗址出土的玉琮上面的神人兽面纹，很可能就是蚩尤和廌的形象。而甲骨文的礼（豊、豐）字，原始含义是以“豆”（礼器）盛“玉琮”（射箭用的扳指），亦表示对战胜之神蚩尤的祭祀。可见，古代对蚩尤的崇拜从很早就开始了。

黄帝、蚩尤都是善于征战的英雄，黄帝是战胜的英雄，蚩尤是战败的英雄。惟蚩尤生得勇武，死得悲壮，故更得后世的青睐。南朝梁任昉《述异记（上）》：“蚩尤兄弟七十二人，铜头铁额，食铁石，轩辕诛之于涿鹿之野。蚩尤能作云雾。涿鹿在今冀州，有蚩尤神，俗云人身牛蹄，四目六手。……蚩尤齿长二寸，坚不可碎。秦汉间说，蚩尤氏耳鬓如剑戟，头有角，与轩辕斗，人不能向。……太原村落间，祭蚩尤神不用牛头，今冀州有蚩尤川，即涿鹿之野，汉武时，太原有蚩尤神昼见，龟足蛇首。”在数千年的民族记忆当中，蚩尤成为我国古代当之无愧的兵神。

《史记・高祖本纪》载，刘邦率沛县子弟三千人起事响应陈涉、吴广，共同抗击秦朝数十万虎狼之师。当时特举行仪式，杀牲涂鼓，“祭蚩尤于沛庭”。他们的心情是：沉默就是死亡，发难吉凶未卜，但有蚩尤神的庇护，或可转危为安。这一义举表现了刘邦和沛县子弟的无畏气概，也表示了他们对蚩尤的无限信赖和期望。于是，钟鼓齐鸣，香烟缭绕，众口一词，人们向英勇无敌的战神跪拜默祷。这个战神就是蚩尤，他是兵、刑、法的创造者。

《尚书・吕刑》载：“蚩尤惟始作乱，延及于平民，罔不寇贼、鸱义、奸宄、夺攘、矫虔。苗民弗用，灵制以刑，惟作五虐之刑曰法。杀戮无辜，爰始淫为劓刵椓黥。”乱即治。《说文解字》：“乱，治也。”《论语・泰伯》：“关雎之乱，洋洋乎盈耳哉。”朱熹集注。“乱，乐之卒章也。”王逸注：“乱，画也。”《尔雅・释诂》：“乱，治也。”《尚书・顾命》：“其能而乱四方。”蔡沈集传：“乱，治也。”《泰誓》：“予有乱臣十人。”孔颖达疏：“乱，治也。”《尚书》中“乱”字多作“治”解。又《左传・昭公六年》：“夏有乱政，而作禹刑。”“商有乱政，而作汤刑。”“周有乱政，而作九刑。”

---

① 袁珂：《中国古代神话》，中华书局1960年版，第118页。

“乱”亦作“治”解。开国大治，始立法制。延：波及。平民：指所辖领域内不同韵部族。寇贼：抢劫杀伤人。鸱义：违反礼仪。好宄：邪恶作乱。夺攘：抢夺财货。矫虔：矫诈骗取。用：奏效。灵：令。虐：猛。淫：增加。劓：割鼻。刵：割耳。椓：毁坏生殖器官。黥：刺面。全段文字大意是：蚩尤开始整肃社会秩序，制定新的行为规则，施及所辖领域内的各类部族，将各种坏的行为总括为寇贼、鸱义、奸宄、夺攘、矫虔五种类型，以此来制约大家。蚩尤的嫡系苗民积极地加以实施，但未能奏效。蚩尤便命令他们用刑罚加以惩治，这种惩罚手段同上述五种类型的坏行为相对应，于是产生了五种无情的刑罚，称为“法”。原先只运用杀戮这种手段，恐怕诛及无辜，才开始增加了割鼻、割耳、宫、刺面四种刑罚。

“法”的产生，无疑是一大进步。但是，背叛古老的传统是不能不受到报复的，后来，终于酿成了黄帝部与蚩尤部的空前大战。《山海经・大荒北经》：“蚩尤作兵伐黄帝，黄帝乃令应龙攻之冀州之野。应龙畜水，蚩尤请风伯、雨师，从大风，黄帝乃下天女曰魃，雨止，遂杀蚩尤。”黄帝利用蚩尤部的内部混乱，终于打败了他们。但是，在当时的历史条件下，黄帝部无法完全控制蚩尤部。于是采取分别对待的办法，将苗民部赶到南方，选择少昊氏作蚩尤旧部的首领，最终以结盟而告终。《逸周书・尝麦》：“……赤帝大慑，乃说于黄帝，执蚩尤，杀之于中冀，以甲兵释怒。用大正顺天思序，纪于大帝，用命之曰绝辔之野。乃命少昊清司马鸟师，以正五帝之官，故名曰质。天用大成，至于今不乱。”

新的更大规模的部落联盟出现了，于是，黄帝在泰山召开部落联之大会。《韩非子・十过》：“昔者黄帝合鬼神于泰山之上。驾象车而六蛟龙，毕方并辖，蚩尤居前，风伯进扫，雨师洒道……”蚩尤旧部连同他的同盟军“风伯”“雨师”一并臣服于黄帝的麾下。尽管蚩尤旧部中不乏顽抗到底的氏族，但已难以掀起大浪了。

蚩尤死了，他创造的“法”却活着，这是因为“法”适应了当时社会发展的需要，从而得到社会的承认。“法”一经产生，便打破氏族部落的狭小界限，成为当时社会的共同财产，就连战胜者黄帝也不能无视这一事实。《龙鱼河图》载：“蚩尤殁后，天下复扰乱不宁。黄帝遂画蚩尤形象，以威天下。天下咸谓蚩尤不死，八方万邦，皆为殄伏。”蚩尤的形象，与其说是“铜头铁额”“人面兽身”的独角兽廌的图腾，不如说就是“灋”。

图 1-8-1　蚩尤像①

图 1-8-2　黄帝杀蚩尤②

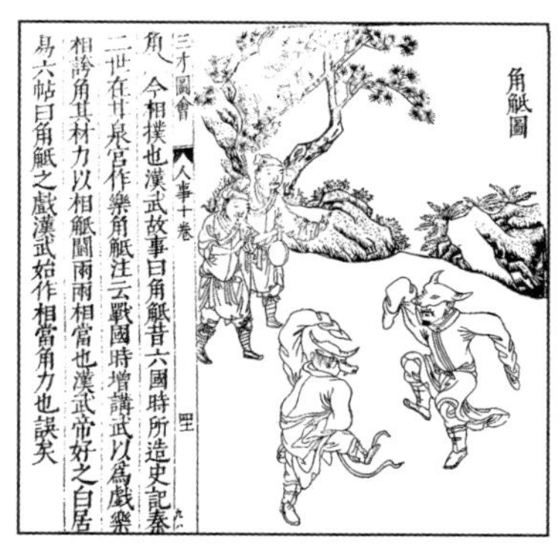

角觝圖
三才圖會 人事十卷 四十
角觝 今相撲也漢武故事曰角觝昔六國時所造史記秦二世在甘泉宮作樂角觝注云戰國時增講武以爲戲樂相誇角其材力以相觝闘兩兩相當也漢武帝好之白居易六帖曰角觝之戲漢武始作相當角力也誤矣

图 1-8-3　角觝图③

图 1-8-4　蚩尤像④

才圖會 器用十二卷 卅三
琱玉蚩尤環
環以黍尺度圓徑三寸五分厚五分色如赤璊而內質瑩白循環作五蚩尤形首尾銜帶琱纓古朴蓋當時輿服所用之物也

图 1-8-5　蚩尤环⑤

① 东汉。沂南汉墓前室北壁中柱画像，山东省沂南县北寨村出土，现藏山东省沂南县北寨汉画像石博物馆。蚩尤虎首，头扎弓箭，手执短矛短戟，足系刀剑，胯下有盾。蚩尤像上方为朱雀，下方为玄武。中国画像石全集编辑委员会：《中国画像石全集》(1)，山东美术出版社 2000 年版，第 143 页。

② 马昌仪：《古本山海经图说》(下)，广西师范大学出版社 2007 年版，1050 页。

③ 王圻：《三才图会》(中)，上海古籍出版社 1988 年版，第 1793 页。

④ 东汉。蚩尤执五兵。沂南汉墓画像石、汉武梁祠画像石。叶舒宪等：《山海经的文化寻踪》(上)，湖北人民出版社 2004 年版，第 1118 页。

⑤ 王圻：《三才图会》(中)，上海古籍出版社 1988 年版，第 1105 页。

九　廌与皋陶

皋陶是尧舜时的大法官。《说苑·君道》:"当尧之时,皋陶为大理。"《春秋元命苞》:"尧为天子,梦马啄子,得皋陶,聘为大理。"《淮南子·主术训》:"皋陶瘖而为大理,天下无虐刑。"《尚书·尧典》载帝舜曾任命皋陶为法官,执掌刑政:"皋陶,蛮夷猾夏,寇贼奸宄,汝作士,五刑有服。"《尚书·皋陶谟》又详载皋陶与禹的对话。《大戴礼记·五帝德》:"皋陶作士。"可见,皋陶成了历经尧、舜、禹三个时期的超级寿星。其实,皋陶不是一个人,而是廌图腾部落的后裔,因长于断讼,工于刑政,而世代因袭司法职务,这在当时是极自然的事。

皋陶能够世袭刑政之职,还有一个原因,就是图腾部落一直较为稳定地居住在中原(今山东)一带。当年黄帝打败蚩尤,命少昊氏统率旧部,蚩尤旧部便在山东一带居住下来,故《帝王世纪》说:"少昊邑于穷桑,以登帝位,都曲阜。"《左传·昭公十七年》载,郯子言少皞(昊)氏以鸟名官,命"爽鸠氏司寇"。《左传·定公四年》载,子鱼追述云:周天子"命以伯禽而封于少昊之虚"。"少昊之虚"便成了鲁国的封地。《左传·昭公二十年》载,晏子谓"昔爽鸠氏始居此地",亦指今山东一带。《帝王世纪》说,"皋陶生于曲阜",亦在山东。《左传·昭公二十九年》记蔡墨云:"少皋氏有四叔(弟),曰重、曰该、曰修、曰熙……该为蓐收……世不失职,遂济穷桑","金正曰蓐收"。《尸子·仁意》说:"少昊金天氏邑于穷桑。"穷桑即在山东。《国语·晋语》载,虢公梦见"有神人面白毛虎爪,执钺立于西阿",史官占之,对曰:"如君之言,则蓐收也,天之刑神也。"《史记·周本纪》《正义》引《帝王世纪》云:"炎帝自陈营都于鲁曲阜,黄帝自穷桑登帝位,后徙曲阜,少昊邑于穷桑,以登帝位,都曲阜,颛顼始都穷桑,徙商丘。"如是,则历代著名司法官皆居于齐、鲁,岂偶然哉!

随着时代的变迁和氏族的融合,廌的形象也忽明忽暗,逐渐模糊起来。后世描述它的时候,便有似牛、似羊、似鹿、似麒麟诸说。皋陶的形象也是如此。《荀子·非相》说:"皋陶之状,色如削瓜。"《淮南子·修务训》说:"皋陶马喙。"《白虎通·圣人》则说:"皋陶鸟喙,是谓至信,决狱明白,察于人情。"大约是少昊氏以鸟名官,才使皋陶的脸上生出鸟嘴来。然而,皋陶始终与廌保持着特殊的联系。《论衡·是应》说:"觟䚦者,一角之羊也,性知有罪。皋陶治狱,其罪疑者,令羊触之,有罪则触,无罪则不触。斯盖天生一角圣兽,助狱为验,故皋陶敬羊,起坐事之。"这个廌,就是獬豸,它曾在最初的神明裁判中大显身手,故而成为蚩尤部落的图腾和法官的代名词。

以廌为图腾族徽的氏族，虽经百般曲折，辗转流离，然而终于历尽艰辛，绵绵不绝，直到夏、商。尽管关于夏代的史料寥若晨星，但我们仍能看到夏代确是皋陶之法的直接继承者。《周礼·秋官·司刑》载："司刑掌五刑之法。"郑玄注："夏刑大辟二百，膑辟二百，宫辟五百，劓、墨各千。"《隋书·艺文志》："夏后氏正刑有五，科条三千。"夏的"五刑"正是从皋陶的"五刑"那里继承的。《左传·昭公十四年》记载晋大夫叔向的话说："《夏书》曰：'昏、墨、贼、杀。'皋陶之刑也。"《尚书·皋陶谟》载皋陶的话："天讨有罪，五刑五用哉！"《甘誓》载夏启的誓词："天用剿绝其命，今予惟恭行天之罚。"可见，夏代不仅继承了皋陶的"五刑"和刑法原则，还继承了皋陶的神权法思想。

我国最早的文字系统是商代的甲骨文系统。在甲骨文里不仅有夏代五刑（墨、劓、刖、宫、大辟）的文字，而且还出现了"廌"字。这应当是关于神奇的独角圣兽的最早的真实记录。在一块卜骨上还同时出现了"御臣""御众""御廌"的字样。郭沫若在《出土文物二三事》中指出："御廌"即商代的"执法小吏"的名称。[①] 在"廌"这个用尖刀划刻在卜骨上面的并不复杂的文字上面，凝结了多少个世纪的人们凭口耳相传的实实在在的历史。而"廌"所包含的丰富内容里面，就有古代第一任大法官皋陶。后世著名法官如包公、海瑞那种公正不阿、秉公执法的精神，都可以从皋陶那里找到源头。

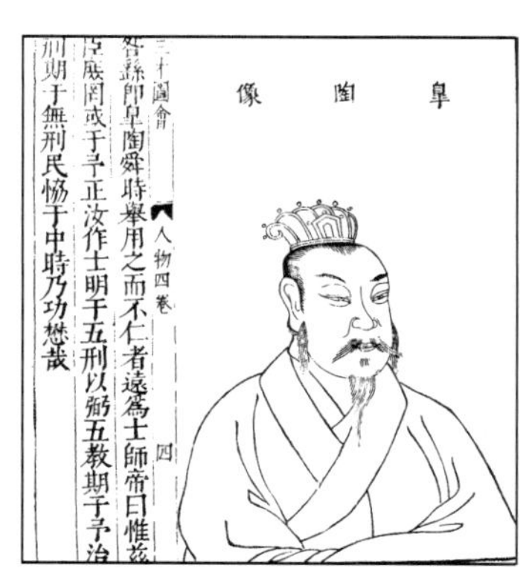

图 1-9-1　皋陶像[②]

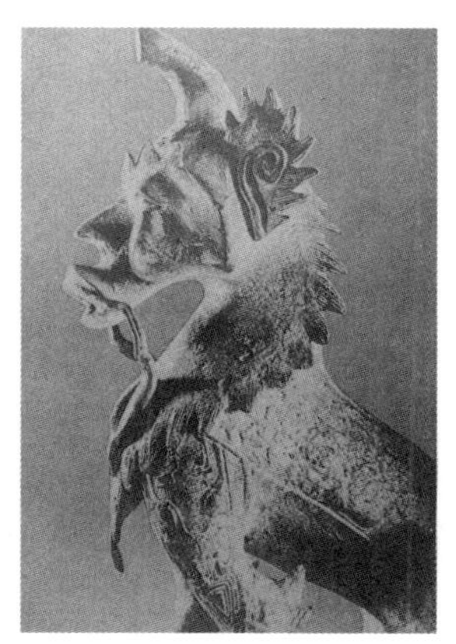

图 1-9-2　青铜独角羊[③]

① 郭沫若：《出土文物二三事》，人民出版社 1972 年版，第 26 页。

② 王圻：《三才图会》（上），上海古籍出版社 1988 年版，第 588 页。

③ 西周。李学锋、郑觐：《世界雕塑全集——东方部分》（下），河南美术出版社 1990 年版，第 27 幅。

图 1-9-3　皋陶审案图①

图 1-9-4　神羊图②

图 1-9-5　包公祠③

① ［韩］孙晟:《东洋法的象征》,东国大学出版社 2007 年版,第 162 页。

② 东汉。陕西绥德县延家岔村出土,现藏陕西绥德县博物馆。信立祥:《中国美术全集:画像石画像砖》(二),黄山书社 2010 年版,第 328 页。

③ 安徽省合肥市内,始建于明代。王世仁:《中国美术全集:建筑》(四),黄山书社 2010 年版,第 933 页。

十　廌与蓐收、爽鸠

据传，蓐收本是古代部落的一位领袖。《左传・昭公二十九年》载晋大夫蔡史墨言："五行之官，是谓五官，实列受氏姓，封为上公，祀为贵神。社稷五祀，是尊是奉。木正曰句芒，火正曰祝融，金正曰蓐收，水正曰玄冥，土正曰后土。……少皞氏有四叔，曰重，曰该，曰修，曰熙，实能金、木及水。使重为句芒，该为蓐收，修及熙为玄冥，世不失职，遂济穷桑。"后来因为有功而被人们尊为神祇。《礼记・月令》：〔孟秋之月〕"其帝少皞，其神蓐收。"郑玄注："蓐收，少皞氏之子，曰该，为金官。"《淮南子・天文训》："西方金也，其帝少昊，其佐蓐收，执矩而治秋。其神为太白，其兽白虎。"廌即蚩尤部落图腾，而蚩尤与蓐收实际上是一事而二名。其理由是：其一，蚩尤"造冶"而"作五兵"，而蓐收亦金神也。《左传・昭公二十九年》注"金正曰蓐收"。其二，蚩尤是刑官，主兵，而"蓐收，天之刑神也"。《国语・晋语二》载，虢公梦见"有神人面白毛虎爪，执钺立于西阿"，史官占之，对曰："如君之言，则蓐收也，天之刑神也。"韦昭注："蓐收，西方白虎金正之官也。"《山海经图赞》：蓐收"专司无道，立号西阿，恭行天讨"。其三，两者都属于少皋氏。"蚩尤宇于少昊"，蓐收亦为少皋氏后裔，"该为蓐收"。《国语・晋语二》韦注："少皋氏有子曰该，该为蓐收。"其四，两人使用的兵器是一样的。"蚩尤秉钺"，蓐收则"执钺"。其五，他们的象征性动物都是虎，蓐收"其兽白虎"，蚩尤则有骑虎之像，良渚文化神人兽面纹（一曰神徽）即其证明。故有学者认为，"蚩尤之传说与蓐收之神话实最相类"，"蚩尤与蓐收之相类如此，不敢臆断为一神之分化，惟蚩尤之为刑神可无疑也"。[①] 两者何其相似乃尔。

爽鸠本为鸟名，即鸷。《说文解字》："鸷，击杀鸟也。"其又称作"鹔鷞"。《说文解字》：鹔鷞乃"五方神鸟也。东方发明，南方焦明，西方鹔鷞，北方幽昌，中央凤凰"。《左传・昭公十七年》载：少昊以鸟名官，"爽鸠氏司寇也"。杜注："爽鸠，鹰也，鸷，故为司寇，主盗贼。"于是，"爽鸠"就成了职官的名称。《左传・昭公二十年》说："昔爽鸠氏始居此地。"杜注："爽鸠氏，少昊氏之司寇也。""此地"指穷桑，今山东一带。可见，爽鸠与蚩尤、皋陶、廌有着密切的关系。鸠与廌、解二字通。《集韵・纸韵》："鸠，解也。春秋传：庶有鸠乎？徐邈读通作豸。"《左传・宣公十七年》："庶有豸乎。"陆德明释文："豸本又作鸠。"如此，则豸、廌、鸠、

① 吕思勉、童书业：《古史辨》七（上），上海古籍出版社 1982 年版，第 206 页。

解(獬豸)本来也是相通的。张富祥认为,“鸠”和“蚩尤”为一物,急读为鸠,缓读为蚩尤。“爽鸠氏始居齐地,正可与有关蚩尤的传说互相发明。”[①]如此,则蓐收亦司寇也。蓐收、爽鸠皆为刑神,亦皆本于鹰矣。鸠乃五鸠之总名,五鸠即祝鸠、雎鸠、鸤鸠、爽鸠、鹘鸠。盖雎鸠与爽鸠可互代,故明代《三才图会》以雎鸠为“主法制”的司法之禽。《淮南子·天文训》说:“西方金也,其帝少皞,其佐蓐收,执矩而治秋。”秋天始现肃杀之气,故后世有秋冬行刑之制。

图 1-10-1　蓐收像[②]

图 1-10-2　蓐收像[③]

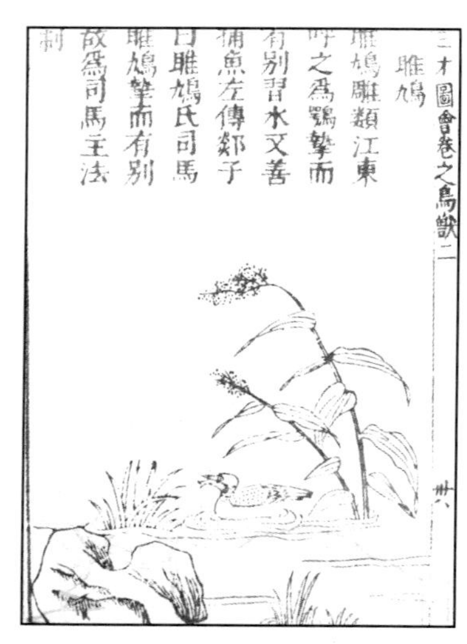

图 1-10-3　雎鸠图[④]

① 张富祥:《东夷文化通考》,上海古籍出版社 2008 年版,第 201 页。

② 《山海经·西次三经》:“泑山,神蓐收居之。”马昌仪:《古本山海经图说》(上),广西师范大学出版社 2007 年版,第 242 页。

③ 王圻:《三才图会》(下),上海古籍出版社 1988 年版,第 870 页。

④ 王圻:《三才图会》(下),上海古籍出版社 1988 年版,第 1296 页。

十一　廌与夔

东汉许慎《说文解字》:"夔,神魖也,如龙,一足,从夊,象有角手人面之形。"清桂馥《说文解字义证》:"干禄字书作夔从巳。《鲁语》:木石之怪曰夔、魍魉。韦注:或云夔一足。越人谓之山缫,或作獲,富阳有之,人面猴身能言。神魖也者,《广韵》魖下云:夔,魖罔象,木石之怪也。馥案:诸家皆以夔魖为二物。《汉书·扬雄传》:捎夔魖而抶獝狂。孟康曰:木石之怪曰夔,如龙有角,人面魖秏鬼也。《文选·东京赋》:残夔魖。薛综注:夔,木石之怪,如龙有角,鳞甲光如日月,见则其邑大旱。《说文》曰:魖秏鬼也。如龙者,《抱朴子》:夔,山精或如鼓,色赤一足;或如人,长九寸,衣裘戴笠;或如龙而五色,一足者。韦注《国语》:夔或云独足。《博物志》:山有夔,其形如鼓,一足。《庄子·秋水篇》:夔谓蚿曰:吾以一足,足今足淖而行。刘騊駼《元根赋》:一足之夔。《韩非·外储说》:鲁哀公问于孔子曰:吾闻古者有夔,一足,其果信有一足乎?孔子对曰:否也,夔非一足也,夔者忿戾恶心,人多不悦喜也,虽然,其所以得免于人害者,以其信也。人皆曰:独此一足矣。夔非一足也。一而足也。《吕氏春秋·察传篇》:鲁哀公问于孔子曰:乐正夔一足,信乎?孔子曰:昔者舜欲以乐传教于天下,乃令重黎举夔于草莽之中而进之,舜以为乐正,重黎又欲益求人,舜曰:夔者一而足矣。故曰:夔一足。非一足也。馥案:此二说不同,皆寓恉也。象有角手人面之形者,类篇、通志并引作角足。"[①]

甲骨文中的夔,"象人头插羽毛,手拿牛尾巴,独角跳跃的模样。大约是示范性动作"[②]。金文中的夔,"像一个人头上戴着角,手中执着牛尾而舞的样子。古代夔是乐师,因为像人操尾而舞之形,故转以名乐师也"[③]。夔其状如牛,一足,无角(一说有角),其声如雷。后被黄帝所获,杀之,以其皮为鼓。《山海经·大荒东经》说:"东海中有流波山,入海七千里,其上有兽,状如牛,苍身而无角,一足,出入水则有风雨,其光如日月,其声如雷,其名曰夔。黄帝得之,以其皮为鼓,橛以雷兽之骨,声闻五百里,以威天下。"也许夔曾帮助过蚩尤,故被黄帝处死。《初学记》卷九引《归藏·启筮》说,黄帝杀死蚩尤之后,"作棡革置缶而鼓之,乃拊石击石,以象上帝玉磬之音,以致舞百兽"。《淮南子·泰族训》说:"夔

① 桂馥:《说文解字义证》,齐鲁书社1987年版,第455页。

② 刘志琴:《中国歌舞探源》,《学术月刊》1980年第10期。

③ 吴泽:《中国历史大系》,棠棣出版社1953年版,第581页。

之初作乐也，皆合六律而调五音，以通八风。”故《列子·黄帝》说：“尧使夔典乐。”《孔丛子·论书》则说他“为帝舜乐正”。

其实，夔不过是部落联盟中世代主管乐律的部族的图腾。乐律一开始并不是指今天的音乐。在远古社会，乐律实际上起着军法、军令的作用。正如《周易·师》所追述的：“师出以律。”意即军队行动要遵守号令。律指乐律，即钟鼓发出的高低不同、频率各异的声音，如后世“鸣金收兵，击鼓进军”之类。《周礼·春官·大师》云：“大师执同律以听军声而诏吉凶。”“同律”即关于金鼓号角的节奏频率的规定。这些号令具有极大权威，任何人不得违反，否则便施以刑罚。

据传，最古老的战鼓名叫“皋陶”，是由不同长度、直径和弧度的鼓木蒙以虎革而制成的。鼓的大小长短不等，击打时发出声音的频率、传播的距离也不相同。《周礼·冬官考工记》：“鼓大而短，则其声疾而短闻；鼓小而长，则其声舒而远闻。”郑注：“皋陶，鼓木也。”一云：“鼓名也。”由一组型号不同的战鼓发出的声音就是指挥军队作战的军号，即“师出以律”的“律”。久而久之，战鼓的名称“皋陶”也就被借代为军令的代名词。于是，夔发明的六律和战鼓“皋陶”便成了密不可分的同一宗遗产而留传于后世了。

图 1-11-1　夔图①

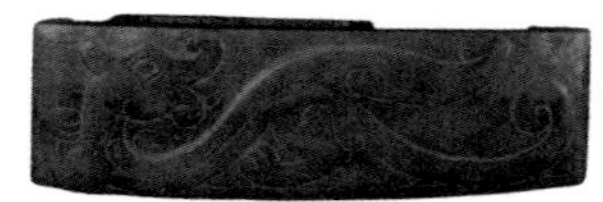

图 1-11-2　夔龙纹璲②

图 1-11-3　夔图③

① 马昌仪：《古本山海经图说》（下），广西师范大学出版社 2007 年版，第 970 页。

② 西汉。安徽省巢湖市放王岗汉墓出土，现藏安徽省巢湖市博物馆。孙华：《中国美术全集：玉器》（二），黄山书社 2010 年版，第 453 页。

③ 王圻：《三才图会》（下），上海古籍出版社 1988 年版，第 2216 页。

图 1-11-4　雷神图①

图 1-11-5　雷神图②

图 1-11-6　雷神图③

图 1-11-7　夔纹兽面④

图 1-11-8　古文夔字⑤

① 马昌仪:《古本山海经图说》(下),广西师范大学出版社 2007 年版,第 946 页。

② 马昌仪:《古本山海经图说》(下),广西师范大学出版社 2007 年版,第 947 页。

③ 东汉。山东省嘉祥县武宅山村武氏祠出土,现藏山东省嘉祥县武宅山村武氏祠文物管理所。第一层为羽人、翼龙,第二层为雷神施威,第三层为神人灵异怪兽,第四层为力士背虎擒牛。信立祥:《中国美术全集:画像石画像砖》(一),黄山书社 2010 年版,第 204 页。

④ 战国。河北省平山县七汲村中山国墓出土,现藏河北省文物研究所。孙华:《中国美术全集:玉器》(二),黄山书社 2010 年版,第 341 页。

⑤ 作者摹写。

十二　廌与西王母

廌可能是西王母的原型。殷墟卜辞中有"西母",所指何人,是否与西王母有关,不得而知。《荀子·大略》:"禹学于西王国。""西王国"是不是西王母之国,亦不详。廌是蚩尤部落的图腾。廌读作"蚩尤""咎繇""西王母"。如果急读的话,蚩尤与西王母的发音是很接近的。蚩尤与西王母都出现于黄帝时代。《云笈七签》卷一《轩辕本纪》说,西王母"慕黄帝之德,乘白鹿来献白玉环"。《绎史·黄帝内传》说:"(黄帝)既与王母会于王屋。"此后又见于尧舜禹时代。《新书·修政语上》:(尧)"身涉流沙,西见王母,地封独山。"《竹书纪年》:"帝舜有虞氏……九年,西王母来朝。"《论衡·别通》:"禹使益见西王母。"此后,据《竹书纪年》载:"十七年王(周穆)西征昆仑丘,见西王母。其年西王母来朝,宾于昭。"《穆天子传》:"乙丑,天子觞西王母于瑶池之上。"

关于西王母的居住地和形象,据《山海经·大荒西经·西山经》载:西王母生活在"昆仑之丘","人面虎身,有文有尾皆白","戴胜,虎齿,有豹尾,穴处,曰西王母"。"玉山,是西王母所居也。西王母其状如人,豹尾、虎齿而善啸,蓬发戴胜,是司天之厉及五残。"那么,西王母所居的昆仑山在哪里呢?这是古往今来聚讼的难题。不少学者认为,古昆仑山即今新疆、西藏交界处的昆仑山脉。今学者雷广臻推出新说,认为"古昆仑山即今燕山","《山海经》之海确是渤海","古昆仑文化即红山文化"。① 西王母"蓬发戴胜"。郭璞注:"蓬头乱发,胜,玉胜也","司天之厉及五残"。郭璞注:"主知厉及五刑残杀之气也。"郭璞以"五刑残杀"释"五残",近是。"五刑"盖即《尚书·吕刑》所谓蚩尤所作"五虐之刑"——墨劓剕宫杀。可以说,执掌"五残"就是执掌"五刑",亦即执掌司法事务。后来"五残"变成星宿名。《史记·天官书》:"五残星,出正东东方之野。其星状类辰星,去地可六丈。"司马贞《索隐》引孟康曰:"星表有青气如晕,有毛,填星之精也。"张守节《正义》:"五残,一名五锋……见则五分毁败之徵,大臣诛亡之象。"《晋书·天文志中》:"十二曰五残,一名五锋,出正东,东方之星。"西王母的"蓬头乱发",与《述异论》(上)所说蚩尤"耳鬓如剑戟,头上有角"和《文选·西京赋》

① 雷广臻:《古昆仑山即今燕山考》,《科学中国人》2007年第6期。

所谓“蚩尤秉钺，奋发被般”的形象，十分相似。西王母“蓬发戴胜”，“戴胜”意谓头上戴着胜。《尔雅·释鸟》：“戴鵀。”郭璞注：“鵀即头上胜，今亦呼为戴胜。”“胜”又称“花胜”，是古代妇女的头饰。“玉胜”可能是玉制的装饰物，用它来把头发束成一个角型。这个“玉胜”很可能就是象征蚩尤头上的独角。当然，这只是猜想。从汉代出土文物中的西王母形象来看，“戴胜”是横插在发髻上的长簪。“胜”字本义是“腥”，即生肉。《说文解字》：“胜，犬膏臭也，从肉，生声，一曰不熟也。”《论语·八佾》：“禘自既灌（祼）而往。”郑玄注：“禘祭之礼，自血腥始。”“戴胜”为鸟名。《礼记·月令》：“鸣鸠拂其羽，戴胜降于桑。”有学者认为，戴胜为东夷鸟夷的图腾：“西王母头戴戴胜，乃是以戴胜鸟为图腾。这种习俗，后被中原女子于发髻上插玉凤为饰所取代。西王母既以鸟为图腾，乃东夷族鸟夷的一支，虽西迁至羌人区，仍不忘旧俗。”[①]西王母掌管天灾、疾病和刑罚，而蚩尤不仅主掌兵刑，也主管天灾、疾病。《春秋繁露·求雨》：“夏求雨……其神蚩尤。”《述异记》：“汉武时，太原有蚩尤昼见，龟足蛇首，主疫，其俗遂立为祠。”西王母与蚩尤形象职能十分接近，故两者也许本同一事。

西王母住在石洞里，故世传有“西王母石室”。《汉书·地理志》：“金城郡临羌西北至塞外，有西王母石室。”《淮南子·地形训》高注引《地理志》：“西王母石室在金城临西北塞外。”《太平御览》卷三八引《十洲记》：“赤水西有白玉山，山有西王母堂室。”刘歆《上山海经表》中说：《山海经》所载，“皆圣贤之遗事，古方之著明者，其事质明有信”。他举例说：“孝宣帝时，击石石于上郡，陷得石室，其中有反缚盗械人。时臣秀父向为谏议大夫，言此贰负之臣也。昭问何以知之，亦以《山海经》对。其文曰：‘贰负杀窫，帝乃梏之疏属之山，桎其右足，反缚两手。’上大惊，朝士由是多奇《山海经》者。”[②]《论衡·恢国》记载，汉王莽时期，羌人献其鱼盐之地，“遂得西王母石室”。那么，汉宣帝时发现的石室是不是西王母的石室呢？如果是的话，就可以证明，西王母的石室其实就是牢狱。如此，则西王母便是司狱之神了。

从汉代出土图像来看，西王母的地位十分显赫。常常是西王母位居中央，伏羲、女娲列在两旁，蛇身而交尾。而且是伏羲手执矩，女娲手执规，周围是星宿之图像。矩和规是测量的工具，测量的对象是宇宙、日月、星辰。测量的目的是探寻天道即自然界的规律。这也许反映了古人所从事的农耕生产活动对天

---

① 何光岳：《东夷源流史》，江西教育出版社1990年版，第473页。

② 袁珂：《山海经全译》，贵州人民出版社1991年版，第353、354页。

道节气时令的依赖和敬畏。我们作一个大胆的假设,将伏羲、女娲视为立法者,他们把宇宙之法引入人间,成为人间之法,从而使人间之法具有了神性。我们读一读正史的天文志、礼乐志就可以明白,古代社会的农耕生产活动、人类自身再生产的婚姻生活和朝廷的政治活动,无一不与天道有关。矩和规又是绘画的工具,绘画出人间规则。人间规则最早源于两性之间(交尾)的行为,亦即最早的族外婚制和"同姓不婚"习俗。这种社会规则符合人类自身再生产的规律。《淮南子·天文训》谓:太昊司东方,"执规治春",炎帝司南方,"执衡治夏",少昊司西方,"执矩治秋",颛顼司北方,"执权治冬"。天有四时,地有四方,规矩权衡来自天道,施于人间。天之道演绎为人之道即社会规则。人间之法便具有了神性。古人从内心深处对天道的敬畏也许是今人无法想象的。

西王母是"司天之厉及五残"的司法者、执法者。西王母头上的戴胜鸟就成了联系人间与宇宙的神灵符号。"因为灾疫和刑罚都是有关人类生命的,它既可以夺取人的生命,当然也就可以赐予人的生命。正如希腊神话里的阿波罗一样,传播瘟疫,同时又是医疗之神。所以一般人都相信西王母藏有不死的良药,有福气得到这药的,吃了就可以长生。"①于是,西王母的无上权威表现在降福和降灾两个方面:西王母身边有不死树和白兔捣药图像,表示了西王母保佑苍生健康长寿和治病救人的慈悲襟怀;而"司天之厉及五残"即驾驭天灾人祸以示惩戒,天灾包括水旱、地震、雷雨、冰雹,人祸包括疾病、夭亡、牢狱、刑杀。

与西方的司法之神不同,在寻常百姓心目中,司法的神圣性并不需借助于它凌驾一切使人战栗恐惧的血腥威严,而在于它对众生的体贴温情,这种体贴温情因融入百姓日常生活而为人们见惯不惊。因此,在民众心里,西王母成了平安长寿的象征。清代十二章龙袍上面就有仙兔捣药图案。这些历史画卷不仅是对中国古代自然法思想的绝妙描述,而且展示了中国古代司法女神的丰富形象和文化内涵。中国古代神祇手中的矩规,相当于西方司法女神手中的天平。中国司法女神在制裁犯罪的同时,还把犯罪视为一种社会的疾病和道德伦理的沦丧,在制裁犯罪的同时还努力寻求一种道德良药来根除产生犯罪的土壤。这或许正是东方司法女神高于西方司法女神之处。总之,蚩尤是发明了"五刑"和"灋"的人间酋长,伏羲、女娲是创造了婚姻礼仪的人文始祖,而西王母则是天上的惩恶扬善的司法女神。

---

① 袁珂:《中国古代神话》,中华书局1960年版,第196页。

图 1-12-1 西王母伏羲女娲画像石①

图 1-12-2 西王母画像石②

图 1-12-3 伏羲女娲西王母画像石③

① 东汉。中为西王母,左右分别为伏羲女娲,二人蛇尾交盘,手持便面,尾连二朱雀。山东省微山县两城镇出土,现藏山东省微山县文化馆。信立祥:《中国美术全集:画像石画像砖》(一),黄山书社 2010 年版,第 165 页。

② 东汉。山东沂南县北寨村出土,现藏山东省沂南汉墓博物馆。画面上部为一怪兽,虎面,口大张,蹲伏一老虎背上;下部为西王母,戴胜,肩有双翼,坐于仙山之上;两侧有玉兔执杵捣药;下方有一虎穿行。信立祥:《中国美术全集:画像石画像砖》(一),黄山书社 2010 年版,第 172 页。

③ 东汉。四川新都县新龙乡出土,现藏四川省博物馆。西王母头戴方胜,座下有龙虎,左有九尾狐,右有三足乌,下有人形蟾蜍。常任侠:《中国美术全集:画像石画像砖》(19),上海人民美术出版社 1988 年版,第 173 页。

图 1-12-4　西王母伏羲女娲画像石①

图 1-12-5　戴胜鸟图②

图 1-12-6　西王母伏羲女娲图③

① 东汉。山东沂南县北寨村出土，现藏山东省沂南汉墓博物馆。画面上部为高禖神，双臂合抱伏羲女娲，背景有一矩一规；下部为西王母，戴胜，肩有双翼，坐于仙山之上；两侧有玉兔执杵捣药；下方有一虎穿行。信立祥：《中国美术全集：画像石画像砖》(一)，黄山书社 2010 年版，第 172 页。

② 《辞海》，上海辞书出版社 1980 年版，第 1823 页。

③ 东汉。山东滕州市桑村镇大郭村出土，现藏山东滕州市博物馆。信立祥：《中国美术全集：画像石画像砖》(一)，黄山书社 2010 年版，第 152 页。

图 1-12-7 伏羲女娲画像石①

图 1-12-8 伏羲女娲图②

① 东汉。山东省嘉祥县武宅山村武氏祠画像石,现藏山东省嘉祥县武氏祠文物管理所。信立祥:《中国美术全集:画像石画像砖》(一),黄山书社 2010 年版,第 198 页。

② 唐代。中国古代书画鉴定组:《中国绘画全集(战国—唐)》第 1 卷,文物出版社 1997 年版,第 96 页。

图 1-12-9　执刑画像①

图 1-12-10　西王母伏羲女娲像(局部)②

① 东汉。山东临沂市白庄出土,现藏山东临沂市博物馆。信立祥:《中国美术全集:画像石画像砖》(二),黄山书社 2009 年版,第 264、265 页。

② 东汉。山东省嘉祥县武宅山村武氏祠画像石,现藏山东省嘉祥县武氏祠文物管理所。此画为第三层,二人执锤、斧击打一体缠巨蛇的跪伏者,寓意不详。信立祥:《中国美术全集:画像石画像砖》(一),黄山书社 2010 年版,第 199 页。

图 1-12-11　天罚图①

图 1-12-12　清十二章龙袍②

图 1-12-13　仙兔捣药图案③

① 东汉。山东省嘉祥县武宅山村武氏祠画像石，现藏山东省嘉祥县武宅山村武氏祠文物管理所。第一、三层为神人出行，第二层为雷公天罚罪人，第四层为天帝图。信立祥:《中国美术全集:画像石画像砖》(一)，黄山书社 2009 年版，第 197 页。

② 清代。《北京文物精粹大系》编委会、北京市文物局:《北京文物精粹大系·织绣卷》，北京出版社 2000 年版，第 211 页。

③ 清十二章龙袍局部。《北京文物精粹大系》编委会、北京市文物局:《北京文物精粹大系·织绣卷》，北京出版社 2000 年版，第 212 页。

十三　廌与甪端

觹即角端，又称“角端”，写作“觹”。先秦文献未见角端。西汉《史记·司马相如传》载《子虚赋》“兽则麒麟角端”，是角端的最早记录。东汉许慎《说文解字》：“觹，角端，兽也。状似豕，角善为弓。出胡休多国。从角耑声。”指出角端来自方外。

清桂馥《说文解字义证》叙述最为详细：“角觹兽也者，《艺文类聚》引作角端兽。状似豕者，李善注《上林赋》引郭璞：角端似貊。《辍耕录》：金华黄先生溍尝云：子将以举子经学取科第，有一赋题曰角端，亦曾求其事实否乎？余曰：未也。因记《史记·司马相如传》：兽则麒麟角端之语，退而阅之，按注：郭璞注：角端音端，似豬，角在鼻上，堪作弓。又云：似麒麟而无角。《毛诗》疏云：麟，黄色，角端有肉。张揖云：角端似牛，角可以为弓。以此推之，岂亦麟之属与。及考《符瑞志》《名臣事略》《癸辛杂识》等书，乃始得其详。盖太祖皇帝驻师西印度，忽有大兽，其高数十丈，一角如犀牛，然能作人语云：此非帝世界，宜速还。左右皆惊慑，独耶律楚材文正王进曰：此名角端，乃旄星之精也，圣人在位则斯兽奉书而至，且能日驰万八千里，灵异如鬼神，不可犯也。帝即回驭。馥案：《宋书·符瑞志》：角端者，日行万八千里，又晓四夷之语，明君圣主在位，明达外方幽远之事，则奉书而至。此耶律所据。角善为弓者，《汉书音义》：角端似牛，角可为弓。郭璞曰：李陵尝以此弓十张遗苏武也。馥案：《词林海错》：李陵以貒弓遗苏武。貒似豕，角在鼻上，堪作弓。陈琳《武库赋》：弓则繁弱角端。刘劭《赵都赋》：其用器则六弓四弩，绿沉黄閒，棠溪鱼肠，丁令角端。出胡休多国者，《艺文类聚》引作出胡休歹国。《御览》引作出胡尸国。一曰出休尸国。馥谓：即鲜卑也。《魏志·鲜卑传》：端牛角为弓，世谓之角端。《续汉书·鲜卑》：禽兽异于中国者，有角端牛，以角为弓，俗谓之角端弓。《魏书》：鲜卑有端牛，端牛角为弓，世谓之角端者也。《寰宇记》：鲜卑有角端牛，以角为弓，世谓之角端弓。”[①]

根据桂馥的《说文解字义证》，我们将角端出现的脉络整理如下：角端始见于西汉，非中原之兽。此后其名不彰，仅以驱邪神兽见于陵墓。至宋而记述颇详。宋代营造孔府、孔林时多见角端石兽。同时，角端被赋予好生恶杀的仁兽的形象。[②] 联想到孔子晚年“西狩获麟”的典故，不禁猜想，角端者，其麟欤！

---

① 桂馥：《说文解字义证》，齐鲁书社 1987 年版，第 371、372 页。

② 参见《宋史·符瑞志》，《元史·耶律楚材传》。

图 1-13-1　角端图①

图 1-13-2　角端图②

图 1-13-3　角端石兽③

图 1-13-4　角端头像④

---

① 王圻:《三才图会》(下),上海古籍出版社 1988 年版,第 2229 页。

② 张亦工:《神兽獬豸和角端》,《寻根》1998 年第 2 期。

③ 曲阜孔府牌坊上有四尊角端石兽。——作者拍照。

④ 曲阜孔府门前上马石侧面角端兽头部雕塑。——作者拍照。

图 1-13-5 角端石兽①

图 1-13-6 角端石兽②

图 1-13-7 玉角端兽③

图 1-13-8 玉角端兽④

① 曲阜孔林孔子墓神道雕塑,孔子墓神道雕塑。王世仁:《中国美术全集:建筑》(一),黄山书社 2010 年版,第 294 页。

② 曲阜孔林孔子墓神道雕塑。——作者拍照。

③ 明代。孙华:《中国美术全集:玉器》(三),黄山书社 2010 年版,第 634 页。

④ 清代。孙华:《中国美术全集:玉器》(三),黄山书社 2010 年版,第 672 页。

十四 廌与苗民

苗民或三苗是一个古老的部落。《山海经·海外南经》:"三苗国在赤水东,其为人相随,一曰三毛国。"关于苗民、三苗的传说可以追溯到黄帝尧舜时代。《山海经·大荒北经》说:"颛顼生驩头,驩头生苗民。"汉魏学者多言三苗是以蚩尤为君长的九黎部落后裔,则三苗又与蚩尤部落关系密切。"三苗部族与东夷地区的蚩尤部族、太昊、少昊部族、共工氏部族同源或者同盟,有密切的关系。"[①]《龙鱼河图》载,蚩尤兄弟八十一人,即八十一个氏族,他们以金作兵,勇敢善战,威震天下,曾与黄帝部落集团进行战争,最后,蚩尤战败被黄帝杀于涿鹿(今河北涿鹿东南)。蚩尤部落的一支"苗民"也被放逐到西南地区,称作"三苗"。《尚书·舜典》"三苗"马融注:"三苗,国名,缙云氏之后,为诸侯,号饕餮。"《史记·五帝本纪》"有苗"郑玄注:"有苗,九黎之后,颛顼代少昊诛九黎,分流其子孙为三苗国。"《山海经·海外南经》"三苗国"郭璞注:"昔尧以天下让舜,三苗之君非之,第杀之,有苗之民,叛入南海,为三苗国。"袁珂说:"三苗国又叫三毛国,或叫苗民国。所谓三苗,相传就是帝鸿氏的后代浑敦,少昊氏的后代穷奇,缙云氏的后代饕餮。这三族人的苗裔,因为反对尧把天下让给舜,尧杀了他们的国君,他们就逃到南海来合组成一国。"[②]"三苗"遍布于今四川、云南、贵州、湖南、广西及海南等地。今世苗族传说中还可找到关于驩头、蚩尤的史影。

蚩尤是东夷民族的领袖,苗民是蚩尤部落的"嫡系"部族。《尚书·吕刑》载:"蚩尤惟始作乱,延及于平民,罔不寇贼、鸱义、奸宄、夺攘、矫虔。苗民弗用,灵制以刑,惟作五虐之刑曰法。"大意是说:蚩尤开始整肃社会秩序,制定新的行为规则,施及所辖领域内的各类部族,将各种坏的行为总括为寇贼(抢劫杀人)、鸱义(违反礼仪)、奸宄(邪恶作乱)、夺攘(抢夺财物)、矫虔(狡诈骗取)五种类型,以此来制约大家。蚩尤的嫡系苗民积极地加以实施,但未能奏效,蚩尤便命令他们用刑罚加以惩治。这种惩罚手段同上述五种类型的坏行为相对应,于是产生了五种无情的刑罚:劓、刵、椓、黥,加上杀刑,即为"五虐之刑",并称为"灋"。《尚书·吕刑》又说,苗民在执行新法时"丽刑并制,罔差有辞",扩大了打击面,引起社会的不满。他们纷纷向上帝控诉苗民。"皇帝哀矜庶戮之不辜,报虐以威,遏绝苗民,无世在下。""唯时苗民匪察于狱之丽,罔择吉人,观于五刑之

① 李玉洁:《中国古史传说的英雄时代》,科学出版社 2010 年版,第 183 页。

② 袁珂:《中国古代神话》,中华书局 1960 年版,第 257 页。

中，唯时庶威夺货，断制五刑，以乱无辜，上帝不蠲，降咎于苗，苗民无辞于罚，乃绝厥世。”上帝就惩罚“三苗”，并把他们流放到南方。

《史记·五帝本纪》说：黄帝“禽杀蚩尤”。指蚩尤被俘获之后，曾经被桎梏过，也许致死不服，才被处死。《山海经·大荒南经》：“大荒之中有宋山者，有赤蛇，名曰育蛇，有木生山上，名曰枫木，蚩尤所弃其桎梏，是谓枫木。”桎梏蚩尤的械具是枫木做成的。蚩尤被杀之后，械具被丢弃在宋山，那些枫木械具死而复活竟长成了一片枫树林。《云笈七签·轩辕本纪》：“黄帝杀蚩尤于黎山之丘，掷其械于大荒之中，宋山之上后化为枫木之林。”在今天的苗族地区，人们不仅祭祀蚩尤，而且以“枫树”为神灵进行膜拜。扮演枫树神的人戴着三角帽。

直至今天，在苗族生活的广大地区，“蚩尤作为苗族的第一祖先，始终受到各地苗族人民的崇敬与纪念”。“许多古史神话传说，尽管有神话思维的幻想成分，却往往与古代文献不谋而合。”①“蚩尤是苗族公认的始祖，同时也应尊为汉族和整个中华民族的始祖之一。”②《礼记·王制》：“东方曰夷，被发文身。”被发即披发、断发。今天，在苗族的某些部族，仍保留着男孩八岁开始剃额部头发的习俗，这可能和殷民族男孩八岁行成童礼有关。③

图 1-14-1　梅山蚩尤像④

图 1-14-2　枫木图⑤

① 段宝林：《蚩尤考》，《民族文学研究》2008 年第 4 期。

② 伍新福：《重评蚩尤与苗族族源研究中的几个问题》，《中南民族学院学报(人社版)》2011 年第 1 期。

③ 周清泉：《文字考古》(一)，四川人民出版社 2003 年版，第 666 页。

④ 邹少灵：《梅山蚩尤神像与饕餮盘古的关系》，《船山学刊》2006 年第 3 期。

⑤ 《山海经·大荒南经》：“(宋山)有木生山上，名曰枫木，蚩尤所弃其桎梏，是谓枫木。”马昌仪：《古本山海经图说》(下)，广西师范大学出版社 2007 年版，第 1050 页。

图 1-14-3　苗绣独角龙①

图 1-14-4　蚩尤菩萨像②

图 1-14-5　傩面具③

图 1-14-6　蚩尤与牛首龙④

① 叶舒宪、萧兵、[韩]郑在书:《山海经的文化寻踪》(下),湖北人民出版社 2004 年版,第 1038 页。

② 作者摄于湖南新化梅山文化节。萧兵:《中国上古图饰的文化判读——建构饕餮的多面相》,湖北人民出版社 2011 年,扉页。

③ 作者摄于湖南新化梅山文化节。萧兵:《中国上古图饰的文化判读——建构饕餮的多面相》,湖北人民出版社 2011 年版,扉页。

④ 贵州黔东南台江施洞苗绣作品。叶舒宪、萧兵、[韩]郑在书:《山海经的文化寻踪》(下),湖北人民出版社 2004 年版,第 1824 页。

十五　廌与文身

文身又称“纹身”，是许多古老民族的风俗。据传，东夷民族最先发明了文身。《礼记·王制》说：“东方曰夷，被发文身。”被，披，分开，剖露。披发，很可能是断发。蚩尤是东夷民族核心部落的领袖，《尚书·吕刑》说蚩尤作“五虐之刑”（劓刵刻黥杀），其中就有“黥”——一种在皮肤上面刻画记号的刑罚。“黥”的前身可能兼含文身和断发。但是，“黥”一开始并非刑罚，而是文身习俗。

执掌文身的职官盖即“御廌”。郭沫若认为御廌是“执法小吏”。[①] 文身又是一种教育活动。“教”字的甲骨文写作“[illegible]”。爻即井，就是校，囚具也。执法小吏兼管教育是很自然的事情。在原始社会，对幼童的教育除了语言和身教，可能更多依靠强制性措施。古代的“学”“教”“孝”等字都带有“井”“爻”字，这就是“校”。春秋时子产“不毁乡校”的“乡校”，可能就是对儿童集中进行教育的场所。“执法小吏”还兼着民间教育的职能。教育的方法免不了粗暴，这就是“鞭作教刑”。把坏孩子脱光了打他个体无完肤——“臀无肤”“噬肤”，身上出现鞭痕：××，这就是爻字。“井”“交”“爻”“文”都是相通的字。[②] 正因为御廌是“执法小吏”，所以身边离不开“井”。于是我们在金文中发现了有意思的[illegible]，即“教”字。[③] 这个“教”字的特点是突出施教者即“廌”，而甲骨文的“教”则突出被教育者即“子”。同时，两者的教育手段不同，前者是“爻”，后者是鞭或杖。此二字形虽然有差别，但是也有联系。甲骨文中有“廌”有“井”“爻”，甲骨文的“教”和“学”也都有“爻”符。从逻辑上推测，金文的“教”字应当源于甲骨文，只是还没有看到相应的证据。“井”“爻”的原型都是“校”，即囚具。“校”可能是用四根木条制成的可以活动的器具，用来固定人的身体，以便进行文身。文身的文化渊源和社会功能非常丰富，它与图腾崇拜和社会生活需求分不开。这些内容值得深入研究。重要的文身与成人礼联系在一起，成为礼仪和禁忌的一个组成部分。作为成人礼的文身，就其氏族内部而言，是赋予文身者某种权利或义务的一种法律行为。经过多少世代，具有文身习俗的民族被打败了，集体地沦为奴

---

① 郭沫若：《出土文物二三事》，人民出版社1972年版，第26页。

② 周清泉：《文字考古》(一)，四川人民出版社2003年版，第663、666、669页。

③ 高明、涂白奎：《古文字类编(增订本)》，上海古籍出版社2008年版，第1395页。

隶。又经过多少世代，文身符号就演变成罪犯的符号，黥刑就是这样产生的。当[井刀]这个字出现时，它只是宣扬其暴力无情的一面。而它的前身，那些促使我们的先民从野蛮走向文明、在齐鲁原野上的夕阳余晖中闪动的美丽动人的文身图案，早已荡然无存。

图 1-15-1　文面①

图 1-15-2　文面②

图 1-15-3　文额③

图 1-15-4　文面④

① 马家窑文化。新石器时代，马家窑文化为半山类型。甘肃出土，现藏瑞典国立东方博物馆。人头形陶器盖，脸部有文身图案。金维诺：《中国美术全集（雕塑编）》，人民美术出版社 1988 年版，第 7 页。

② 马家窑文化。新石器时代，马家窑文化为半山类型。甘肃出土，现藏瑞典国立东方博物馆。人头形陶器盖，脸部有文身图案。金维诺：《中国美术全集（雕塑编）》，人民美术出版社 1988 年版，第 7 页。

③ 内蒙古阴山岩画（局部），人面额上均有“彡”形。叶舒宪、萧兵、[韩]郑在书：《山海经的文化寻踪》（上），湖北人民出版社 2004 年版，第 415 页。

④ 双墩文化。陶人头，安徽蚌埠市小蚌埠双墩村出土，现藏蚌埠市博物馆。杨泓：《中国美术全集：墓葬及其他雕塑》（一），黄山书社 2010 年版，第 1 页。作者按：陶人头像额部有文身图案。

图 1-15-5　文面①

图 1-15-6　文额②

图 1-15-7　文面③

图 1-15-8　文面④

① 马家窑文化。甘肃省临夏回族自治州征集，现藏甘肃省临夏回族自治州博物馆。杨泓：《中国美术全集：墓葬及其他雕塑》(一)，黄山书社 2010 年版，第 11 页。

② 红山文化。辽宁朝阳市牛河梁遗址出土，现藏辽宁省文物考古研究所。额上有方形刻痕。孙华：《中国美术全集：玉器》(一)，黄山书社 2010 年版，第 19 页。

③ 石家河文化。陕西西安市长安区张家坡出土，现藏中国社会科学院考古研究所。孙华：《中国美术全集：玉器》(一)，黄山书社 2010 年版，第 81 页。

④ 商代。兽面形玉牌，江西新干县大洋洲乡程家村出土，现藏江西省博物馆。孙华：《中国美术全集：玉器》(一)，黄山书社 2010 年版，第 150 页。

图 1-15-9　文身①

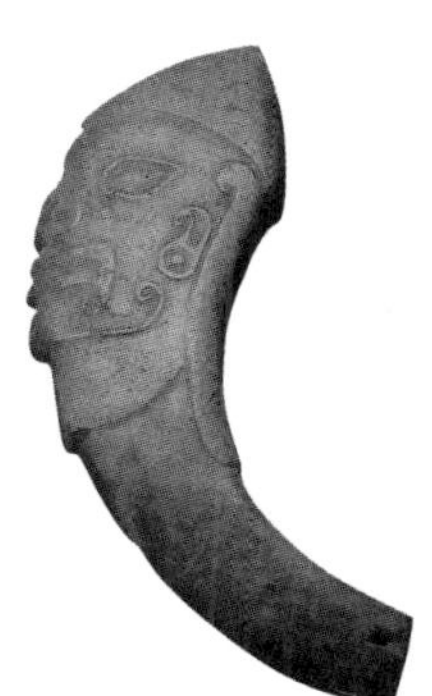

图 1-15-10　文面②

图 1-15-11　文胸③

图 1-15-12　文额④

---

① 战国。人形玉雕，河南省洛阳市铜加工厂出土，现藏河南省洛阳博物馆。孙华:《中国美术全集：玉器》(二)，黄山书社 2010 年版，第 334 页。

② 石家河文化。玉人形饰，湖北天门市石河镇肖家屋脊遗址出土，现藏湖北省荆州博物馆。孙华:《中国美术全集：玉器》(一)，黄山书社 2010 年版，第 81 页。

③ 商代。胸前不见衣纹，而有兽面纹，似文身标志。杨伯达:《中国玉器全集》(上)，河北美术出版社 2005 年版，第 145 页。

④ 《山海经·海外西经》:"奇肱之国在其北，其人一臂三目。"马昌仪:《古本山海经图说》(下)，广西师范大学出版社 2007 年版，第 752 页。

图 1-15-13　文额①

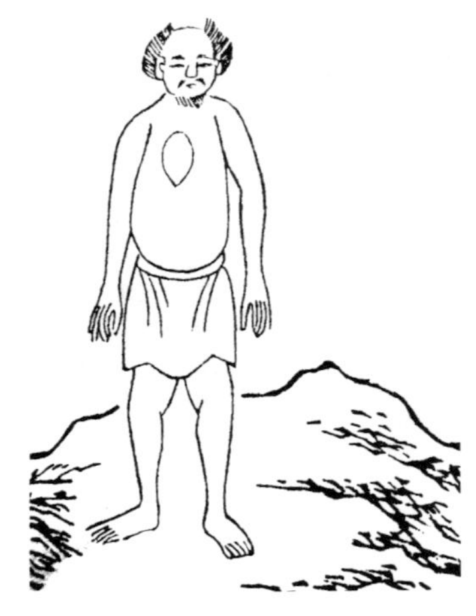

图 1-15-14　文胸②

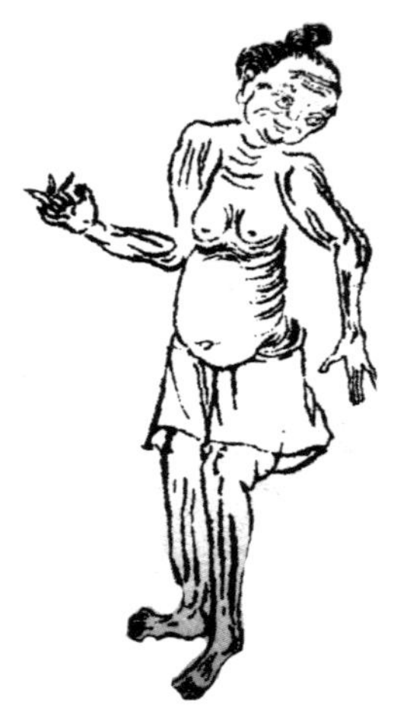

图 1-15-15　文胫③

图 1-15-16　文齿④

---

① 《山海经·海外北经》:“深目国在其东,为人深目。”马昌仪:《古本山海经图说》(下),广西师范大学出版社 2007 年版,第 809 页。

② 《山海经·海外南经》:“贯胸国在其北,其为人胸有窍。”马昌仪:《古本山海经图说》(下),广西师范大学出版社 2007 年版,第 720 页。

③ 《山海经·海内经》:“有大幽之国,有赤胫之民。”马昌仪:《古本山海经图说》(下),广西师范大学出版社 2007 年版,第 1089 页。

④ 《山海经·海外东经》:“黑齿国在其北,其为人黑齿。”马昌仪:《古本山海经图说》(下),广西师范大学出版社 2007 年版,第 846 页。

十六　廌与象刑

“象刑”一词源于《尚书·益稷》：“皋陶方厥叙，方施象刑，惟明。”《尚书·吕刑》：“象以典刑。”由于对“象”字的不同理解，就造成“象刑”的歧义。主要有三种说法：一是“依照刑”说，即依从法律。象，法式、效法。如《楚辞·九章·橘颂》：“行比伯夷，置以为象。”《尚书·微子之命》：“殷王元子惟稽古崇德象贤。”《墨子·辞过》：“左右皆法象之。”刑、典刑是典则、法律的意思。“象刑”“象以典刑”是依照法律进行审判、定罪、量刑。二是“象征刑”说，即象征性的刑罚手段。象，服饰、象征。《诗经·鄘风·君子偕老》：“象服是宜。”《周易》《系辞下》：“易者象也，象也者像也。”孔颖达疏：“谓卦为万物象者，法像万物，犹若乾卦之象，法像于天也。”“象刑”“象以典刑”就是用“画衣冠、异章服”的办法代表肉刑和死刑，以羞辱性的服饰来制裁犯罪的人。三是“颁布刑”说，即颁布法典。象，图像、魏阙。《周礼·天官·大宰》和《周礼·秋官·大司寇》中所谓“治象之法”“刑象之法”，即把犯罪、刑罚的情状用绘画的形式表示出来，悬示于魏阙，公之于众，让人们特别是不识字者知所避就。

“象刑”盖即远古时代公布法律的一种形式，肇始于黄帝颁布蚩尤之五刑。《尚书·吕刑》载：(蚩尤)“惟作五虐之刑曰法。”《逸周书·尝麦》：“赤帝大慑，乃说于黄帝，执蚩尤，杀之于中冀，以甲兵释怒。”《龙鱼河图》：“帝因使之主兵，以制八方。蚩尤殁后，天下复扰乱不宁。黄帝遂画蚩尤形象，以威天下。天下咸谓蚩尤不死，八方万邦，皆为殄伏。”这个“蚩尤形象”，与其说是廌，毋宁说是五刑即五种肉刑之形象。后世继承了这一做法。《史记·武帝纪》元光元年诏：“朕闻昔在唐虞，画象而民不犯。日月所烛，莫不率俾(服从)。”在远古社会，以绘画五刑之形象来公布法律，此亦远古“象刑”之初义，其绘画的工具就是筆。而最古老的筆是用廌之尾或廌之毛制成的。[①] 日本法学家穗积陈重指出：“以图画形法规晓谕人民，是盖文字未兴或已兴而未通行于世之际，对于不识字人民，示法以紧，而警诫之最有效方法也。”“以绘画发布，正与成文法之以文书发布者相同”。[②] 这种在固定建筑物上涂抹法令、刑罚之象的办法一直流传到后世。如《周礼·天官·大宰》：“县(悬)治象之法于象魏。”郑玄注：“大宰以正月朔日，布王治之事于天下，至正岁，又书而县于象魏，振木铎以徇之，使万民观焉。”《地

① 桂馥：《说文解字义证》，齐鲁书社1987年版，第250页。引《古今注》：“古以枯木为管，廌毛为柱，羊毛为被。”

② ［日］穗积陈重：《法律进化论》，黄尊三等译，中国政法大学出版社1997年版，第109页。

官·大司徒》:"县教象之法于象魏。"《夏官·大司马》:"县政象之法于象魏。"《秋官·大司寇》:"县刑象之法于象魏。"象魏是诸侯国君宫前一对高的对称的建筑物。定期把形象之法令公布其上,又定期收而藏之。《左传·哀公三年》载,鲁宫失火,"季桓子至,御公立于象魏之外。……命藏象魏,曰:旧章不可亡也"。可见这些有形象或文字内容的"旧章",可以张贴悬挂或书写在象魏上面,又可以取下来收藏。

有一种意见认为,象刑即以社会舆论为后盾、以羞侮为手段的象征性刑罚。这种刑罚是以原始社会的特殊背景为基础的。须知,原始人的集体荣誉感是极强的。"氏族的所有成员都负有为侮辱复仇的责任。"[①]"每个人都承认印第安人所具有的那种强烈的独立意识和自尊心。"[②]"一个人看重了荣誉,就终身从事一切获致荣誉所不可或缺的事情。"[③]因此,象征性刑罚的存在,是符合逻辑的。

关于尧舜时代的象刑,《尚书大传》《荀子·正论》《慎子》(佚文)《论衡·四讳》等文献均有记载。大致是说,令受上刑、中刑、下刑者身着非常之服饰,以示羞侮。这种羞辱性的措施,从圜土之法中亦有反映。《竹书纪年》载:"夏帝芬三十六年作圜土。"圜土是监狱的雏形。关于"圜土之法",《周礼·秋官·司圜》这样追述道:"司圜掌收教罢民:凡害人者,弗使冠饰,而加明刑焉,任之以事而收教之。能改者,上罪三年而舍,中罪二年而舍,下罪一年而舍。其不能改而出圜土者,杀。虽出,三年不齿。凡圜土之刑人也,不亏体;其罚人也,不亏财。""圜土之法"是将象刑与强制劳役相结合的一种新的刑罚措施,其威慑力自然比象刑大得多。但其"不亏体""不亏财",仍表现了氏族的温情。随着生产力的发展和社会结构的不断分化,氏族纽带的某些环节已经被贫富之分和统治者与被统治者之间的鸿沟所冲破,原来那层温情脉脉的薄纱终于被扯破,露出了血淋淋的刀锯来。至于辱侮性的刑罚,陕西岐山县出土的西周铜器《倗匜铭》《周礼》中《司圜》《礼记·玉藻》等亦有表述,后世刑制中亦有其遗迹。由是观之,象刑者必有所本而非臆造。其时之象征性刑罚,盖针对轻微违法犯罪者,刑其一人,全族受侮,受刑者深受族人舆论之谴责,其威力仅次于流放。后来,个体家庭或小家族渐多,原先以氏族、部落为单位的集体荣誉感日渐衰落,象征性刑罚渐失其威力,便最终代之以肉刑。后世帝王之所以敢于实行肉刑,除了客观的需要之外,还因为肉刑虽然是东夷首领蚩尤创造的,但被黄帝所继承。本来不免显得血腥的"五虐之刑",由于经过黄帝的认可,就获得了合法性。西汉景帝废除肉刑之后,产生一些负面影响,于是有恢复肉刑之论,其论据之一便是——肉刑乃圣王所为作也。

---

① [法]拉法格:《思想起源论》,王子野译,三联书店1963年版,第71页。

② 《马克思恩格斯全集》第45卷,人民出版社1985年版,第416页。

③ [法]孟德斯鸠:《论法的精神》(下),商务印书馆1963年版,第233页。

十七 鹰与神徽

神徽又称“神人兽面纹”，是良渚文化遗址出土的大量玉质礼器当中最重要最典型的纹饰图案。不仅许多礼器上面都直接刻有这种神徽图样，而且，神徽的形象或寓意还体现在其他玉质礼器的造型上面。在一些礼器上，与神徽相搭配的还有龙纹和鸟纹。

神徽即神人兽面纹，是半人半兽的形象。它是由上、下两部分构成的：上部是一个人形，头戴羽冠，羽冠顶部中央呈尖状，眼鼻口齐全，目中有瞳仁，露出上半个胸部，双臂叉腰，左右手露出半个手背；下部是一个较大的兽面，有一对大的眼眶和眼睛，目中有瞳仁，鼻口肥厚，底部为一对脚，呈蹲踞状，脚上有毛，除羽冠之外，画面上还刻满了箕斗纹。

关于神徽的寓意和渊源学术界有许多猜测。如果淡化诸多地域性考古文化的界限，从东夷文化的整体或宏观角度来分析，神徽与饕餮纹之间的形似之处，是不是隐含着神徽与蚩尤之间的内在联系呢？神徽有可能就是蚩尤形象的一种表达方式。理由是：其一，神徽羽冠顶部中央尖角可能是蚩尤部落图腾独角兽的独角，或者是“头上戴豖”的形象；其二，神徽的羽冠可能是东夷鸟图腾的一个记号。有学者提出：“在良渚玉器上，有很多鸟兽图案，因此良渚古国很可能就是属于蚩尤集团的羽人国。”[①]其三，神徽格外突出眼睛的地位，这也许和射箭需要好的眼力有关，而且，琮最早就是射箭的辅助器具（参见第四章“寻找最初的礼”）。其四，从蹲踞的双脚形状来看，颇似虎爪，而武梁祠画像石所见蚩尤足即虎爪，这只虎会不会像濮阳墓葬那样的独角虎呢？其五，神徽上面共有四目，加上虎有四肢，正好与蚩尤“四目六手”“目在腋下”的形象相符合。而且，良渚神徽上部有一对肉翅而无双臂，此与蚩尤饕餮生有肉翅一致。其六，元代朱德润有可能见过良渚文化龙首纹玉镯，他在其著《古玉图》中将良渚龙首纹玉镯形器称为“雕玉蚩尤环”，如此命名必有所本。最后，如果我们能够在更大的时空中认识良渚文化，比如，从大汶口文化陶器符号入手探讨其与良渚文化的联系，就会从东夷文化的广阔视野中发现不同地域文化的内在联系[②]，从而发现鹰、蚩尤与神徽之间的共同文化渊源。

---

① 张童心、吕建昌、曹竣：《考古发现与华夏文明》，上海大学出版社 2009 年版，第 39 页。

② 刘斌：《神巫的世界——良渚文化综论》，浙江摄影出版社 2007 年版，第 136、234 页。

图 1-17-1　神徽①

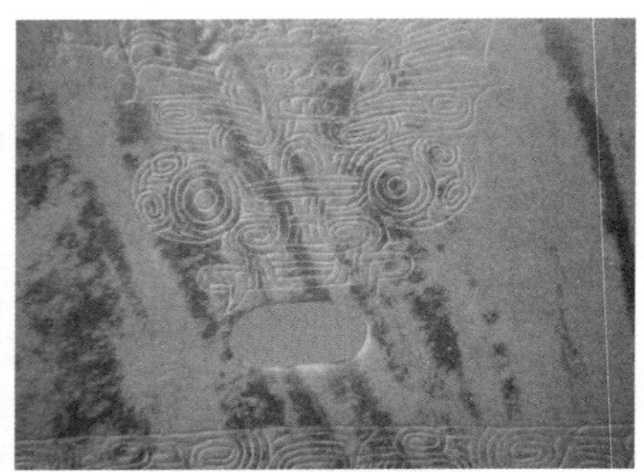

图 1-17-2　神徽②

图 1-17-3　神徽③

图 1-17-4　神徽④

图 1-17-5　神徽⑤

图 1-17-6　神徽⑥

① 红山文化。浙江余杭反山玉琮上完整的神徽。刘斌:《神巫的世界——良渚文化综论》,浙江摄影出版社 2007 年版,第 68 页。

② 红山文化。瑶山冠状饰。刘斌:《神巫的世界——良渚文化综论》,浙江摄影出版社 2007 年版,第 71 页。

③ 红山文化。反山冠状饰。刘斌:《神巫的世界——良渚文化综论》,浙江摄影出版社 2007 年版,第 71 页。

④ 红山文化。反山半圆柱挂饰。刘斌:《神巫的世界——良渚文化综论》,浙江摄影出版社 2007 年版,第 71 页。

⑤ 红山文化。瑶山冠状饰。刘斌:《神巫的世界——良渚文化综论》,浙江摄影出版社 2007 年版,第 67 页。

⑥ 红山文化。瑶山冠状饰。刘斌:《神巫的世界——良渚文化综论》,浙江摄影出版社 2007 年版,第 67 页。

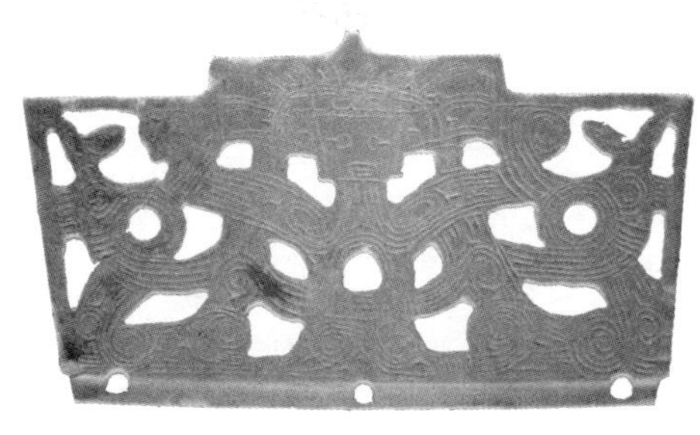

图 1-17-7　神徽①

图 1-17-8　神徽②

图 1-17-9　神徽③

图 1-17-10　玉蚩尤④

---

① 红山文化。反山冠状饰。刘斌:《神巫的世界——良渚文化综论》,浙江摄影出版社 2007 年版,第 39 页。

② 红山文化。反山叉形器。刘斌:《神巫的世界——良渚文化综论》,浙江摄影出版社 2007 年版,第 55 页。

③ 红山文化。反山玉琮神徽。刘斌:《神巫的世界——良渚文化综论》,浙江摄影出版社 2007 年版,第 8 页。

④ 陶寺文化。孙华:《中国美术全集:玉器》(一),黄山书社 2010 年版,第 77 页。

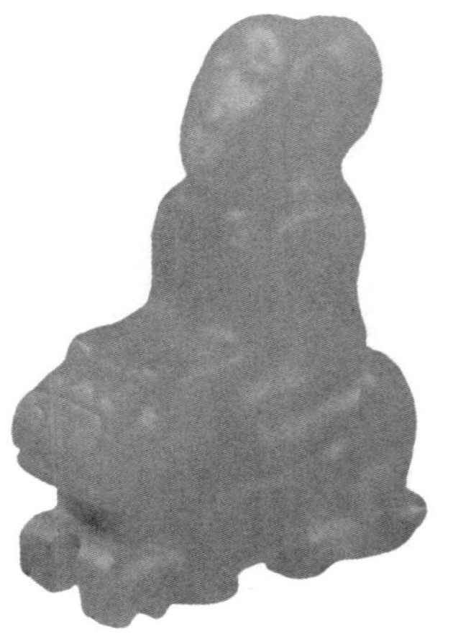

图 1-17-11　人骑虎玉雕①

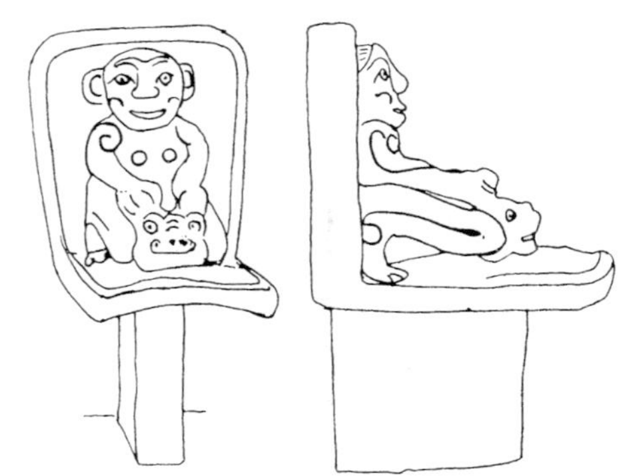

图 1-17-12　人骑虎示意图②

图 1-17-13　龙首纹玉镯③

① 战国。河南省洛阳市小屯村出土，现藏中国国家博物馆。孙华：《中国美术全集：玉器》(二)，黄山书社 2010 年版，第 338 页。

② [日]林巳奈夫：《神与兽的纹样学》，常耀华、王平、刘晓燕、李环译，三联书店 2009 年版，第 174 页。

③ 红山文化。瑶山龙首纹玉镯。刘斌：《神巫的世界——良渚文化综论》，浙江摄影出版社 2007 年版，第 137 页。

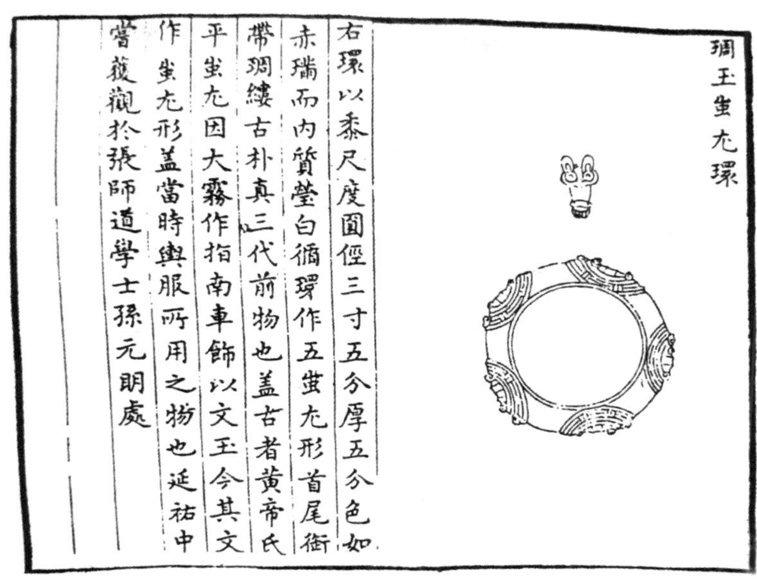

琱玉蚩尤環

右環以黍尺度圍徑三寸五分厚五分色如赤璊而内質瑩白循環作五蚩尤形首尾銜帶琱鏤古朴真三代前物也蓋古者黃帝氏平蚩尤因大霧作指南車飾以文玉今其文作蚩尤形蓋當時輿服所用之物也延祐中嘗獲觀於張師道學士孫元朗處

图 1-17-14　玉蚩尤环①

图 1-17-15　神徽示意图②

① 朱德润:《古玉图》所录“雕玉蚩尤环”。刘斌:《神巫的世界——良渚文化综论》,浙江摄影出版社 2007 年版,第 137 页。

② ［日］林巳奈夫:《神与兽的纹样学》,常耀华、王平、刘晓燕、李环译,三联书店 2009 年版,第 60 页。

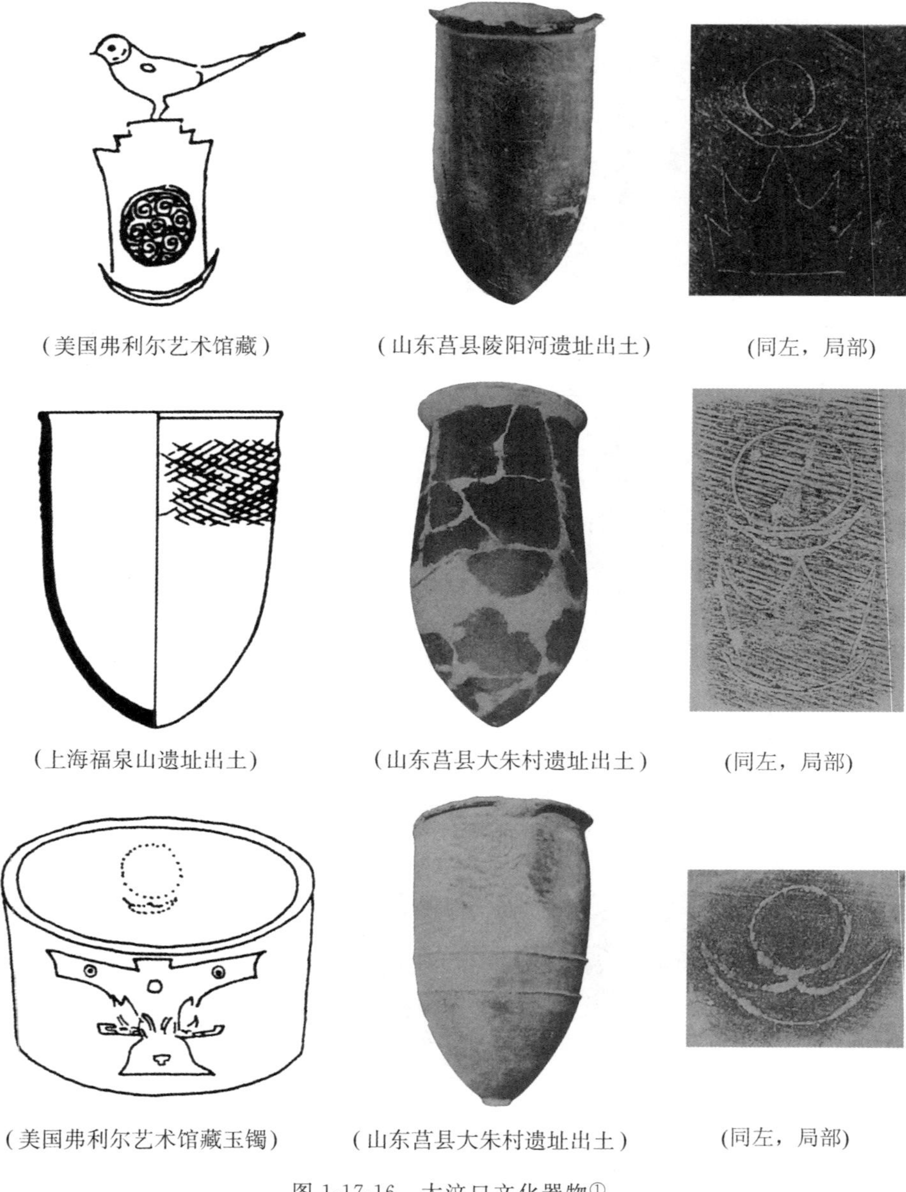

（美国弗利尔艺术馆藏）　（山东莒县陵阳河遗址出土）　(同左，局部)

（上海福泉山遗址出土）　（山东莒县大朱村遗址出土）　(同左，局部)

（美国弗利尔艺术馆藏玉镯）　（山东莒县大朱村遗址出土）　(同左，局部)

图 1-17-16　大汶口文化器物①

① 刘斌:《神巫的世界——良渚文化综论》,浙江摄影出版社 2007 年版,第 235 页。

十八　廌与神明裁判

大凡古老民族都曾经历过神明裁判的阶段，中国远古社会也不例外。但是，中国古代神明裁判的历史可能比较短，其影响也很有限。因此，史料中关于神明裁判的记载并不多见。中国在远古时代曾经有过神判法，但是没有形成浓烈的传统。正如瞿同祖先生所说："中国在这方面的进展较其他民族为早，有史以来即已不见神判法了。"[①]究其原因可能有以下几点：(1)虽然在立法司法过程中用占卜来决定取舍，但是由于实行"三人占，从二人之言"的原则，神的意志受到人的意志的制约，很难形成每一条法律都具有神性、都由神所制定这样的观念，这就使法的神圣性大打折扣。(2)由于实行"疑则问卜，不疑则不卜"的原则，使那些经过占卜而形成的判例带有神性，并且对以后的裁判具有指导作用，从而形成判例法，无形中逐渐缩小了神判的用武之地。(3)由于以"明夷"为代表的证据制度发达起来了，它便从源头上悄悄地关上审判的大门，从而使依照法律实践活动内在规律行事成为可能。从《左传・文公六年》"董逋逃，由质要"，到《周礼・秋官・司寇》的"凡以财狱讼者，正之以傅别约剂""凡有责(债)者，有判书以治则听""听师田以简稽""听闾里以版图""听称责以傅别""听取予以书契""听买卖以质剂""凡民讼，以地比正之；地讼以图正之"，都强调证据对于公平断讼的意义。这些思想和制度，既告别了神判，又杜绝了刑讯。其实，中国古代曾经有过神判的遗迹。有关神判的记述，在二十四史的一些民族传记以及不少地方志和游记中颇多。而且，少数民族地区也曾经保留了各种神判的习俗。[②]

从古文字角度而言，"廌"和"灋"字都含有神判的色彩。此外，"善"字也可能与神判有关。《金文编》卷三"善"字写作"譱"，羊在二言中间构形。《说文解字》："誩，競言也。""競，彊语也，从誩。""二言中间的羊符，有当于灋字所从之廌符。""大量文献记载这种神判之廌就是羊"。"比较原始的部族，在审判活动中，羊具有公正分辨诉讼双方是非曲直的品性。两造听讼，端赖区辨的巫术效力，具在一羊

① 参见瞿同祖：《中国法律与中国社会》，中华书局 1981 年版，第 252 页。

② 夏之乾：《神判》，上海三联书店 1990 年版，第 33 页。

之形：在竞言相对的双方中间画成一羊符，就可以令善恶得以分辨开来。”①

古老《周易》筮辞保留了神羊裁判的痕迹。《大壮》：“羝羊触藩，羸其角。”“藩决不羸，壮于大舆之车，羝羊触藩，不能退，不能遂，无攸利，艰则吉。”羝羊：公羊；藩：篱笆；羸：拘系；壮：撞；车：辐，车轮；逐：进。当争讼无法判决时，用公羊来裁判。其方法是置羊于篱笆圈中，争讼双方分别站在圈外，然后宣读讼辞，看羊冲决哪一方，是把篱笆冲倒，还是把羊角卡在篱笆缝隙里不能自拔，以裁决是非曲直。筮辞还记载神虎裁判的材料。《履》：“履虎尾，不咥人，亨。”“履虎尾，愬愬，终吉。”“履虎尾，咥人，凶。”“履道坦坦，幽人贞吉。”咥，咬；愬愬，恐惧；幽人，被拘系者。这是说，对犯罪嫌疑人是否有罪存在争议，于是由虎来裁判。其方法是让犯罪嫌疑人把脚伸进虎笼去踩虎的尾稍，如果虎发怒张口咬人，此人就有罪；如不咬人，或畏惧地把尾巴抽回，踱到远处去，此人就无罪。

就形式而言，以占筮来定罪、量刑，这本身就具有神判的意思。如《蒙》：“发蒙，利用刑人，用说（脱）桎梏以往。”就是说，草木丰茂，可以释放罪犯以从事生产。《归妹》：“跛能履，眇能视，利幽人之贞。”意思是此刻可以施行割趾刺目之刑。《噬嗑》：“何校灭趾，无咎。”“何校灭耳，凶。”这是说处刖刑妥当，处刵刑不妥。

与神判相联系的是盟誓制度，《左传》多见。地下发掘的西周礼器《矢人盘铭》等也记载着誓辞。大意是：如果我不履行诺言，甘愿接受鞭打和交出罚金。可见，盟誓是当时司法审判的一个法定程序。《周易·坎》记录了盟誓的过程和誓辞：“习坎，入于坎，凶。坎有险，求小得。来之坎，坎险且枕。入于坎，窞，勿用。樽酒，簋贰，用缶，纳约自牖，终无咎。坎不盈，祇既平，无咎。系用徽纆，置于丛棘，三岁不得，凶。”习：依次，轮流；坎：台、坛；险：阻碍；枕：隔之以木板；樽、簋、缶：盛食物的器皿；约：写着誓辞的载书；牖：窗口、小洞；祇：郑玄以为坻，小丘也。大意是：盟誓各方轮流挖坑筑坛，站在坛上，坛塌了，这不吉利。用木板加固土台，然后把木板垫在坑顶上，留一个小口。坛上摆满器皿酒食。大家歃血盟誓，把誓辞写下来，从小口投进坑里，把坛铲平，填入坑内。大家都默念这样的誓言：谁背弃誓言，就用绳子捆绑起来，投进牢狱，关上三年。至于盟誓的方法，《礼记·曲礼》说：“约信曰誓，涖牲曰盟。”疏云：“盟之为法，先凿地为方坎，杀牲于坎上，割牲左耳盛以珠盘，又取血盛以玉敦，用血为盟，书成乃歃血读书。”《左传》载盟誓者颇多，其誓辞盖谓“有渝比盟，明神殛之”。这些都可以与《坎》相印证。

《诗经》中有些诗句也涉及古老的神明裁判的内容。如《小雅·小旻》：“我

---

① 臧克和：《尚书文字校诂》，上海教育出版社1999年版，第542、543页。

龟既厌，不我告犹……不敢暴虎，不敢冯河。”《小宛》：“宜岸（犴）宜狱，握粟出卜。”《巷伯》：“取彼谮人，投畀豺虎，豺虎不食，投畀有北，有北不受，投畀有昊。”“龟”和“卜”，可能是法官遇到疑难案件时求神指示的一种方法。“暴虎”“投畀豺虎”“冯河”可能是用虎豺和涉水以决直曲的神明裁判。《周易·履》有“履虎尾”，《颐》有“虎视眈眈，其欲逐逐”，《泰》有“冯河”，《大过》有“过涉灭顶”又“涉大川”十余见，可能都与神判有关。

《诗经·小雅·巷伯》：“取彼僭人，投畀豺虎，豺虎不食，投畀有北，有北不受，投畀有昊。”“有昊”盖指蚩尤、皋陶部落的领地。蚩尤作法，皋陶长于审判，又依靠独角神羊裁判疑难案件。因此，“有昊”可能是“古夷人图腾审判而遗留下来的古老熟语”。[①] “投畀有昊”或即交给蚩尤、皋陶去制裁之意。

春秋时，齐国曾经用羊来裁断疑难案件。《墨子·明鬼》载：“昔者齐庄君之臣，有所谓王里国、中里徼者，此二子，讼三年而狱不断。齐君由谦（犹嫌）杀之，恐不辜；犹谦释之，恐失有罪。乃使二人共一羊，盟齐之神社。二子许诺。于是泏洫，摆羊而漉（洒）其血。读王里国之辞，既已终矣；读中里徼之辞，未半也，羊起而触之，折其脚，祧（跳）神之[社]而槁之，殪之盟所。当是时，齐人从者莫不见，远者莫不闻。著在齐之《春秋》。”是说齐国史书《春秋》中载有这样一件事：有两家贵族争讼，法官长期不能决断曲直，于是就请一只羊来裁决。其方法就是让争讼双方站在盟所的两旁，分别宣读他们的讼辞。结果，当第一位当事人读讼辞时平安没事；第二位当事人读讼辞不到一半时，羊突然跳起来用角冲刺他，刺伤了他的脚，人跌倒在神社。“槁”有二义：死；击打。“殪”有三义：死；杀死；跌倒。如《墨子·明鬼》：杜伯“追周宣王，射之车上，中心，折脊，殪车中，伏弢而死”。殪即跌倒之义。这段文字容易引起歧义：其一，是受伤的羊还是败诉方“跳神之社”？其二，“槁之”是人击打羊，还是人击打败诉之人？总之，这是中国古代文献中罕见记载神判的一例。其裁判方法与少数民族的裁判习俗大体相同。齐国即今山东一带，正好是皋陶的故乡。这种奇妙的审判方法，与其说是古老神明裁判的遗留，不如说是对先祖皋陶（即廌）的乞灵和怀念。

秦汉以后，神判现象如凤毛麟角，但是也并非毫无踪迹。如据《史记·儒林列传》载：“窦太后好老子书，召辕固生问老子书。固曰：‘此是家人言尔。’太后怒曰：‘安得司空城旦书乎？’乃使固入圈刺豕。景帝知太后怒而固直言无罪，乃假固利兵。下圈刺豕，正中其心，一刺，豕应手而倒。太后默然，无以复罪，罢之。”又据《南史·扶男传》载：“有罪者，辄以馁猛兽及鳄鱼，鱼兽不食为无罪，三

① 张富祥：《东夷文化通考》，上海古籍出版社2008年版，第220页。

日乃放之。”《搜神记》亦载：“扶南王范寻养虎于山，有犯罪者，投与虎，不噬，乃宥之。故山名大虫，亦名大灵。”神兽裁判的主角除了羊之外，就是虎。《说文解字》说：“𧇾”字“与灋同意”。“𧇾”的古字是“𧆞”，上部即“虍”，“虎”也。“𧆞”的本义可能是带有虎形或虎纹的鬲，此字值得琢磨。而且，蓐收、西王母都与虎有关。总之，中国历史上的神判记录非常少，需要我们从更多的角度去发掘神判习俗的痕迹。

图 1-18-1　金文“善”字①

① 容庚：《金文编》，中华书局 1985 年版，第 152 页。

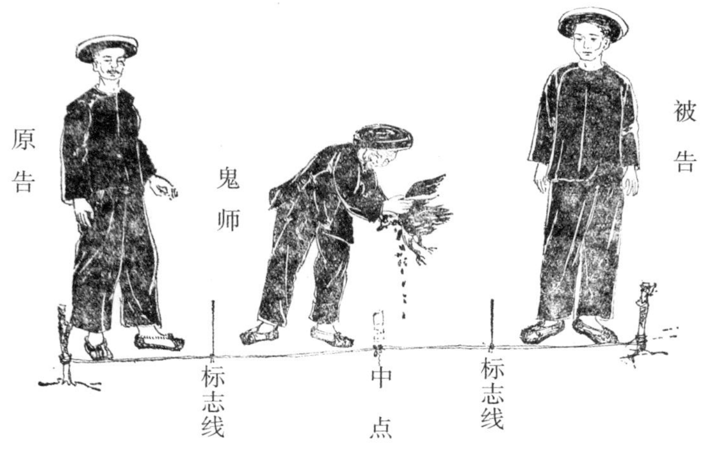

图 1-18-2　神判图①

十九　廌与墓兽

在人间,善良的人需要保护,邪恶的人需要制裁。同时还要驱逐疫鬼,拔除妖孽。“傩”的民间仪式就是这样产生的。同样,在阴间,自己的亲人仍然需要保护,害人的妖怪仍然需要扫除。《周礼·夏官·方相氏》:“方相氏葬日入圹,驱魍象。”“方相氏掌蒙熊皮,黄金四目,玄衣朱裳,执戈扬盾,帅百隶而时傩,以索室驱疫。”“方相氏”的历史更为久远。《搜神记》卷十六:“昔颛顼氏有三子,死而为疫鬼:一居江水为虐鬼,一居若水为魍魉鬼,一居人宫室善惊人小儿,为小鬼。于是正岁命方相氏,帅肆傩以驱疫鬼。”在“驱鬼”的过程中就产生了“食鬼”的仪式。《神异经·东南荒经》有“食邪”:“东南方有人焉,周行天下,身长七丈,腹围如其长,头戴鸡父魌头,朱衣缟带,以赤蛇绕头,尾合于头,不饮不食,朝吞恶鬼三千,暮吞三百。此人以鬼为饭,以露为浆,名曰尺郭,一名食邪。”

墓兽又称“镇墓兽”“陵墓兽”。在帝王或贵族陵墓区有两种墓兽造型:一种是陵墓陵道即神道旁的人兽造型,如武士、麒麟、獬豸、辟邪、角端等;另一种是

① 夏之乾:《神判》,上海三联书店 1990 年版,第 33 页。

墓中的镇墓兽，表现形式是雕塑和绘画。狭义的镇墓兽是放置在墓道或墓室入口处的兽形、人形或人兽合一的造型，起着辟邪、驱鬼、保护墓主亡灵安全的作用。镇墓兽最早产生于战国楚墓。关于镇墓兽的原型有许多说法。其中一种意见是“土伯”。《楚辞·招魂》：(土伯)“参目虎首，其身若牛，此皆甘人。归来，恐自遗灾些。”据《墨子·公输》：“荆有云梦，犀兕麋鹿满之。”西汉司马相如所作《子虚赋》就曾详细描述云梦的各种珍禽异兽。这个似虎似牛的野兽土伯很可能是犀牛或兕。也有学者指出：“饕餮纹是镇墓兽的始祖，它保留有殷代人身饕餮纹的古老传统。”[①]辟邪兽可能出现在汉代。《急就篇》：“射魑辟邪除群凶。”唐颜师古注：“射魑、辟邪，皆神兽名也……辟邪，言能辟御妖邪也。”有学者提出，河北平山战国时期中山王陵出土的错金银有翼的铜雕神兽，也许是辟邪的雏形。也有学者认为辟邪就是貔貅，我国北方习惯称“辟邪”，南方习惯称“貔貅”。《逸周书·周祝》：“山之深也，虎豹貔貅何为可服？”《史记·五帝本纪》：“(轩辕)教熊罴貔貅貙虎，以与炎帝战于坂泉之野。”如此，则辟邪的历史就更久远了。

镇墓兽的形象还受到外来文化的影响。其中，最明显的例子是“桃祓”，又作“桃拔”“符拔”。《汉书·西域传·乌戈山离国》：“乌戈山离国有桃拔、狮子、犀牛。”唐颜师古注引孟康曰：“桃拔，似鹿尾长，独角者称为天鹿，两角者称为辟邪。”《后汉书·西域传·安息国》：“安息国，章帝章和元年，遣使献师子、符拔。符拔形似麟而无角。”《后汉书·班超传》：“是岁贡奉珍宝符拔、师子。”可见，桃拔有无角、一角、两角之别。无角者可能是童兽，尚未生出角来。《后汉书·灵帝纪》载：“复修玉堂殿，铸铜人四，黄钟四，及天禄、蛤蟆。”唐李贤注：“天禄、辟邪并兽名也。”“今邓州南阳县北有宗资碑，旁有两石兽，镌其膊。一曰天禄，一曰辟邪。”到了唐代，也许是由于天禄、辟邪石兽的广泛使用，桃拔的形象渐渐被人们淡忘了。到了明代，人们对桃拔、天禄、辟邪的缘起有了新的界定。如周忻《名义考》卷十“天禄辟邪”条：“桃拔、符拔当作桃祓，以是兽能祓除不祥也。祓误作拔。曰桃曰符者，犹度朔山桃梗之意。祓除不祥，故谓之辟邪，永绥百禄，故谓之天禄。汉立天禄于阁门，古人置辟邪于步摇上，皆取祓除永绥之意。”

自汉至唐，镇墓兽的配置日益规范。贵族墓中，常常配置人面兽身、兽面兽身的镇墓兽，并与武士俑、天王俑、十二属神俑相匹配。而镇墓兽的形象也逐渐定型，吸收了龙、凤、麒麟等元素。镇墓兽形象十分丰富，其中就包括独角兽廌(獬豸)的形象，而廌的形象与其他独角之兽也许本来就是相通的。

---

① 孙红梅：《中原地区镇墓兽艺术造型探源》，《华夏考古》2002年第3期。

图 1-19-1　方相图①

图 1-19-3　桃祓②

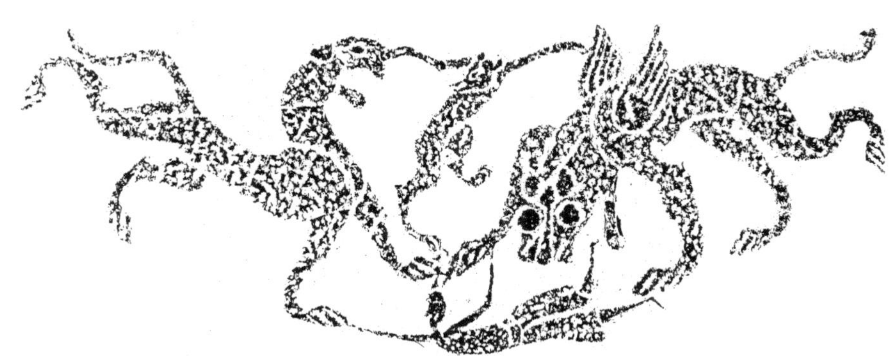

图 1-19-2　虎吃女魃画③

---

① 西汉末东汉初。河南郑州市出土。常任侠:《中国美术全集:画像石画像砖》(19),上海人民美术出版社 1988 年版,第 194 页。

② 王圻:《三才图会》(下),上海古籍出版社 1988 年版,第 2239 页。

③ 西汉。河南唐河县针织厂出土,现藏南阳汉画馆。常任侠:《中国美术全集:画像石画像砖》(19),上海人民美术出版社 1988 年版,第 125 页。

图 1-19-4　天禄[①]

图 1-19-5　麒麟[②]

① 西晋。甘肃敦煌市佛爷庙湾第 37 号墓照墙仿木斗拱上第五层，现藏甘肃省文物考古研究所。罗世平：《中国美术全集：墓室壁画》(一)，黄山书社 2010 年版，第 119 页。

② 西晋。甘肃敦煌市佛爷庙湾第 37 号墓照墙仿木斗拱上第二层，现藏甘肃省文物考古研究所。罗世平：《中国美术全集：墓室壁画》(一)，黄山书社 2010 年版，第 118 页。

图 1-19-6　彩绘陶镇墓兽①

图 1-19-7　石辟邪②

图 1-19-8　石天禄③

图 1-19-9　石天禄④

① 北魏。河南洛阳市盘龙家村元邵墓出土，现藏中国国家博物馆。杨泓：《中国美术全集：墓葬及其他雕塑》(一)，黄山书社 2010 年版，第 238 页。

② 南朝梁。江苏南京梁简王萧融墓神道石刻。杨泓：《中国美术全集：墓葬及其他雕塑》(一)，黄山书社 2010 年版，第 221 页。

③ 唐代。陕西咸阳市陈家村顺陵石刻。杨泓：《中国美术全集：墓葬及其他雕塑》(二)，黄山书社 2010 年版，第 303 页。

④ 唐代。陕西蒲城县唐睿宗桥陵石刻。杨泓：《中国美术全集：墓葬及其他雕塑》(二)，黄山书社 2010 年版，第 305 页。

图 1-19-10　石麒麟①

图 1-19-11　石瑞兽②

图 1-19-12　石麒麟③

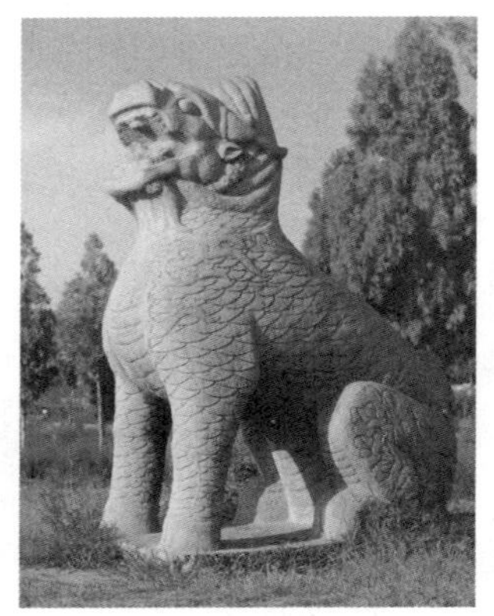

图 1-19-13　石麒麟④

---

① 后金。辽宁沈阳市福陵神道石刻。杨泓:《中国美术全集:墓葬及其他雕塑》(二),黄山书社 2010 年版,第 533 页。

② 宋代。河南巩义市宋太宗永熙陵神道石刻。杨泓:《中国美术全集:墓葬及其他雕塑》(二),黄山书社 2010 年版,第 455 页。

③ 明代。北京昌平十三陵神道石刻。杨泓:《中国美术全集:墓葬及其他雕塑》(二),黄山书社 2010 年版,第 522 页。

④ 明代。河南新乡市明潞简王墓神道石刻。杨泓:《中国美术全集:墓葬及其他雕塑》(二),黄山书社 2010 年版,第 525 页。

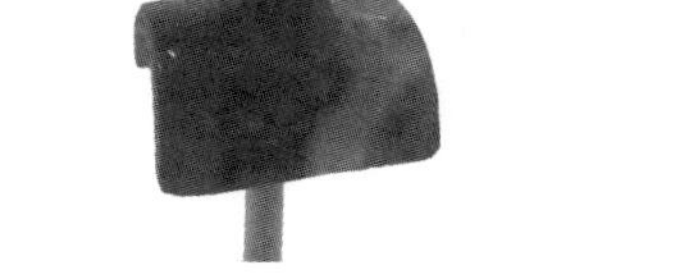

图 1-19-14　琉璃摩羯①

图 1-19-15　琉璃海狮②

图 1-19-16　人形独角镇墓兽③

图 1-19-17　明祖陵神道④

① 2001 年西夏陵区 3 号陵墓出土，现藏宁夏博物馆。作者拍照。

② 2001 年西夏陵区 3 号陵墓出土，现藏宁夏博物馆。作者拍照。

③ 《北京文物精粹大系》编委会、北京市文物局：《北京文物精粹大系·陶瓷卷》(上)，北京出版社 2003 年版，第 132 页。

④ 明代。明太祖朱元璋祖父陵墓，位于江苏省盱眙县杨家墩。王世仁：《中国美术全集：建筑》(一)，黄山书社 2010 年版，第 253 页。

图 1-19-18　明潞简王墓神道①

图 1-19-19　明十三陵长陵②

① 明代。明潞简王墓位于河南省新乡市凤凰山。王世仁:《中国美术全集:建筑》(一),黄山书社 2010 年版,第 269 页。

② 明代。明十三陵长陵位于北京昌平区。王世仁:《中国美术全集:建筑》(一),黄山书社 2010 年版,第 256 页。

图 1-19-20　清东陵孝陵神道[①]

二十　廌与脊兽

脊兽又称“吻兽”，是在中国古代建筑屋脊上配置的瑞兽造型。一般认为，脊兽始于西汉，距今已有 2100 年历史。[②] 兽的形象之所以被置于建筑物上面，可能不仅仅是为了美观好看，而是为了防火、防水、防盗、防灾等等，抵御来自自然界的各种侵害。这种观念在远古社会就已产生，古人在简陋的茅草屋上挂着某种动物的标志，用来保护人群的安全。后来，当建筑技术不断发达以后，这种动物的形象就与建筑物融合在一起了。脊兽形象非古代艺人凭空臆造，它们的形象和功能或来源于远古民族的图腾，或来源于古代文献，或来源于民间传说。

---

① 清代。河北省遵化市马兰峪清东陵。王世仁：《中国美术全集：建筑》(一)，黄山书社 2010 年版，第 278 页。

② 杨艳：《浅谈中国古建筑屋脊吻兽件》，《福建建材》2010 年第 4 期。

它们各自都具有趋吉辟邪、抵御鬼魅侵扰、防御水火灾害的文化功能。脊兽的造型十分丰富，它们不仅被配置于官方建筑，还出现在民间建筑上面。脊兽既具有美化装饰的作用，又彰显古代官方等级尊严。北京故宫太和殿殿脊上配置脊兽有龙、凤、狮子、天马、海马、狻猊、押鱼、獬豸、斗牛、行什十兽，全殿配置脊兽造型 114 尊。乾清宫、保和殿殿脊配置脊兽 9 尊，交泰殿、坤宁宫殿脊配置脊兽 7 尊[①]，表现了建筑式样服务于封建政治的等级特征。

在古代建筑物上，除了脊兽之外，值得一提的动物造型还有被称作“龙生九子”之一的狴犴和饕餮。“狴犴”又称“狴”，兽名。《广韵·齐韵》曰“狴，狴犴，兽也”，又代称“牢狱”。《孔子家语·始诛》：“有父子讼者，夫子同狴执之。”王肃注：“狴狱牢也。”在汉代，“狴犴”这个似虎的走兽成为“牢狱”的别名。扬雄《法言·吾子》：“狴犴使人多礼乎？”《音义》注：“狴犴，牢狱也。”明李东阳《怀麓堂集》：“狴犴平生好讼，今狱门上狮子头是其遗像。”“狴犴”在明代被称作“宪章”。明陆容《菽园杂记》：“宪章其形似兽有威，性好囚，故立于狱门上。”“饕餮性好水，故立桥头。”东汉许慎《说文解字》：（廌）“夏处水泽，冬处松柏。”至此，我们看到了饕餮与廌的相同习性。

图 1-20-1　太和殿[①]

图 1-20-2　保和殿[②]

① 炳文：《太和殿上有多少吻兽》，《古建园林技术》2009 年第 1 期。

② 环球社编辑部：《图画日报》（一），上海古籍出版社 1999 年版，第 1 页。

③ 环球社编辑部：《图画日报》（二），上海古籍出版社 1999 年版，第 337 页。

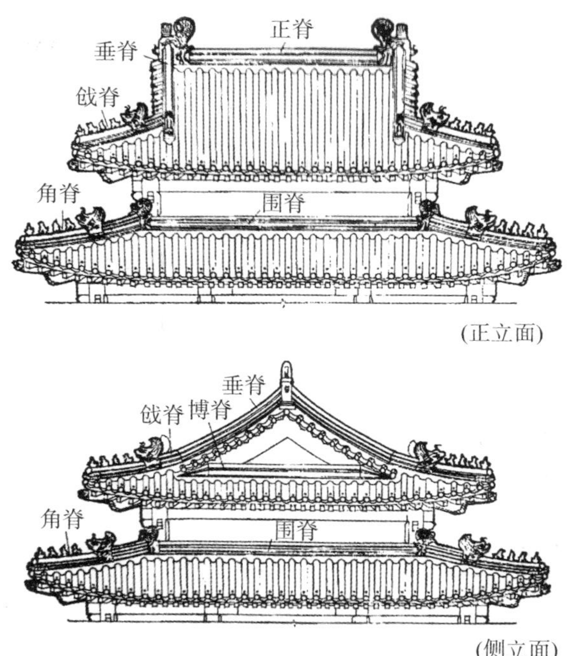

图 1-20-3　古代建筑示意图①

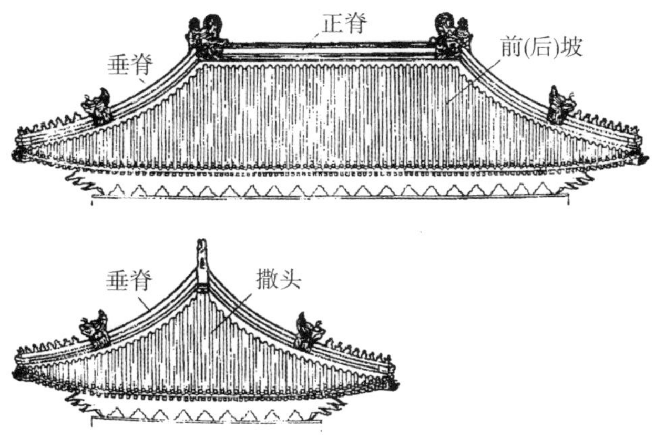

图 1-20-4　古代建筑示意图②

① 侯幼彬、李婉贞:《中国古代建筑历史图说》,中国建筑工业出版社 2002 年版,第 185 页。

② 侯幼彬、李婉贞:《中国古代建筑历史图说》,中国建筑工业出版社 2002 年版,第 185 页。

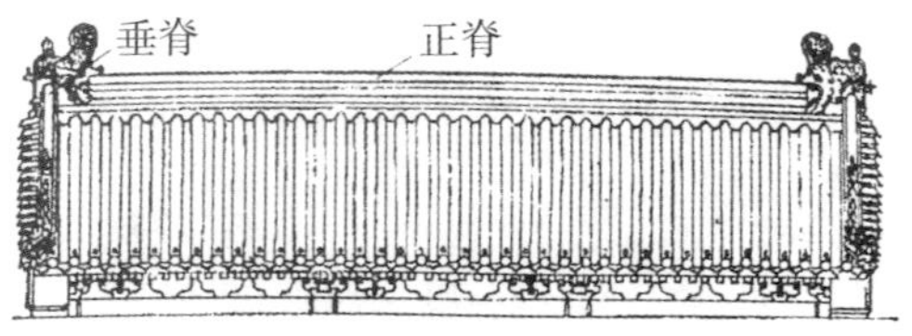

图 1-20-5　古代建筑示意图①

图 1-20-6　太和殿脊兽②

---

① 侯幼彬、李婉贞:《中国古代建筑历史图说》,中国建筑工业出版社 2002 年版,第 185 页。

② 炳文:《古建屋脊上的吻兽》,《古建园林技术》2009 年第 1 期。

图 1-20-7　脊兽斗牛獬豸押鱼①

图 1-20-8　镇水兽②

图 1-20-9　镇水兽③

图 1-20-10　镇水兽④

① 炳文:《古建屋脊上的吻兽》,《古建园林技术》2009 年第 1 期。

② 北京市永通桥头饿兽。《北京文物精粹大系》编委会、北京市文物局:《北京文物精粹大系·石雕卷》,北京出版社 1999 年版,第 185 页。

③ 北京市断虹桥桥头饿兽。《北京文物精粹大系》编委会、北京市文物局:《北京文物精粹大系·石雕卷》,北京出版社 1999 年版,第 172 页。

④ 北京市永通桥戏水石兽。《北京文物精粹大系》编委会、北京市文物局:《北京文物精粹大系·石雕卷》,北京出版社 1999 年版,第 184 页。

图 1-20-11　镇水兽[①]

图 1-20-12　镇水兽[②]

图 1-20-13　桥栏杆独角兽[③]

图 1-20-14　桥板独角兽[④]

---

① 北京颐和园十七孔桥桥头镇水兽。王世仁:《中国美术全集:建筑》(一),黄山书社 2010 年版,第 103 页。

② 四川省泸县濑溪河龙脑桥桥墩。王世仁:《中国美术全集:建筑》(四),黄山书社 2010 年版,第 1040 页。

③ 安济桥栏杆望柱装饰。王世仁:《中国美术全集:建筑》(四),黄山书社 2010 年版,第 1030 页。

④ 安济桥栏板装饰。王世仁:《中国美术全集:建筑》(四),黄山书社 2010 年版,第 1030 页。

图 1-20-15　历下亭①

图 1-20-16　孔庙杏坛②

图 1-20-17　瀛台绮思楼③

图 1-20-18　太和殿④

① 山东省济南市大明湖内历下亭。王世仁:《中国美术全集:建筑》(四),黄山书社 2010 年版,第 1054 页。

② 山东省曲阜市孔庙杏坛,孔子讲学处。王世仁:《中国美术全集:建筑》(一),黄山书社 2010 年版,第 293 页。

③ 北京中南海瀛台涵元殿西侧绮思楼。王世仁:《中国美术全集:建筑》(一),黄山书社 2010 年版,第 113 页。

④ 北京紫禁城太和殿。王世仁:《中国美术全集:建筑》(一),黄山书社 2010 年版,第 28 页。

图 1-20-19　天安门[①]

图 1-20-20　天安门华表[②]

二十一　廌与法冠、补服

在古代的“灋”字里面，廌（獬豸）是个重要的角色。春秋以后的官服，以獬豸图案制作的官帽是法冠，以獬豸图案制作的官服是补服。

法冠是古代执法官员戴的官帽，又称“楚王冠”“御史冠”“獬豸冠”。《后汉书·舆服志》：“法冠，一曰柱后。高五寸，以纚为展筩。铁柱卷，执法者服之，侍御史、廷尉正监平也。或谓之獬豸冠。獬豸神羊，能别曲直，楚王尝获之，故以为冠。胡广说曰：‘《春秋左传》有南冠而絷者，则楚王冠也。秦灭楚，以其君服赐执法近臣御史服之。’”

楚王冠则源于皋陶后裔。皋陶是尧舜时代的法官。《史记·夏本纪》：“皋陶卒，封皋陶之后于英、六，或在许。”《史记·楚世家》：“六，蓼，皋陶之后。”许即舒，称“群舒”（舒鲍、舒蓼、舒龚、舒庸、舒龙、舒鸠）。英、六、蓼、舒当在山东，后

① 北京长安街天安门及华表。王世仁：《中国美术全集：建筑》（一），黄山书社 2010 年版，第 17 页。

② 天安门前华表。《北京文物精粹大系》编委会、北京市文物局：《北京文物精粹大系·石雕卷》，北京出版社 1999 年版，第 180 页。

受周人的压迫而南迁，春秋时居住在今安徽六安、舒城一带，与原土著民族友好相处。皋陶的后裔自然以为廌图腾或族徽，世世供奉，香火未绝。

然而好景不长，北边避狼，西边进虎，楚国的刀戈日日逼近了。经过一个世纪的围追堵剿，皋陶之后与土著庭坚族终于失国，归顺楚国。《左传・文公五年》载："臧文仲闻六与蓼灭，曰：皋陶、庭坚，不祀忽诸。德之不建，民之无援，哀哉！"忽：于；诸：此。就是说皋陶、庭坚之神位从此无人祭奉了。

其实，楚国与庭坚本属同源，皆奉颛顼高阳为始祖。屈原《离骚》的首句为："帝高阳之苗裔兮，朕皇考曰伯庸。"《左传・文公十八年》说"昔高阳氏有才子八人"，"明允笃诚，天下之民谓之八恺"。其中就有庭坚。庭坚族与皋陶之后长期相处，融和如一。鉴于这些因素，战胜的楚国对他们并不十分忌恨。

楚王灭掉皋陶之后以后，便把战利品陈列在王宫里，时时把玩。其中有一种嵌着廌的形象的帽子，很是奇特精美，便常常戴在头上。久而久之，这帽子便称为"楚王冠"。楚人喜戴此冠。《左传・成公八年》："南冠而縶者"，即"郑人所献楚囚也"可证。廌的形象于无意之间从皋陶之后的祭台上转到楚王的头上，真是一次绝妙的"升华"。

秦以"尚法"著称，自然深知廌为何物。秦王政二十三年（公元前 224 年），秦灭楚国，尽获楚宫宝物，那些嵌有廌形的冠便被送进秦都。秦，嬴姓，伯益之后，奉少昊为白帝。皋陶，偃姓，据段玉裁考证，"嬴""偃"本为一字。故皋陶亦为秦之先世。如今于楚宫中发出皋陶之后的遗物，直如获至宝。鉴于是蚩尤（亦皋陶）的图腾或族徽，又是善于决讼的独角兽，故秦王很喜欢楚王冠，并将嵌有廌形的冠赐给执掌司法事务的御史，以作为标志。《史记・淮南王安传》："于是王（刘安）乃令官奴入宫，作皇帝玺……汉使节法冠。"《集解》："蔡邕曰：'法冠，楚王冠也。秦灭楚，以其君冠赐御史。'"嵌有廌形的冠便成为法冠而登上大雅之堂了。

秦亡汉兴，汉承秦旧。汉兵据秦都，如萧何辈有卓识者，尽取秦宫中所藏文籍典册图书，以为治国工具。为治理泱泱大国，汉不仅沿用了秦的法律、官制，还承袭了舆服之制。故汉代执法官吏仍戴嵌有廌形的法冠，或称"獬冠""豸冠"。《淮南子・主术训》："楚庄王好獬冠，楚效之也。"汉高诱注："獬豸之冠，如今御史冠。"不仅如此，皋陶的形象还被画在官署正墙上面，以渲染皋陶端庄正义之气。东汉王充所撰《论衡・是应》："今府廷画皋陶。""獬豸者，一角之羊也，性知有罪。"东汉许慎《说文解字》说"灋"今省做"法"。灋当从古老的法字上面遁去的时候，它已经在执法之吏的法冠上和官府衙门的影壁上悄悄地存在了几个世纪，为寻常百姓见惯不惊。它是一帧五彩的画卷、一首无言的史诗，向人们诉说着往昔的岁月。

法冠之制为后世所因循。如《晋书·舆服志》:(法冠)"铁为柱卷,取其不曲挠也;侍御史、廷尉正监平,凡执法官皆服之。"《南齐书·舆服志》:"法冠,廷尉等执法者冠之。"《隋书·礼仪志·七》:"法冠,一名獬豸冠,铁为柱,其上施珠两枚,为獬豸角形。法官服之。"直至唐代,獬豸冠仍为执法官员的法冠。《新唐书·舆服志》:"法冠者,御史大夫、中丞、御史之服也。一名解廌冠。"《岑嘉州诗·送韦侍御先归京》:"闻欲朝龙阙,应须拂豸冠。"《唐会要·御史台·弹劾》载:"乾元二年四月六日敕御史台:所欲弹事,不须先进状,仍服豸冠。……(旧制)大事则豸冠、朱衣、纁裳、白纱中单以弹之,小事常服而已。"到了宋代,规定更为详细。如《宋史·舆服志四》:"朝服:一曰进贤冠,二曰貂蝉冠,三曰獬豸冠,皆朱衣朱裳。""今御史台自中丞而下至监察御史,大理寺卿、少卿、丞,审刑院、刑部主判官,既正定厥官,真行执法之事,则宜冠法冠。""御史大夫、中丞则冠有獬豸角,衣有中单。""獬豸冠,其梁上刻木为豸角,涂以碧粉。"法冠上方有木制的独角,涂上绿色颜料,以示与众官之别。只可惜,由于没有实物,历代法冠的样子只能凭空臆测了。

补服又称"补子",是缝制在官服前胸后背的方形纺织物,上面绣着飞禽走兽之图案,以表示官员的品阶和职掌。补服是何时产生的?黄震云、孙娟依据北周庾信《正旦上宪府诗》"苍鹰下狱吏,獬豸饰刑官"句,以及郊庙歌词"屈轶无佞人可指,獬豸无繁刑可触"句,认为"这里的獬豸则指司法","獬豸饰刑官,表明庾信时代司法官员身上穿着的官服上绘有獬豸图案。獬豸已经由传说进入实际表现阶段,也就是说成为象征性的文化标志。之后如唐朝则专指监察御史之类的官职,则又是一变化"。[①] 但是,"獬豸饰刑官"中的刑官,既可以指官员服饰,也可以指刑官的官府。如果是指官府的话,就和东汉王充《论衡·是应》所云"今府廷画皋陶"的意思一样了。至于府廷墙壁上的皋陶画像究竟是什么样子,我们尚不得而知。但是,我们看到古代牢狱墙上镶嵌虎头的雕塑,其象征意义是一样的。

据《旧唐书·舆服志》记载:"延载元年(公元649年)五月,则天内出绯紫单罗铭襟背衫,赐文武三品以上。左右监门卫将军等饰以对狮子,左右卫饰以麒麟,左右武威卫饰以对虎,左右豹韬卫饰以豹,左右鹰扬卫饰以鹰,左右玉金今卫饰以对鹘,左右金吾卫饰以对豸,诸王饰以盘龙及鹿,宰相饰以凤池,尚书饰以对雁。"如此,则补服当自唐代始。

---

① 黄震云、孙娟:《汉代神话史》,长春出版社2009年版,第322、323页。

正式的补服制度始自明朝。据《明史·舆服志》:洪武二十六年(公元1394年)初定文武官朝服,依据官员品位,其冠式革带绶佩颜色各有差,而"独御史服獬豸"。正德十三年(公元1510年),定文武官员服色:"一品斗牛,二品飞鱼,三品蟒,四五品麒麟,六七品虎彪,翰林科道不限品级皆与焉。时文臣服色亦以走兽,而麒麟之服逮于四品,尤异事也。"此后补服制度最终完善。关于明代补服的图案,有学者做了总结,文官一品至九品分别为仙鹤、锦鸡、孔雀、云雁、白鹇、鹭鸶、鸂鶒、黄鹂、鹌鹑,杂职练鹊,风宪官服獬廌;武官一品至九品分别为狮子、狮子、虎豹、虎豹、熊罴、彪、彪、犀牛、海马。①

清朝沿用了明朝的补服制度。据《清史稿·舆服二》记载,清代补服制度规定,文官一品至九品补服分别为鹤、锦鸡、孔雀、雁、白鹇、鹭鸶、鸡鸠、鹌鹑、练雀;武官一品至九品补服分别为麒麟、狮、豹、虎、熊、彪、犀牛、犀牛、海马。其中,文官三品中"惟都御史及按察使前后绣獬豸",文官四品中"惟道绣獬豸",文官五品中"惟给事中、御史绣獬豸"。

从明朝开始,补服制度不仅适用于本朝,还适用于当时的藩国。《明史·舆服志》载:"洪武二年,高丽入朝,请祭服制度,命制给之。"此后,高丽国官员亦按品阶服明朝官服。监察司法官员则以獬豸为补服。

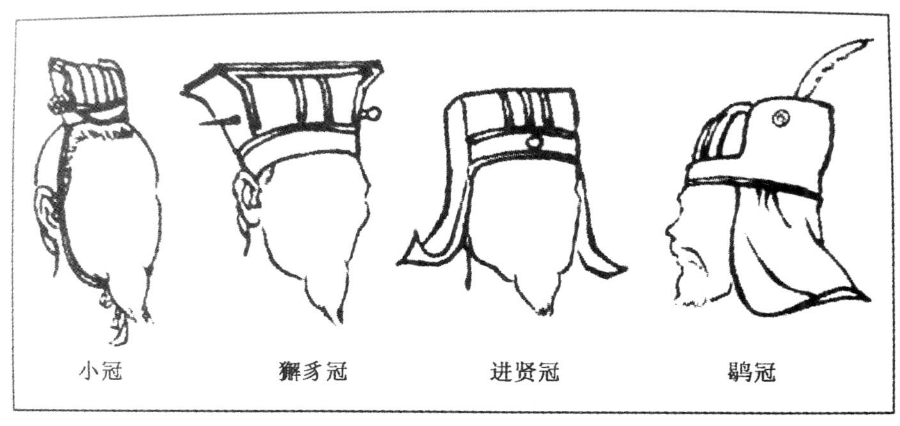

图 1-21-1　汉獬豸冠①

① 转引自杨砚池:《浅析明朝补服图纹与明朝礼法的关系及内涵》,《新余学院学报》2013年第2期。

② 孟琢、彭著东译注:《童蒙须知·明贤集》,中华书局2013年版,第10页。

图 1-21-2　唐七梁冠①

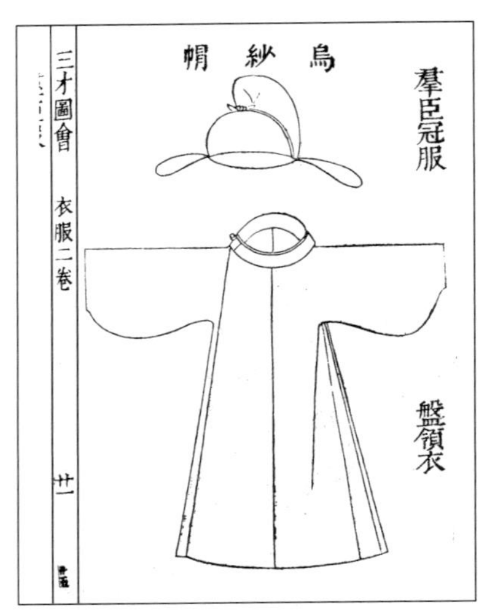

图 1-21-3　明代官服②

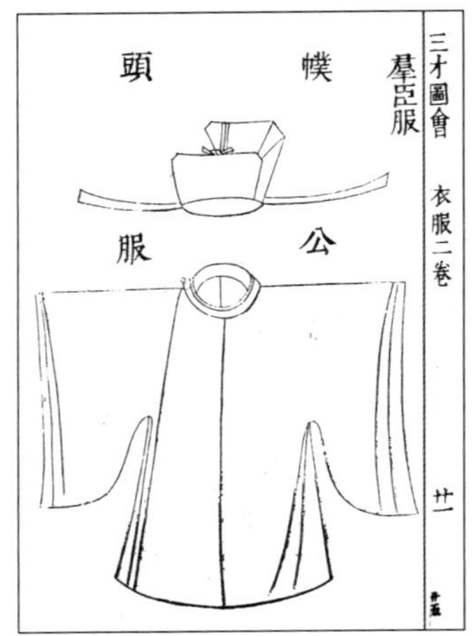

图 1-21-4　明代官服③

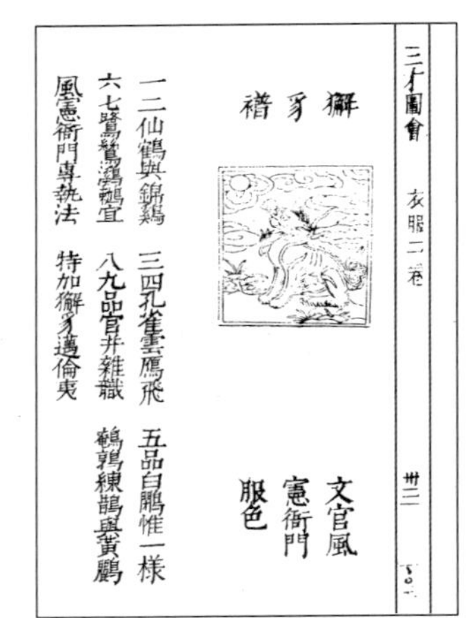

图 1-21-5　明獬豸补服④

① 唐代。现藏首都博物馆。《北京文物精粹大系》编委会、北京文物局编:《北京市文物精粹大系·玉器卷》,北京出版社 2002 年版,第 94 页。

② 王圻:《三才图会》(中),上海古籍出版社 1988 年版,第 1524 页。

③ 王圻:《三才图会》(中),上海古籍出版社 1988 年版,第 1524 页。

④ 王圻:《三才图会》(中),上海古籍出版社 1988 年版,第 1529 页。

图 1-21-6　明官服①

图 1-21-7　明獬豸补服②

图 1-21-8　明獬豸补服③

图 1-21-9　明獬豸补服④

① 明代官服补服。[韩]孙晟:《东洋法的象征》,东国大学出版社 2007 年版,第 183 页。
② 明代官服补服。[韩]孙晟:《东洋法的象征》,东国大学出版社 2007 年版,第 183 页。
③ 明代官服补服。[韩]孙晟:《东洋法的象征》,东国大学出版社 2007 年版,第 184 页。
④ 明代官服补服。[韩]孙晟:《东洋法的象征》,东国大学出版社 2007 年版,第 184 页。

图 1-21-10 明獬豸补服①

图 1-21-11 明獬豸补服②

图 1-21-12 明鹿纹补服③

图 1-21-13 明斗牛补服④

① 明代官服补服。[韩]孙晟:《东洋法的象征》,东国大学出版社 2007 年版,第 185 页。

② 明代官服补服。[韩]孙晟:《东洋法的象征》,东国大学出版社 2007 年版,第 185 页。

③ 《北京文物精粹大系》编委会、北京文物局编:《北京市文物精粹大系·织绣卷》,北京出版社 2000 年版,第 68 页。

④ 《北京文物精粹大系》编委会、北京文物局编:《北京市文物精粹大系·织绣卷》,北京出版社 2000 年版,第 160 页。

图 1-21-14　清鹤纹官服①

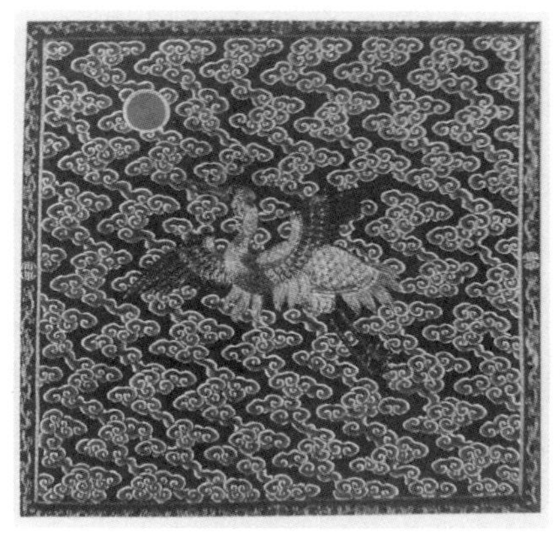

图 1-21-15　清鹤纹补服②

图 1-21-16　清麒麟补服③

① 《北京文物精粹大系》编委会、北京文物局编:《北京市文物精粹大系・织绣卷》,北京出版社 2000 年版,第 240 页。

② 《北京文物精粹大系》编委会、北京文物局编:《北京市文物精粹大系・织绣卷》,北京出版社 2000 年版,第 242 页。

③ 《北京文物精粹大系》编委会、北京文物局编:《北京市文物精粹大系・织绣卷》,北京出版社 2000 年版,第 26 页。

二十二　廌与东夷法文化

王国维《殷周制度论》说："自五帝以来，政治文物所自出之都邑，皆在东方。""自上古以来，帝王之都皆在东方太皞之虚"，"少皞与颛顼之虚皆在鲁卫"。[①] 此处的"东方"即指东夷。

东夷民族能够取得诸多文明成果，并不是偶然的。东夷民族由众多部落组成。其中最重要的部落有龙图腾部落、鸟图腾部落和独角兽图腾部落。龙图腾部落影响最大，是部落联盟的核心，曾经长期担任部落联盟的领袖。《大戴礼记·五帝德》说"颛顼乘龙而至四海"，"帝喾春夏乘龙"。据《山海经》记载，祝融"乘两龙"，冯夷"乘两龙"，蓐收、句芒"乘两龙"。河南濮阳西水坡仰韶文化遗址出土蚌壳摆塑图案，距今6000余年，其中就有人骑龙的形象。独角兽图腾部落也是东夷的核心部落。该部落可能从西部、北部迁到东部，与土著龙图腾部落融合在一起。河南濮阳西水坡仰韶文化遗址出土蚌壳摆塑图案中，就有独角虎形象。湖北黄梅县焦墩新石器遗址出土石摆塑独角龙图案，距今6000年。内蒙古翁牛特旗三星他拉村红山文化遗址出土C形独角玉龙（学界均认为独角系鬣鬃），距今5000余年。鸟图腾部落也是东夷的核心部落。《山海经》记载许多鸟图腾形象。该部落后来成为打败夏人建立商朝的殷民族。对"政治文物"做出突出贡献的是以独角兽为图腾的蚩尤部落。这个独角兽在甲骨文里面写作"廌"。卜辞里有"御廌"。郭沫若指出，"御廌"即商代的"执法小吏"的名称。[②] 卜辞里还有"廌协王事"[③]，"廌"在甲骨文的存在，为独角兽的历史地位奠定了坚实的基础。

蚩尤部落发明了"灋"（法）。《尚书·吕刑》载："蚩尤惟始作乱，延及于平民，罔不寇贼、鸱义、奸宄、夺攘、矫虔。苗民弗用，灵制以刑，惟作五虐之刑曰灋。杀戮无辜，爰始淫为劓、刵、椓、黥。"古"灋"字的核心是"廌"，即蚩尤部落的图腾符号。据此传说，以独角兽廌为图腾的蚩尤部落是中国法的最初缔造者。

古代的"法"写作"灋"。在该字中，"廌"是个核心角色。甚至有学者认为"廌"与"灋"同义。如《广雅·释诂一》："廌，法也。"王念孙疏证："廌与法同意。"

---

① 参见王国维：《观堂集林》（上），中华书局1959年版，第451、452页。

② 郭沫若：《出土文物二三事》，人民出版社1972年版，第26页。

③ 徐中舒：《甲骨文字典》，四川辞书出版社1989年版，第1078页。

廌的读音是蚩尤、颛顼、祝融、咎繇、皋陶。张富祥指出："颛顼之名实由蚩尤转来"，祝融"或者就是蚩尤、颛顼之名的分化"。[①] 在甲骨文和金文中，与"廌"字相关的字还有以下几个：

其一，薦。该字可能与"廌"字有关（参阅本书第七章"寻找最初的法"）。

其二，𢊁。该字可能与"弗用命戮于社"的刑罚制度有关。

其三，𢊄。该字即"慶"字。可能与"用命赏于祖"和"谳囚"制度有关。

其四，𢊆。"矢"可以作文身工具，故该字可能与文身有关。

其五，𢊇。"爻"即"井"，是教育和文身的用具，故该字可能与教育、文身有关。

其六，灋。"廌"是蚩尤部落的图腾，故该字可能与神判有关。

以上意见只是一种望文生义的推测，还需相应证据来支持。

总之，廌一经产生，便与远古时代的法律实践活动结下不解之缘。古代的"灋"字或许曾经写作"廌"和"潪"，最后加上"去"字演变成为"灋"。因此，考察"廌"的原型及其历史沿革，不仅对于探讨古人对"法"这一社会现象的理解和概括，而且对于客观再现远古时代的法律实践活动和法律观念，都具有重要意义。

二十三　独角兽属于世界

两千多年前的孔子曾经寻找过独角兽，那就是他心目中的麒麟。《史记·孔子世家》载："鲁哀公十四年春，狩大野，叔孙氏车子鉏商获兽，以为不祥。仲尼视之，曰：麟也。取之。曰：河不出图，洛不出书，吾已矣夫！"孔子作《春秋》，止于获麟。二年后，孔子卒。

《旧约》的《但以理书》第8章《公绵羊公山羊的异象》载：伯沙萨王即位第三年，在乌莱河边，"有一只公山羊从西方而来，遍行全地，脚不沾尘。这山羊两眼当中有一非常的角"。公山羊极其高大强盛，它折断了公绵羊的双角，并把公绵羊"触倒在地，用脚践踏"。据智者分析，公绵羊代表波斯王，公山羊代表希腊王。[②]

欧洲人也曾寻找过独角兽。"欧洲学者将独角兽视为西方文化西方智慧的象征，这与中国龙文化赋予它的含义是相通一致的。""独角兽是西方神话传说

---

① 张富祥：《东夷文化通考》，上海古籍出版社2008年版，第252、206页。

② 《圣经》，（南京）中国基督教协会1998年版，第873、874页。

中的一种动物。它像马或小羊，额上有一只美丽的独角。这一形象最早出现于美索不达米亚的绘画中。后来，在西方一直是幸福圆满的象征。”“整个中世纪传统使欧洲人相信存在着一种叫作‘独角兽’的动物。经过多次周游欧洲之后，人们认为独角兽不大可能生活在欧洲。于是，传统认定，它应该是生活在一个奇特的异国。马可·波罗游历中国时，他也在寻找独角兽。……归途中，在爪哇，他见到一种有些地方看上去像独角兽的动物，它们的嘴上长着独角。事实上，他看到的是犀牛。”他始终没有找到。[①]

董作宾在《获白麟解》一文中指出：如果“打破了鹿马的类别，取消了麐驳等名称，我们就可以说：他们都是麒麟的一类。”“波斯出麟，曾见于《太平寰宇记》卷一百八十五《西戎》六波斯国土俗物产一条有云：‘出麟及大驴白象狮子。’”“波斯的峯牛赛布，也就是印度的瘤牛。波斯的赛布可以变为一角，印度的赛布大概也是可以变为一角的。《三灵解》引羌姆勃氏《二十四纪字典》一〇六七云‘昔希腊罗马著述家亦谓一角兽出印度’就是证明。”董作宾的结论是：“我们知道麟不是中国的产物，公谷二传已说得明白。然则麟的产地究在何处？我们可以断然地答说，在波斯、印度和美索不达米亚一带。”[②]

“礼失而求诸野。”地域文化是最原始的文化。我们今天在古籍中读到的那些高深莫测的言辞，最初只是远古先民的平常经验和感受。在阔野千里的东夷故地，在崇敬独角兽的故乡，那些口耳相传的故事，那些悠久的笙歌舞步，那些古老而质朴的文字，也许都承载着最古老的民族之魂。在今天的韩国，人们崇敬吉祥的独角兽和三足乌，每年 10 月为法定的獬豸文化节。人们敬仰的独角兽其实就是廌，它一直活跃在肥田沃土的东夷平原上，生活在整个中华民族的记忆中。廌，这个被称为“夷兽”“仁兽”“一角圣兽”的神奇而古老的图腾，从它产生的时代开始，便作为正义、公平与威严的象征，在漫长的法律实践活动中发挥着无与伦比的作用。廌被中华各民族视为共同的法律文化遗产而继承延续下来。它的形象、英名与功勋将永远被深深地刻画在中华民族的历史长卷上面，供生生不已的后来者景仰、追思和怀念。古老的独角兽及其所蕴含的民族精神从来没有消失，它一直就在我们身边。在进行法治中国建设的今天，我们比以往任何时候都更需要独角兽精神。独角兽对正义的拱卫，对善良人民的保护，对邪恶势力的无情制裁，都永远值得我们记取、发扬和实践。可以说，独角兽精神不仅属于中国，而且属于世界。

---

① 乐黛云、[美]勒·比雄：《独角兽与龙》，北京大学出版社 1995 年版，第 76、2、3 页。

② 董作宾：《获白麟解》，宋镇豪、段志洪：《甲骨文献集成》第 26 册，四川大学出版社 2000 年版，第 180～194 页。

图 1-23-1　美索不达米亚的独角牛①

图 1-23-2　亚述独角兽②

图 1-23-3　巴比伦独角兽③

图 1-23-4　巴比伦独角羊④

① 董作宾:《获白麟解》,宋镇豪、段志洪:《甲骨文献集成》第 26 册,四川大学出版社 2000 年版,第 180～194 页。

② 董作宾:《获白麟解》,宋镇豪、段志洪:《甲骨文献集成》第 26 册,四川大学出版社 2000 年版,第 180～194 页。

③ 范梦:《世界美术通史》(上),中国青年出版社 2001 年版,第 165 页。

④ 巴比伦亚述印章图案。叶舒宪、萧兵、[韩]郑在书:《山海经的文化寻踪》(下),湖北人民出版社 2004 年版,第 1728 页。

图 1-23-5　巴比伦独角羊①

图 1-23-6　中亚独角羊②

图 1-23-7　中亚独角马③

图 1-23-8　西域独角马④

图 1-23-9　独角马⑤

---

① 巴比伦亚述印章图案。叶舒宪、萧兵、[韩]郑在书:《山海经的文化寻踪》(下),湖北人民出版社 2004 年版,第 1728 页。

② 中亚库班出土手斧纹饰。叶舒宪、萧兵、[韩]郑在书:《山海经的文化寻踪》(下),湖北人民出版社 2004 年版,第 1728 页。

③ 山东沂南汉墓画像石,可能是来源于吉尔吉斯的名马。叶舒宪、萧兵、[韩]郑在书:《山海经的文化寻踪》(下),湖北人民出版社 2004 年版,第 2073 页。

④ 大宛名马,额有独角装饰。叶舒宪、萧兵、[韩]郑在书:《山海经的文化寻踪》(下),湖北人民出版社 2004 年版,第 2045 页。

⑤ 马额有独角装饰。叶舒宪、萧兵、[韩]郑在书:《山海经的文化寻踪》(下),湖北人民出版社 2004 年版,第 2116 页。

图 1-23-10　西伯利亚三角牛①

图 1-23-11
印尼岩画独角人形②

图 1-23-12　古印度猴神像③

图 1-23-13　王子战魔王④

---

① 西伯利亚三角牛。叶舒宪、萧兵、[韩]郑在书:《山海经的文化寻踪》(下),湖北人民出版社 2004 年版,第 1821 页。

② 印尼岩画,头有独角装饰。叶舒宪、萧兵、[韩]郑在书:《山海经的文化寻踪》(下),湖北人民出版社 2004 年版,第 1473 页。

③ 古印度猴神像,头有独角装饰。叶舒宪、萧兵、[韩]郑在书:《山海经的文化寻踪》(上),湖北人民出版社 2004 年版,第 428 页。

④ 泰国。取材于印度史诗《摩罗衍那》。范梦:《世界美术通史》(下),中国青年出版社 2001 年版,第 23 页。

图 1-23-14　中国汉代的麒麟像①

1-23-15　乌戈山离国桃祓图②

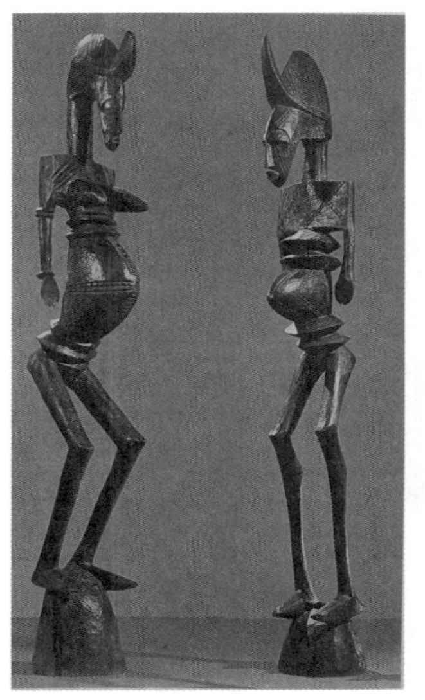

图 1-23-16　非洲独角头饰③

图 1-23-17　非洲独角兽④

① 汉柳敏碑阴刻麟像。董作宾:《获白麟解》。宋镇豪、段志洪:《甲骨文献集成》第 26 册,四川大学出版社 2000 年版,第 180～194 页。

② 东汉。乌戈山离国的桃符,墓门横额画像(局部)。陕西绥德四十铺镇出土,现藏绥德县博物馆。常任侠:《中国美术全集:画像石画像砖》(19),上海人民美术出版社 1988 年版,第 70 页。

③ 非洲班巴拉族头饰木雕。牛克诚:《原始美术》,中国人民大学出版社 2010 年版,第 172 页。

④ 非洲塞努福族木雕。牛克诚:《原始美术》,中国人民大学出版社 2010 年版,第 181 页。

图 1-23-18　韩国的獬豸雕塑[①]

图 1-23-19　韩国的獬豸雕塑[②]

图 1-23-20　美国的獬豸雕塑[③]

① 韩国首尔。置于韩国大监察厅，雕塑作者为韩国东国大学赵丞焕教授。[韩]孙晟：《东洋法的象征》，东国大学出版社 2007 年版，第 10 页。

② 韩国高阳市。置于司法研修院。[韩]孙晟：《东洋法的象征》，东国大学出版社 2007 年版，第 186 页。

③ 美国。置于宾夕法尼亚大学法学院大厅，雕塑作者是亨利・米希尔，1962 年制作。[韩]孙晟：《东洋法的象征》，东国大学出版社 2007 年版，第 188 页。

第二章　寻找最初的夷

——东夷风俗与远古的法

一　“夷”的字形和字义

在探索东夷民族风俗习惯时，除了运用历史文献、传说史料、出土资料之外，还应当充分运用甲骨文字材料。其中，就包括最具典型意义的“夷”字。甲骨文已经出现“夷”字。但是，在许多场合，“夷”字写作“人”。正如于省吾所说，在古代，“夷”“人”“仁”“尸”“尸”诸字是相通的。[①]

甲骨文有一个由弓和矢组成的“射”字，实即“夷”字。“夷人善治弓矢戈矛，或以技能取义作弟为夷。”[②]针对《说文解字》“夷，从大从弓”之说，朱骏声《说文解字通训定声》说：“东方夷人好战好猎，故字从大持弓，会意。大，人也。”陈梦家先生曾指出：“大则矢之讹变也。”古“射”字为“夷字之祖型，夷射本为一字而异书（一纵向，一横向）后乃发生分化，二字古音亦同读”。说文“从大从弓”应当改为“从矢从弓”。[③] 就是说，将古“射”字沿顺时针旋转 90 度，就是“夷”。“射”字中的“矢”字尾部有一个简化的手形。“射”与“夷”是两个不同的字。“夷”字

---

① 于省吾：《释人尸仁尸夷》，《大公报・文史周刊》（天津）14 期，1947 年 1 月 15 日；王献唐：《炎黄氏族文化考》，齐鲁书社 1985 年版，第 39 页；于省吾：《甲骨文字诂林》（一），中华书局 1996 年版，第 7～10 页。

② 王献唐：《炎黄氏族文化考》，齐鲁书社 1985 年版，第 36 页。

③ 陈梦家：《隹夷考》，《禹贡半月刊》1936 年第 10 期。

乃“弓矢之合书”，是由“弓”“矢”两个字重叠搭配而成的。“卜辞雉从隹，或从弓矢之合书，即雉，省作夷。《说文》以夷为从大从弓，误矣。”①张富祥先生提出：“把《说文》的从大从弓改释为从矢从弓，也就得到正确的解说。”②可见，“夷”的古字由弓、矢组成，弓、矢与东夷民族有关。

东汉许慎《说文解字》对“夷”及相关诸字这样解释：“夷，平也，从大从弓。大，东方之人也。”“大，天大地大人亦大，故大象人形，古文大也。”“南方蛮从虫，北方狄从犬，东方貉从豸。”“豸，兽长脊，行豸豸然，欲有所司杀形。”“廌，解廌兽也，似山牛一角，古者决讼，令触不直，象形，从豸省。”“解廌”即“解豸”。如《后汉书・舆服志》：“法冠一曰柱后，或谓之解豸冠。解豸神羊，能别曲直。”《说文解字》又说：“唯东方从大，大，人也。夷俗仁，仁者寿，有君子不死之国。孔子曰：道之不行，欲之九夷，乘桴浮于海。”关于“君子之国”，《山海经・海外东经》载：“君子国在奢比之尸北，其人好让不争。”《大荒东经》说：“有君子之国，其人衣冠带剑。”关于“让”，《春秋穀梁传・定公元年》谓：“人之所以为人者让也。”

许慎的论述似乎汇集了至东汉为止古代社会主流知识体系关于“夷”字字义的正统记忆。这些知识向我们传递了什么信息呢？除了“平”是“夷”的引申之义而外，我们似乎可以这样概括：(1)“夷”的本义是“东方之人”“东方之族”“东方之地”；(2)夷与弓有某种联系；(3)夷有被称作“仁”的风俗；(4)夷与解廌(即解豸)兽有关，该兽又与诉讼和司(伺)杀有某种联系；(5)身为殷人后裔并创立了“仁”的学说的孔子，曾经向往夷地，似乎披露了他内心隐藏的东夷情节。总之，许慎的总结代表了汉代学者对“夷”的认识，为我们今天的研究提供了重要的线索。

在小篆字体“夷”字产生之前，古“夷”字曾有过多种古老字形。王献唐先生在论述古“夷”字的六种古老字形时总结道：“执形体以求夷俗，固各一一相合。”“凡上同为夷字，而字有六体，各方之人，以观察所及，各造其字：有以体状为义者，有以技能为义者，有以衣容为义者。用意不同，故字体不同。每一体中，又各有音假引申之字，年久纠结，互相牵合，欲一一确定某体为何地何族所造，已不可能。然制字之初，必有对象，以字体求对象，以对象证夷俗，以夷俗定方地，当可十得五六。”③顺此思路，笔者列出与“夷”字曾经等同的可以互代的“亻”

① 黎祥凤：《周易新释》，辽宁大学出版社 1994 年版，第 185 页。
② 张富祥：《说夷》，《淄博师专学报》1997 年第 3 期。
③ 王献唐：《炎黄氏族文化考》，齐鲁书社 1985 年版，第 37、38 页。

“卩”“大”“弔”“尸”“屖”“射”“尼”诸古老字形，分别加以剖析，以探寻“夷”的原始形象。可以说，这些字形都从某个侧面凝结了东夷民族的风俗习惯。而中国远古的法文化就是在这些风俗习惯的土壤中被孕育酿造出来的。

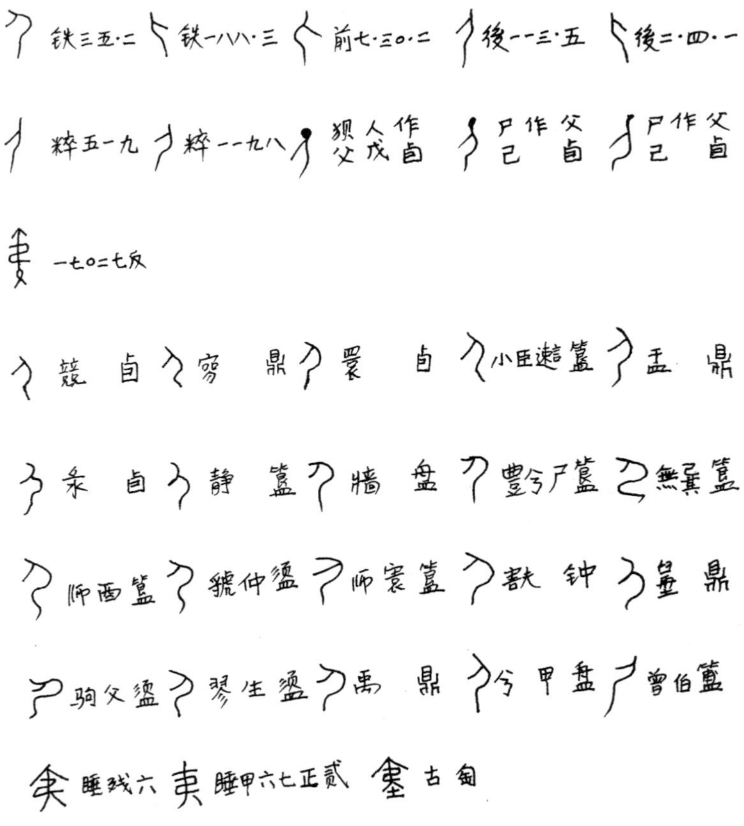

图 2-1-1　古文字中的夷

① 作者摹写。

二　夷人的形象

(一)屈膝恭立的夷人形象

在甲骨文当中,“夷”字写作“亻”,即今之“人”字。卜辞中“人方”即“尸方”“夷方”。在古代,“人”字和“夷”字是相同的字。王献唐说:“最初之人即夷,夷即人。”“人夷一字。”“人方实即夷方。”“原为夷方,字作人方,知人夷一字矣。最初称人,皆指夷言,人已对称,华夏为内,夷狄为外。对外称人,今语尚存其文,夷者,外也。”“《春秋》称蛮夷皆呼为人。以今义释之,何国非人,又何国不能称人。独以蛮夷为人者,人指夷也。”①孙海波亦谓:“人、尸、夷通用。”②《说文解字》:“人,天地之性最贵者也,此籀文,象臂胫之形。”徐灏注笺:“大象人正视之形,人象侧立之形,侧立故见其一臂一胫。”甲骨文“人”字形有三个特点:一是头部略微向前低垂;二是手臂在胸前做揖拱之状;三是膝部微屈。该字形代表东夷人谦卑待人、注重仪节的风俗。

以甲骨文的“人”字作元素,构成了诸如人、匕、尸、从、北、并、壬、介、允、兄、及、元、老、兒、眾、羌、化、伊等众多字形,但是,当时“人”字既没有“人类”之“人”的类概念,也还不是各部族共同之“人”的民族概念,而仅指东夷之人或东夷之地、东夷之族。但是,经过漫长的岁月,“人”作为一种民族的集体标识却悄悄发生了变化,它从代表整体的东夷人逐渐演变成只代表社会中的一部分人群。

姚孝遂指出:在甲骨文当中,“‘人’为以人为牲之通称,而在更多的情况下则为量词,‘羌十人’即其例”③。贾文指出:“在卜辞里,人的身份不高,多是平民和奴隶之属,如上述参加征战、用为祭牲等,都是明证。”④王宇信、徐义华也认为:“值得注意的是,在甲骨文中凡居于统治地位的贵族从不称人。诸如商朝最高统治者王以及贵族统治阶级,包括商王诸妇、王朝诸子、王公贵族、地方侯伯等,都只称私名而与甲骨文中的人无关。”“甲骨文中的人,是被统治阶级的泛

---

① 王献唐:《炎黄氏族文化考》,齐鲁书社1985年版,第31页。

② 转引自于省吾:《甲骨文字诂林》(一),中华书局1996年版,第1页。

③ 转引自于省吾:《甲骨文字诂林》(一),中华书局1996年版,第2页。

④ 贾文:《甲骨文从人、卩、大、女、子的义近形音字举例(一)》,《承德民族师专学报》2002年第1期。

称，又是商代社会下层民众的一种身份和标志。”[①]

与“人”字有直接关联的是三个“人”组成的“众”字。裘锡圭认为：“众和众人虽然是属于商王族和各级奴隶主贵族家族所有的下层民众，但商王可以随意调动和驱使……从这个意义上说，商王是众和众人的实际支配者。”“众和众人早已失去了祭祀商人祖先的权利。因而这些众和众人，是已被排除在宗族组织之外的，他们虽然跟贵族阶级有遥远的血缘关系，但实际上已经成为被剥削、被统治阶级的平民。”[②]

这种阶级和阶层分化的结果，即形成对“人”字用法的贬抑习惯。这种习惯一直延续到春秋战国时期。《春秋》所言人，“人字皆指夷狄而言。其非夷狄之国而言人者，皆贬词也……人即为夷，故古为贱称。人与民同，合称人民，民亦贱称也。非特春秋如此，即三代金文及经典皆然。……故凡被征服卑贱之人皆呼为人，音转而字仍未变，故凡人字皆书为夷。古义人夷不分，后以音歧为二：一为本音之夷，一为转音之人，又后以蛮貊戎狄为夷，以被征服而服役之夷为人，又后此服役之人与之同化，人义湮溷，一切人皆为人，遂成通称。反视所谓夷者，以别为一名。更以二字相同，恐其相溷灡，别以从大从弓之夷字当之，音分字分，逐判然若不相涉。故夷人二字，愈古愈合，愈晚愈分”。[③]

(二)屈膝跪坐的夷人形象

在甲骨文当中，与直立之“人”相联系的字还有，即古之“踞”，今之“蹲”“跪”之状。该字的现代字是“卩”。最先将“蹲踞”之状界定为“夷”的是吴大澂。他在《夷字说》一文中指出：“古夷字作人即今之尸字也。”该字“像人曲躬蹲居形。《白虎通》：夷者僔夷无礼义，《论语》：原壤夷俟，《集解》引马注：夷，踞也，东夷之民蹲居无礼义，别其非中国之人”。[④] 王献唐亦谓：“夷”字形“体像夷人之形也”；“夷人好踞，故字像其形”；“夷人踞蹲，踞蹲为夷，故亦呼此形状曰夷”；“以夷人之状态印证字体，正为象形，情实显著”。[⑤] “蹲踞为夷俗，(居字)从夷会意，从古得声，夷即尸也，夷俗蹲踞，造字为居，居读若古，蹲字古读舌头音如敦。”“居为夷俗，亦呼居之形态曰夷。”[⑥]该字形的特点是头部微微向前低垂，躯干部

① 王宇信、徐义华：《商代国家与社会》，中国社会科学出版社 2011 年版，第 212、218 页。

② 裘锡圭：《古代文史研究新探》，江苏古籍出版社 1992 年版，第 290、328 页。

③ 王献唐：《炎黄氏族文化考》，齐鲁书社 1985 年版，第 32 页。

④ 吴大澂：《字说》，苏州振新书社 1918 年据光绪十二年刊本影印版。

⑤ 王献唐：《炎黄氏族文化考》，齐鲁书社 1985 年版，第 30、34 页。

⑥ 王献唐：《人与夷》，《中华文史论丛》1982 年第 1 辑。

微微前倾，手臂前伸，抚于膝部，表现了东夷人席地而坐的生活习惯和谦和有礼的风尚。

(三)正面直立的夷人形象

在甲骨文当中，与恭立的“人”、跽坐的“人”相联系的字还有正立的人“大”，即今之“大”字。《说文解字》：“大，天大，地大，人亦大，故大象人形。”“大象人形”故“大”同“人”，便都是“夷”的替代字。“大”即正面之人的形状。此字形的特点是双手张开、双腿叉开，表示手中没有武器，身体未现进攻的姿势，是和平友好之状。“大”的延伸意义是“大人”。

“大”即“大人”。“大人是在没有王以前的氏族领袖。”在商人祭祀的场合，“大人是正面即立的”，“氏族成员就都是在祭场上跽着的”。[①] 按照《礼记·礼运》的描述，“大人”本来是“天下为公”的原始社会的氏族领袖。但是，进入“天下为家”的社会之后，“大人世及以为礼”，才最后形成夏、商、周三代王朝。故王弼本《老子》二十五章说：“故道大，天大，地大，王亦大。”

“大人”作为原始社会的氏族领袖是如何演变为王的呢？这就和世袭职位有关。“大”字下面加“一”就是“立”，也即“位”。《说文解字》：“立，住也，从大立一之上。”徐铉注：“大，人也，一，地也，会意。”《说文解字》：“位，列中庭之左右谓之位，从人立。”“立”是“位”的本字，故“即立”即“即位”。《毛公鼎》“余一人在立”，“在立”即“在位”。“大人”世袭其位，是演变为王的必经途径。“就全民族的人来说，只有首领，头儿才是可以称为大的大人。故在甲骨文中，表象一般的人或氏族成员的字形，都作侧面的站立与跽坐形，唯有大字，其两手两足皆作分张形，与两足相并两手贴身的一般的直立形不同。”[②]

“大人”之“大”，构字时除了能够构成褒义字，如大、立、天、央、美、乘、骑、逆、奭、舞等字之外，还能构成贬义字，如“天”表示黥额，如《易》曰“其人天且劓”，“兀”“尪”表示刖足，此外还有表现风俗的字如“夫”。《说文解字》：“夫，丈夫也。从大，一以象簪也。”高鸿缙《中国字例》：“夫，成人也。童子披发，成人束发，故成人戴簪。”[③]

《周易》有“大人”，亦有“王”。《易·否》：“大人之吉。”《讼》：“利见大人。”《坤》：“或从王事。”《师》：“王三锡命。”《革》：“大人虎变，君子豹变，小人革面。”似乎正面直立的“大”变成了“大人”“君子”，屈膝恭立的“人”变成了“小人”。这

① 周清泉：《文字考古》(一)，四川人民出版社 2003 年版，第 343、367 页。

② 周清泉：《文字考古》(一)，四川人民出版社 2003 年版，第 347 页。

③ 汉语大字典编辑委员会：《汉语大字典》(缩印本)，四川辞书出版社 1992 年版，第 219 页。

一变化也许可以作为判断《周易》制作年代的一个参照物。

总之，“人”的屈膝恭立、屈膝蹲踞、正面直立形象，不仅反映了东夷民族的古老风俗，也透露了其文字本义的演变过程。这种演变，是原始社会经过内部分裂产生阶层和阶级进而进入文明的大门，同时伴以民众相互切磋融合，这一漫长历史过程反映在文字上面的一个痕迹。

三 “夷”与“三年之丧”

在甲骨文当中，“夷”字的另一个古字是[illegible]。该字被释为“弔”字和“叔”字。罗振玉认为，该字形象弓、矢、缴，本义为隿射之隿。杨树达以为此字形实即“缴”字的初文，“弔”“缴”实为一字，弔问乃弔字后起之义。李孝定认为，罗振玉的解释近是，但人字非弓字，其字之初形朔谊不可深考矣。①

（一）弔的本义

“缴”是捕鸟工具，由箭镞和丝线组成。吴大澂《叔字说》以为该字“象缯弋所用短矢，以生丝系矢而射。古者，男子生桑弧蓬矢，以射天地四方，故从人，从弓系矢”②。王献唐认为，该字字义是：“为人即夷，从↑象绳系锐首之物，初时以此遥掷刺人，进而为矢，进而以弓引发，故此系绳之器，为弓矢权舆，亦炎族发明，夷人之所长也。”③“中国古代的弋射是指箭上系上线绳，向高空射击，用绳将飞鸟缠住，所以专用于捕飞鸟。”④《周礼·夏官·司弓矢》：“矰矢茀矢用诸弋射。”注：“结缴于矢谓之矰。矰高也。茀之言刜也。二者皆可以弋飞鸟。刜，罗之也。”出土资料显示：“在商代遗址里常出土陶、石质的弹子，是用于狩猎的，甲骨文中称作弹，如：‘丙午卜，弹延兔’（合集一〇四五八），是用弹子打野兔。”⑤东夷人擅长捕鸟，将“缴”绕在身上，正是一个猎人的形象。

“弔”字是由这个从人从弓的古字形演化而来的。《说文解字》：“弔，问终也。古之葬者，厚衣之以薪，从人持弓，会殴禽。”“弔”的对象是“葬者”。“葬者”的位置是“中野”。“弔”的目的是“问终”。“问终”的附带行为是“会殴禽”。

---

① 汉语大字典编辑委员会：《汉语大字典》（缩印本），四川辞书出版社 1992 年版，第 416 页。

② 吴大澂：《字说》，苏州振新书社 1918 年据光绪十二年刊本影印版。

③ 王献唐：《炎黄氏族文化考》，齐鲁书社 1985 年版，第 36 页。

④ 何驽：《缴线轴与矰矢》，《考古与文物》1996 年第 1 期。

⑤ 宋镇豪：《商代史论纲》，中国社会科学出版社 2011 年版，第 294 页。

(二)死者澌也

甲骨文“死”字写作“[illegible]”。该字反映了古人对“死”这一现象的认识。在古人看来,从“葬者”到“死者”之间有一个比较长的过程。《说文解字》:“葬,从死在茻中,一所以荐之。《易》曰:古之葬者厚衣之以薪。”《礼记·檀弓上》:“葬也者,藏之。藏也者,欲人之弗得见也。”《易·系辞下》:“古之葬者,厚衣之以薪,葬之中野,不封不树,丧期无数。后世圣人易之以棺椁。”野葬习俗在边远地区仍有痕迹。《列子·汤问》:“楚之南有炎人之国,其亲戚死,朽其肉而弃,然后埋其骨,乃成孝子。”

因此,所弔之“葬者”并不等于“死者”。“丧期无数”,实际上意味着“葬者”长期不死,或随时能够活转过来,这便道出了东夷“夷俗仁”,“仁者寿”,有“不死之国”的深层的文化依据。《急就篇》:“丧弔悲哀面目肿。”颜师古注:“弔,谓问终者也,于字人持弓为弔,上古葬者衣之以薪,无有棺椁,常若禽鸟为害,故弔问者持弓会之,以助弹射也。”《吴越春秋》卷九:“古者人民朴质,饥食鸟兽,渴饮雾露,死则裹以白茅投之中野。孝子不忍见父母为禽兽所食,故作弹以守之,绝鸟兽之害,故歌曰:‘断竹续竹,飞土逐肉。’”

在古人心目中,“死”是一个漫长的过程。《说文解字》:“死,澌也。人所离也。从歺从人。”“歺,列骨之残也,从半冎。”“澌,水索也,从水,斯声。”徐锴系传:“索,尽也。”《方言》:“澌,尽也。”周清泉认为,甲骨文“死字从歺从人,即以人见歺骨为死,故所从的人有作俯首察看歺骨形的,意指其人在确认,确定葬者是死定了,没有回生的可能了。”①古人以为水是生命本源。水流尽则现白骨,白骨现则人死。

(三)丧期无数

“葬者”待水流尽时只剩白骨,才成为“死者”。“死”是死的主体被周围的活人们最终确认的一个漫长过程。这个过程即所谓“丧期无数”,盖即后世“三年之丧”的原型。而子女对已葬之父母的经久不息的由衷祈盼和深切惦念——他们是否还能活过来,野兽有没有伤害他们,这种发自肺腑的惦念之情就是后来的孝。“三年之丧”是东夷人的风俗。《礼记·杂记》:“孔子曰:‘少连、大连善居丧,三日不怠,三月不解,期悲哀,三年忧,东夷之子也。’”看来孔子与弟子们经

① 周清泉:《文字考古》(一),四川人民出版社2003年版,第266页。

常讨论这个问题。

“三”者言其多也。《礼记·三年问》:“三年之丧,人道之至文者也。”“是百王之所同,古今之所壹也,未有知其所由来者也。孔子曰:‘子生三年,然后免于父母之怀。夫三年之丧,天下之达丧也。’”似乎子女对父母恩情的持久记忆,成了“三年之丧”的原因。“三年之丧”不限于父母。《礼记·檀弓上》:“丧三年以为极。”事亲“致丧三年”,事君“方丧三年”,事师“心丧三年”。《礼记·坊记》:“殷人弔于圹,周人弔于家。”“三年之丧”不是周礼的规定,而是东夷人和殷人的古老习俗。[①]

四 “夷”与祭祀之尸

在甲骨文当中,“夷”字写作“尸”。吴大澂《夷字说》:“古夷字作人即今之尸字也。”“自后人以尸为陈尸之尸,而尸与夷相混。《周礼·凌人》大丧共夷盘水,注:夷之言尸也。……凡此夷字皆当读尸,或古时本作尸,而汉儒误释为夷,或当时尸夷二字通用,古文尸字隶书皆改作夷均未可知。然则汉初去古未远,必有知尸字即夷字者,故改尸为夷也。使《夷敦》夷字与小篆夷字相近,是晚周已有变尸为夷者,不自汉人始矣。”[②]王献唐说:“古文尸夷一字。”“以夷字训尸,知郑注之确。”“夷为古文。”“夷、人、尸三字古为一体,后恐混淆,别以死字,当尸体之尸,继更加尸为屍,专以尸为宗庙之尸。宗庙之尸本出夷俗,初时亦以夷为之。至是从尸虽变,庙尸未改,以未改之故,夷为尸夺矣。”[③]《春秋公羊传·宣公八年》:“祭之明日。”何休注:“祭必有尸者,节神也。礼,天子以卿为尸,诸侯以大夫为尸,卿大夫以下以孙为尸。夏立尸,殷坐尸,周旅酬六尸。”唐代李华《卜论》谓:“夫祭有尸,自夏商周不变。战国荡古法,祭无尸。”[④]

(一)尸的形象——高坐

宗庙之尸,其形本是“人”形,只是双腿高悬,即凭几高坐之状。在没有椅子席地而坐的时代,这种姿势非日常生活中所常见者,仅表现在祭祀场合中的特

① 欧阳哲生编:《傅斯年全集》第3卷,湖南教育出版社2003年版,第243页。

② 吴大澂:《字说》,苏州振新书社1918年据光绪十二年刊本影印版。

③ 王献唐:《炎黄氏族文化考》,齐鲁书社1985年版,第34、35页。

④ 汉语大字典编辑委员会:《汉语大字典》(缩印本),四川辞书出版社1992年版,第963页。

殊人物身上。因此，这种姿势如果在一般日常生活的场合下出现，是被人惊异和诟病的。试举数例说明之。

第一个例子。《论语》：子曰："寝不尸。"睡觉时何以不能像"尸"那样？"尸"又是什么样子？李孝定先生认为："《论语》寝不尸之尸，盖已假为屍，谓寝贵欹侧，勿四肢展布如屍之陈，即俗所谓挺屍也。"[①]章太炎也持此说："尸不仅指死者言也，本是睡直挺尸，引申死人必挺直不动故亦曰尸。"[②]可以试想，如果"寝不尸"的"尸"是"挺直不动"之状，那么《礼记·玉澡》的"坐如尸"又是什么样子呢？其实，《论语》"寝不尸"之"尸"，就是庙堂之尸，即高坐之状。人睡觉就要像睡觉那样，若坐着睡觉，就像庙堂之尸那样，既不舒服，也会惊扰他人。况且从常识而言，人睡着了是很难挺直不动的。

第二个例子。《论语·宪问》载，"原壤夷俟"，受到孔子的批评。马融注："夷，踞；俟，待也。"《荀子·修身》："不由礼则夷固僻违。"杨倞注："夷，倨也。"这里的"夷"既可以释为蹲踞之状，也可以释为高坐之状。但是，从孔子之愤慨到竟以杖叩击原壤之胫的情形来看，似乎是学生在老师面前居高临下的高坐之状，即"倨见长者"，比起土头土脑的蹲踞之状来似乎更加容易让人气恼。

第三个例子。《史记·郦生陆贾列传》载："郦生至，入谒，沛公方倨床使两女子洗足。"郦生不满道："不宜倨见长者。"倨牀，即坐在牀上。年轻的刘邦一边洗脚一边接见老先生郦生，其失礼之处倒不在于洗脚，更在于以宗庙之尸居高临下的高坐之状，按今天的话说就是自恃清高，目中无人。

（二）尸在祭祀中的作用——节神

在周代礼仪中，宗庙之尸是沟通人间与鬼神世界的媒介。其具体作用应有以下几点：第一是象征故去的祖先，使活人有所寄托。如《礼记·士虞礼》："祝迎尸。"郑玄注："尸，主也，孝子之祭，不见亲之形象，心无所系，主尸以主意焉。"第二是代表鬼神接受活人的贡献。在甲骨文、金文中，常见人兽合成的字形，即蹲踞式人形下面往往有一个动物，如上"大"下"豕"，该字被释为人名。[③] 像陈牲体于尸下而祭。殷礼器铭文常有一字。该字由上"北"中"子"下"大"三部分组成。王国维《说俎》指出，该字"像大人抱子置诸几间之形，子者，尸也"。"几在

① 李孝定：《甲骨文字集释》（历史语言研究所专刊之五十），乐学书局有限公司1993年影印6版，第2745～2746页。

② 章太炎：《章太炎说文解字授课笔记》，中华书局2010年版，第354页。

③ 于省吾：《甲骨文字诂林》（一），中华书局1996年版，第297页。

尸左右。”“几”形如“Π”，几的作用是“荐物之时加诸其上”。[①] “尸”在中央，“Π”在两旁，“Π”类似小桌子，其上置祭品，正是“尸”接受贡献之状。那些上为“大”下为“或”“且”“豆”“隹”“豕”等组合的字，或与尸接受献祭有关。第三是通过卜问来转达鬼神的启示。第四也是最重要的，即何休所谓“祭必有尸者，节神也”。所谓“节神”，即协调诸神之间的关系。“尸”是维系商王祖先神和贵族祖先神之间的桥梁。殷人有“合祭”的习惯，即《尚书·盘庚上》所谓“兹予大享于先生，尔祖其从于享之”，是说殷先王与诸侯众臣之先祖一同享祭。刘源指出：“一般来说，王室祭祖仪式的各项活动都是由商王主持或安排的。”“商人把旧臣也纳入列祖先范围之中，祭祀旧臣时，商王会持会旧臣所在族的族长之子奉献牺牲。”“但在祭祀时，仍然将其族区别看待，让其本族贡纳牺牲，不使之与同姓贵族混淆。”[②]这种“合祭”习惯符合殷人的神权思想。《尚书·盘庚中》载：“乃祖乃父丕乃告我高后曰：作丕刑于朕孙，迪高后乃崇降弗祥。”就是说群臣的祖先须经殷先王同意，才能降罚自己的子孙。群臣的祖先的请示和殷先王的命令需要通过一个媒介来实现。在“合祭”中，殷王与群臣皆来参加祭祀，君臣都送来祭品，祭品可能有别，应当一一标识。尸的作用之一就是分别代表殷先王和诸侯的祖先神接受殷王和诸侯的贡献，并代表众臣之祖先神表达对殷王之祖先神的敬畏和遵从。

图 2-4-1　尸祭图一[①]

① 王国维：《观堂集林》(上)，中华书局 1959 年版，第 156～159 页。

② 刘源：《商周祭祖礼研究》，商务印书馆 2004 年版，第 314、318 页。

③ 春秋。江苏六合程桥刻纹画像铜器残片。陆忠发：《中国古代尸祭的文字学考证》，《寻根》2001 年第 1 期。

图 2-4-2　尸祭图二①

五　“夷”与文身——“东方曰夷，被发文身”

(一)屖与文身

在甲骨文当中有“屖”字，写作“[illegible]”。“屖”的本字应是“夷”。“屖，甲骨文作屖(类纂二五一四)从辛尸声，本义不明。……西周金文作屖(五祀卫鼎)……或说，屖为夷伤之夷的初文……曾乐律钟屖则，读夷则。《周礼·春官·大司乐》：奏夷则，《周语·周语下》：五曰夷则，所以咏歌九则，平民无贰也。”②胡澱咸先生认为，“屖”字与“尸”“夷”相通，其“本义盖是种植耕作”，是“夷的本字”，即指农具“銕”。③

“屖”字由两部分组成：一是“尸”，代表东夷之“人”；二是“辛”，即文身的刀具。如此，则“屖”字的本义是“有文身标记的东夷人”。《礼记·王制》：“东方曰夷，被发文身。”文身是东夷的古老习俗。“文”字的本义就是文身。甲骨文“文”

---

① 西汉。晋宁石寨山汉墓贮贝器雕像(局部)。陆忠发：《中国古代尸祭的文字学考证》，《寻根》2001 年第 1 期。

② 何琳仪：《战国古文字典》(下)，中华书局 1998 年版，第 1232 页。

③ 胡澱咸：《释屖》，《甲骨文金文释林》，安徽人民出版社 2006 年版，第 124、125 页。

字写作“[illegible]”。《说文解字》:“文,错画也,像交文。”朱芳圃《殷周文字释丛》:“文即文身之文,象人正立形。”胸前的各种图案“即刻画之纹饰也。……文训错画,引申之义也。”①

在商代,文身之礼是构成殷礼的重要组成部分。在甲骨文字中可以看到文身之礼的痕迹。文身的刀具是“辛”。郭沫若先生以为辛字“乃象形,由其形象以判之,当系古之剞剧”。《说文解字》:“剞剧,曲刀也。”《淮南子·叔真训》:“镂之以剞剧。”高诱注:“剞,巧工钩刀也。剧者,规度刺墨边笺也。所以刻镂之具。”“剞剧”即“剞劂”。《楚辞·哀时命》:“握剞劂而不用兮,操规矩而无所施。”王逸注:“剞劂,刻镂刀也。”郭沫若《释干支》谓:“盖古人于异族俘虏或同族中之有罪而不至于死者,每黥其额而奴使之。……余谓此即黥刑之会意也。有罪之意无法表示,故借黥刑以表示之;黥刑亦无法表现于简单之字形中,故借施黥之刑具剞剧以表现之。”②

(二)文身的工具——辛、校

“校”是文身的辅助用具。《说文解字》:“校,囚具也。”《周易》有“何校灭耳”“履校灭趾”“其人天且劓”“噬肤灭鼻”等诸种刑罚手段。“天”即黥额。施行这些刑罚自然离不开刑具。“校”即《周易》“困于株木”的“株木”。“校”的原形就是“井”“爻”。日本汉文字学者白川静认为:“井有二义:用于刑罚时作首枷之形,用于铸造时作模型的外框之形。……刑罚的刑和范型的型原本均作井、刑,都是作外框之用,为同一语源。”③将“井”释为“首枷”,颇具创意。“井”和“爻”是一个字,只是笔画的方向稍异。在古文字当中井、交、爻、文都是相通的字。④ 可以推测,“校”是木制的用来固定被刑人身体某部位的专用器械。

据周清泉研究,殷人文身是成童、成人礼的重要内容。⑤ 其大致情形是:殷人八岁行成童礼,即在儿童额上文出各种花文。甲骨文“童”字上有“辛”,即其证明。成童礼的文化功能是杜绝母与子、父与女之间的性行为,即儿大避母辈之女子,女大避父辈之男子。女子十四岁行成人礼,即“笄”礼。甲骨文“妾”上有“辛”,即其证明。除了梳新发型之外,还要文乳。甲骨文中有十七个类似

---

① 于省吾:《甲骨文字诂林》(四),中华书局 1996 年版,第 3264、3265 页。

② 汉语大字典编辑委员会:《汉语大字典》(缩印本),四川辞书出版社 1992 年版,第 1680 页。

③ [日]白川静:《字统》,(东京)平凡社 1994 年版,第 226 页。

④ 参见周清泉:《文字考古》(一),四川人民出版社 2003 年版,第 663、666、669 页。

⑤ 参见周清泉:《文字考古》(一),四川人民出版社 2003 年版,第 559～717 页。

"爽"形字形。"爽字形以两乳为主题,显示女性的纹身。"[①]男子二十岁行成人礼,除改变发型之外,还要文胸。甲骨文、金文的"文"字中间也有十余种花纹,而且"文"字形本身就是一个文身的人形。文身之后的男女即为成人,开始享有结婚等成人的权利并履行成人的义务。如《周礼·媒氏》所谓"以仲春之月合男女,于时也,奔则不禁"。文乳、文胸的文化功能是杜绝兄弟与姐妹之间的性行为。上述文身符号与宗教禁忌密切联系,因此能够有效规范人们的性行为。后世的"同姓不婚"即源于此。这些文身习俗当源于东夷。

(三)文身的执行者——御廌

文身的执行者是"廌""御廌"。郭沫若认为,"御廌"是"执法小吏"。[②] 甲骨文有"廌协王事"[③]。"廌"的职能应当比较多,其中就包括教育。《孟子·滕文公上》:"校者教也。"执法小吏兼管教育是很自然的事情。甲骨文"教"字写作"[illegible]"。爻即井,囚具也。古"学""教""孝"诸字均带有"井""爻"形,都表示"校"。御廌兼有教育之职,身边自然离不开教具"爻""井"。而教育的重要内容就是成童、成人的文身之礼。

文身与阶级分化和社会分工建立了联系。《周易·革》《象辞》曰:"大人虎变,其文炳也;君子豹变,其文蔚也;小人革面,顺以从君也。"西周以后,有文身习俗的殷人集体地变成了奴隶。大人、君子以华贵的服饰来显示自己的地位,而小人则依旧保留文身符号。

殷人进入中原,建立新王朝,正式进入农业社会,从而逐渐淡化并最终放弃了文身习俗。殷商王朝与东夷多次争战,俘获夷人以为俘虏、奴隶,夷人的文身成为犯罪的符号。文乳、文胸由于被衣服所遮盖,不易辨认,这样,额上的文身图案便成为奴隶的专用符号。于是,文身终于演变成了黥刑。"周因于殷礼","刑名从商"。周人沿用了殷人的制度,黥刑就被延续了下来。后来,当人们面对黥刑的时候,那些在东夷人强健身躯上闪现的美丽动人的文身图案,早已荡然无存,只露出血淋淋的刀锯来。

---

① [日]白川静:《金文通释》第6辑,(神户)白鹤美术馆1964年版,第303页。

② 郭沫若:《出土文物二三事》,人民出版社1972年版,第26页。

③ 胡厚宣编:《战后南北所见甲骨录》中册,来薰阁书店1951年石印本,第51页。

六 “夷”与“尼”：男女之爱

(一)甲骨文的“尼”

在甲骨文中，与“夷”同义的字还有“尼”。《说文解字》：“尼，从后近之，从尸，匕声。”段注：“尼训近，故古以为亲暱字。”林义光《文源》：“匕，尼不同音。匕，人之反文，尸亦人字，像二人相昵形，实昵之本字。”[①]《尸子》卷下：“悦尼而来远。”尼，近也。尼即及。《国语·晋语四》：“男女相及，以生民也。”韦昭注：“相及，嫁娶也。”

甲骨文“尼”字写作“[illegible]”。在甲骨文中，还没有发现独立的“尼”字，只有复合字“秜”和“泥”。甲骨文“尼”字之所以罕见，可能因为“尼”“化”二字最初就同为一个字，两字字形相近而混，“化”字行而“尼”字隐。否则，甲骨文中没有“尼”字，而有秜、泥，这不是很奇怪的事情吗？“尼”字与“化”一样均由上面一个正人和下面一个反人组成。(尼)“从反人，从尸，会二人相背嬉戏亲暱之意。典籍通作暱。《说文》：暱，日近也。从日，匿声。《春秋传》曰：私降暱燕。昵暱或从尼。尸亦声。战国文字承袭甲骨文。《说文》：尼，从后近之。从尸，匕声。女夷切。许慎所谓从后近之，参《医心方》十三：男女相背，以两手两脚俱据床，两尻(臀部)相柱。”[②]可以说，“尼”字是反映古代先民男女风情的一个记号。这种真挚的情谊在后世的《诗经》中体现为纯真动人的诗歌。

(二)“尼”的本义

学术界对“尼”字的本义有两种意见：一是阶级压迫说，一是古老风俗说。

主张阶级压迫说的是于省吾。他认为，“尼”字“像人坐于人上之形”。“作为独体字的尼字的发生时期，当然要早于商代中叶武丁之世，它很可能产生于夏末商初之际。”“尼字的发生，自然要先有人坐于人上的作风。”它“反映了阶级社会人压迫人这一具体的生活现实”。[③] 此外，还有学者认为“尼”“像一人坐于

---

① 汉语大字典编辑委员会：《汉语大字典》(缩印本)，四川辞书出版社1992年版，第405页。

② 何琳仪：《战国古文字典》(下)，中华书局1998年版，第1229页。

③ 于省吾：《释尼》，《吉林大学社会科学报》1963年第3期。

另一人背上”，表示“人身侮辱性质的耻辱刑”。[①]

主张古老风俗说的主要有王献堂和章太炎。王献堂以为“尼之初文为尸，尸即古夷字”，“古文尼字亦正作夷，尼即为夷”。“尼”的本义源于东夷风俗。夷人“系尾为饰”，“夷俗如此，故尾字从夷”。“尾”实为夷人风俗。《尚书·尧典》曰：“鸟兽孳尾。”孔传：“乳化曰孳，交接曰尾。”“交接为尾”，“尾读为夷”。“在后曰尾，在前为交”，“禽兽交接，类由后行，故曰尾交”。“夷由身后，遂呼其亵事曰夷……凡上亵事本不宜形于纸墨，事理所在，亦不容淹没”。[②]

章太炎说：尼“《尔雅》训定，‘私之定也’。……今俗骂人之肏字实即尼。”“从后近之，《尔雅》尼，李氏注：‘私之定也’，即今云‘弫屁股’耳。”“古音尼、日音同。”[③]“《说文》云：偶，相人也。凡相遇者，必有对待，故引申为对待之义，而其字变作耦矣。”“人类相爱，名曰人偶，于是又作仁字。”“《说文》云：‘甚，尤安乐也。从甘、匹。’匹，耦也。男女之欲，安乐尤甚，而其中实含有直刺之义。”[④]

此外，国光红、陈光苏认为：“尼”字形表示男女相互追逐之义，“尼字本义当关乎男女风情”。[⑤]

古代“尼”字的产生，也许与当时婚姻习俗的进化有关。在一群男子与一群女子互相拥有，人尽其夫、人尽其妇，变动不居的时代，作为个体自然人的男女之间的性爱意识是不容易产生的。东夷人实行文身制度，八岁男孩成童以后集中管教，女十四始嫁，男二十始娶。加之实行族外婚，在此基础上形成范围更为狭小的对偶婚制，配偶相对固定，出入相随，不离不弃，这种新型的婚姻方式给人们带来安定和愉悦，故被人们所珍视。“尼”字也许是先民不经意之间留给后世的接近性爱萌芽的一个记号。

七　东夷风俗对中国古代法文化的影响

通过对“夷”字诸字形本义的探讨，我们粗略勾勒出东夷风俗的一些侧面。这些风俗为后起的殷商民族所继承，并把它们定型化，成为“殷礼”的重要组成

① 胡留元、冯卓慧：《夏商西周法制史》，商务印书馆2006年版，第109页。

② 王献唐：《炎黄氏族文化考》，齐鲁书社1985年版，第39、40、132、134页。

③ 章太炎：《章太炎说文解字授课笔记》，中华书局2010年版，第355页。

④ 章太炎：《章太炎讲国学》，东方出版社2007年版，第17、13、21页。

⑤ 国光红、陈光苏：《传上古风情的几个古文字》，《山东师大学报（社会科学版）》2000年第1期。

部分。“周因于殷礼”，经过周公“制礼作乐”，形成完备的礼仪制度，并在很大程度上影响着整个古代中国的精神生活。

从某种意义上也许可以说，东夷风俗的历史结晶是“夷礼”。《左传》有“夷礼”“夷德”“夷言”，实即夷风、夷俗。“夷礼”肇始于以采集渔猎为主要生产方式的母系氏族社会，初奠于以农耕为主要生产方式的父系氏族社会。尽管我们今天无法准确描述“夷礼”的全部内容，但是它不外乎有两个主要组成部分，即《左传·成公十三年》所谓“国之大事，在祀与戎”的祭祀和战争。祭祀产生氏族之礼，开始是母系氏族之礼，后来发展演变成父系宗法家族之礼。“礼者履也”，从祭祀活动中的礼乐节拍、舞蹈举止，慢慢地派生出各种禁忌和仪式规则。这种仪式规则确定了人与人之间的血缘亲疏、远近、长幼之序和尊卑、上下、贵贱之别，进而确定人们的各种权利、义务，从而使古代社会的礼成为实质意义上的法。戎即军事活动，是关系古代先民生死存亡的重大事务。其中，祖先神特别是战胜之神的祭祀活动，占据重要地位。古代对战胜之神的祭祀包括战前的祭祀请示、誓师动员、发布誓命、赌咒承诺和战后的献俘录囚、论功行赏、论罪行罚，等等。

东夷人的文身习俗，以杜绝父与女、母与子、兄弟与姐妹之间的性行为为目的，旨在制约人类自身的生产活动，保障人种的健康延续。正如普列汉诺夫指出的：“在原始民族中间存在着一套决定两性间互相关系的负责规矩，要是破坏了这些规矩，就要进行严格的追究。为了避免可能的错误，就在达到性成熟时期的人的皮肤上作出相当的记号。”①在古代，性成熟的青年男女必须行成人礼即文身，才能婚配，这已经成了世界性的通例。

文身是关乎人类自身生产即人种健康繁衍的重要风俗和制度。“根据唯物主义观点，历史中的决定因素，归根结底是直接生活的生产和再生产。但是，生产本身又有两种。一方面是生活资料即食物、衣服、住房以及为此所必需的工具的生产；另一方面是人类自身的生产，即种的蕃衍。一定历史时代和一定地区内的人们生活于其下的社会制度，受着两种生产的制约：一方面受劳动的发展阶段的制约，另一方面受家庭的发展阶段的制约。”②文身是一种风俗和制度，更是文明杠杆。古代先民正是在这个杠杆的推动之下不断摆脱了野蛮最终迈进了文明的门槛。

---

① ［俄］普列汉诺夫：《普列汉诺夫文集》(1)，曹葆华译，人民出版社 1983 年版，第 417 页。

② 《马克思恩格斯选集》第 4 卷，人民出版社 1995 年版，第 2 页。

作为一个具体的例证，我们看到，在作为刑罚的“黥”之前，还曾经存在过久远的文身。它留给我们的启示是，我们在探讨刑的起源时，不仅应当注意刑和兵即战争的关系，还应当拓宽视野。事实上刑的起源途径是分阶段的和多元的。而作为与阶级统治的国家政权携手而来的确切意义的刑法和刑罚，在其产生之前，还经历了漫长的“非刑法”“非刑罚”的历史过程。

东夷民族留给中华民族的最伟大的遗产莫过于“仁”。东夷人的“仁”虽然以“亲”为基础，但是又不局限于血缘范畴，这正是东夷之“仁”的可贵之处。因为“仁”不仅施于具有血缘关系的亲人范围，而且还施于没有血缘关系的人群。在母系氏族时代，那些周边氏族的男青年们都“嫁”到同一个氏族来，他们从其父辈母辈的血缘链条那里还找不到任何联系。他们一同外出渔猎、打仗，在寒冷的夜晚抵足而眠，这种超血缘的兄弟之谊，就是“化”，就是“仁”。这就使“仁”从一开始便具有了超血缘的无穷张力。蚩尤兄弟八十一人，和“四海之内皆兄弟”是相通的。“仁”之俗在对外关系上的表现是谦让。《山海经·海外东经》载：“君子国在奢比之尸北，其人好让不争。”关于“让”，《春秋穀梁传·定公元年》谓：“人之所以为人者让也。”此处“为人”的“人”，似当即“仁”。谦让与宽容是相通的。《左传·襄公四年》载：寒浞为伯明氏所弃，“夷羿收之，信而使之”。对外族人的同情和信任，正是“夷俗仁”的一个证明。这也是氏族社会中收养义子的习惯[①]；联想到殷王朝重用异族人伊尹，将伊尹与殷先王同列祭祀；联想到殷人珍视兄弟之谊，“商人祀其先王，兄弟同礼，即先王兄弟之未立者，其礼亦同”[②]；联想到殷人对妇女的尊重等，这些夷人风格，在周人伐纣的誓词中都成了罪行和讨伐的理由，如《尚书·牧誓》所谓“牝鸡之晨，惟家之索，今商王受，唯妇言是用……乃唯四方之多罪逋逃，是崇是长，是信是用”。正如《论语·子张》所谓：“纣之不善，不如是之甚也。是以君子恶居下流，天下之恶皆归焉。”“下流”者莫过于失败，成者王侯败者贼。《孟子·公孙丑》亦谓：“纣之去武丁未久也，其故家遗俗，流风善政，犹有存者。”孔孟之言，当为平和之论。

“仁”不仅是中华民族的基本精神，也是中国法律文化的传统精髓。东夷民族对中华民族贡献巨大，其中包括来源于习俗的“仁”的原始观念。建立新王朝的周人不提倡“仁”而提倡“德”，应当是有原因的。首先是因为“仁”未能与“天命”建立联系，而“德”却能够与天命建立联系。“怀保小民”，“明德慎罚”，施德

① 王玉哲：《中华远古史》，上海人民出版社2003年版，第148页。

② 王国维：《观堂集林》(上)，中华书局1959年版，第455页。

于民，正是为了保有天命。其次，“仁”讲求“人相偶”，人与人、族与族平等友好地相处。当时严峻的政治形势之下，让刚刚取胜的周人与战败的殷民族、东夷民族讲平等，恐怕还没有这样的条件。最后，“仁”的观念源于东夷风俗，与周人的文化传统无切合之处，一时难以消化融合。一直到了春秋末年，“礼崩乐坏”，周人的典章文物渐渐失去昔日的权威，东夷民族的“仁”的观念才悄悄恢复，最后经过孔子的加工改造，使“仁”成为古代中国思想体系中最重要的哲学观念，同时也成为促进中国古代法律不断从野蛮走向文明的精神杠杆。

第三章　寻找最初的刑

——“刑者侀也，侀者成也”

“刑”字是大家都很熟悉的字。它除了表地名、族名、人名、器物之外，主要有两个意思：一是刑法或刑罚；再一个是“型”，即模型、模范，也就是法。但是，“刑”是怎么形成的？“刑”字最早是什么样子？它的社会功能是不是一开始就是作为国家统治工具的刑法和刑罚？这些问题似乎还没有说清楚。

在古文字当中，“刑”是一个多形多义的字。“刑”与“邢”“形”“型”“阱”“侀”“硎”“鉶”“銒”等字可以互代假借。为什么会这样呢？除了这些字同音形近之外，很可能是因为它们都来自同一个原型——“井”。与“井”字字形接近的另一个字是“爻”，由上“乂”下“乂”组成。横平竖直的“井”一旦变成斜向的“井”就成了“爻”。“井”和“爻”之间的动态联系告诉我们，它们似乎是代表着一件可以活动的器物。古文字当中还有一个字“丼”，“井”中有“·”。“井”如果代表“陷阱”的“阱”，那么其中的“·”又代表什么呢？如果“井”代表一种器物，那“·”又代表什么呢？让我们从“井”字形开始来追溯古老的“刑”吧。

一　“刑”的字形和字义

东汉许慎《说文解字》未见“刑”字，而有㓝字。曰：“㓝，罚罪也。从井从刀。

《易》曰:井,法也。井亦声。”①

清段玉裁《说文解字注》:“㓝,罚罪也。假借为典型字。从刀井,《易》曰:井者法也。此引易说从井之意。井者法也,盖出易说。司马彪《五行志》引易说,同。《风俗通》亦云:井者法也,节也。《春秋元命包》曰:刑,刀守井也。饮水之人,入井争水,陷于泉,刀守之,割其情也。又曰:网言为詈,刀守詈为罚,罚之为言内也,陷于害也。以上见玄英《大唐众经音义》。徐坚《初学记》:夫井上争水,不至用刀,至于詈骂当罚,五罚断不用刀也。故许以罚入刀部,谓持刀骂詈则应罚,以刑入井部。谓有犯五刑之罪者,则用刀法之。同一从刀,而一系诸受法者,一系诸执法者。且从井非为入井争水,视《元命包》之说,正如摧枯拉朽,安置妥帖矣。故其书百世师承可也。井亦声,户经切。按此刑罚正字也。今字改用刑。刑者到也,见到部。其义其音皆殊异。”②

清桂馥《说文解字义证》:“㓝,罚罪也。从井从刀。《易》曰:井,法也。井亦声。据本书荆字,此刑当有古文做[illegible]。《论语》:君子怀刑。石经作㓝。魏王基碑:典㓝唯明。古印有㓝众之印,凡姓皆从井。《论衡·四讳篇》:讳厉刀井上,恐刀堕井中也。或说以为㓝之字,井与刀也。厉刀井上,井刀相见,恐被㓝也。经典通做刑。《吕氏春秋·君守篇》:皋陶作刑。《释诂》:刑,法也。《诗·抑》:克共明刑。传云:刑,法也。《我将》:仪式刑文王之典。传云:刑,法也。《周礼·司寇》:以佐王刑邦国。注云:刑,正人之法。《孝经说》曰:刑者侀也。过出罪施者。疏云:《孝经援神契·五刑章》曰:刑者侀也,过出罪施者,下侀为著也,行刑者,所以著人身体,过误者出之,实罪者施刑。《缁衣》引《诗》:仪刑文王。注云:刑,法也。《礼运》:刑仁讲让。注云:刑犹则也。《学记》:政以一其行,刑以防其奸。《襄九年左传》:使乐遄庀刑器。杜云:刑器,刑书。《隐十一年传》:许无刑而罚之。《襄十三年传》:刑善也夫。《襄二十八年传》:赏其德刑。杜注并云:刑,法也。罚罪也者。《尸子》:刑以辅教。《孝经钩命决》:刑者教也。质罪示终。《桓十三年左传》:其谓君抚小民以信,训诸司以德,而威莫敖以刑也。《家语·刑政篇》:化之弗变,导之弗从,伤义以败俗,于是乎用刑矣。刑,侀也,侀,成也。壹成而不可更。故君子尽心焉。从井从刀者。《初学记》引云:刀,守井也。饮之人入井陷于川,刀守之,割其情也。又解云:井饮人,人乐之不已,则自陷于川,故加刀谓之刑,欲人畏惧以全命也。《韵会》引云:从㓝,刀守井饮之人,入井陷于川,刀守之,割其情也。《一切经音义》二十引《春秋元命包》曰:刑

① 许慎:《说文解字》,中华书局1963年版,第106页。

② 段玉裁:《说文解字注》,浙江古籍出版社2006年版,第216页。

字从刀从井，井以饮人，人入井争水，陷于泉，以刀守之，割其情欲，人畏慎以全命也。故字从刀从井也。《易》曰：井，法也者，《易》无此文。《系辞传》：井居其所而迁。郑注：井，法也。《广雅》：井，法也。《风俗通》：井者法也，节也。言法制居人，令节其饮食，无穷竭也。李尤《井铭》：法律取象，不概自平，多取不损，少汲不盈，执宪若斯，何有邪倾。《后汉书·五行志》：桓帝之末，京都童谣曰：茅田一倾，中有井茅。喻群贤也。井者法也。"①

关于"刑"字本义的通说，除了"以刀守井"的生动故事之外，还留给我们许多联想。比如："㓝"同"井"，"井者法也"，"刑者侀也"，"侀为著也"，"刑者教也"，等等。顺着这些思路，我们也许能够找到通往古老的"刑"的幽径。

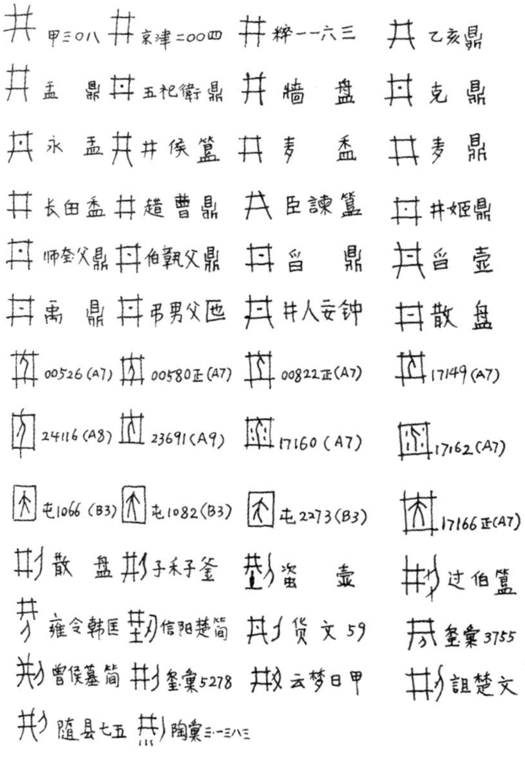

图 3-1-1 古文字中的刑②

① 桂馥：《说文解字义证》，齐鲁书社 1987 年版，第 423 页。

② 作者摹写。

二　𡆥的本义是什么？

（一）莫衷一是的𡆥字

在探讨“刑”字沿革之前，有一个字形必须搞清楚，这就是甲骨文中的𡆥。古文字学界对这个字字义的解释历来就有分歧，可谓众说纷纭。根据于省吾《甲骨文字诂林》，这些意见主要有以下诸种：孙诒让认为即“囚”字；王襄以为即“囚”字；丁山以为“像人在棺中”；叶玉森以为系“囚”字；商承祚亦持囚字说；郭沫若认同“囚”字；唐兰以为即“荆”字；胡光炜以为“尸”字；胡厚宣释之为“死”字；实先以为系“因”字之异体字；树达认为“井”为棺形，以棺形表死刑；海波以为即“泅”字，“象人在井中”；玉峥以为即“荆”字；董作宾以为“像人在棺木中”；万里以为即“困”字；李孝定以为即“死”字；张政烺以为即“殟”，埋藏，与殉葬有关；夏渌以为与“凶”字同义。[①] 在释之为死的意见中，胡厚宣的论述最有特色：“且观𡆥之主词，为王者二，为帚者十二，为王子者二十一，为王之师傅近臣者九。其非王者亦皆与王之关系最为密切，则其疾病生死，自为王关心，而必见之贞卜。”又说：“𡆥释为囚，安有为王者，亦自受其刑狱之苦乎？”又举“马𡆥”“马不𡆥”的例子，说“夫人者固可以囚之矣，蓄马有厩，亦可以囚之乎？𡆥释为生死之死，则一切释然矣”[②]。

（二）𡆥的本义是文身

其实，𡆥这个字形，既不是“囚”——甲骨文中有“囚”字，不是“死”——甲骨文中有“死”字，不是“葬”——甲骨文中有“葬”字，也不是“刑”——甲骨文还没有“刑”字。那么，这个字究竟代表什么意思呢？该字的本义为文身。

甲骨文的卜辞中有这样的句式：“刖仆八十人不𡆥。”（合集五八〇）其被学者解释为：问，对八十个人行刖刑，会不会死？[③] 这种解释是值得商榷的。因为这是不符合卜辞逻辑的。为什么呢？刖刑作为一个独立的刑罚手段一经确立，

---

① 参见于省吾：《甲骨文字诂林》（一），中华书局 1996 年版，第 92～102 页。

② 胡厚宣：《甲骨学商史论丛初集》，河北教育出版社 2002 年版，第 515～519 页。

③ 赵佩馨：《甲骨文中所见的商代五刑》，《考古》1961 年第 2 期。

就不可能既是刖刑又兼死刑的。如刖刑的结果大多致死人命，就和死刑差不多了，何言刖刑？

对上述句式是否可以作两种解释：(1)对八十个人行刖刑，是𡆥还是不𡆥？意思是，对八十个人行刖刑，是否附带进行文身？(2)对八十个受过刖刑的人，是𡆥还是不𡆥？意思是，对八十个受过刖刑的人，是否进行文身？

有一条卜辞：“贞翌乙亥王途首无𡆥。”(合集六〇三二正)译文：“问明天乙亥日商王要对某人处以死刑不会引起死亡吗？”[①]是否可以译为——“问，明天乙亥日，商王要围剿首地(族)，是否对他们实施文身”，即在俘虏身上是否做出特殊符号以表示其归属？

有一条卜辞：“庚辰卜，王剢羌，不𡆥？”(合集五二五)意思是，庚辰卜问，王欲对羌实施宫刑，是否附带进行文身？宫刑对人身体的损坏比刖刑略小，作为一个固定的刑种，致死的可能性相对要小一些。因此，卜问会不会死，就不太符合逻辑了。

还有一条卜辞：“乙酉卜，王贞余辛朕老工。”(合集二〇六一三)“辛”为文身工具。这里的“辛”可能带有从文身向黥刑转化的意义。在形式上文身与黥刑本来就没有本质上的区别。

上述文身可能是为了在囚徒身上增加某种标识，以便于区分和管理；或者作为财产所有权转让以重新确定其归属的标记，当然就不是死不死的意思了。𡆥这个字和后来的“侀”字都代表文身。但是，井中有刀的𠛬字形很可能是刑字形的前身。有甲骨文字形，上为井亻，中为左右手，下为一口，该字可能反映了文身场面：双手持井，一口表示文身用具，比如笔和调色盘。(参见本章四节“古文字文身字形二”)

当时的文身是在人身体表面刺上一种表识，文身可以施于王室贵族，也可以施于囚徒，还可以施于马匹。如《周礼·夏官司马·校人》：“春祭马祖，执驹。”驹为二岁公马，在它身上文个记号，便于管理，令其离开生它的母马。“驳”“骍”字可能与此有关。既然对王的亲族、地位高的人乃至于马匹都可以文身，那么就解决了“囚”字、刑罚的“刑”字和“死”字、“葬”字都似乎解释不通的问题。

从𡆥到丼再到刑，是一个漫长的过程。在这个演化过程里，文身起着重要的创始作用。

---

① 胡留元、冯卓慧：《夏商西周法制史》，商务印书馆2006年版，第92页。

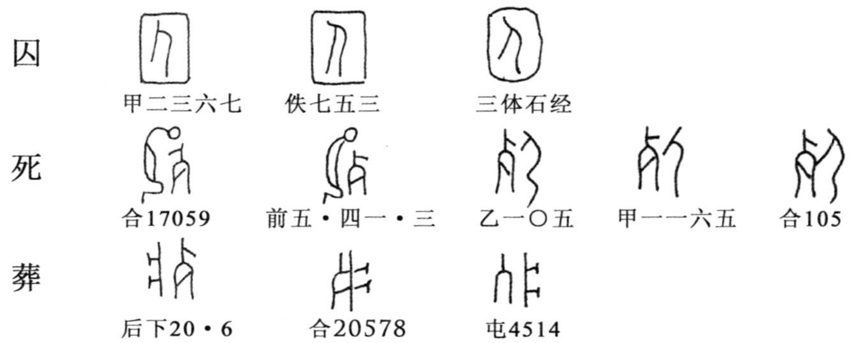

图 3-2-1 甲骨文“囚”“死”“葬”字①

三 刑字的沿革：
井→[illegible]→丼→[illegible]→㓝→刑

说到“刑”字，首先涉及“井”字。“井”是一个很古老的字。二里头遗址出土陶器上面就有符号“井”。② 商代武丁时期甲骨文有一“井”字，距今有 3300 多年的历史。③ 王襄认为“古井字，又古刑字”。商承祚释“井”为“刑”，并提示：“毛公鼎作井，与此同。”④对于金文中的“井”，学者有各种理解。有人认为：“井为型之初文”，后“被借为水井之井，久而失去本义”。⑤ 学者多以“井”为水井之“井”，“井田”之“井”，或以为乃“井”上面的栏杆。西周前期的金文仍作“井”。到了中期“井”中加“·”成为“丼”字。学者们对这个“·”有各种解释，比如释为井口、汲水之器、汲水之人、汲水之绳，或挖井时用的专门工具“木槌球”。到了西周后期，“丼”又返回到没有“·”的字形即“井”。⑥

关于金文中的“井”字，陈梦家认为：“西周金文隶定为井者，可分为两式：第

---

① 作者摹写。

② 孙淼：《夏商史稿》，文物出版社 1987 年版，第 224 页。又见李学勤主编：《中国古代文明与国家形成研究》，中国社会科学出版社 2007 年版，第 107 页。

③ 白冰：《青铜器铭文研究》，学林出版社 2007 年版，第 295 页。

④ 于省吾：《甲骨文字诂林》(四)，中华书局 1996 年版，第 2857 页。

⑤ 王文耀：《简明金文词典》，上海辞书出版社 1998 年版，第 40 页。

⑥ 白冰：《青铜器铭文研究》，学林出版社 2007 年版，第 296、297 页。

一式是范型象形，井字两直画常是不平行而是异向外斜下的，中间并无一点。……第二式是井田象形，井字两直画常是平行的，中间常有一点。”[①]日本学者白川静认为：“井有二义：用于刑罚时作首枷之形，用于铸造时作模型的外框之形。……刑罚的刑和范型的型原本均作井、刑，都是作外框之用，为同一语源。”[②]将“井”释为“首枷”，颇具创意。这样的话，“丼”中的“·”就代表人首或人体。

《说文解字》引《周易》：“井，法也。”这当然是后人的注释，但必有所本。《周易》有“何校灭耳”，“履校灭趾”，“劓刖，困于赤绂”，“噬肤灭鼻”，“困于株木，入于幽谷”，“困于金车”，“其刑剭”，“其人天且劓”，等等，俨然是一本行刑教科书。其中的刑罚可以分为两类：一类是用刀锯施行的刑罚，如割耳、鼻、脚；另一类是墨刑，即黥刑、刺额。“其人天且劓”的“天”，就是刺额。“臀无肤”是刺臀。“噬肤”，刺皮肤，其范围较广，如胸、乳、额、臀、臂。施行这些“刑罚”（其实当初还不是刑罚）所用的用具，除了刀锯之外还有“校”。“校”的样子就是“爻”“交”“井”。“爻”“交”的甲骨文近似于“井”，只不过是斜向的“井”，这几个字是通用的。“井”象征四根木柱构成的、用红色绳索固定的、可以改变尺寸的“行刑”工具。甲骨文中的“井”除了用于地名、姓氏之外，用于表示器物的就有两个：一个是水井的井，其形如木结构的井栏杆；另一个就是刑法的刑。甲骨文中有“井”中加一个小点的“丼”字，后文还将论及。甲骨文中有两个字形很重要，第一个是𡆥，第二个是囚。这两个字形对于探索刑的本义和发展轨迹十分重要。

四　文身与成人礼

最先发明文身的可能是东夷部落。《礼记·王制》说“东方曰夷，被发文身”就是证明。东夷民族有一个部落，其首领是蚩尤，亦即咎繇、皋陶，其图腾是独角兽。蚩尤部落曾经是十分强盛的部落，他们发明五兵和弓箭，夷字就是弓与矢二字的合体。还发明了五刑，并将五刑称之为法。古代的“法”字写作“灋”，其中的“廌”就是东夷部落的图腾。而“去”字正由上“矢”下“弓”二字组成。在东夷部落发明的五刑中就有“黥”。“黥”开始并非刑罚，而是文身。文身的产生与两性及家庭生活的进化有关。而这种进化大约源于相应的禁忌：其目的是杜

---

① 陈梦家：《古文字诂林》（五），上海教育出版社1999年版，第267页。

② ［日］白川静：《字统》，（东京）平凡社1994年版，第226页。

绝父亲与女儿之间、母亲与儿子之间、兄弟与姐妹之间的性行为。后起的殷商民族继承了东夷部落的文身习俗，并把他们定型化，成为“殷礼”的重要组成部分。殷礼中的文身之礼可以从甲骨文字中略见一斑。文身的工具是“井”“辛”和“笔”。根据周清泉的《文字考古》(一)，殷人文身之礼主要有以下诸种：

其一，成童之礼。在商代，男孩 8 岁要行成童之礼。天干十位中辛为第八，表示要用辛行文身礼，即刺额。8 岁文额为“童”，是成童之礼。《释名·释长幼》：“牛羊之无角者曰童，山无草木曰童，言未巾冠似之也。女子之未及笄者亦称之也。”“童”的本义是尚未生出角的牛羊。没长草的土堆也叫童。童字上面是“辛”字，文身的工具，下面有似“里”字形，实际上是一个人的面部轮廓。文额的图案可能是一个牛角之类，表示长出了角，成熟了一些。成童之后，就离开母亲，由舅舅们集中管束训练，如俗语所谓儿大避母。

其二，成笄之礼。幼女 14 岁行成笄之礼。《素问·上古天真论》：女子“二七而天癸至”。女童十四岁出现“天癸”即月经，可生子，故行成人礼。先是把头发束起来，像一支独角的样子。同时还要文乳，即甲骨文的“爽”形字。日本古汉字学者白川静先生在 20 世纪 60 年代就指出“爽字形以两乳为主题，显示女性的纹身”[①]是很有道理的。周清泉在《文字考古》中则列出与文乳有关的十七个甲骨文。[②] 天干十四即丁。《玉篇》：“丁，强也，壮也。”《周易·姤》：“女壮，勿用，取女。”男女成年之后就可以“私奔”，即谈对象了，也就是《周礼·媒氏》所谓“以仲春之月合男女，于时也，奔则不禁”之义。女子十四行礼为“妾”。“妾”字的另写法是上“辛”下“女”，还有一种写法是左“女”右“辛”。《礼记·内则》：“聘则为妻，奔则为妾。”《桂海虞衡志·志蛮篇》载：“女及笄即黥颊，为细花纹，谓之绣面女。既黥，集亲客相庆贺。惟婢获则不黥面。”[③]女子因为文乳而显得文静妖冶，故女、井二字合一为“妍”，表示文静漂亮之义。《说文解字》：“妍，静也。”《广韵》：“妍，女人贞洁也。”女、交二字合一为姣，“姣，好也”。《玉篇》：“姣，妖媚。”

其三，成人之礼。男子 20 岁行成人之礼，包括冠礼，把头发梳成一个角型，还有文胸。天干二十为“癸”，该字上半部即古樊字。[④] 中间有个爻字，代表“校”。下面的“天”即指黥额、凿颠之刑，亦即《周易》“其人天且劓”的“天”。陆德明释文：“天，剠也。马云：剠凿其额曰天。”说到文身的“文”字，也是由于文身

① [日]白川静：《金文通释》第 6 辑，(神户)白鹤美术馆 1964 年版，第 303 页。

② 周清泉：《文字考古》(一)，四川人民出版社 2003 年版，第 673 页。

③ 闻一多：《伏羲考》，马昌仪：《中国神话学百年文论选》上册，陕西师范大学出版社 2013 年版，第 400 页。

④ 桂馥：《说文解字义证》，齐鲁书社 1987 年版，第 229 页。

而得来的。“文”字本身即来源于“文身”。周清泉《文字考古》(一)列出了十个甲骨文的“文”字。① “文”字形，实即斜立之“井”。“文”字中间有各种图案。《说文解字》说：“文，错画也，像交文。”《史记·越世家》：“剪发文身，错臂左衽。”注：“错臂亦文身。谓以丹青错画其臂。”以刀割肤，令血出，又填之以墨，赤青相交。于是有“文彡”字。《广韵·文韵》：“文彡，青与赤杂。”又《礼记》：“青与赤谓之文。”男人由于文了额、文了胸而显得美丽，“彦”字就是辛和彡组成的。彦，男子之美称也。《说文解字》：“彦，美士有文。”《尔雅.释训》：“美士为彦。”其实，“文”和“井”是一个字。如果我们把“文”这个字摆斜的话，那就是“井”字，而中间有图案的“文”字，也就是“丼”字。

东夷人的额上都文了一只角，盖源于独角兽的图腾。可能最初是有独角兽这样的动物，以后绝迹了。但东夷人和蚩尤后代，世世代代在额上文一个角。殷人继承文身习俗，并进而对女子文乳，对男子文胸。到了西周以后，东夷人集体地做了俘虏和奴隶，这样，额上的独角图案便成为奴隶的符号，文身才慢慢地变成了黥刑。而逃散到西南的东夷后裔却依然保持着古老的文身习俗。如《礼记·王制》所云：“南方曰蛮，雕题交趾。”“雕题”即黥额，始终保持着文身的习俗。

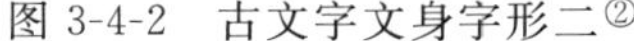

图 3-4-2　古文字文身字形二②

图 3-4-3　文身形像③

① 周清泉：《文字考古》(一)，四川人民出版社 2003 年版，第 680 页。

② 作者摹写。

③ 西周。文身形车辖，北京琉璃河西周燕国墓葬出土。王晓强：《文身的秘密》，岭南出版社 2013 年版，第 98 页。

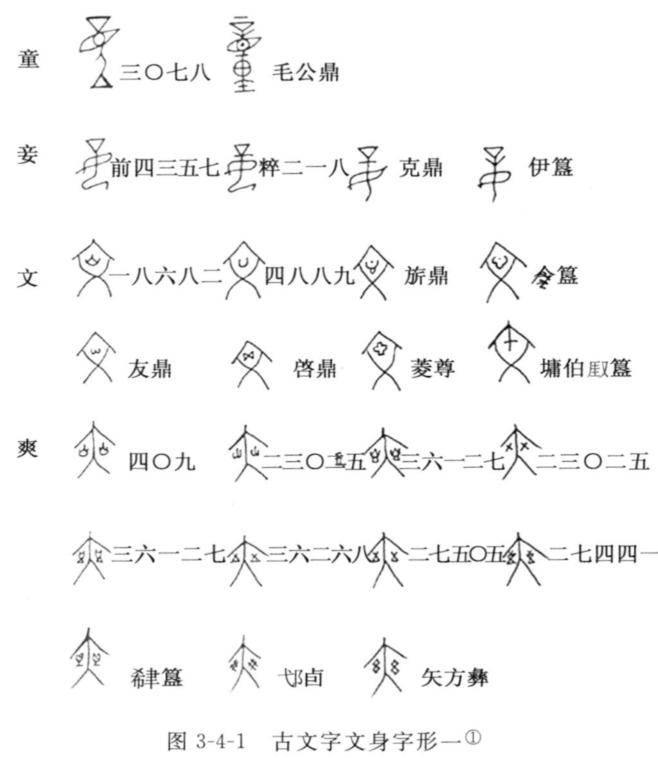

图 3-4-1　古文字文身字形一①

五　“刑”源于文身工具——井、爻、辛

“⿴井人”这个字，是“刑”字的原始模样，但还不是一般意义上的刑罚。那么，它代表什么意思呢？是文身习俗，即后来蚩尤发明的“五刑”（劓、刵、劅、黥、杀）当中黥刑的前身。文身当始于东夷部落并成为其典型特征。《礼记·王制》所谓“东方曰夷，被发文身”，就是证明。东夷的文身发展到蚩尤的黥是一个很长的过程。商人继承了这一风俗并加以完善。因此，在商代以前，“⿴井人”这个字只是代表了风俗习惯意义上的文身。古代文身并不是一件轻松的事，特别是给儿童

① 作者摹写。

文身，他们会哭闹的。而且文身是较长时间的工作，有复杂的程序。因此需要“校”即“井”来固定人的身体。《周易》里说的“噬肤”就是文身的过程。“噬”，咬也，亦即“肴”。文身要经历一个痛苦的过程。意志薄弱的年轻人免不了要大呼小叫，于是便有了“侑”字。《说文解字》说：“侑，刺也，从人肴声，一曰痛声。”《广韵》：“侑，痛而叫也。”这个字反映了用“井”把人固定起来在皮肤上刺青的情景。文身用的刀子小且精细，即“辛”。有直刀、弯刀，还应当有墨汁和笔之类。因此，该字还不需要用刀符来表示。只是到了后来，发展到用刀锯割耳、鼻、脚时，才突出了刀符。《礼记·王制》说：“刑者侀也，侀者成也。一成而不可变。故君子尽心焉。”这句话的第一个“刑”指刑法，而“侀”字指文身。这无意中道出了“刑”源于“侀”的历史。意谓实行刑罚就像实行文身一样，一旦实施就终身不可改变。

文身的工具是“井”“辛”和“笔”。“井”即“校”。《说文解字》说：“校，囚具也。”大约是由四根木棍构成的可以活动的用来固定人们身体的器具，即《周易》所谓“履校灭趾”“何校灭耳”的“校”，大概与《周易》所说“困于株木”的“株木”、“困于金车”的“金车”都是一样的囚具。“金车”大约是铜木结构的囚车。《周易》还有“赤绂”，即红色的绳子，用来捆扎囚具的绳索。红色或因为是染上了血色。

关于“辛”与文身的关系，《说文解字》并没有透露出什么信息。但是，关于墨刑的用具，古代文献是有记载的。如《国语·鲁语上》所述五刑曰：“大刑用甲兵，其次用斧钺，中刑用刀具，其次用钻笮，薄刑用鞭扑，以威民也。”韦昭注：“钻，膑刖也，笮，黥刑也。”《汉书·刑法志》“钻笮”作“钻凿。”注引韦昭曰：“凿，黥刑也。”具体笮与凿是什么样子，已经不得而知。

作为文身工具的笮与凿，其前身可能是“辛”。“辛”字有二形：一是竖笔如丨，二是曲笔如丂。郭沫若《释干支》谓：“由其形以判之，当系古之剞劂。”二字亦即“剞劂”，是实行于汉代的两种加工木器、玉器时使用的刻镂之刀具。《淮南子·俶真训》：“剞，巧工钩刀规度刺墨边笺也，所以刻镂之具。”周清泉指出：“后世的雕木琢玉的操作方法，是以商人的黥额雕题为发源的滥觞的。”商人黥额的具体方法是：(1)刺出轮廓边线；(2)在轮廓边线范围内巧刺；(3)以墨填之，成为周人所称的“刀墨之民”。[①] 当金属刀具普遍应用之后，“刀”字便取代了“辛”字

① 参见周清泉：《文字考古》(一)，四川人民出版社 2003 年版，第 587、659 页。

的地位，此即“[illegible]”字产生的社会背景。而该字与荆只有一步之遥了。

我们今天可以推测，文身时很可能使用笔。“笔”是用来填抹墨汁和颜料的。据说，最早的笔是用“廌之毛”做成的。① 虽然在出土文物中至今尚未发现笔，但妇好墓中有一个“调色盘”之类的器皿，这也许是笔同时存在的间接傍证。② 因为文身与“辛”字密不可分，故与文身有关的字大多带有“辛”符。而这些字又间接地与东夷殷商文化习俗有关。

六 文身的执行者是“御廌”

文身是一个专业活动，执掌文身的职官盖即“御廌”。郭沫若先生认为他是“执法小吏”。③ 文身又是一种教育活动。“教”字的金文写作“[illegible]”。爻即井，囚具也。执法小吏兼管教育是很自然的事情。在原始社会，对幼童的教育除了语言和身教，可能更多依靠的是强制性措施。古代的“学”“教”“孝”诸字都带有“井”“爻”字，这就是“校”。春秋时子产“不毁乡校”，“乡校”可能就是集中进行教育的场所。教育的方法免不了粗暴，这就是“鞭作教刑”。把坏孩子脱光了打他个体无完肤——“臀无肤”“噬肤”，身上出现鞭痕：××，这就是爻字。井、交、爻、文都是相通的字。④ 正因为御廌是教育者，所以身边离不开“井”。于是我们在金文中发现了由“廌”和“爻”组成的[illegible]即“教”字。⑤ 金文的“教”和甲骨文的“教”是相通的，只不过前者突出教育的主体，后者突出教育的客体，教育手段都带有一定的强制性。开始是教育坏孩子，后来是教育违法者；开始是文身，后来是黥刑，还有其他残酷的刑罚。当荆这个字出现时，它只是宣示着暴力的一面。而它的前身，那些促使古老先民从野蛮走向文明、在东夷人身体上镌刻的文身图案，早已不见踪迹。

---

① 桂馥：《说文解字义证》，齐鲁书社 1987 年版，第 250 页。

② 夏鼐：《商代玉器的分类定名和用途》，《考古》1983 年第 5 期。

③ 郭沫若：《出土文物二三事》，人民出版社 1972 年版，第 26 页。

④ 参见周清泉：《文字考古》(一)，四川人民出版社 2003 年版，第 663、666、669 页。

⑤ 参见高明、涂白奎：《古文字类编(增订本)》(下)，上海古籍出版社 2008 年版，第 1395 页。

七　文身的文化意义

文身的文化含义十分丰富。它包括：其一，男童八岁应离开母亲们，由舅舅们集中教育培训。母亲们要远离那些有着文胸符号的少年们。其深意是母亲们与儿子们性关系的禁忌。其二，女童十四岁文乳，父亲们看到有文乳符号或图案的少女则应当约束自己的行为。其深意是父亲们与女儿们性关系的禁忌。其三，女童十四岁文乳与男子二十岁文胸，是兄弟们与姐妹们之间性行为的禁忌。他们或她们只能在族外去寻找伙伴。文身的社会职能，是用特定的图案符号确定个人与他人之间的关系、个人与集体之间的关系，从而派生出个人对他人、个人对集团的行为模式。《尚书大传》佚文：“男女不以义交者，其刑宫。”通过对违反文身禁忌者的制裁，慢慢衍生出最早的刑罚。文身的文化含义，就是后来儒家所概括的“仁者人也”“人之所以异于禽兽”“人之所以为人”的理论和“同性不婚”“男女授受不亲”等风俗习惯。文身施行于不同的年龄不同的人群。其目的是规范人们的行为，变野蛮无序为文明有礼。文身启自额，“天”也；又扩至胸，“文”也。故有“侀”字。文身的文化含义被《周易》的《彖辞》概括为：“天，文也，文明以止。人，文也。观乎天文以察时变，观乎人文以化成天下。”“天”即文额，“文”（人形）即文胸，天人合一于文身，明即明示，止即履行，亦为行有所止。在远古社会，这些玄妙理论所掩饰的，不过是一些平常而朴实的生活经历。

原始人类的文明脚步，与两性及家庭生活的进化完全合拍。而这种文明进化，正是伴随并仰仗着禁忌来实现的。而禁忌的设立与实施，离不开宗教仪式。这种仪式，就是最初的礼。在两性与家庭生活领域，礼的重要载体之一就是文身。

以蚩尤为首领的东夷部落，由于发明了文身，施行了禁忌，从而强健了人种优势，故形成了由九个血亲集团、八十一个氏族组成的强盛的父系部落，这就是《龙鱼河图》所谓“蚩尤兄弟八十一人”，“铜头铁额”，横行天下的真实背景。但是，也许正因为蚩尤部落推行的文身新制度，触犯了古老的风俗和传统，故引起内部纷乱，被黄帝部落乘机征服。但是，蚩尤部落创造的文明成果包括五刑之法却被后世继承下来。

殷商民族继承了东夷民族的文身习惯。这个过程很可能是在“殷因于夏礼”的形式下悄悄完成的。后来,殷商政权被周人推翻,殷人整族整族地被降为奴隶。这时,殷人额上的墨痕便成了奴隶的象征。而当执法小吏给奴隶或罪人文额之际,文身习俗便寿终正寝,而真正意义的“黥”刑便问世了。

八　从“刑起于兵”到“刑起于礼”

学术界在探讨刑的起源时,常常把刑和兵即战争联系起来,比如“大刑用甲兵”。这一思路是完全正确的。这是因为:第一,在战争中施行军法禁令既需要赏赐也需要刑罚手段;第二,治理战败的氏族成员也需要刑罚等强制措施。这与古代“兵刑不分”的见解相近。如《国语·鲁语上》所谓:“大刑用甲兵,其次用斧钺,中刑用刀锯,其次用钻笮,薄刑用鞭扑,以威民也。”但这只是事物的一个方面而非全部,而且也只是事物发展到一定程度的历史产物。刑的起源途径应当是多元的分阶段的。换句话来说,作为与阶级统治的国家政权携手而来的确切意义上的刑法和刑罚,在被确立之前,经历了漫长的“非刑法”“非刑罚”的历史阶段。在作为刑罚的“黥”之前,还曾经存在过久远的文身习俗。文身凝聚了古代先民对人类自身生产和人种健康繁衍的关注。正如恩格斯在《家庭、私有制和国家的起源》中所指出的:“根据唯物主义观点,历史中的决定因素,归根结底是直接生活的生产和再生产。但是,生产本身又有两种。一方面是生活资料即食物、衣服、住房以及为此所必需的工具的生产;另一方面是人类自身的生产,即种的蕃衍。一定历史时代和一定地区内的人们生活于其下的社会制度,受着两种生产的制约:一方面受劳动的发展阶段的制约,另一方面受家庭的发展阶段的制约。”[①]在漫漫的历史长河中,凡是实行两性及婚姻禁忌的氏族、部落,便得以永葆青春活力和强健体魄;反之便黯然失色、屈居人下。文身是在氏族内部施行的风俗。文身是一种标识、一种图腾、一种信仰、一种习惯、一种礼仪、一种禁忌,也是一种制度,更是一种重要的文明杠杆。古老

① 《马克思恩格斯选集》第4卷,人民出版社1995年版,第2页。

的中华民族正是在这个杠杆的推动下，才不断摆脱了野蛮，最终叩响了文明的大门。中华民族之所以被称为“礼仪之邦”，就是因为在礼的指导下，在不断改造客观世界的同时，不断改造自己的主观世界，即不断“修身养性”，“自强不息”，从而逐渐从野蛮走向文明。

九　古文字中所见的刑狱

刑法和刑罚是人类进入文明社会以后的产物。它们作为一种行为规范或制度，又与历史文化传统比如风俗习惯、礼仪禁忌密切相关。远古的刑法和刑罚究竟是什么样子，我们已经不能详知。但是，由于汉字是象形文字，我们从古代文字当中多少可以发现一些痕迹，比如以墨涂面的墨刑，以刀去鼻的劓刑，以锯截趾的剕刑（即刖刑），以刀割耳的刵刑，以刀去势的刻刑（即椓刑），以钺戈斩首的伐刑（即大辟）；桎梏两手的械具“執”，拘禁人犯的“圉”，表示鞭刑的“教”。此外，甲骨文字当中还有疑似断手和幽闭的刑罚。关于断手，《韩非子·内储说上》曰“殷之法，弃灰于公道者断其手”。关于幽闭，即《尚书·吕刑》中“劓刵椓黥”之“椓”，以木击身，身者孕也。古代五刑均可见于甲骨文。甲骨文中还有一些未经校释的文字，也可能与古代刑狱有关。每个甲骨文都像一块化石，留给我们无尽的遐想。

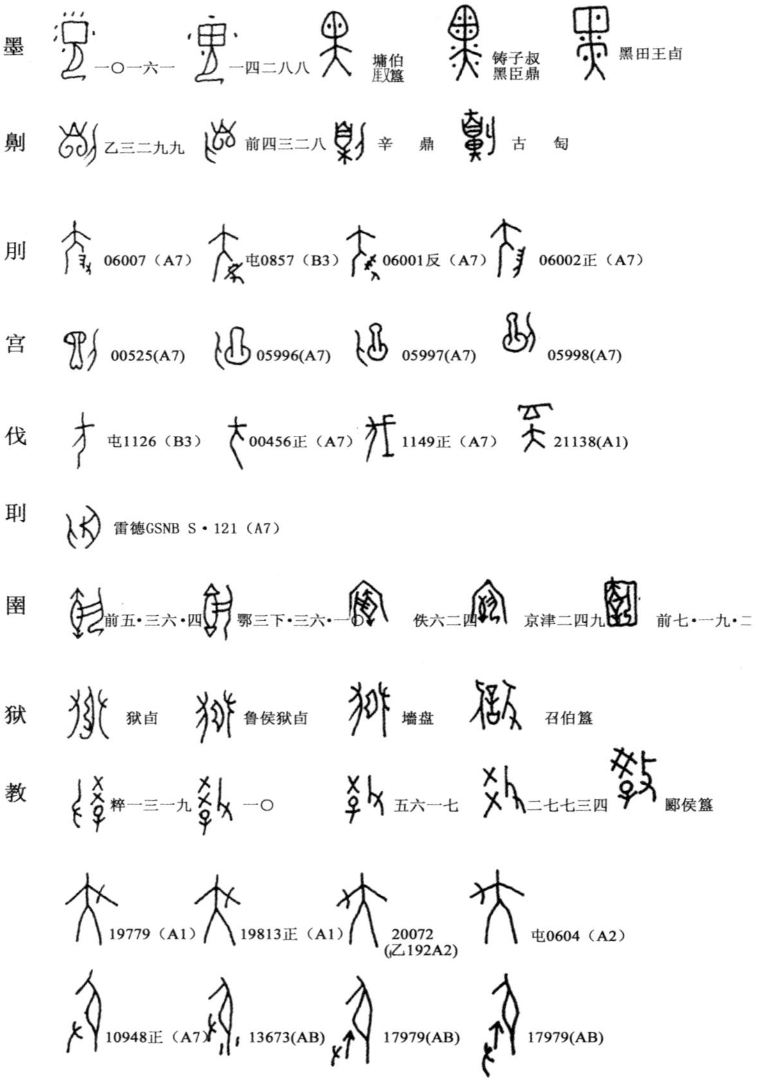

墨　一〇一六一　一四二八八　墉伯馭簋　铸子叔黑臣鼎　黑田王卣

劓　乙三二九九　前四三二八　辛　鼎　古　匋

刖　06007（A7）　屯0857（B3）　06001反（A7）　06002正（A7）

宫　00525(A7)　05996(A7)　05997(A7)　05998(A7)

伐　屯1126（B3）　00456正（A7）　1149正（A7）　21138(A1)

刵　雷德GSNB S·121（A7）

圉　前五·三六·四　鄂三下·三六·一〇　佚六二四　京津二四九　前七·一九·二

狱　狱卣　鲁侯狱卣　墙盘　召伯簋

教　粹一三一九　一〇　五六一七　二七七三四　郾侯簋

19779（A1）　19813正（A1）　20072（乙192A2）　屯0604（A2）

10948正（A7）　13673(AB)　17979(AB)　17979(AB)

图 3-9-1　古文字所见刑狱①

① 作者摹写。作者按：倒数第二行似断手刑罚。

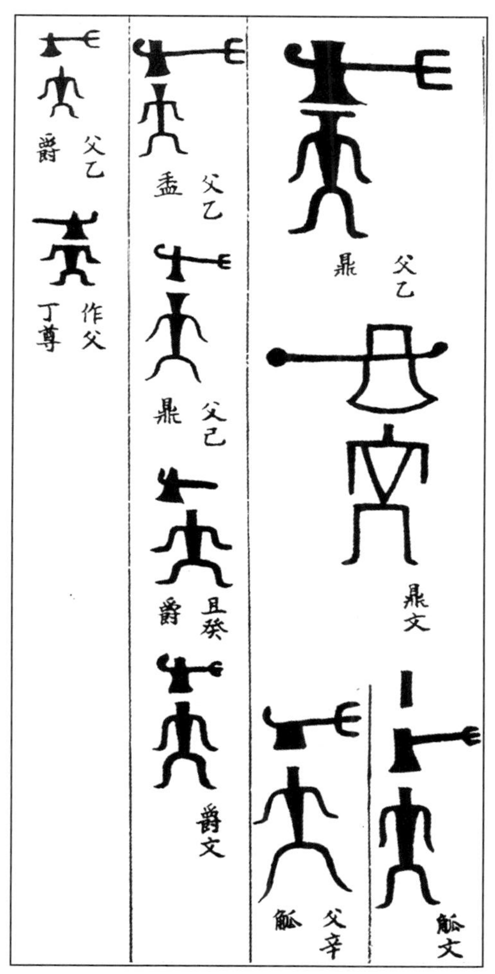

图 3-9-2　金文伐字形①

---

① 容庚：《金文编》，中华书局 1985 年版，第 1029 页。

十　刑与中华法系

在中国古代法文化成果当中，“刑”是一个十分重要的角色。“刑”的概念是多层次的。“刑”可以代表某个时代的法律制度。如《左传·昭公六年》：“夏有乱政，而作禹刑，商有乱政，而作汤刑。周有乱政，而作九刑。”但是在更多场合则特指刑法和刑罚，是一种靠国家强制力（军队、监狱）保障实施的行为规范。如儒家所谓的“德主刑辅”“先教后刑”和法家的“刑无等级”“以刑去刑”。

长期以来，学术界似乎形成了一种共识，即认为中国古代法律是以刑为主的，常常用刑法和刑罚来调整本属于道德领域的行为，而且刑罚手段十分残酷。这些意见有客观正确的一面，但是又不尽然。

首先，关于以刑为主的问题。中国古代法律体系非常完备，其中最为典型的部门法是刑法典。由于刑法涉及百姓生命，俗语人命关天，故历代王朝都非常重视刑法典的编纂、整理、研究、修订。每个朝代都有自己的刑法典，而朝廷更是格外关注刑事司法活动。但是，刑法典毕竟是当时法律体系当中的一个门类而非全部。古代法律体系除了刑法之外，还有大量行政、民事、经济、军事方面的法律、法规，还有礼乐制度，等等。同时，还有大量非经朝廷正式颁布的家法、族规、乡规、民约、行业习惯，这些行为规范在朝廷鞭长莫及的领域，发挥着实际的作用。许多民间的细小纠纷，不必诉诸公堂，即可化解于乡党之间。

其次，关于刑法涉足道德领域问题。在中国古代，宗法家族不仅是社会的基本细胞，而且还是王朝统治的社会基础，即所谓“国之本在家”。因此，宗法家族的稳定也就意味着社会和国家的稳定。伦理道德的社会价值是一身而多元的。它所维系的不仅是家族秩序，也是社会秩序和国家秩序。国家不惜运用多种渠道和措施来拱卫宗法伦理规范，就不难理解了。《四库全书总目提要》说：唐律“一准乎礼”。我们如果看一看《唐律疏议》，就知道此言不谬。经过数百年的“纳礼入律”的历程，许多原来属于民间礼仪的内容，都一一变成了法律条文。以前靠舆论调节的道德行为，变成了违法犯罪行为，由刑法手段来加以处罚。同时，在这个问题上面也许存在着误读。比如，《唐律疏议》当中有这样的条文，即对婚姻方面的违法行为进行刑罚制裁，我们会产生误解，以为是用刑法来解决民事问题。我们今天的刑法对重婚行为也要进行刑事处罚，能说我们仍然用刑法调整民事行为吗？其道理是一样的。

最后，关于刑罚制度问题。在中国古代，酷刑的使用作为一种非经常性特例不绝如缕。但是，就国家制度而言，我国经历了由墨、劓、刵、宫、大辟构成的前五刑，演变到由笞、杖、徒、流、死构成的后五刑。其间，缇萦救父导致汉文帝除肉刑的事件，被赞为仁政之举。由于除肉刑之后的新刑制的设计不十分科学，使个别肉刑反而上升为死刑，于是，不断有恢复使用肉刑的意见出现。其中，最为有力的理由是肉刑乃“先王之古制”。但是，没有哪个朝代敢于冒天下之大不韪恢复肉刑。在刑事司法活动中，慎刑恤狱不仅是历代朝廷因循的原则，也成为固定的法律制度。唐代的死刑复核制（三复奏），尔后历朝的热审、秋审、勾决、大赦等等都说明，中国古代刑法是不断从野蛮走向文明的。清末修律后，中国古代刑法终于走上了近代化的路程。

第四章　寻找最初的礼

——玉琮崇拜与豊的起源

《礼记·礼器》:“三代之礼一也,民共由之。”这是说夏、商、周三个朝代的礼是一脉相承的。《论语·为政》也说过“殷因于夏礼”“周因于殷礼”。其实,在“殷礼”之前也许还应当加上“夷礼”。在古代,“礼”是非常重要和普遍适用的行为规范。礼和宗教信仰、祭祀仪式、巫术禁忌、风俗习惯水乳交融,因而具有强大的约束力。任何人违背了礼,都会受到严厉制裁和舆论的谴责。中国进入文明阶段之后,古老的宗法血缘纽带不仅没有得到清算,反而还被赋予新的社会功能。礼一方面发展完善为一个严密而庞大的制度系统,另一方面又极大地支配着社会意识形态,制约着人们的思想和行为,从而有效地调整着社会生活的各个领域。可以说,在古代,“礼”不仅起着“法”的作用,而且在国家政权和法律鞭长莫及的领域,发挥着实际的控制效能。在某种意义上看,“礼”体现为父系宗法家族的伦理观念和行为规范,决定着中华法系的道德基础和价值方向,成为中华法系区别于世界其他主要法系的重要特征。在学术界,关于“礼”字的含义似乎早已成定论了。但是这些定论只解决了“礼”是什么的问题,还没有解决“礼”是如何产生的问题,及“礼”字的原始含义。现在,我们将试图讨论礼的起源问题。从古文字的角度而言,“礼”的三个古文字形,均与战争和祭祀有关,其中还涉及东夷民族“被发文身”的习俗。“被发”演化成后世的髡耐之刑,“文身”则演化成后世的黥刑。

一 “礼”的字形和字义

今天所见的“礼”是“禮”字的简化字。“禮”字有三个古字形。

第一个古字形是大汶口出土的陶文，其中的器皿可能是“豆”，“豆”中放置的“○”状物，作者推测可能是琮，射箭的辅助工具扳指，亦即“豐”中“丰”所串联的琮。这个古字形可能是古代战争祭祀的反映。

第二个古字形即《说文解字》所谓礼的古字“□”。该字左侧即“而”字。《说文解字》：“而，颊毛也，象毛之形。周礼曰：作其鳞之而。”“耏，罪不至髡也。”

李圃《甲骨文选注》说：“而，馘（聝）。旧释而，今释为馘。而象倒首长发形，正首长发则为□。当为古代战争割敌首以计战功之举。金文多友鼎‘多友迺献俘馘讯于公’中之馘。加声素或作□。取首为馘，取耳为聝，取手为□，取首发代首则为□、□。诗经每言‘折首执讯’，金文虢季子白盘亦曰‘折首五百，执讯五十’。卜辞□与折首同义。”于省吾认为，“而”为祭名，读作“胹”，当即以熟肉致祭之义。[①]

“而”可能是带头发和文额图案的头皮，是杀敌后计功邀赏的凭证。“而”的头皮部分正是古人文额即“雕题”的地方。文额是古人行成人礼的重要内容，由此可以推测，远古战争可能不杀未成年者，而是将他们生俘。“而丨”的古义是结绳计功，即用绳子把“而”穿成一串置之于礼器来向祖先神献祭。

第三个古字形即“禮”字的前身“豊”和“豐”。东汉许慎《说文解字》：“禮，履也，所以事神致福也。从示，从豊，豊亦声。灵启切。□古文禮。”“豆，古食肉器也，从口，象形。凡豆之属皆从豆。徒候切。□古文豆。”“豊，行礼之器也。从豆象形。凡豊之属皆从豊。读与礼同。卢启切。”“豐，豆之豐满者也。从豆象形。一曰乡饮酒有豐侯者。凡豐之属皆从豐。敷戎切。□古文豐。”[②]

清段玉裁《说文解字注》：“禮，履也。见《礼记·祭义》《周易序卦传》。履，足所依也。引申之，凡所依皆曰履。此假借之法，履，屦也。礼，屦也。履同而义不同。所以事神致福也。从示，从豊。礼有五经，莫重于祭。故礼字从示。

① 参见于省吾：《甲骨文字诂林》（四），中华书局 1996 年版，第 3444、3445 页。

② 许慎：《说文解字》，中华书局 1963 年版，第 7、102 页。

豊者行礼之器。豊亦声。灵启切。𥘺,古文禮。”“豆,古食肉器也。《考工记》曰:食一豆肉,中人之食也。《左传》曰:四升为豆。《周礼》醢人掌四豆之食。从口,音围,象器之容也。象形,上一象幎也。《特牲》:笾巾以绤纁裏。《士昏》:醯酱二豆,菹醢四,兼巾之。《士丧》:笾豆用布巾,是也。下一象丌也,《祭统》注曰:镫豆下跗,是也。丨象骹(胫)也。《祭统》曰:夫人荐豆执校,校者骹之假借字。注云:豆中央直者,是也。豆柄一而已,两之者,望之则两也,画绘之法也。《考工记》曰:豆中悬,注:悬绳正豆之柄,是也。豆柄直立,故豎侸豈字皆从豆。徒候切。凡豆之属皆从豆。”“豊,行礼之器也。豊礼叠韵。从豆象形。上象其形也。林罕《字源》云:上从冊。郭氏忠恕非之。按说文之例,成字者则曰从某,假令上作冊,则不曰象形。卢启切。凡豊之属皆从豊。读与礼同。”“豐,豆之豐满也。谓豆之大者也。引申之凡大皆曰豐。《方言》曰:豐,大也。凡物之大貌曰豐。又曰:朦胧,豐也。豐其通语也。赵魏之郊燕之北鄙,凡大人谓之豐。燕记豐人杼首。燕赵之间言围大谓之豐。许云豆之豐满者,以其引申之义明其本义也。周颂豐年传曰:豐,大也。然则豐年亦此字引申之义。而贾氏仪礼疏不得其解。从豆象形。曲象豆大也。此与豊上象形同耳。”①

清桂馥《说文解字义证》:“禮,履也,所以事神致福也。从示,从豊,豊亦声。灵启切。《书・尧典》:有能典朕三礼,马融曰:三礼,天神、地祇、人鬼之礼也。《礼・礼运》:礼者,宾鬼神、考制度也。《白虎通・礼乐篇》:夫礼者,阴阳之际也,百事之会也,所以尊天地、宾鬼神、序上下、正人道也。履也者,礼、履声相近。《释言》:履,礼也。《易・大壮》象:君子以非礼弗履。《荀子・大略篇》:礼者人之所履也。《祭义》:礼者履此者也。《汉书・公孙宏传》:礼者所履也。颜注:履而行之。《白虎通・情性篇》:礼者履也,履道成文也。又《礼乐篇》:礼之为言履也,可履践而行。《申鉴・政体篇》:礼也者,履此者也。《中论・法象篇》:夫礼也者,可终身蹈而不可须臾离也。《物理论》:礼者履也,律也,义同而名异。《易・履卦》崔憬曰:履,礼也。又《坤卦》履霜,郑读履为礼。又《序卦》传:物畜然后有礼,故受之以履。履者,礼也。《仲尼燕居》:言而履之,礼也。《坊记》引《诗》:履无咎言。注云:履,礼也。《诗・东方之日》:履我即兮。传云:履,礼也。又《长发》:率履不越。传云:履,礼也。馥案:《韩诗外传》、《说苑》、《汉书》并引诗作率礼。《家语・问玉篇》:言而可履,礼也。所以事神致福也者。《释诂》:履,福也。《祭统》:贤者之祭也,必受其福。《家语》孔子曰:祭则受福。《释诂》:祥,善也。李巡曰:祥,福之善也。事神得福乃名之祥。《后汉书・荀爽

① 段玉裁:《说文解字注》,浙江古籍出版社 2006 年版,第 207、208 页。

传》：昔者圣人建天地之中，而谓之礼。礼者，所以兴福祥之本，而止祸乱之源也。人能枉欲从礼者，则福归之，顺情废礼者，则祸归之，推祸福之所应，知兴废之所由来也。《贾谊书·道德说篇》：人能修德安利之谓福，莫不慕福，弗能必得，而人心以为鬼神能与利害，是故具牺牲俎豆粢盛斋戒而祭鬼神，欲以佐成福。故曰：祭祀鬼神，为此福者也。从豊，豊亦声。当云：豊声，后人加亦字。”[①]

“豊，行礼之器也。从豆象形。凡豊之属皆从豊。读与礼同。卢启切。行礼之器也者，本书礼所以事神致福也。从豆象形者，赵宧光曰：唐元度《九经字样》引《说文》，从冊从豆作豊。今本不然，未详孰是。阮学使元曰：当云从豆，凵象形，丰丰声。何以明丰丰之为声，丰古拜切，古音与豊同部，丰字虽未见于诗，而害字从丰得声，如泉水三章，二子乘舟二章，荡八章，閟宫五章，其韵皆与禮、體、澧、鱧最近，则豊之从丰得声也，明矣。上六横皆当左低右高，作丰丰形。今作丰丰平画者讹也。”[②]

“豐，豆之豐满者也。从豆象形。一曰乡饮酒有豐侯者。凡豐之属皆从豐。敷戎切。豆之豐满者也者，《御览》引作俎豆贵豐厚也。《广雅》：豐，满也。《玉篇》：盌，莫公切，豐，盌满也。《周易·豐卦》释文引郑云：豐之犹腆。《乡射礼》：命弟子设豐，注云：所以承其爵也。豐形盖似豆而卑。《公食大夫礼》：饮酒，实于觯，加于豐。注：豐所以承觯者也，如豆而卑。《聘礼》记：醴尊于东厢，瓦大一，有豐。注云：豐承尊器，如豆而卑。燕礼有豐，注云：豐形似豆，卑而大。从豆象形者，戴侗曰：唐本从豆从山，丰丰声。蜀本丰声。山取其高大。馥案，钱君大昭有古瓦，单文作丰丰，与唐本丰丰声合。《诗》子之丰兮，传云：豐，满也。笺云：面貌丰丰然豐满。与蜀本丰声合。《大射仪》：膳尊两甒在前，有豐。注云：豐以承尊也。说者以为若井鹿庐，其为字从豆，⿵凵丰丰声。近似豆大而卑矣。疏云：其为字从豆⿵凵丰丰声者，此谓上声下形之字，年和谷豆多有，故从豆为形也。⿵凵丰丰者承尊之器，象形也。是以⿵凵丰丰年之字，豐下著豆。今诸经皆以承爵之⿵凵丰丰，不用本字之⿵凵丰丰，而用豐年之豐。故郑还依豐字解之。故云：其为字，从豆为形，以曲为声也。馥案，贾氏谓曲为承爵，豐为豐年，豐从曲声，其说本自明了，传写互误，读者难晓，今为正之云：曲者承尊之器象形也，是以豐年之字，曲下著豆。但本书无曲字，不审郑氏何据。一曰乡饮酒有豐侯者者，乡射礼，司射适堂西，设豐。注云：将饮不胜者。聂崇义引《旧图制度》云：设罚爵之豐作人形，豐，国名，其君坐酒亡国，载杅以为戒。崔駰《酒箴》：豐侯沉酒，荷负缶，自戮于世，图形戒后。李尤《豐侯

① 桂馥：《说文解字义证》，齐鲁书社1987年版，第6页。

② 桂馥：《说文解字义证》，齐鲁书社1987年版，第411页。

铭》：豐侯荒繆，醉乱迷逸，乃象其形，为礼戒式。《抱朴子・酒戒》：豐侯得罪，以载尊衔杯，海录碎事。射礼，置豐于西阶，古豐国之君，以酒亡国，故以为罚爵。图其人形于下，寓戒也。《困学纪闻》、《竹书》成王十九年，黜豐侯坐酒亡国。故礼有豐爵，图形戒后。”①

上述文字向我们透露出以下信息：(1)礼作为一种特殊活动，与祭祀密切相关；(2)祭祀过程涉及仪式仪节，故与音乐即律相关；(3)祭祀的对象是鬼神，故与血缘身份有关；(4)祭祀的目的是求福避祸，而福祸源于现实生活之经历，故与禁忌相关。总而言之，礼是一种行为规范，是与宗法血缘、祭祀、禁忌等相联系的广泛的行为规范。

图 4-1-1　远古符号文字②

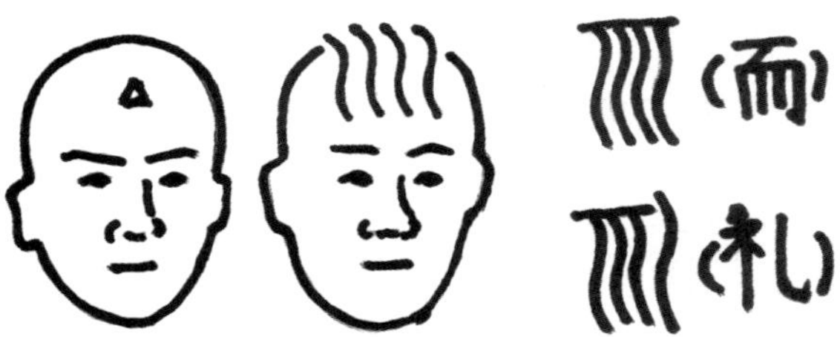

图 4-1-2　“而”与文额③

---

① 桂馥：《说文解字义证》，齐鲁书社 1987 年版，第 412 页。

② 大汶口、龙山文化的远古符号文字。王永波、张春玲：《齐鲁史前文化与三代礼器》，齐鲁书社 2004 年版，第 119 页。

③ 作者绘制。

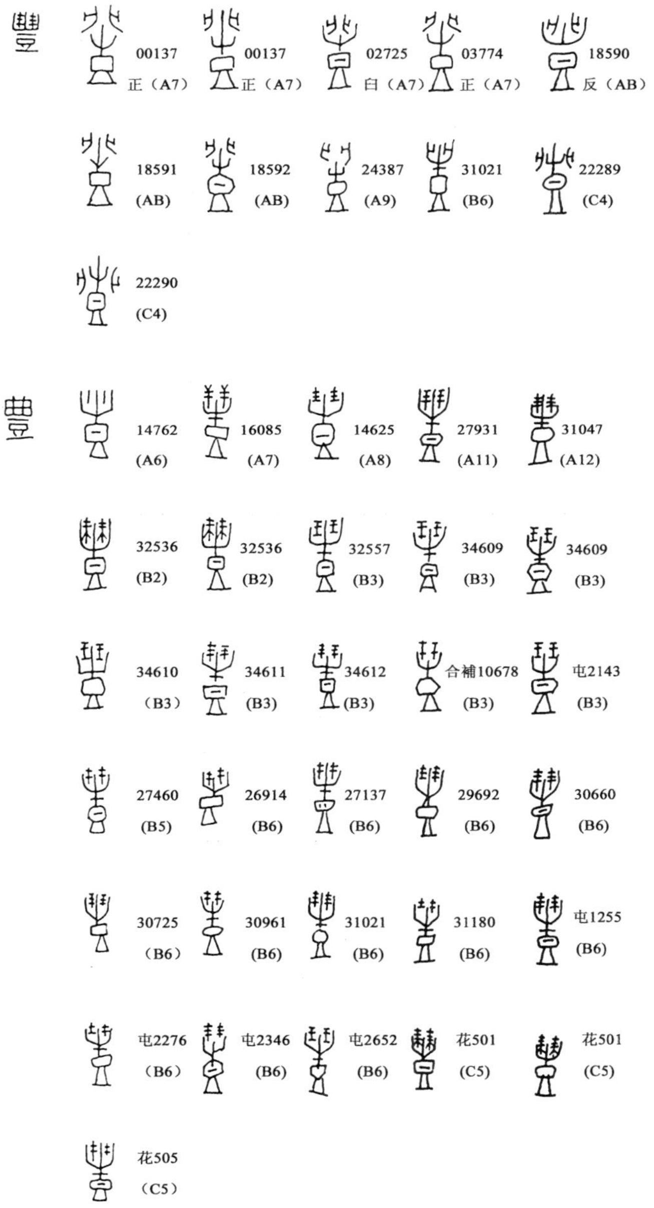

豐

00137 正（A7）　00137 正（A7）　02725 白（A7）　03774 正（A7）　18590 反（AB）

18591 (AB)　18592 (AB)　24387 (A9)　31021 (B6)　22289 (C4)

22290 (C4)

豊

14762 (A6)　16085 (A7)　14625 (A8)　27931 (A11)　31047 (A12)

32536 (B2)　32536 (B2)　32557 (B3)　34609 (B3)　34609 (B3)

34610 （B3）　34611 (B3)　34612 (B3)　合補10678 (B3)　屯2143 (B3)

27460 (B5)　26914 (B6)　27137 (B6)　29692 (B6)　30660 (B6)

30725 （B6）　30961 (B6)　31021 (B6)　31180 (B6)　屯1255 (B6)

屯2276 （B6）　屯2346 (B6)　屯2652 (B6)　花501 (C5)　花501 (C5)

花505 (C5)

图 4-1-3　甲骨文中的礼①

① 作者摹写。

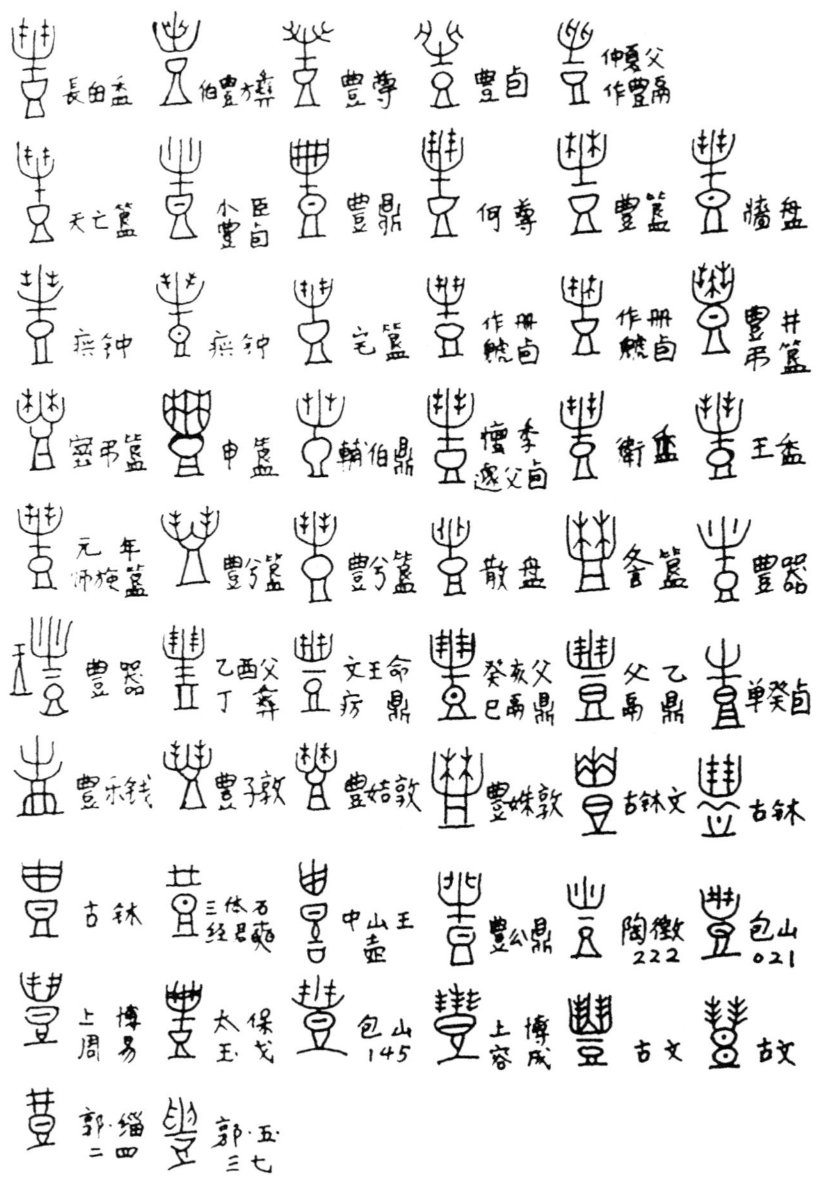

图 4-1-4　其他古文字中的礼①

① 作者摹写。

二 礼与玉琮

礼字的本义与礼的产生途径同样重要。“礼”与玉琮具有天然联系，因为礼文化与玉文化密不可分。

古“礼”字写作“豊”“豐”。《说文解字》：“礼，履也，所以事神致福也，从示从豐，豐亦声。”“福，祐也。”“豊，行礼之器也。从豆象形，读与礼同。”“豐，豆之丰满者也，从豆象形。”“豆，食肉器也。从口象形。”王国维《释礼》：(豐)“像二玉在器之形。古者行礼以玉”；“古丰𤣩同字”，“盛玉以奉神人之器谓之豐，推之而奉神人之酒醴亦谓之醴，又推之而奉神人之事通谓之礼”。(豊豐)“诸字皆像二玉在器之形，故说文曰：豐，行礼之器，其说古矣。”[①]李孝定《甲骨文字集释》：“豊豐古盖为一字，豆实豐美，所以事神。以言事神之事则为禮，以言事神之器则为豊，以言事牺牲玉帛之腆美则为豐。其始实为一字也。”[②]徐灏注笺《说文解字》：“礼之言履，谓履而行之也。礼之名，起于事神。”其中，“玉”是揭示古“豐”字原始内涵的一把钥匙。

豐作为礼器是什么样子呢？其器形是从“豆”还是从“壴”呢？裘锡圭认为礼是一种“用玉装饰的贵重大鼓”[③]。郑杰祥认为礼“意即古人在鼓乐声中以玉来祭享天地鬼神之状”[④]。把“豐”和“鼓”联系起来加以考虑，具有启发意义。第一，“豆”是可以盛祭祀物品的古老礼器，如《礼记·明堂位》“夏后氏以楬豆，殷玉豆，周獻豆”，“壴”似乎不是可以盛东西的器皿。第二，虽然有学者认为“壴乃鼓之初文”，但是，《说文解字》认为“壴，陈乐立而上见也，从屮从豆”。徐锴系传：“壴，树鼓之象，屮，其上葆羽也，象形。”可见，“壴”只是鼓及其他乐器上的标识，未必是“鼓”的古字。而且，古代的乐器范围较广，应当包括豆、缶之类。第三，从大汶口遗址陶器符号来看，其中有一个符号被释为“豊”，“陶文的构形可以看作是在圈足的杯、尊、豆之类的器皿中挂有两串玉，为盛玉以奉神祇之象形，即最早的礼字。甲骨文中的豊(礼)字就是在高圈足的器皿之上盛有两串玉，为玨在凵中，从豆。《说文》：‘豊行礼之器也，从豆，象形。’从豆应是文字定型以后的

---

① 王国维：《观堂集林》(上)，中华书局 1959 年版，第 291 页。

② 李孝定：《甲骨文字集释》，乐学书局有限公司 1993 年影印版，第 1682 页。

③ 裘锡圭：《甲骨文中的几种乐器名称》，《中华文史论丛》1980 年第 2 辑。

④ 郑杰祥：《释礼、玉》《华夏文明》第 1 辑，北京大学出版社 1987 年版，第 355 页。

造型，最初从豆与从杯或从尊应无大的区别。早期的‘豊’（礼），本意应为盛玉以奉神之祭礼和行礼之器，后引申为奉神祇之酒醴。甲骨文中的‘豊’即用作酒醴之义。”[①]如此，则甲骨文的“豊”的来源就很久远了。因此，笔者还是遵从《说文解字》“从豆”的传统说法。同时，从壴说也有其道理，是否应当考虑古文字中由于“壴”与“豆”字形接近容易混淆的可能性。因为“豆”也可以作为乐器，“豆”上加“山”，就是“壴”。“豆”“壴”二字的字形字义的确都很接近。

在甲骨文的“豊”（豐）字中，豆中盛有一对并列的“丰”。《周易·丰》说：“丰，亨，王假之。”这是说王用丰来祭祀。甲骨文的“丰”可能就是“玉”字的雏形。“丰”即代表一串玉。《说文解字》说：“玉，石之美者。……像三玉之连，丨其贯也”。这三块玉中的每一块玉其实都是玉琮。“豐”字里面的那两串玉的原型就是两串“琮”。山西保德县发现的殷商晚期墓，墓内出土两件形制相似的石琮，发现时两件石琮均放在一个铜制提粱卣内。[②] 我们知道，卣是祭祀用的礼器，那两个石琮正代表玉琮，这难道不是活灵活现地向我们展现了“豐”的原始情景吗？远古的礼不正是起源于纳琮入豆以祭祀神灵的仪式吗？我们进一步探讨，卣是盛酒的礼器，酒即醴，那么，古人会不会将一对琮和酒一起放置卣中呢？豐和醴之间又有什么联系呢？

琮的原型可能是野兽的骨节、是战利品，既可以用来祭祀祖先神，祈求祖先神保佑打胜仗，又可以佩戴在身上作为勇敢者的标志。后来出现玉质的琮。良渚玉琮上面有神人兽面纹，可能是蚩尤的形象。值得注意的是，神人兽面纹中突出双眼，可能与射箭有关。

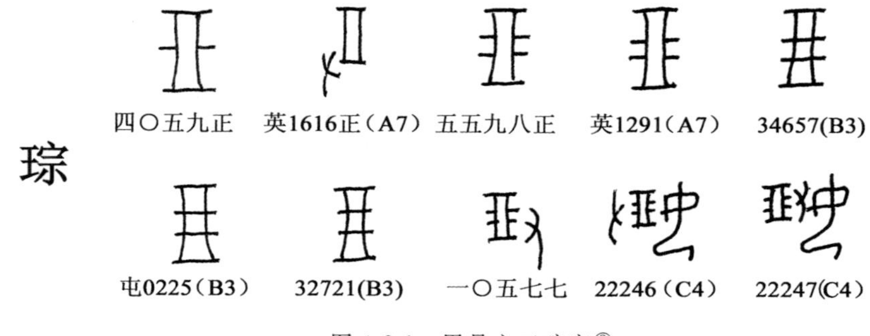

图 4-2-1　甲骨文玉琮字[③]

① 李学勤：《中国古代文明与国家形成研究》，中国社会科学出版社 2007 年版，第 117 页。

② 吴振录：《保德县新发现的殷代青铜器》，《文物》1972 年第 4 期。

③ 作者摹写。

图 4-2-2　玉琮①

图 4-2-3　骨琮②

图 4-2-4　骨琮③

① 薛家岗文化。安徽潜山薛家岗遗址出土。谢天宇:《中国玉器收藏与鉴赏全书》(上),天津古籍出版社 2004 年版,第 67 页。

② 山东省博物馆藏。作者拍照。

③ 山东省博物馆藏。作者拍照。

图 4-2-5　琮[①]

图 4-2-6　琮[②]

图 4-2-7　琮[③]

图 4-2-8　山东大学南门连琮柱[④]

图 4-2-9　连琮[⑤]

① 西周。陕西西安市长安区张家坡墓地出土，现藏中国社会科学院考古研究所。孙华：《中国美术全集：玉器》(一)，黄山书社 2010 年版，第 177 页。

② 良渚文化。浙江杭州余杭瑶山出土，现藏浙江省文物考古研究所。孙华：《中国美术全集：玉器》(一)，黄山书社 2010 年版，第 36 页。

③ 良渚文化。江苏武进市寺墩墓葬出土，现藏南京博物馆。孙华：《中国美术全集：玉器》(一)，黄山书社 2010 年版，第 37 页。

④ 作者拍照。

⑤ 良渚文化。江苏武进市寺墩墓葬出土，现藏南京博物馆。孙华：《中国美术全集：玉器》(一)，黄山书社 2010 年版，第 40 页。

三　玉琮的起源与用途

“琮”，读从。甲骨文有“琮”字。最迟至清末吴大澂作《古玉图考》，收录玉琮四型三十余种，概括为圆内、牙身、方外三个特征，以图文形式始定琮名。《说文解字》说：“琮，瑞玉，大八寸。似车釭。从玉，宗声。”大八寸，是后来不断扩张尺寸的结果，开始没那么大。“釭”，是用来固定车轴的铁圈儿。这个铁圈儿很可能是内圆而外方的。在距今4000多年的良渚文化墓葬即发现大量玉琮。《周礼·春官·典瑞》：“疏璧琮以敛尸。”郑玄注：“疏璧琮者，通于天地。”孔颖达疏：“璧礼天，琮礼地。今此璧在背在下，琮在腹在上，不类者，以背为阳，腹为阴，随尸腹背而置之，故上琮下璧也。”

对于“琮”的形成和用途，自古及今似未有定论。其实，远古玉器和其他器物一样，最初都是很平常的东西，因为人们首先是解决衣食住行，然后才能从事宗教、哲学、艺术。而且，宗教和艺术也是源于人们的物质生活资料的生产活动。

关于玉琮的功用，儒家经典有如下记载：一是祭祀天地的礼器。如《周礼·春官宗伯·大宗伯》：“以玉作六器，以礼天地四方。以苍璧礼天，黄琮礼地。”二是贵族持有或交往的信物。如《周礼·冬官考工记·玉人》：“璧琮九寸，诸侯以享天子。”“璧琮八寸，以覜聘。”“駔琮五寸，宗后以为权。”“大琮十有二寸，射四寸，厚寸，是谓内镇，宗后守之；駔琮七寸，鼻寸有半寸，天子以为权。”“瑑琮八寸，诸侯以享夫人。”又《秋官司寇·小行人》：“掌邦国宾客之礼籍，以待四方之使者。……合六幣：圭以马，璋以皮，璧以帛，琮以锦，琥以绣，璜以黼。”《仪礼·聘礼》：“聘于夫人用璋，享用琮。”三是丧葬之礼器。如《周礼·春官宗伯·典瑞》：“駔圭、璋、璧、琮、琥璜之渠眉，疏璧琮以敛尸。”郑玄注：“疏璧琮者，通于天地。”孔颖达疏：“璧礼天，琮礼地。今此璧在背在下，琮在腹在上，不类者，以背为阳，腹为阴，随尸腹背而置之，故上琮下璧也。”四是专门用于军事的信物。如《公羊传·定公八年》：“琮以发兵。”这些说法为我们探讨琮的用途提供了重要的启示，但是也不能排除其中存在主观臆测和相互矛盾的成分。

关于“琮”的用途，中外学者历来有许多遐想和推测。1993年，臧振撰文《玉琮功能研究评述》，2006年张明华著《古代玉器》，先后对数十年来中外学者关于玉琮的用途的主要观点进行了专门介绍。其大致情况是：1915年，法国学者吉斯拉刊文认为，琮是“中霤”崇拜的礼器，代表古代穴居时代屋子中央的烟筒，也是家族祭祀的对象。1928年，安克斯刊文认为，琮是象征地母的女阴。1930

年，瑞典学者高本汉刊文认为，琮是盛男子性器之函，代表祖先的宗器。1931年，安克斯进一步认为，琮象征女性器官，代表地母的子宫，是人死魂归之所。1937年，陈大年刊文认为，琮是玉器勒子的扩大。1947年，比利时学者密舍尔刊文认为，琮是《尚书·舜典》所说的“玉衡”，是用来观测天象的玉管。1949年，郭宝钧刊文认为，琮是织机上的器物。1957年，日本学者梅原末治刊文认为，琮由手镯演变而来。1959年，凌纯声刊文认为，琮“象征女阴与男根，代表最原始的祖先崇拜的性器对象”。1984年，柏格龙认为，琮的基本理念来自《洛书》。1986年，张光直认为，琮兼具天圆地方的特点，“象征天地的贯穿”，“琮是中国古代宇宙观与通天地行为的很好的象征物”，用琮作为法器正代表政权开始集中的重要阶段。1987年，车广锦认为，“玉琮是图腾制度的产物”，巫师通过“天地柱独立地通天”。1988年，邓淑苹提出，琮是与璧组成的通天法器。日本学者林巳奈夫认为，琮是在宗庙里祭祀时请祖先神降临的凭依之物。安志敏认为，琮“源自装饰品，即新石器时代广为流行的石环”。1989年，牟永抗提出，琮是兽面神的神柱。1990年，杨建芳提出，琮是“神人或兽或二者结合的具象化和立体化”。1992年，黄宣佩认为，琮是燎祭用具。1992年，杜金鹏认为，琮是腰际佩件。1993年，臧振提出，琮是鬼神食品的替代物。1997年，谷建祥提出，琮是神权统治的一种手段；陈昌远认为，琮代表井和黄泉之物象。① 此外，王冬力亦曾列举学人关于琮的功用的意见：如表示大地的符号说，观测天象的玉视管说，事神致福的祭器说，象征王权的重器说，敛尸礼器说，财富象征说，等等。② 张富祥也列举了柄饰，旄柄、斧柄的尾饰，宗教礼器、法器，神与祖先的象征等诸说。特别是有一种影响很大的意见，即把琮和天圆地方、交通天地联系起来，把琮说成“贯通天地”的象征、手段和法器。③

关于琮的用途的意见还有一些。比如王永波、陈春玲认，琮“源于母系社会对女性生殖器的崇拜”④；林巳奈夫后来又提出，琮“是用来摆设祭祀火神日神的道具的台子。”⑤

针对《周礼》的“以黄琮礼地”的说法，杜正胜指出：良渚玉器无祭祀天地的功能，“和礼天祭地无关”⑥。还有学者根据《左传》所载史实，得出“礼地”并未用

---

① 参见臧振：《玉琮功能研究评述》，《文博》1993年第5期；张明华：《古代玉器》，文物出版社2006年版，第129～134页。

② 参见王冬力：《红山文化玉琮与良渚文化玉琮的比较研究》，杨伯达、郭大顺、雷广臻主编：《古玉今韵——朝阳牛河梁红山玉文化国际论坛文集》，中国文史出版社2008年版，第438页。

③ 参见张富祥：《东夷文化通考》，上海古籍出版社2008年版，第176、179、182、181页。

④ 王永波、陈春玲：《齐鲁史前文化与三代礼器》，齐鲁书社2004年版，第464页。

⑤ [日]林巳奈夫：《神与兽的纹样学》，单耀华译，三联书店2009年版，第64页。

⑥ 杜正胜：《夏代考古及其国家发生的探索》，《考古》1991年第1期。

琮的判断。[①] 夏鼐曾经指出:“琮的用途,据《三礼》和汉儒注释,它在祭祀时用以祭地,敛尸时放在腹部,朝聘时诸侯以献君夫人。这些可能都是儒家的设想,先秦没有实行过这制度。新石器时代和商朝的琮,就它们在墓中位置和件数而言,似乎并不像是帝王祭祀天地的礼器。”“《周礼》是战国晚年的一部托古著作。……这些用途,有的可能有根据,有的是依据字义和儒家理想,硬派用途。”“汉代经学家在经注中对各种玉器的形状几乎都加以说明,但这些说明有许多是望文生义,有的完全出于臆测。”“《周礼》的六器中,璧、琮、圭、璋四者似乎是核心……这四者中,璧、琮出现较早,已出现于新石器时代。玉璧似源于石镯或环状石斧。琮的渊源和用途,还不清楚。”[②]

良渚文化遗址出土玉琮的前身,可能是大汶口文化遗址发现的骨琮或曰骨牙琮。张富祥认为,大汶口文化的骨牙琮与良渚时代的玉琮两者外形很相似,但前者历史稍早一些。关于琮的用途,他强调,尽管“贯通天地之说是目前最好的假说,而典型的骨牙琮刻有三组纹饰带,可能正好代表了天地祖三个神灵的世界”,但是“骨牙琮究竟怎样用法,它的象征意义是什么,在原始礼仪中占有什么样的地位,这些都还需要继续研究,暂难以找到公认确实的答案”。[③]

臧振指出:“可以说,对于琮在良渚时代的功能,不论是阳间还是阴间,我们的知识都是很贫乏的。行文至此,不禁慨叹,倘能起古人而问之,那答案想必是十分简单的吧!”“我们用今人的观念似乎稳妥地解释了上古习俗,也许会令先民荡然不知所云。”他还强调,当今研究方法上的缺憾是“对与琮有关的其他器物的综合考察不够”[④]。这个意见十分中肯。

刘斌在列举关于玉琮起源、用途的各种推断之后指出:居主流地位的“天圆地方”说证据不足,因为“天圆地方”的宇宙观形成于周汉之际。他的结论是:“这些观点无论哪种说法我们都不能从中找出琮所包含的宗教信仰方面的本质内涵。”[⑤]

综上所述,可以看到,关于琮的用途至今仍是悬而未决的课题。要搞清楚琮的原始功用应当遵循两个原则:一是要注意当时的远古人群最关心的是什么。就是《左传·成公十三年》所谓“国之大事,在祀与戎”。在远古时代,被后来视为神圣的祭祀礼器,最初可能大多都是日常生活的工具、武器。其原因很简单——“人们首先必须吃、喝、住、穿,然后才能从事政治、科学、艺术、宗教”[⑥]。

---

① 孙庆伟:《出土资料所见的西周礼仪用玉》,《南方文物》2007年第1期。

② 夏鼐:《商代玉器的分类、定名和用途》,《考古》1983年第5期。

③ 参见张富祥:《东夷文化通考》,上海古籍出版社2008年版,第176、179、182、181页。

④ 臧振:《玉琮功能研究评述》,《文博》1993年第5期。

⑤ 刘斌:《神巫的世界》,浙江摄影出版社2007年版,第104页。

⑥ 《马克思恩格斯选集》第3卷,人民出版社1995年版,第776页。

宗教和艺术源于人们的物质生活资料的生产活动。二是把出土物和古文字、历史文献、传说史料结合起来,努力发现它们之间的内在联系。

四　琮、玦、韘与射箭

其实,玉琮的原型即俗称的“班指”或“扳指”,即古代射箭时用的辅助用具。在古代墓葬中,琮多在墓主腰部,可以证明琮是戴在手上的。据《礼记·少仪》载,“弓则以左手屈韣(弓衣)执拊(弓把)”,可见古人射箭一般是用左手握弓,用右手执弓弦和箭的尾部,箭的前部就搭在左手大拇指上。为了避免磨伤手指和减少摩擦阻力,于是古人就发明了扳指。扳指一开始可能是用骨头或竹管做成的,后来用玉加工而成。玉琮又美观又结实,上面还可以刻上族徽、花纹。

琮是射箭用的扳指,可以从甲骨文的一个字“𡜊”来作证明。该字由三部分组成;右侧上方是琮,下方是“又”,即手,右为“女”字。《甲骨文字典》说该字“从女从亚(朋)从又,《说文》所无”[①]。该字正表示一个女人以手执琮之状。正好说明琮是可以以手把玩之物。

琮是射箭用的扳指,还可以从墓主多为男性和它在墓中的位置来佐证,即孔颖达所疏:“琮在腹在上。”上海福泉山良渚文化墓葬曾经发掘五件玉琮,在墓主尸体胸右侧二件,右臂旁一件,右下肢右侧一件。[②] 可见,琮与右臂、右手有关联。在浙江余杭瑶山良渚十二座墓葬中,玉琮“置于墓中部,大约相当于死者的腹部”[③]。腹部正好与手的位置接近。张富祥先生在论及大汶口文化的骨牙琮时指出:“出土骨牙琮的墓葬以大中型居多,可证这部分墓主的身份地位较高,……骨牙琮也就成为他们身份与地位的象征。”而且,“墓主仍绝大多数为成年男性,女性和少年很少”。这说明骨牙琮与成年男性关系密切。而且骨牙琮“摆放位置一般在死者腰部,可见骨牙琮在死者生前也是可以佩戴的”。[④] 商代妇好墓也发掘出不少玉琮。骨牙琮、玉琮作为常见的随葬品出现,证明它们与墓主生前关系密切,这一事实,也许在一定程度上排斥了琮是极少数祭司专门用来祭祀的法器的可能性。

---

① 徐中舒:《甲骨文字典》,四川辞书出版社1989年版,第1340页。

② 参见王贵元:《汉字与文化》,中国人民大学出版社2005年版,第99页。

③ 《余杭瑶山良渚文化祭坛遗址发掘简报》,《文物》1988年第1期。

④ 参见张富祥:《东夷文化通考》,上海古籍出版社2008年版,第176、179、182、181页。

良渚时代的骨牙琮最早可能来源于被射杀的猛兽的骨节，它们是战利品和英雄身份的标志。玉琮可能是在骨牙琮的基础上发展而成的。玉琮形制的特点之一是一端开口稍大，另一端开口稍小，可能是为了便于戴在拇指上。玉琮的形制经历了从圆管状向内圆外方的变化过程。其原因可能是为了便于摆放及在琮的四个平面上雕刻族徽等图案。良渚玉琮上面的神人面兽纹和鸟形纹盖即由此发展而来。

和琮一样，玦和韘也是射箭的辅助器具。所谓“环而不周”中有缺口者为玦。夏鼐先生认为玦“当为佩饰”。《周易・夬》载：“扬于王庭，孚号有厉，告自邑，不利即戎。”“惕号，莫夜有戎，勿恤。”戎即军事。卦名为“夬”，盖亦即玦，显然与“戎”有关。韘，又写作“䩞”，也像个扳指。《说文解字》中说韘“射决也。所以拘弦，以象骨，韦系，着巨指”。韘的形制有一个特点，其外沿侧面有个突起之处，好像步枪上面卡住撞针的扳机。笔者推测古代经典所谓“抉拾”很可能就是“玦韘”。“抉”即“玦”，“拾”与“韘”音近而可互假。因为玦与韘都是勾弦放箭的器具，故联称为“玦韘”。《周礼・夏官司马・缮人》中“抉拾”，郑玄注曰“郑司农云：抉者，所以纵弦也，拾者，所以引弦也”。有注者以为“拾”乃革制护臂，不妥。因为护臂不可能用来“引弦”。《诗经・小雅・南有嘉鱼》：“抉拾既次，弓矢既调。”《仪礼・大射仪》多见“奉决拾”、“释弓，说决拾”。《战国策・楚策一》：“其君好发者，其臣抉拾。”《国语・吴语》：“一人善射，百夫抉拾。”就是说，国君喜欢射箭，臣民们便佩戴玦韘。这和国君衣紫而一国皆紫的意思是一样的。

琮、玦、韘都是拉弓射箭的辅助用具。其用法是：左手持弓，左手大拇指上戴琮，左手大拇指横立与弓和弓弦组成的平面相垂直，将箭杆前端搭在琮上方。右手握玦以拉弓弦，纳弓弦于玦内，这样既可以充分用力，又保护手指。韘戴在右手大拇上，射箭时用韘侧面突起的部分拨动玦内勾住的弓弦，令弓弦一瞬间从玦的缺口处滑弹出去。《韩诗外传》言射之道云：“手若附枝，掌若握卵，四指如短杖，右手发之，左手不知，此善射之道也。”就是说，左手持弓如握树一样稳定，右手握玦如握鸡蛋般灵巧，箭杆擦琮而过，而左手不觉。为什么要“掌若握卵”呢？因为掌中握着玦。有学者正确地描述了玦的用途，但又提出大弓用玦，小弓用韘，这样就忽略了韘的独特作用。[①] 正因为琮是武器，故《公羊传・定公八年》说“琮以发兵”。同时，玉玦也是武器，所以才有战前诸侯授将军弓、矢、玦的做法。比如《左传・闵公二年》载：“冬十二月，狄人伐卫。……公（卫懿公）与石祁子玦，与甯庄子矢，使守。”可证玦同矢一样属于战斗武器。至于决断、诀别

---

① 参见常光明：《玉玦考》，《英才高职论坛》2009年第2期。

之义当是春秋以后衍生出来的。如《庄子·田子方》:“缓佩玦者事至而断。”《荀子·大略》:“绝人以玦,反绝以环。”玉琮、玉玦被称为宝玉,并与弓箭联称为“宝玉弓矢”。《左传·定公八年》:“阳虎说甲如公宫,取宝玉大弓以出。”《左传·定公九年》:“阳虎归宝玉大弓。”可见,宝玉并不是一般的玉器,可能就是琮、玦、韘。中国古代以玉为尚,并形成浓重的玉文化传统,很可能即源于此。玉琮、玉玦、玉韘可能多用于贵族比赛射箭的场合,于是便形成一整套射箭用具,如《周礼·夏官司马·缮人》所谓“缮人掌王之用弓弩、矢箙、矰弋、抉拾,掌诏王射,赞王弓矢之事”,并形成相应的礼仪,如《仪礼·大射仪》《乡射礼》都有关于射箭仪式的详细记载。这些平常的用具,后来不断演化成礼器和象征着身份能力的装饰品。春秋时孔子教学生习射,大概离不开琮、玦、韘这些“教具”。春秋以后的儒学教师大约只注重课堂教育,不再教学生骑马射箭,故而渐渐淡忘乃至望文生义、语焉不详了。

图 4-4-1　玦①

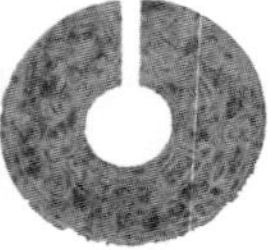

图 4-4-2　龙纹对玦②

图 4-4-3　韘③

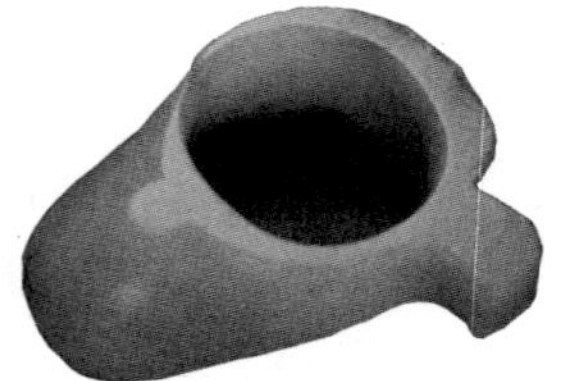

图 4-4-5　韘④

① 马家浜文化。浙江嘉兴马家浜文化遗址出土。谢天宇:《中国玉器收藏与鉴赏全书》(上),天津古籍出版社 2004 年版,第 67 页。

② 战国。北京市文物公司收藏。《北京文物精粹大系》编委会、北京市文物局:《北京文物精粹大系·玉器卷》,北京出版社 2002 年版,第 68 页。

③ 春秋时期。杨伯达:《中国玉器全集》(上),河北美术出版社 2005 年版,第 233 页。

④ 战国时期。杨伯达:《中国玉器全集》(上),河北美术出版社 2005 年版,第 277 页。

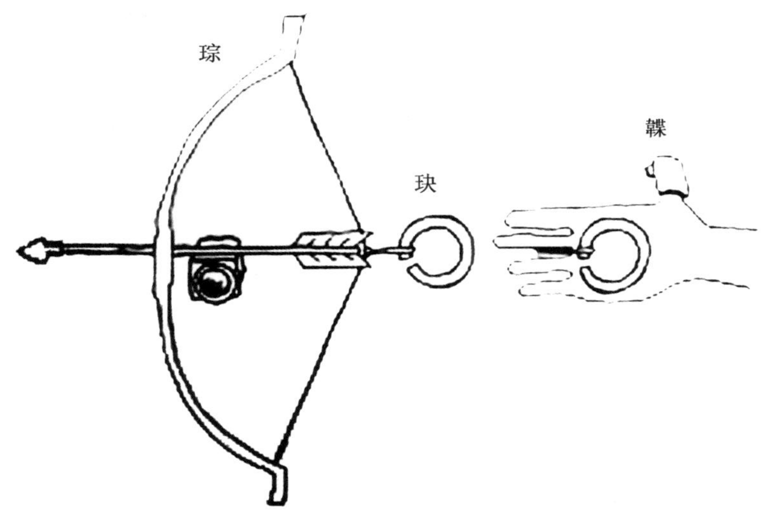

图 4-4-6　射箭图①

五　玉琮与战胜之神的象征

因为骨牙琮起初源于野兽的骨头，是战利品，后来又成为武器弓箭的配件。因此古人把骨牙琮、玉琮当作祭品来祭祀神灵，一方面对神箭手表示赞颂和纪念，另一方面祈求神明来保佑他们射得准，借以获得更多猎获物或者战胜敌人。东夷部落最初靠捕猎为生，又最早发明了弓箭，他们可能最早用玉琮作为祭祀的物品。久而久之，玉琮从祭祀的物品衍化成祭祀的对象——战胜之神，标志着这一转变的就是玉琮上出现了神徽。典型的骨牙琮刻有三组纹饰，即将琮形抽象化，就是三横一竖的“王”字或“丰”字。同时，可以设想，用一根木棍或绳索把三个琮贯穿起来，也构成“王”或“丰”。最初的“王”可能就源于战功卓著的射猎高手，故《韩非子・五蠹》说“王者，能攻人者也”。

良渚文化遗址出土玉琮上的“神徽”，即神人兽面纹饰可能就是蚩尤和独角兽，也就是后来在三代常见的饕餮纹。其形的特点是：人有双眼，兽有双目，合

① 作者绘制。

起来是四目；人有双手，兽有四足，合起来是六手（足），这和《述异记》所谓蚩尤“人身牛蹄四目六手”和“目在腋下”的记载相合。良渚文化遗址出土玉琮上的神人兽面纹正是蚩尤之人面纹和廌之独角兽面纹的合成。蚩尤正是东夷部落的领袖，他发明了“五兵”，横行天下，故被后世尊为战胜之神。据《尚书·吕刑》载，蚩尤还发明了“五刑”和“灋”。“灋”字当中的“廌”就是蚩尤部落的图腾独角兽。甲骨文当中就有“御廌”，即法官。[①] 又有“廌协王事”。[②] 皋陶是东夷的领袖，又是最早的法官。“神兽的产生正是古代第一法官产生的时代，其巧合不是无因的。”[③]

据传，黄帝打败了蚩尤并收编了他的部落残余，从而扩大了部落联盟的规模。蚩尤部仍担任重要职务——主兵。《韩非子·十过》：“昔者黄帝合鬼神于泰山之上，驾象车而六蛟龙，毕方并辖，蚩尤居前，风伯进扫，雨师洒道。”《龙鱼河图》：“帝因使之主兵，以制八方。蚩尤殁后，天下复扰乱不宁。黄帝遂画蚩尤形象，以威天下。天下咸谓蚩尤不死，八方万邦，皆为殄伏。”蚩尤亦因善战而成为战胜之神。《周礼·春官·肆师》：“肆师之职，掌立国祀之礼。……凡四时之大甸猎，祭表貉，则为位。”郑注：“貉，师祭也，读为十百之百，于所立表之处，为师祭祭造军法者，祷气势之增倍也。其神盖蚩尤，或曰黄帝。”据《史记·封禅书》载，秦朝祭祀东方八种神祇，“三曰兵主，祠蚩尤”。《史记·高祖本记》载，刘邦起义时亦曾“祭蚩尤于沛庭”。最早的法官是军事法官，主兵者兼理军法，是十分自然的事情。

六 豊与战斗之舞的节拍

远古的礼源于对战胜之神——玉琮的崇拜。礼生成于战斗之舞——旄舞的仪式规则。《说文解字·林部》：“無，豐也。”可见古文“豐”与“無”是同义字。同时“無”与“舞”又为一字。[④] 因此“豐”与“舞”又同义。恩格斯在《家庭、私有制和国家的起源》中曾说到原始人的祭祀与舞蹈的关系：“这是一种正向多神教发

① 参见郭沫若：《出土文物二三事》，人民出版社 1972 年版，第 26 页。

② 参见胡厚宣编：《战后南北所见甲骨录》石印本线装 1 函 3 册，来薰阁书店 1951 年版。“廌协王事”的甲骨图片载于中册，第 51 页，并注明：出自《明义士旧藏甲骨文字》第四七二号。

③ 瞿同祖：《中国法律与中国社会》，中华书局 1981 年版，第 253 页。

④ 参见周清泉：《文字考古》（一），四川人民出版社 2003 年版，第 489 页。

展的对大自然与自然力的崇拜。各部落各有其正规的节日和一定的崇拜形式，即舞蹈和竞技。舞蹈尤其是一切宗教祭奠的主要组成部分。”接着说到原始人战前舞蹈的习惯：“这些战士发起一个战争舞蹈，凡参加舞蹈的人，就等于宣告加入了出征队，队伍便立刻组织起来，即时出动。”[①]这种情景与《尚书·尧典》“击石拊石，百兽率舞”十分相似。在远古社会里，礼与舞之间的逻辑联系，简言之就是以舞求豊，亦即以祈求神灵保佑之舞获神灵降之以豊——丰厚的猎获物，而猎获物的代表符号——琮又被置于“豆”里面，伴以歌舞答谢神祇。《说文解字》：“礼者履也”，“履，足所依也”。《玉篇·履部》：“履，践也。”《易·履》：“跛能履”，履，步行。“履”也许指的就是舞蹈时的齐整而虔诚的舞步和音乐节拍，这种舞步和节拍就是礼仪和规矩。于是，“履”与《易·师》“师出以律”的“律”便具有了内在联系。这种祭祀活动，不仅包括战争动员、发布誓命，还包括献俘和论功行赏。如《诗经·鲁颂·泮水》：“淑问如皋陶，在泮献（谳）囚。”“谳囚”即判断战士的战功以决定俘虏的归属。礼作为人们的行为规范源于古老的祭祀活动。战争之前专门祭祀战胜之神，玉琮就是战胜之神的象征。祭祀活动是通过战争之舞（武舞）来完成的。

“商人原出于东夷。”[②]殷商文明是在与东夷文明相互融合的基础上发展而成的。殷商甲骨文不仅是殷商文明同时也是东夷文明的结晶。当周人战胜殷人之后，殷商文化及其源泉东夷文化渐渐被边缘化。周人在塑造“郁郁乎文哉”的周礼的时候，靠着强大的政治力量和充裕的时间去冲刷掉礼的原产地的族徽。他们不仅用“以德配天”的新说改变了神的形象，而且有机会重新编写历史教科书。于是，那些刻有蚩尤图像的玉琮也随之失去古老而神圣的光环，英勇的蚩尤形象也终于降格为带有贬义的饕餮。此后，玉琮成为寻常百姓见惯不惊的佩饰。然而，在中华民族的整体记忆中，玉琮却始终闪烁着尊贵而神秘的光泽。

七 礼初奠于两性禁忌

《左传·成公十三年》：“国之大事，在祀与戎。”就是说“祭祀”与“战争”是国

① 《马克思恩格斯选集》第4卷，人民出版社1995年版，第90、91页。

② 参见张富祥：《东夷文化通考》，上海古籍出版社2008年版，第321、431页。

家最重大的事情。"祭祀"活动与"战争"行为都离不开相应的礼节仪式，于是就产生了"祭祀"之礼和"战争"之礼。而"祭祀"之礼则贯穿于氏族部落重大活动的始终。

原始人类的文明脚步，与两性关系及家庭生活的进化完全合拍。而这种文明进化，正是伴随并仰仗着禁忌来实现的。而禁忌的设立与实施离不开宗教仪式。这种仪式就是最初的礼。在两性关系与家庭生活领域，礼的载体是文身。

最先发明文身的是东夷部落。《礼记·王制》说："东方曰夷，被发文身。"在蚩尤部落发明的五刑中，就有"黥"。被发是"髡耐"的前身，文身是"黥"的前身。"商人原出于东夷"，"原始的商族可能是山东地区东夷族之一支"，"商部族当源出于上古东夷太昊集团的帝喾部"，或该部的"帝舜族系"。[①] 自然继承了东夷的风俗习惯，其中就包括文身。文身的产生与两性关系及家庭生活的进化有关。而这种进化大约源于相应的禁忌：对父亲们与女儿们之间、对母亲们与儿子们之间和兄弟们与姐妹们之间性行为的排斥，即后世所谓"同姓不婚"。中国古代完备的宗法家族制度和伦理道德观念，盖由"同姓不婚"的总原则拓展延伸而成。

《礼记·礼器》："三代之礼一也。"后起的夏民族因于东夷之夷礼，继承了东夷部落的文明成果。而商民族又因于夏礼，继承了夏民族的文明成果，故王国维《殷周制度论》说"夏商二代文化略同"[②]。"商族和夏族在文化上应是同源的。……夏商之间既然其礼制是因袭关系，他们的语言、文字也应是同一的。"[③]

在讨论"礼"的起源时，常见到的观点是"礼祭一体"论，即"礼"来源于祭祀活动。祭祀的目的是祈求鬼神的保佑。祭祀活动中的礼节礼式逐渐演化成礼的规范模式。

在完全赞同上述观点的基础上，我提出两个推论：一是祭祀的对象是战胜之神即玉琮，甲骨文"礼"(豐)字中的玉串儿即玉琮。同时，祭祀活动是通过战争之舞旄舞来完成的；二是礼源于古老氏族中两性关系及家庭生活中的禁忌，这些禁忌以文身为载体，并仰仗着鬼神巫术的威力而被强制推行。以上两点可以概括为礼的本原和基本功能。礼的这两项基本功能，凝聚了古代先民对物质生活资料的渴望和对人种健康繁衍的关注。正如恩格斯所指出的："一定历史时代和一定地区内的人们生活于其下的社会制度，受着两种生产的制约：一方

---

① 参见张富祥：《东夷文化通考》，上海古籍出版社 2008 年版，第 321、431 页。

② 参见王国维：《观堂集林》(上)，中华书局 1959 年版，第 451～452 页。

③ 杨升南：《夏时期的商人》，中华先秦史学会等编：《夏文化研究论集》，中华书局 1996 年版，第 147 页。

面受劳动的发展阶段的制约，另一方面受家庭的发展阶段的制约。”[①]在漫漫的历史长河中，凡是实行两性及婚姻禁忌的氏族、部落，便得以永葆青春活力和强健体魄，反之便黯然失色、屈居人下。中华民族之所以被称为“礼仪之邦”，就是因为在礼的指导下，在不断改造客观世界的同时，不断改造自己的主观世界，即不断“修身养性”“自强不息”，从而逐渐从野蛮走向文明。

八 礼与中华法系

取殷商而代之的西周政权，在不太长的时间里做了两件大事：一是确立了“以德配天”的神学理论，即维护了摇摇欲坠的神权宝座，又表明了西周政权的合法性；二是“制礼作乐”，以宗法父系血缘为蓝本，确立了宗法贵族的政治基础。于是我们看到，当新的王朝诞生之际，宗法血缘纽带不仅没有被清除，反而被赋予更大的社会功能：它不仅是区分统治阶级与被统治阶级的标准，而且还是分别在统治阶级和被统治阶级内部进行权利再分配的尺度。

在强大的西周政治权威以及分封制、世袭制和父系家长制的多元催化之下，原先的礼迅速地膨胀起来，充斥于社会生活的各个领域。“礼也”“非礼也”成为判断人们言行正确与否的最高标准。礼的原则或戒条上升为法律，成为创制和适用判例的法律原则。而全部有效的行为规范莫不归之为“周礼”。当“周礼”为人们视为寻常之物而见惯不惊时，它默默地发挥着巨大的作用。其中就包括公、侯、伯、子、男，天子、诸侯、卿大夫、士、农、工、商、皂、隶等一整套完备的政治等级制度和异常完整、精细、准确的家族亲属制度。而当“周礼”式微之际，它仍仰仗着《周礼》《仪礼》《礼记》等典籍和绕梁三日不绝的钟磬之旋律，继续追溯着往日的辉煌。

《礼记·礼器》：“三代之礼一也。”《论语·为政》：“殷因于夏礼，所损益可知也；周因于殷礼，所损益可知也。”《论语·八佾》又说：“周监于二代，郁郁乎文哉。”孔子经过对古代典章文物的整理和研究，得出这样的结论：周礼承继夏商之礼而又发扬光大之。

礼是父系家长制时代的产物。它的社会价值在于维护父系家长特权和宗法等级制度。“礼”字本义为祭祀祖先神的宗教仪式，后引申为具有神权色彩的

① 《马克思恩格斯选集》第4卷，人民出版社1995年版，第2页。

行为规范。在“迷信鬼神”的夏商二代，礼是神权化了的行为准则。《尚书大传·周书·归禾》谓周公“制礼作乐”，周公鉴于二代而有所更革，从而使礼的社会内容不断扩大，并最终从神权的束缚下相对独立了出来，成为不亚于神权思想的占统治地位的社会意识——“为国以礼”的礼治。

礼治是一种社会意识，它要求按照礼的面貌来支配国家的政治、经济和文化活动。礼治虽然曾经借助“神”来提高自己的权威，但究其实，“礼治”不同于“神治”。神治是按“神”的面目来描绘社会，而礼治则是按照“人”的形象来说明人间。礼治思想进居为社会的统治思想，正是“注重人事”的社会思潮的成果之一。

礼的基本精神即《礼记·大传》所谓“亲亲”“尊尊”。“亲亲”即亲爱自己的亲人。而亲爱的程度与方式，取决于爱的主体与爱的对象之间的血缘联系。要最爱你最亲近的亲属，而最亲的亲人莫过于自己的父亲，故“亲亲父为首”。“尊尊”即尊敬、服从地位尊贵的人。尊敬的程度取决于彼此双方的社会地位，要最尊敬最尊贵的人。而最尊贵的人莫过于国君，故“尊尊君为首”。[①]

礼治在国家政治生活中的集中体现是“亲贵合一”的宗法贵族政体。西周初期，封建天下，“封侯树屏”。周天子把全国土地连同土地上的居民按照与周天子血缘亲疏标准分给同姓诸侯和有功的异姓诸侯，让他们在各自的封地内掌握最高的政治、经济、军事、法律等一系列大权。同姓贵族与异姓贵族有在“同姓不婚”的原则下通过联姻结成的政治联盟。各个诸侯又如法炮制，按照与诸侯血缘亲疏等级与政治尊卑等级合而为一，“亲亲”与“尊尊”毫无二致。在名义上，下级要服从上级，诸侯要服从天子，天子是全国土地与臣民的最高主宰。正如《诗经·小雅·北山》所说：“普天之下，莫非王土，率土之滨，莫非王臣。”但实际上，由于各级贵族实权在握，如有纷争，也决非一纸命令或判决书所能奏效，故每每兵戈相见。这就是“刑不上大夫”的本义之一。

礼治成为当时政治生活的最高准则，叫作“政以礼成”。诸侯对周天子有朝觐之礼，诸侯之间有相聘之礼，祭祀祖先有宗庙之礼，训练部队有军礼……因此，“礼也”“非礼也”成为当时辨别是非曲直的唯一用语。春秋以后“礼崩乐坏”，“非礼”之事渐多。如“初税亩，非礼也”；以臣招君，非礼也；铸型鼎，非礼也……“非礼”之声充盈于耳，正是“礼治”时代衰败的征兆。

礼治在法律领域的反映是法律规范的宗法化。如“不孝不友”即“子不孝父”“父不字子”“兄不友弟”“弟不恭兄”等行为，被《尚书·康诰》宣布为“元恶大

① 《史记·太史公自序》，《索隐·案语》。

憝”即罪大恶极，必须予以严厉制裁，即“刑兹无赦”。这正是后世《孝经·五刑章》所谓“五行之属三千，罪莫大于不孝”的开端。

周天子一统天下的宗法贵族政体，决定着当时法律实践活动的一系列特征。其中最重要的一条是：宏观统一与微观独立并存，即全国法律实践活动在重大的基本原则上的统一性，和各诸侯国立法、司法的相对对立性同时存在。这一特点是由西周作为统一的国家政权，各诸侯国频繁的相互往来，各诸侯国具有相对独立的统治权和各自民族历史文化传统，以及不同的地理环境等因素共同造成的。在当时的具体条件下，不论是周王朝还是各诸侯国，都不肯也没有必要制定统一而详细的法律规范。在各个诸侯国权力所及的生活范围内，法律实践活动按照各自的传统和习惯进行着。这种传统和习惯终于演化成“遵循先例”的“判例法”。

春秋后期，随着社会变革的深入，法治不断冲击礼治，郡县官僚制逐渐取代世卿世禄制，“成文法”日益削弱“判例法”。“法治”思想、郡县制度和“成文法”最终清扫了旧世界的根基，缔造了统一的中央集权的王朝。

崇尚法治、专任刑狱的秦王朝二世而亡。代之而起的是西汉王朝。西汉虽然继承秦制，但却选择儒家思想作为王朝的正宗学术。由于思想意识对法律领域的浸润，终于演成了法律的一系列变革。

首先是引经决狱。引经决狱是儒学在法律领域构筑的第一座桥头堡，由汉武帝时治公羊学的名儒董仲舒开其端。所谓引经决狱（或春秋决狱），是指遇到义关伦常而法律无明文律定，或虽有明文却有碍纲常的疑难案件，则引用儒家经典中所记载的古老判例或某项司法原则对案件作出判决。这实际上等于确认儒家经义具有高于现行法律的特殊地位，从而为儒学向司法领域的渗透打开一条通道。这种司法判决即先例，对以后同类案件的审理具有指导作用。当这些先例积累到一定程度，其蕴含的法律原则就被成文立法所吸收，从而推动了法的发展。

其次是据经注律。两汉经学大兴，著名经学大师获得官职之后，有机会兼而研讨儒经与汉律，从而派生出一门实用型的新学科——律学，或云法律注释学。他们用儒家经义来解释现行法律条文，洋洋万言。《晋书·刑法志》说，当时注律者“十有余家，家数十万言，凡断罪所当用者合二万六千二百七十二条，七百七十三万三千二百余言”。这样做的价值在于：其一，论证了某些法律条文的合理性，使某些法律条文经过注释以后向儒家经义靠拢。其二，指出某些法律条文违背儒家伦理。这些注释之言或则经过朝廷的批准而具有法律效力，或则通过改变司法官的法律意识在司法中悄悄发挥作用。

最后是纳礼入律。纳礼入律是指通过国家立法的渠道使儒家经义直接上升为法律条文或法律制度。贾谊的“刑不上大夫”被采纳，应当说是纳礼入律的开端。大规模的纳礼入律是从魏开始的。如《晋书·刑法志》所载“除异子之科使父子无异财”，既是对秦法“民有二男以上不分异者倍其赋”的否定，又是对儒家孝义的强化。此后，“八议”“以服制论罪”“子孙违犯教令”“犯罪存留养亲”“官当”“十恶”等等体现儒家伦常精神的东西纷纷入律。《四库全书总目·政书类·法令之属》说唐律“一准乎礼”，标志着纳礼入律大功告成。纵观《唐律·名列·十恶》之十恶之目，除“不道”系指灭绝人道的杀人罪之外，其余九条中有四条（谋反、谋大逆、谋叛、大不敬）是维护中央集权的君主专制政体的；有四条（恶逆、不孝、不睦、内乱）是维护以父权为核心的宗法家族秩序的；剩下的两条，“不义”则两者兼而有之，“不道”则指一般性的犯罪。此刻，引经决狱之风渐息，而法律注释学便成了对现行法条的正面阐发。同时，“纳礼入律”还有另外一层含义，就是政治层面的礼节仪式直接上升为国家制度，如正史所编辑的《礼乐志》。

儒学的法典化和法律的儒学化是帝制时代前期法律实践活动的两个侧面。其中起着决定作用的因素是：第一，儒学进居统治地位并发挥了实际作用，皇帝下诏、大臣奏章无不据引儒家经典，以儒家经义为最高指导思想。第二，儒家知识分子进居官吏行列且身兼要职，获得修订法律和参与重大司法活动的机会，得以贯彻初衷。儒学的法典化与法律的儒学化的过程，究其实正是儒家、法家法律思想血肉凝结、鲁文化与晋文化水乳融合的过程。这种融合奠定了中国传统法律文化的基本形象。

第五章　寻找最初的律

——战鼓之音节

一　“律”的字形和字义

甲骨文已有“律”字，而且有“师唯律用”，正好和《周易·师》的“师出以律”相呼应。看来，律天生与师有关。“自来考释‘法’字者多，而探究‘律’字者少。”[①]在与古代法律实践活动有关的古文字中，“律”字的历史可能比“刑”字、“法”字更久远，其产生和沿革的途径也更丰富而复杂。因此，探索“律”字的原始本义及其衍生轨迹，不仅对于研究中国法律的起源，而且对于诠释战国时代秦国“改法为律”的真义，都显得十分必要。

东汉许慎《说文解字》：“律，均布也，从彳聿声。”桂馥《说文解字义证》和王筠《说文解字句读》均以为“均布也”三字当为“均也”“布也”。

刊行于康熙五十五年（1716 年）的官修《康熙字典》这样注释：“律，《玉篇》：六律也。《广韻》：律吕也。《说文》：均布也。十二律均布节气，故有六律六均。《尔雅·释器》：律谓之分。注：律管所以分气。《前汉·律历志》：律有十二，阳六为律，阴六为吕。黄帝之所作也。黄帝使泠纶（即伶伦）自大夏之西昆仑之阴，取竹之解谷生其窍厚均者断两节间而吹之，以为黄钟之宫，制十二筩以听凤之鸣。其雄鸣为六，雌鸣亦六。比黄钟之宫而皆可以生之，是为律本。《后汉·

① 祝总斌：《“律”字新释》，《北京大学学报（哲社版）》1990 年第 2 期。

律历志》:殿中候用玉律十二。惟二至乃候。灵台用竹律,六十候日如其历。《史记·律书》注:古律用竹,又用玉。汉末以铜为之。《书·舜典》:同律度量衡。《礼·王制》:考时月定日同律。又《尔雅·释诂》:法也。又常也。注:谓常法。《正韵》:律吕万法所出。故法令谓之律。《管子·七臣七主篇》:律者,所以定分止争也。《释名》:律,累也。累人心使不得放肆也。《左传·桓公二年》:百官于是乎畏惧而不敢犯纪律。又军法曰律。《易·师卦》:师出以律。又刑书曰律。《前汉·刑法志》:萧何攈摭秦法,取其宜于时者,作律九章。《晋书·刑法志》:秦汉旧律,起自李悝,悝者著网捕二篇,杂律一篇,又以具律具其加减,是故所著六篇而已。又爵命之等曰律。《礼·王制》:有公德于民者,加地进律。疏:律即上宫九命缫籍九寸冕服九章建常九游之等是也。又《尔雅·释言》:述也。《礼·中庸》:上律天时。又《尔雅·释言》:铨也,所以铨量轻重……又《尔雅·释器》:不律谓之笔。注:蜀人呼笔为不律也。"①

清段玉裁《说文解字注》:"律,均布也,从彳,聿声。均律双声,均古音同匀也。《易》曰:师出以律。《尚书》:正日同律度量衡。《尔雅》:律,铨也。律者所以范天下不一而归于一。故曰均布也。"②

清桂馥《说文解字义证》:"《春秋元命苞》:律之为言率也,所以率气令达也。注云:率犹导也。《周礼》大师掌六律六同,以合阴阳之声。阳声黄钟、太族、姑洗、蕤宾、夷则、无射;阴声大吕、应钟、南吕、函钟、小吕、夹钟。《大戴礼·曾子天圆篇》:圣人慎守日月之数。……十二管以察八音之上下清浊,谓之律;均布也者,案义,当是均也,布也。《乐记》:乐所以立均。《尹文字·大道篇》:以律均清浊。《褐冠子》:五声不同均。《周语》:律所以立均出度也。纪之以三,平之以六,成于十二。天之道也。《周礼》大司乐掌成均之法。先郑云:均,调也。乐师主调其音。《后汉·律历志》:冬夏至,陈八音,听五均。注云:均长七尺,系以絲,以节乐音。《思元赋》:考治乱于律均。旧注:律,十二律,均所均声也。李善曰:《乐汁图徵》曰:圣人往承天助,以立五均。均者,六律调五声之均也。宋均曰:均长八尺,施弦以调六律五声。文六年《左传》:为之律度。杜云:钟律度量,所以治历明时。正义:《周语》云:先王之制钟也,律度量衡,于是乎生,大小器用,于是乎出。又曰:古之神瞽,考中声而量之,以制度律均钟,百官轨仪。其义言度律之声,以为钟之均,于钟律取法为度量衡也。《释器》:律谓之分。郭云:律管可以分气。《礼运》:五声六律十二管,还相为宫也。注云:五声:宫、商、角、

① 张玉书:《康熙字典》,中华书局1962年据同文书局影印本刊印寅集,第28页。

② 段玉裁:《说文解字段注》,古籍书店1981年影印版,第81页。

徵、羽。其管阳曰律，阴曰吕，布在十二辰。《舜典》：律和声。传云：律谓六律六吕，述十二月之音气。正义：既以出音，又以候气，布十二律于十二月之位。气至则律应，是六律六吕，述十二月之音气也。"①

通过以上注释，我们可以看到，"律"字的含义被概括为以下几种：

第一个含义是音律、乐律、声律。古人按乐音的高低分为六律和六吕，合为十二律。《尚书・舜典》："声依永、律和声"。孔传："律谓六律六吕……言当依声律以和乐。"《淮南子・主术训》："乐生于音，音生于律，律生于风，此声之宗也。"唐柳宗元《非国语上・律》："律者，乐之本也。"

第二个含义是用来校正乐音的管状器具，即以管的长短来确定音阶，亦由六律、六吕组成，合为十二律。《集韵・术韵》："阳管谓之律。"《礼记・月令》："律中大蔟。"蔡邕章句："律，截竹为管谓之律。律者清浊之率法也，声之清浊以律长短为制。"《史记・律书》："壹禀于六律。"司马贞索隐："古律用竹，又用玉，汉末以铜为之。"古人用律管侯气，以十二律对应一年的十二个月，故又指节气。

第三个含义是军令、纪律、法律。《尔雅・释诂》："律，常也。"邢昺疏："律者，常法也。"《广韵・术韵》："律，律法也。"《正字通》："律，刑律。"《易经・师》："师出以律。"孔颖达疏："律，法也。……使师出之时，当须以其法制整齐之。"与此义相近的有遵守、效法。《广雅・释言》："律，率也。"王念孙疏证："《太平御览》引《春秋元命包》云：律之为言率也，所以率气令达也。"又引宋均注云：率，犹遵也。《正字通》：律，法效也。《荀子・非十二子》："劳知而不律先王，谓之奸心。"杨倞注："律，法。"还有治理、处治之义。《尚书・微子之命》："弘乃烈祖，律乃有民。"孔传："以法度齐汝所有之人。"《韩非子・难四》："五伯兼并，而以恒律人，则是皆无贞廉也。"与今言"严于律己"同义。

第四是与"率"同义，可互代也。率的本意是捕鸟的大网。《尔雅・释器》："律谓之分。"王引之述闻："律读为率。《说文》曰：率，捕鸟毕也，毕，田网也。毕或作罼，《广雅》曰：罼，率也。是率亦罗网之属，作律者，借字耳。"清朱骏声《说文通训定声》："率，假借为律。"《正字通》："率，法也。"《孟子・尽心上》："羿不为拙射变其彀率。"孙奭音义引陆善经注："率，法也。"焦循正义："《淮南子・览冥训》云：以治日月之行律。高诱注云：律，度也。率与律同。"《汉书・李广传》："诸将多中首虏率为侯者，而广军无功。"颜师古注："率，谓军功封赏之科著在法令者也。"与此义相联系的还有遵循。《尔雅・释诂》："率，循也。"郭璞注："循行。"《诗・大雅・緜》："率西水浒，至于岐下。"毛传："率，循也。"《诗・大雅・假

① 桂馥：《说文解字义证》，齐鲁书社1987年版，第166页。

乐》:“不愆不忘,率由旧章。”郑玄笺:“率,循也。……循用旧典之文章,谓周公之礼法。”正因为“律”与“率”通用,所以,“率”字是观察“律”字沿革轨迹的一个标尺。

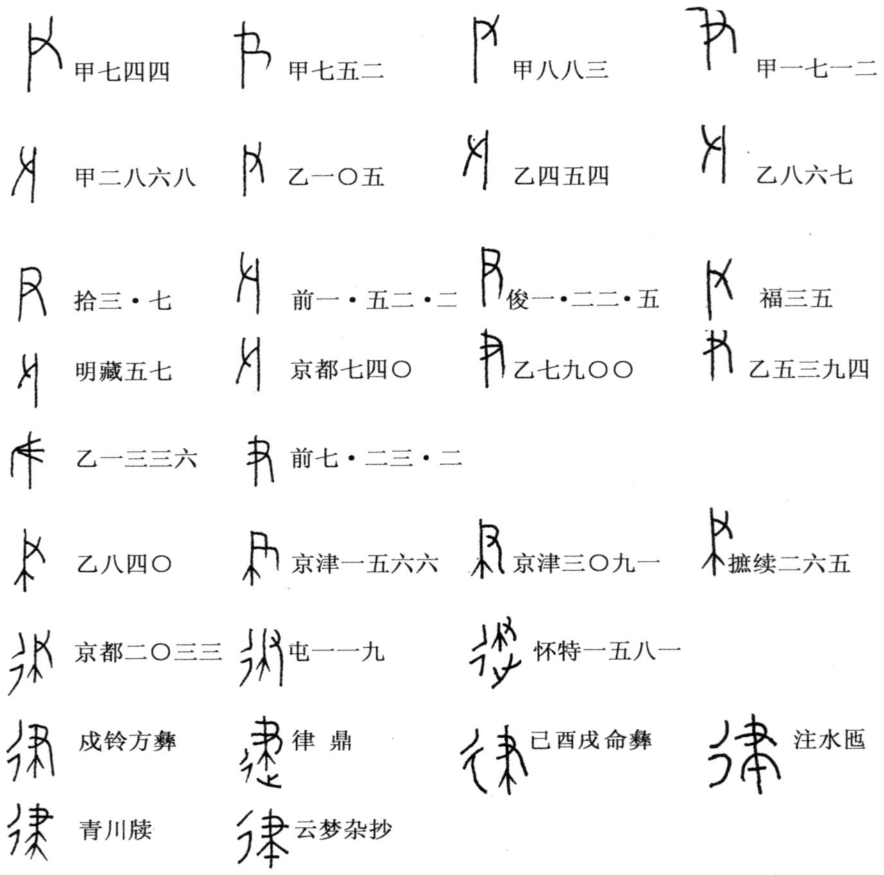

图 5-1-1　古文字中的律[①]

① 作者摹写。

二　甲骨文“律”字衍生的宏观路径

甲骨文的“律”字，最早的写法是，相当于今汉字“肀”。从又从丨。又，即手形。丨盖指细长之物，似为木杖。此字形过于宽泛，缺乏特定性。尔后，随着社会生活的不断丰富，为了准确表达事物，该字便发生了分化，衍生出新的字。这种衍生是沿着三个方向发展的。

第一个发展方向是以职官为中心的。这就是尹，从又从丿。盖指以手执丿。丿又有二义：一曰鞭，即《楚辞・天问》的“秉鞭作牧”。放牛放马放羊用鞭，用鞭者为放牧者。如管理众人，便成为官吏。二曰绳，即《易传・系辞下》“上古结绳而治”的“结绳记事”。专司记事者，就是史的前身。尹是地方首领，史是中央官职。尔后出现的“君”是最高长官，即国之君主。

第二个发展方向是以制度为中心的。首先出现的是，即聿字。左边的字符盖即木字的简写，木即指鼓槌。该字意为执木击鼓，击鼓者，又引申为鼓音。用鼓之高低音和鼓点之疏密来指挥军队，即“师出以律”之本义。该字被加上双人旁成为“律”字。律字指军令、军纪、号令。

第三个发展方向是以器物为中心的。甲骨文，以手所执之物，盖即兽尾或廌尾。其形状与古法字“灋”中的“廌”字的形状是一致的。廌是蚩尤部落的图腾，读为蚩尤，又称为“皋陶”“咎繇”，是一物而三音也。可巧的是，“皋陶”既是法官的称号，又是战鼓的名称。用战鼓来发布军令，又依军令进行赏罚，本来就是密切相连的事情。而赏罚的标准就是“率”。执廌尾的最初含义可能是向世人宣布蚩尤所创作的五刑即“法”。执廌尾的生活含义是生产工具和绘画工具。如在陶器上涂彩，在岩石上作画之类。在这个意义上廌之尾与其他兽之尾并无不同。但是廌之尾具有政治上、立法上的独特意义。据说最早的筆是用廌之毛作材料的。[①] 用这种筆画出的廌图腾或五刑图，自然具有极大权威。

(律)的产生标志着游牧民族的定居化，或者说军事组织的行政化。这时的鼓声除了指挥军队之外，更多地带有地方行政号令的色彩，诸如派粮出丁之类。此刻，鼓之音律才具有了法律规范的含义。这种规范，配上五刑赏罚便是国之法律。《左传・成公十三年》：“国之大事，在祀与戎。”诸史掌祭祀，祭之礼、祭之乐于是乎生；战

① 参见桂馥：《说文解字义证》引《古今注》佚文，齐鲁书社1987年版，第250页。

鼓掌军事,军之礼、军之乐于是乎生。两者的有机结合,便是国家之礼乐。国君之命、国之礼乐和国之法度,书之于典册,便是国之典章。

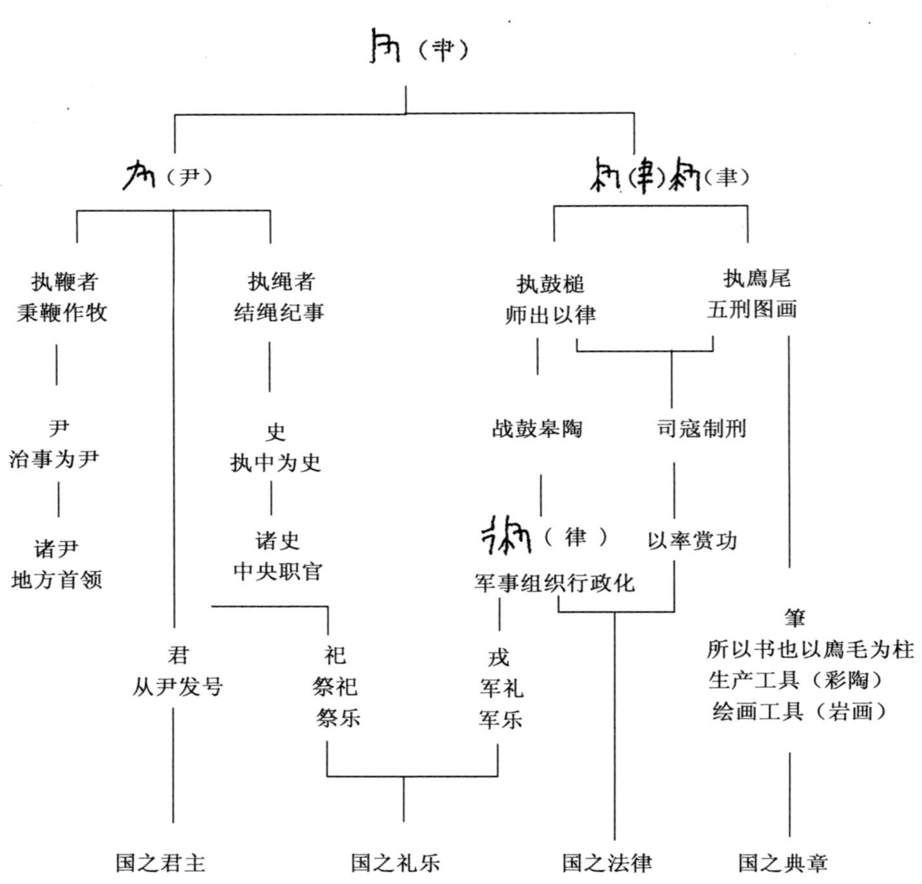

图 5-2-1　甲骨文“聿”字衍生图示

三　沿着职官的方向：聿→尹→史→君

古尹字和聿字可能均源于聿。正如裘锡圭先生所说："尹和聿应该是由一字分化的。在甲骨文卜辞中有不少证据表明二字同源。"[①]祝总斌说："尹、聿出于一源，原为一字。"[②]高鸿缙认为："金文聿与聿乃一形之变，非有二字。"[③]

（一）尹

尹字应该是由聿字分化出来的。其本质特征是以丿来区别丨。丿可能代表绳索一类长状物，故尹字字形是以手执丿之上端的，与聿字以手执丨之中间是不同的。

丿的第一个含义可能是"结绳记事"之"绳"。《周易·系辞下》："上古结绳而治，后世圣人易之以书契。百官以治，万民以察。"孔颖达正义引郑玄云："事大，大结其绳；事小，小结其绳。"《说文解字》："尹，治也。从又丿，握事者也。"手握之丿即"事"，当指政事、故事。治事者亦即执掌政事者，当即职官。故尹为官名。

关于尹字兼有动词治和名词官名的字义。桂馥《说文解字义证》说："治也者，本书伊下云：殷圣人阿衡尹治天下者。《书》：庶尹允谐。郑注：尹，正也。定四年《左传》：故周公相王室以尹天下。徐锴曰：周公尹天下，治天下也。宣十二年传：沈尹将中军。《正义》：楚官多为尹。馥案：楚有令尹，箴尹。《汉书》音义：臣瓒曰：诸侯之卿惟楚称令尹，其余国称相。楚邑大夫止称尹。如：沈尹、戌芋尹无宇之类是也。《诗谱》：管叔、蔡叔、霍叔，尹而教之。《正义》引《地理志》：管叔尹庸，蔡叔尹卫。《汉官仪》：河南尹。尹，正也。《诗》云：赫赫师尹。《地理志》：内史，周官，秦因之掌治京师。武帝更名为京兆尹。"[④]

甲骨卜辞中多见"尹"字，常与地名、族名联称"某尹"，又有"多尹""族尹"。故有学者判定商代之"尹"始为氏族首长。张政烺先生认为："族尹当是一族之

① 裘锡圭：《说字小记》，《北京师范学院学报》1988年第2期。
② 祝总斌：《"律"字新释》，《北京大学学报（哲社版）》1990年第2期。
③ 高鸿缙：《中国字例》，台北三民书局1960年版，第287页。
④ 桂馥：《说文解字义证》，齐鲁书社1987年版，第245页。

长”，他们“为世代殷王所亲信，他们曾经担任更多的职务，成了显赫的世袭贵族”。[①] “尹、多尹、族尹都一样，只是名称不同。史记身份就是一族之长。……他们是商王朝的官吏，是本族人民的直接统治者。”[②]“尹字初义盖为族长”，“尹字本义为族长，引申为长官之称。但卜辞所见殷代朝廷长官称尹者却很少”。“及至周代，情况便又不同了。尹增加多了，权力地位也很高。《诗》《书》有尹氏、庶尹；这些尹都不见于卜辞，当是周代增设的。尹氏、令尹、作册尹、内史尹都承王命册命大臣，必都是在周王左右，出纳王命的。《诗·节南山》：尹氏大师，为周之氐，秉国之均，四方是维，天子是毗，俾民不迷。也足以说明尹氏之重要。大保称天尹，更可以想见其地位之高，权力之大了。”[③]

综上可知，在商代，尹是氏族、方国的首长。在中央王朝统治之下，“多尹”负责本领地之政事，并向朝廷承担各种义务。

丿的第二个含义可能是《楚辞·天问》所谓“秉鞭作牧”的“鞭”。鞭是放牧的工具。牧即放牧牲畜，亦指放牧者。《说文解字》：“牧，养牛人也。”桂馥《说文解字义证》：“牧者，畜养之总名，非止牛马也。”牧从放牧引申出统治管理之义。《方言》：“牧，司也。”“牧，察也。”最后引申为地方官。《字汇》：“牧，古者州长谓之牧。”《尚书·立政》：“宅乃牧。”孔颖达疏：《王制》云：“千里之外设方伯，八州八伯。然则牧、伯一也。”郑玄云：“殷之州牧曰伯，虞夏及周曰牧。”牧又含有法度之义。《逸周书·周祝解》：“为天下者用牧。”孔晁注：“牧为法也。”由法又兼及刑罚。《尚书·尧典》：“既月乃日，四岳群牧。”“咨，十有二牧。”“肇十有二州……象以典刑，鞭作官刑，扑作教刑，金作赎刑。”臧克和注：“鞭”字“古文形体主要是从手持物扑击，其上部分有些相类于《说文》法字下所录古文佱的上半部分。官、管、馆、圈、豢等字群皆系同源。由此一关联我们即可明了古时候的官何以称作牧，例如《尧典》上文还有四岳群牧。官既然受名于牧，和牧直接发生联系的工具自然就是鞭了。换句话说，这里讲到的鞭作官刑，还揭示着鞭名的由来，作为工具的用途等诸般联系。”[④]

总之，执事之尹和秉鞭之牧都给我们展示了地方官吏的形象。他们不仅兢兢业业完成中央朝廷下发之政务，而且还兼有管束臣民之职责。

---

① 张政烺：《卜辞裒田及其相关诸问题》，《考古学报》1973年第1期。

② 孙淼：《夏商史稿》，文物出版社1987年版，第570页。

③ 参见胡澱咸：《甲骨文金文释林》，安徽人民出版社2006年版，第23、28、29页。

④ 臧克和：《尚书文字校诂》，上海教育出版社1999年版，第56页。

(二)史

史字甲骨文写作“史”。《说文解字》:“史,记事者也。从又持中,中,正也。”桂馥《说文解字义证》:“记事者也者。《书·酒诰》:太史友内史友。郑注:太史内史掌记言记行。《周礼》冢宰:史十有二人。注云:郑司农云:志谓记也。《春秋传》所谓《周志》,《国语》所谓《郑书》之属是也。史官主书。故韩宣子聘于鲁,观书太史氏。馥案:《通典》云:《春秋》《国语》引《周志》《郑书》,似当时记事各有其职。外史掌四方之志。……襄十四年《左传》:史为书。注云:谓太史,君举则书。《玉藻》:动则左史书之,言则右史书之。《世本》注:黄帝之世,始立史官。仓颉、沮诵居其职。至于夏商,乃分置左右。故曰:左史记言,右史记事。言经尚书,事经春秋者也。”①

尹字中的“丿”与史字中的“中”是相通的。“中”字由口和丨组成。口代表书契的载体,如岩壁、墙面、皮革、竹简、木牍之类;丨代表书契的工具,如刀笔之类;或者说,口代表盛颜料的器皿,丨代表毛笔,以笔蘸汁以书者。古人将重要的事务刻划、书写在竹简上,其中就包含着许多故事、判例。久而久之,“中”就成了正确行为准则的代名词了。在古代典籍中,“中”常常指“法”和法律文件。如《尚书·尧典》:“允执厥中。”《吕刑》:“惟良折狱,罔非在中。”《周礼·秋官·司寇》:“断庶民狱讼之中。”“求民情,断民中。”“狱讼成,士师受中。”“凡官府多州及都鄙之治中,受而藏之。”持中之史与握绳之尹都是职官,一方面处理着政事,另一方面又要把各类政事之原委、经过及结果记载下来,以备查阅。故史与吏、事同源也。

胡澱咸说:“从卜辞、铜器铭辞、《尚书》和《诗经》等最可信据的材料看,殷和西周时代史官只有史、御史、太史、乡史和内史。”“内史是起草昭诰、掌策命的,是机要之官。”“在我国古代,有两种学问由太史掌管:一是天文立法,一是历史记载。这两种学问都与它掌管祭祀有关。太史是掌祭祀的。”“殷王的活动和国家大事是由太史占卜,并由他们刻为卜辞。换句话说,殷王的活动和国家大事都有太史参加,由他们记载。”②

综上,我们看到了掌管天文、立法、祭祀、占卜、历史记载的中央职官之史的形象。他们参与了中央朝廷的一系列重大事务,成为王之左右。

---

① 桂馥:《说文解字义证》,齐鲁书社 1987 年版,第 248 页。

② 胡澱咸:《甲骨文金文释林》,安徽人民出版社 2006 年版,第 27 页。

(三)君

君字，甲骨文写作“[illegible]”。《说文解字》：“君，尊也，从尹，发号，故从口。”桂馥《说文解字义证》：“尊也者，君、尊声近。《仪礼·子夏传》：君，至尊也。……从尹者，本书尹：治也。伊下云：尹，治天下者。发号故从口者，本书：令，发号也。后，继体君也。《书·大禹谟》：文命敷于四海。《说命》：王言惟作命。《谥法》：庆赏刑威曰君。”①

君字与尹字不仅存在着密切的内在联系，而且在古文献中二字常常通用。《春秋经·隐公二年》：“夏五月辛卯，君氏卒。”而《公羊》和《穀梁》都作“尹氏”，可证。在甲骨卜辞中，“多君”与“多尹”通用。“多君显就是多尹，多君很清楚必是方国的君长，殷代方国的君长由此可知必就是氏族的族长。君原是氏族的族长，后世氏族发展成为国家，于是君也引申成为国家最高统治者的称号。”②

四　沿着制度的方向：肀→聿→律

以肀字为起点，且与尹字并行的另一个方向便是制度。

[illegible]字是既与肀相别又与尹字区分的第一个字。该字从木从又。木即鼓槌，是击鼓的用具。故该字的本义为击鼓、击鼓者、击鼓之声。甲骨文鼓字写作“[illegible]”。

在远古时代，正如《左传·成公十三年》所谓“国之大事，在祀与戎”。战争是非常重大的事情。鼓声成为指挥军队或沟通情报的重要手段。《周易·师》：“师出以律。”甲骨文资料中有“师唯律用”(《屯南》一一九)。“律”即鼓之音调和频率。《史记·律书》：“王者制事立法，物度轨则，壹禀于六律。六律为万事根本焉。其于兵械尤所重，故云望敌知吉凶，闻声效胜负，百王不易之道也。”这里说的“声”即“鼓声”。《诗经·小雅·采芑》：“征人伐鼓。”《山海经·大荒东经》说，黄帝用夔的皮制作鼓，“声闻五百里”。《史记·五帝本纪》载，黄帝打败蚩尤后召开部落联盟大会，“合符釜山”，统一兵符和量器。《韩非子·十过》亦谓黄帝“作为清角”。此举盖与舜“同律度量衡”性质相同。当文字诞生之际，这些古

① 桂馥：《说文解字义证》，齐鲁书社 1987 年版，第 124 页。

② 胡澱咸：《甲骨文金文释林》，安徽人民出版社 2006 年版，第 27 页。

人耳熟能详的故事，便自然成为文字创作的素材，并具有了非如此表示不可的必然性。

古代战争得以取胜，在很大程度上取决于指挥得当。而最有效的指挥工具就是全天候的战鼓。《吴越春秋·勾践伐吴外传》载：越王勾践欲伐吴，与八大夫谋划。大夫臬如曰："审声则可战，审于声音，以别清浊。"勾践"乃坐露坛之上，列鼓而鸣之，军成行阵。即斩有罪者三人，以徇于军。令曰：不从吾令者，如斯矣。……有司、将军大徇军中，曰：队各自令其部，部各自令其士：归而不归，处而不处，进而不进，退而不退，左而不左，右而不右，不如令者，斩。……越王阴使左、右军与吴望战，以大鼓相闻，潜伏其私卒六千人，衔枚不鼓攻吴，吴师大败。"①

战鼓之音的作用有二：首先是统一众人的行为。《墨子·号令》："屯陈，恒外、衢、术、街皆为楼。高临里中，楼一鼓。即有物故，鼓。吏至而止。夜以火指鼓所。""卒有惊事，中军疾击鼓者三，城上、道路、里中、巷街皆无得行，行者斩。""昏鼓鼓十，诸门亭皆闭之。"《备梯》："令贲士主将皆听城鼓之音而出，又听城鼓之音而入。"其次是互通情报。《墨子·备城门》："寇在城下，闻鼓音，燔苣，复鼓。"《号令》："寇至，楼鼓五。有周鼓杂小鼓而应之。"《旗帜》：（左军、右军、中军）"各一鼓，中军一三，每鼓三十击之。诸有鼓之吏，谨以次应之。当应鼓而不应，不当应而应鼓，主者斩。"

古代战鼓之声之所以具有权威，是因为它与赏赐特别是刑罚密切相关。诸葛亮《将苑·重型》："吴起曰：鼓鼙金铎所以威耳，旗帜所以威目，禁令刑罚所以威心。"金鼓旗帜之所以具有权威，原因就在于有刑罚做后盾。战争的硝烟和取胜时的欢呼，早已没了踪迹，但战争所缔造的禁令刑罚，却在先民叩响文明大门之际，扮演了无情而激进的角色。

古代的战鼓之所以具有权威，还因为它本身就带有神圣性。《抱朴子》："雷，天之鼓也。"《御览》十三引《河图帝通纪》："雷，天地之鼓。"《说文解字》："鼓，郭也。春分之音，万物郭皮甲而出，故谓之鼓。"《周礼·冬官考工记》："凡冒鼓，必以启蜇之日。"注："蜇虫始闻雷声而动，鼓所取象也。冒，蒙鼓以革。"周清泉指出："在惊蛰之日冒鼓，是本于原始巫术意识，欲人所作的鼓与始震的雷行神秘的互渗，鼓取象于雷，雷字所从的畾，也取象于鼓，是雷即鼓，鼓亦雷。"②

《周礼·地官司徒·鼓人》："鼓人，掌教六鼓四金之声，以节声乐，以和军

---

① 参见张觉译注：《吴越春秋全译》，贵州人民出版社 1993 年版，第 400、403、406 页。

② 周清泉：《文字考古》（一），四川人民出版社 2003 年版，第 519 页。

旅，以正田役。教为鼓而辨其声用：以雷鼓鼓神祀，以灵鼓鼓社祭，以路鼓鼓鬼享，以贲鼓鼓军事，以鼛鼓鼓役事，以晋鼓鼓金奏，以金錞和鼓，以金镯节鼓，以金铙止鼓，以金铎通鼓。”又《夏官司马·大司马》：仲春教振旅，“王执路鼓，诸侯执贲鼓，军将执晋鼓，师帅执提，旅帅执鼙，卒长执铙，两司马执铎，公司马执镯，以教坐作进退疾徐疏数之节”。可见，周礼之六鼓，涉及祭祀、军事、赋役、音乐诸领域，而祭祀居其半。实际上，鼓充当了司祭、司寇、司徒、司乐、军事训练等指挥的角色。其中的军鼓，因战前对神祇宣誓，并且杀牲以涂鼓，便更具有神圣之威严。

古代的战鼓或许像编钟一样是成组或成套的。最古老的战鼓名字叫“皋陶”，而最古老的法官和司寇也叫“皋陶”，这也许不是简单的巧合。《竹书纪年》：“咎陶作刑。”《风俗通义》：“咎陶谟，虞始造律。”《急就篇》说：“皋陶造狱法律存。”《后汉书·张敏传》：“皋陶造法律。”《路史·后纪·少昊》：“立犴狱，造科律……是皋陶。”由此可证，皋陶与律有着某种联系，姑且称其为“皋陶造律”。这些战鼓是由不同长度、直径的鼓木蒙以兽皮而制成的。古时已有专门制作鼓的工匠。鼓的规格不同，击打时发出的声调和传播的距离也不同。《周礼·冬官考工记》载：“鼓大而短，则其声疾而短闻；鼓小而长，则其声舒而远闻。”《周礼·春官·大师》说：“大师执同律以听军声而诏吉凶。”这里说的“同律”即事先约定好的鼓点儿——鼓声的高低和频率。“彭”字，《说文解字》说“鼓声也”。该字字义与其说是鼓声，不如说是鼓之节奏。这也正是“聿”字的本义。这种鼓点儿就是指挥军队行动的号令，具有极大权威，任何人不得违反，否则将受到严惩。这些内容在古代战前的誓词中并不少见。如《尚书·甘誓》：“用命，赏于祖；弗用命，戮于社。”战鼓皋陶的权威兼而受到刑官皋陶的拱卫。而皋陶则由于严明赏罚而被后人歌颂。如《诗经·鲁颂·泮水》：“矫矫虎臣，在泮献馘。淑问如皋陶，在泮献囚。”献即谳、献聝、献囚，即核实战功、依令赏赐之义。至此，古代的“律”字便由击鼓者演变成战鼓，进而演变成战鼓发出的声音，即军令、军纪。因此可以说，鼓与军事具有天然联系。故《礼记·乐记》谓：“君子听鼓鼙之声，则思将帅之臣。”

聿字加上彳便演化为律。甲骨文写作“[甲骨文]”。彳是行字[甲骨文]的半边，表示街道、路口、村落。孔子说：“三人行，必有我师焉。”三人行，盖指三家之巷也。当“聿”演变成“律”时，也许古老的社会生活已发生了巨大变革。古老氏族也许由游牧转为定居。原先的军事组织演变成半军事半行政的村落。这时的战鼓被固定安放在村中央的某处。而这时的鼓声除了军令之外，更多的是通知众人开会、纳粮、出丁之类，如同当年生产队的钟声一样。据史载，商人多迁。《尚书·盘庚》："不常厥邑，于今五邦。"最后一次迁都是盘庚迁殷。《竹书纪年》："自盘庚迁殷至纣之灭，二百七十三年更不徙都。""律"字之所以取代"聿"字，可能与长期稳定的社会生活环境有关。《周礼·地官·鼓人》："掌教六鼓四金之音声，以节声乐，以和军旅，以正田役。"当时鼓声的功能也从"和军旅"变成"正田役"了。

战鼓发挥功能需具备两个条件：一是鼓点儿要一致，其包含的内容需统一而明确；二是鼓的设置地点要合理，太近了没有必要，太远了听不到。由中央领袖发出的鼓点儿像波纹一样一波一波地传出去，又一波一波地反馈回来。这也许就是"均布"的本义。许慎的解释必有所本，但其古义当时或已失传。

远古战争之际，出征之前常常誓师，公布赏罚之令。如杀敌一人赏马一匹，逃亡者则刖其一足之类。誓师，又杀牲涂鼓，以乞神助。于是，鼓声便是军令，不可违犯。击鼓者具有至高无上之权威，且赏罚之率，又可以用简单的图画来表现，如五刑之画象。至此，我们似乎看到了鼓槌"聿"与画笔"聿"之间神奇的暗通之处。

试看《说文解字》对"昼"和"画"两字的解释："晝，日之出入，与夜为界。""畫，界也，象田四界，聿所以畫之。"当以暮鼓晨钟之音响划分日夜之际——晝（昼）时，当以聿刻划标志以区分疆界——畫（画）时，我们不禁为古人用鼓（聿）划分时间，用筆（聿）划分空间的高超智慧而深深折服！

钟鼓之声是可以记录的。《韩非子·十过》载：卫灵公"夜分，而闻鼓新声而说之……子为我听而写之。"《淮南子·本经训》："雷震之声，可以钟鼓写也。"战鼓的鼓点儿也是可以"写"的，以此传布全军上下。写字古作"寫"。上部为臼，是捣制和配制颜料的器皿，下部盖即鹰之尾。该字或表示以鹰尾醮颜料书写之义。听而录之是写，读而录之也是写。古人就是靠着这种摹写的方法，让鼓音之律乃至成文法典，从中央传布至全国。

钟鼓之声是有谱的，或曰鼓谱。各种礼仪均以故声为指挥，如京剧之司鼓。《礼记·投壶》记载古代指挥投壶礼和射礼的鼓谱：

鼓　○□○○□□○□○○半○□○□○○○□□○□○；

鲁鼓　○□○○○□□○□○○□□○□○○□□○半○□○○○□□○；薛鼓取半以下为投壶礼，尽用之为射礼。

鲁鼓　○□○○□□○○半○□○○□○○○○□○□○；

薛鼓　○□○○○○□○□○□○○○□○□○○□○半○□○□○○○○□○。

《礼记·投壶》郑玄注："此鲁薛击鼓之节也。圆者击鼙，方者击鼓。古者举事，鼓各有节，闻其节则知其事矣。"

可惜，这些鼓谱和乐谱一样都已散佚了。今天，我们只能通过古老戏剧和民间音乐去体味幽远的旋律。鼓之音律的作用，首先体现在军事活动中。比如“肃”字，《说文解字》云：“肃，指事振敬也，从聿在渊上，战战兢兢也。”闻鼓如同听令，自然肃立安静。同时鼓之音律的作用还体现在日程生活中。《说文解字》：“鼜，夜戒守鼓也。从壴蚤声。礼：昏鼓四通为大鼓，夜半三通为戒晨，旦明五通为发明。”这种功能又反映在古文字上。古人闻晨鼓而起作，故有“肁”字。《说文解字》：“肁，始开也，从户从聿”。闻昏鼓而熄火，以防火灾，故有“煶”字。《说文解字》说“煶，火余也，从火聿声”，更不必说表现“日之出入，与夜为界”的“昼”(晝)字了。在没有钟表的古代，人们判断时间是靠耳闻钟鼓的。

“律”通“率”。两个字是同义字。祝总斌指出：率的法律含义产生得比律字还要早些。[①] 率就是标准、尺度。商鞅变法规定：“有军功者各以率受上爵”，“宗室非有军功论不得为属籍”，“告奸者与斩敌首同赏，匿奸者与降敌同罚”。这些政策必然会通过立法渠道变成更为详细的规定。如杀敌若干、晋爵何级、授田几许，这就是率。《礼记·王制》：“有公德于民者，加地进律。”率与律字义已十分接近了。及至汉代，仍沿用了此义。《汉书·李广传》：“诸将多中首虏率为侯者，而广军无功。”颜师古注：“率，谓军功封赏之科著在法令者也。”《史记·商君列传》：“有军功者各以率受上爵。”此“首虏率”与商鞅的“军功率”也许有着内在联系。青川木牍载：“二年修为田律。”其中“二年”，系秦武王二年，即公元前309年。[②] 这是“律”字以法律字义出现的首例。立功受赏之率变成授受田土之律，是十分自然的事情。在这里，我们依稀嗅到了秦人“改法为律”的文化气息。

《左传·定公四年》：“鲁卫之封，启以商政，疆以周索。”“晋国之封，启以夏政，疆以戎索。”如果说“礼”是家法，是组织同族人群对祖先神进行祭祀的仪式规则，那么，“律”则是军法，是组织众人进行狩猎和战争的号令。“礼”是宗法的产物，“周索”也；“律”是游牧生活的产物，“戎索”也。不管是中原农耕民族之“礼”，还是西北游牧民族之“律”，它们都在西周初期周公所总结的“礼乐”文化中占有各自的席位：礼者，中原之法也；乐(律)者，西北之法也。这两者的二重奏，便是中国传统法律文化的主旋律。

① 祝总斌：《关于我国古代的改法为律问题》，《北京大学学报(人文版)》1992年第2期。

② 于豪亮：《释青川秦墓木牍》，《文物》1982年第1期。

五 沿着器物的方向:肀→聿→筆

古代的“律”字可能与笔(筆)字有着不解之缘。《说文解字》:“聿,所以书也。楚谓之聿。吴谓之不律。燕谓之弗。从聿一声。”“筆,秦谓之筆,从聿从竹。”桂馥《说文解字义证》:“所以书也者,《释名》:筆,述也。述事而书之也。《急就篇》:筆研筹筭膏火烛。颜注:筆所以书也。一名不律,亦谓之聿。徐广《车服杂注》:古者贵贱皆执笏,有事则书之,常簪筆。《说苑》:王满生说:周公藉草牍书之。《殷代家传》:殷泰善书记:上叹曰:非惟秋兔之毫,乃是鹰鹯之爪。楚谓之聿,吴谓之不律。燕谓之弗者,《释器》:不律谓之筆。郭注:蜀人呼筆为不律也。语之变转。馥案:不律,犹令丁为铃,终葵为椎,俾倪为陴,不疑为丕是也。”“秦谓之筆者,《赵策》:臣少为秦刀筆。《史记》:蒙恬筑长城,取中山兔毛造筆。《古今注》:牛亨问曰:自古有书契已来,便应有筆,世称蒙恬造筆何也?答曰:蒙恬始造筆,即秦筆也。古以枯木为管,麢毛为柱,羊毛为被,所谓苍毫,非兔毫竹管也。《广志》:汉诸郡献兔毫。书鸿门题,惟赵国毫中用。蔡邕《筆赋》:惟其翰之所生,于季冬之狡兔,性精亟以摽悍,体遄迅而骋步。削文竹以为管,加漆系之绳束,形调博以直端,染元墨以定色。”[①]

今见西晋崔豹《古今注》谓“鹿毛为柱”[②]。唐苏鹗《苏氏演义》引《古今注》亦为“鹿毛为柱”[③]。然而桂馥义证独为“麢毛为柱”。盖“鹿”为常见字,“麢”为罕见字。从传写之误而言,将罕见字误写为常见字则易,而将常见字误写为罕见字则难。古本《古今注》早佚,或许桂馥独见另一版本之《古今注》?或许桂馥于某古籍中抄录《古今注》佚文?无论如何,将麢与筆联系起来绝非偶然。

□(聿)的另一种解读就是执麢尾。其证据有三:一是该字表示以手执□之形,与甲骨文麢和金文灋字中麢的尾部均一致;“牛与麢所以别者,以麢有多毛之尾,此殆上古野牛之特征”[④]。二是远古社会有执兽尾而舞的习俗。如《吕氏春秋·古乐》:“昔葛天氏之乐,三人操牛尾投足以歌八阕。”盖即周礼六舞中的旄舞。《说文解字》:“旄,幢也,从方从毛。”段注:“以牦牛尾注旗竿,故谓此旗为

---

① 桂馥:《说文解字义证》,齐鲁书社 1987 年版,第 250 页。

② 崔豹:《古今注》,焦杰点校,辽宁教育出版社 1998 年版,第 17 页。

③ 苏鹗:《苏氏演义》,张秉戌点校,辽宁教育出版社 1998 年版,第 22 页。

④ 徐中舒:《甲骨文字典》,四川辞书出版社 1989 年版,第 1077～1078 页。

旄。"《玉篇》:"旄,旄牛尾,舞者持。"三是以"隶"字作佐证。《说文解字》:"隶,及也。从又从尾省。又,持尾者,从后及之也。"段注:"此与逮音义皆同。逮专行而隶废也。"章炳麟《新方言·释言》:"从后持尾,谓追及禽获之。"故"隶"为以手持兽尾之义。在古文字中,"隶"与"聿"通。故聿字古义即以手持兽尾,而执廌尾是其特殊含义。廌,独角兽,是蚩尤部落的图腾。蚩尤又读作"皋陶、咎繇"。蚩尤部落建树颇多,其中包括发明五刑即"灋"。

黄帝打败蚩尤,收编其余部落,在泰山召开部落联盟大会。《韩非子·十过》:"昔者黄帝合鬼神于泰山之上,驾象车而六蛟龙,毕方并辖,蚩尤居前,风伯进扫,雨师洒道。"蚩尤死了,但他创造的"灋"仍然发挥着作用。《龙鱼河图》:"帝因使之主兵,以制八方。蚩尤殁后,天下复扰乱不宁。黄帝遂画蚩尤形象,以威天下。天下咸谓蚩尤不死,八方万邦,皆为殄伏。"蚩尤形象,与其说是独角兽,毋宁说就是五刑和灋。然而涂画蚩尤或五刑形象的工具,盖即廌之尾。

蚩尤虽然战败了,但因为他能征善战而被尊为战神。《周礼·春官·肆师》:"肆师之职,掌立国祀之礼。……凡四时之大甸猎,祭表貉,则为位。"郑注:"貉,师祭也,读为十百之百,于所立表之处,为师祭祭造军法者,祷气势之增倍也。其神盖蚩尤,或曰黄帝。"因为蚩尤为战神,出师祭祀蚩尤是很自然的事。肆师之肆,中有聿字,其与战鼓、军法或许暗中相联系。

远古社会,人们常在岩壁上或陶器上作画,在陶器上绘图的工具盖即兽之尾或兽之毛,用它们醮颜料并涂抹之。这种生产活动或艺术创造可能与狩猎有关。普列汉诺夫曾指出:"原始狩猎者几乎总是具有独特风格的、聪明的、有时是热情的画家和雕刻家。……原始人只要一天还是猎人,他的摹仿的冲动顺便就使他成为画家和雕刻家。"①《韩非子·十过》:"禹作为祭器,墨漆其外而朱画其内。"上漆作画没有相应的工具是不可想象的。与此不同,以廌之尾涂抹五刑之象,是一种公布法律和秩序的政治行为,因其威力巨大,使人们经久不忘。当廌之尾成为笔的初形——聿的时候,用聿在村头街口的建筑物上涂抹五刑之象时,不正是在向人们展示"律"字问世的一幅最古老、最原始、最直观的图画吗?

这种在固定建筑物上涂抹法令、刑罚之象的办法一直流传到后世。如《周礼·天官·大宰》:"县(悬)治象之法于象魏。"郑玄注:"大宰以正月朔日,布王治之事于天下,至正岁,又书而县于象魏,振木铎以徇之,使万民观焉。"《地官·大司徒》云"县教象之法于象魏";《夏官·大司马》云"县政象之法于象魏";《秋官·大司寇》云"县刑象之法于象魏"。象魏是诸侯国君宫前一对高的对称的建

① 刘城淮:《中国上古神话》,上海文艺出版社1988年版,第611页。

筑物。定期把形象之法令公布其上，又定期收而藏之。《左传·哀公三年》：鲁宫失火，“季桓子至，御公立于象魏之外。……命藏象魏，曰：旧章不可亡也”。可见，这些有形象或文字内容的“旧章”，可以张贴悬挂或书写在象魏上面，又可以取下来收藏。

以图画形式公布法律是古老民族常用的方法。日本著名法学家穗积陈重指出：“以图画形法规晓谕人民，是盖文字未兴或已兴而未通行于世之际，对于不识字人民，示法以紧，而警诫之最有效方法也。”“以绘画发布，正与成文法之以文书发布者相同。”①

综上所述，我们从官职、制度、器物三个方向勾画出古律字形成的轮廓。主要论点有二：一是以战鼓之音为军令，配以军功赏罚之率，最终演变成法律之律。这一过程留给我们许多遐想之处：古云“皋陶造律”，而皋陶又是战鼓之名。故皋陶之“律”即战鼓之音律，亦即军律、军令。但是，因皋陶又是法官，自然是军令的执行者和监督者。故而古人又云：“皋陶作刑。”于是，我们似乎感觉到，“皋陶造律”和“蚩尤作法”一样异曲同工，而皋陶战鼓之音与蚩尤所作“五兵”则殊途同归。二是以鹰尾为笔绘画五刑之形象，此亦远古“象刑”之初义，其工具就是聿。这一过程同样留给我们许多遐思：甲骨文的舞字，写作有如一人两手各执一鹰尾而舞。这也许是原始部落颁布古老“法令”的仪式。而远古社会最重大的立法活动就是蚩尤创制法（五刑）。更为奇异的是，蚩尤与皋陶都是鹰的代表。于是，在口耳相传的纷繁的史影中，一些看似风马牛不相及的历史碎片神奇地嵌合在一起，而且天衣无缝。此刻，我们终于有机会透过数千年的尘雾，去直面我们的先民——用眼睛去看，用耳朵去听，于是我们发现了战鼓之聿与画筆之聿的重叠，便是法律之律。

六　秦人为何改法为律

秦人“改法为律”是秦国也是我国法律史上的重大事件。夏商周三代法律多以“刑”为名。战国以后，各诸侯国又多以“法”为名。秦国则“改法为律”，独以“律”名，后世历朝大体相沿而未改。那么，秦人“改法为律”是怎么回事？“改法为律”的原因及其对后世的影响在哪里？

---

① ［日］穗积陈重：《法律进化论》，黄尊三等译，中国政法大学出版社 1997 年版，第 109 页。

(一)关于秦人"改法为律"

历代文献当中关于战国时秦国商鞅据《法经》"改法为律"的记载,主要有以下四处:一是北齐魏收撰的《魏书·刑罚志》:"逮于战国,竟任威刑,以相吞噬。商君以《法经》六篇入说于秦,议叁夷之诛,连相坐之法。"二是唐司空房玄龄、褚遂良等奉诏集体编辑的《晋书·刑法志》:"是时承用秦汉旧律,其文起自魏文侯师李悝,悝撰次诸国法,著《法经》。以为王者之政莫急于盗贼,故其律始于盗贼。盗贼须劾捕,故著网捕二篇。其轻狡、越城、博戏、借假、不廉、淫侈、踰制,以为杂律一篇。又以具律具其加减,是故所著六篇而已,然皆罪名之制也。商君受之以相秦。……旧律因秦《法经》,就增三篇,而《具律》不移,因在第六。"三是唐太尉长孙无忌、刑部尚书唐临等奉诏集体编辑的《唐律疏议·名例》:"周衰刑重,战国异制,魏文侯师李悝,集诸国刑典,造《法经》六篇:一盗法,二贼法,三囚法,四捕法,五杂法,六具法。商鞅传授,改法为律。汉相萧何,更加悝所造户、兴、厩三篇,谓九章之律。"[①]四是唐首辅大臣奉诏集体编辑的《唐六典·尚书刑部》:"魏文侯师李悝,集诸国刑书,造《法经》六篇:一盗法,二贼法,三囚法,四捕法,五杂法,六具法。商鞅传之,改法为律以相秦。"[②]

除上述记载之外,当年在秦国进行的轰轰烈烈的变法和"改法为律",竟然不见于其他记载,此诚可疑者。可是,换一个方式来想一想,也许是因为"改法为律"活动发生在偏远落后的被"夷狄遇之"的秦国,很容易被当时先进的东方六国的主流社会所鄙夷忽视。也许是因为秦王朝以严刑酷罚之暴政而招致短祚,后世学人对秦的历史故事刻意回避或不屑于议论。也许是因为"改法为律"是一项"专业"活动,故除了极少数对法律刑政有偏爱者,比如像历代刑官、法曹,还有像撰写《晋书·刑法志》和《唐律疏议》的特殊作者们偶尔提及之外,一般文人墨客终身潜心儒家经典以学干禄犹恐不逮,何暇他顾尔。而民间世传的刑政法狱诉讼之私人著述等,连正常传播都有诸多不便,更鲜有机遇挤入圣贤著述之林。凡此等等,皆不足为怪也。因此,可以认为秦国"改法为律"应当是一个不争的事实。"改法为律"的"法",盖指李悝在整理诸国法律实践成果基础上编纂的《法经》;"改法为律"的"律"即指秦律。秦国"改法为律"是将异国之《法经》与秦国具体国情相结合的长期立法司法实践的产物。

正如学者指出的:"秦汉律的基本框架、原则和内容为商鞅所确立。"[③]也许

---

① 长孙无忌等:《唐律疏议》,刘俊文点校,中华书局 1983 年版,第 2 页。

② 李林甫等:《唐六典》,陈仲夫点校,中华书局 1992 年版,第 180 页。

③ 杨震红:《从出土秦汉律看中国古代的礼法观念及其律体现》,《中国史研究》2010 年第 4 期。

正因如此，商鞅因为曾经充当了秦律的最初缔造者而被时人广为称颂。《战国策·秦策》谓："今秦妇人、婴儿皆言商君之法。"《韩非子·定法》曰："商君十饰其法。""及孝公、商君死，惠王即位，秦法未败也。"《五蠹》云："今境内之民皆言治，藏商管之法者家有之。""商君之法"和"禹刑""汤刑""周文王之法""子产刑书""宣子之刑"等一样，都是古人对当时重要立法活动的客观记录和凝练表述。在古人心目中，早已把商鞅的名字与秦国之律紧紧联系在一起了。

(二)秦"改法为律"的一般原因

关于秦国"改法为律"的原因，古代学者曾有论述。明代邱濬在《大学衍义补·慎刑宪·定律令之制》中说到"改法为律"的原因："李悝所著者，谓之法经，未以律名也。律之言昉(始)于虞书，盖度量衡受法于律，积黍以盈，无锱铢爽。凡度之长短，衡之轻重，量之多寡，莫不以此取正。律以著法，所以裁判群情，断定诸罪，亦犹六律正度量衡也。故制刑之书以律名焉。"梁启超指出："盖吾国科学发达最古者莫如乐律。……书言同律度量衡，而度量衡又皆出于律。……夫度量衡自为一切形质量之标准，而律又为度量衡之标准。然则律也者，可谓一切事物之总标准也。……然则律也者，平均正确，固定不动，而可以为一切事物之标准者也。……其后展转假借，凡平均正确可为食物标准者，皆得锡以律名。《周易》曰：师出以律。孔疏云：律，法也。是法律通名之始也。自汉以还，而法遂以律名。"[①]陈顾远指出，商鞅"改法为律"有三个原因：其一，借用音律之律，以示罪之轻重。其二，借用竹器之名，以竹书于简上之刑法。其三，移军法之律作刑典之称。又说："商鞅为避免法刑用语之混杂，遂以军法之律，移刑典之称。"[②]祝总斌也总结出"改法为律"的三个原因：一是战国时期音乐的社会地位逐渐被强调，突出了"律"的地位。二是战果时期度量衡的统一，促进了"律"的规范意义。三是"律"与"率"同义，从而促成"律"字逐渐具有法律的含义。这种着眼于社会文化的宏观视野和研究方法，读罢使人有耳目一新的感受。[③] 还有学者指出："律本钟鼎之声调，军队以金鼓之声及节奏指挥战斗。击鼓进军，鸣金收兵。故《易·师》曰：师出以律。律成了军令、军法的代名词。违律者必遭严惩。晋、秦居戎狄之邦，习游牧，善征讨，尚军法。故秦、赵、魏以律名其法，其所由来者上矣！"[④]吴建璠总结说："改法为律的意义何在？……律本来是音乐的术语，是

① 梁启超：《梁启超法学文集》，中国政法大学出版社2000年版，第94页。

② 陈顾远：《中国法制史概要》，台北三民书局1964年版，第360页。

③ 参见祝总斌：《关于我国古代的改法为律问题》，《北京大学学报(人文版)》1992年第2期。

④ 武树臣等：《中国传统法律文化》，北京大学出版社1994年版，第279页。

调整音量的标准。后来把律用到军事上，有军律的意思。……改法为律，就正式借用军事上的律以强调法律的重要性和权威性，强调它的必须遵守。”在《商鞅改法为律考》一文中，吴建播又说：“商鞅看中了军队中习用的律字……借用军律的极大权威性来强化成文法的地位与作用，使之成为人人必须遵守的准则，以利于贯彻执行他提出的变法措施，这就是商鞅改法为律用意之所在。”①

(三)秦“改法为律”的文化原因

秦国崇尚“律”，与其祖皋陶有关。《史记·秦本纪》：“秦之先，帝颛顼之苗裔。孙曰女修，女修织，玄鸟陨卵，女修吞之，生子大业(即皋陶)。大业娶少典之子曰女华，女华生大费。……大费拜受，佐舜调顺鸟兽，鸟兽多驯服，是为伯益，舜赐姓嬴氏。”秦嬴姓，以皋陶为先祖。“到皋陶的儿子伯益、仲甄时，才为了区别族系，分成嬴、偃两姓。但直到一千四百多年后的春秋时期，嬴、偃仍认为同姓同族。如楚灭偃姓舒、蓼诸国，而嬴姓的秦孝公为之挂孝。”②皋陶是尧舜时代的刑官。《竹书纪年》：“咎陶作刑。”《风俗通义》：“咎陶谟，始造律。”《急就篇》：“皋陶造狱法律存。”《后汉书·张敏传》：“皋陶造法律。”《路史·后纪·少昊》：“立犴狱，造科律……是皋陶。”

皋陶造的“律”是军律。最早的军律是战鼓之节拍。据《周礼·考工记》载，最古老的战鼓名叫“皋陶”，与造律的皋陶同出一源，并非偶然。皋陶不仅造律，而且还是最早执行军律的军事法官。《诗经·鲁颂·泮水》：“矫矫虎臣，在泮献馘。淑问如皋陶，在泮献囚。”献，即谳、瀐，审讯；馘，杀敌取其左耳以为评定战功之凭证。此诗反映了战争之后论功行赏的情景。皋陶出生在曲阜，属于鲁地，鲁人歌颂皋陶是十分自然的事情。既然皋陶是秦人的先祖，皋陶又是战鼓和“律”的创制者，那么秦人尚律则是顺理成章的事情。

从民族传统来说，秦国“改法为律”还与秦人的游牧习俗有关。秦为后起之诸侯国。《史记·秦本纪》云：秦“辟在雍州，不与中国诸侯之会盟，夷狄遇之”。秦本为夏族的一支。《国语·鲁语上》：“夏后氏禘黄帝而祖颛顼。”《史记·秦本纪》载：“秦之先，帝颛顼之苗裔……与禹平水土。”“秦之先为嬴姓，其后分封，以国为姓。”周幽王时，犬戎、申戎南下寇周，秦人赞周“将兵救周，战甚力，有功”。平王东迁，秦护之。“平王封襄公为诸侯，赐之岐山以西之地。曰：戎无道，侵我岐丰之地。秦能攻逐戎，即有其地。与誓封爵，襄公于是始国。”至秦穆公时，

① 吴建播：《唐律研究中的几个问题》，《中外法律史新探》，陕西人民出版社 1994 年版，第 221、212 页。

② 何光岳：《东夷源流史》，江西教育出版社 1990 年版，第 21 页。

“伐戎王，益国十二，开地千里，逐霸西戎”。

秦人始为游牧部落，又以战争立国，故素有尚武之风。《诗经·秦风·无衣》：“王于兴师，修我戈矛，与子同仇。”司马迁《史记·货殖列传》说：西北地区，“地边胡，数被寇。其民好气任侠”。班固《汉书·赵充国辛庆庆忌传》云：“山西天水、陇西、安定，北地处势迫近羌胡，民俗修习战备，高上勇力鞍马骑射。故秦诗曰：王于兴师，修我甲兵，与子皆行。其风声气俗，自古以然。今之歌谣慷慨，风流犹存耳。”因此，秦人崇尚军律军法，是十分自然的事。

秦人习惯于用“律”，与秦军队中原本熟悉军律的司法官吏转业到地方后仍执掌司法工作这一社会现象是有联系的。近代思想大家章炳麟在《文录·古官制发源于法吏说》一文中指出：“法吏未置以前，已先有战争矣。军容国容，既不理，则以将校分部其民，其遗迹存于周世者，传曰官之师旅……及军事既解，将校各归其部，法吏独不废，名曰士师，征之《春秋》，凡言尉者，皆军官也，及秦而国家司法之吏，亦曰廷尉，比因军尉而移之国中者也。”[①]此言何其中肯！

（四）秦“改法为律”的特殊原因

蒙文通在《古史甄微》中《秦之社会》的《刑制》一节论述道：“《左氏》言：夏作禹刑，商作汤刑，周作九刑。《甫刑》有墨、劓、膑、宫、大辟。《周官》有墨、劓、宫、刖、杀。此三代之刑经而法纬，刑可考而法难知也。《左氏文公十八年传》言：周公制作誓命，曰：毁则为贼，掩贼为藏，窃贿为盗，盗器为奸。主藏之名，赖奸之用，为大凶德，有常无赦，在九刑不忘。《荀子》亦曰：害良曰贼，窃货为盗。贼、盗、奸、藏，殆三代之法名也。秦用《法经》，汉以后沿之：一盗法，二贼法，三囚法，四捕法，五杂法，六具法。是法经而刑纬，法可考而刑难知也。此秦与三代之异也。”[②]他用“刑经法纬”“刑可考而法难知”和“法经刑纬”“法可考而刑难知”，概括了三代之法和秦代之法的本质特征，给我们留出很大想象的空间。

1. 三代之法：以刑统例

夏商周三代之法常以刑为名。如《左传·昭公六年》：“夏有乱政，而作禹刑；商有乱政，而作汤刑；周有乱政，而作九刑。”其时立法为“单项立法”，即国家单独制定颁布三种内容的法律规范。第一种是稳定的刑罚制度，主要指墨、劓、刵、宫、大辟五刑；第二种是半稳定的司法原则，如《左传·昭公七年》的“有亡荒阅”，《尚书·吕刑》的“刑罚世轻世重”，《左传·昭公元年》的“直钧则幼贱有

---

① 转引自杨鸿烈：《中国法律发达史》，商务印书馆 1930 年版，第 24 页。

② 蒙文通：《古史甄微》，巴蜀书社 1999 年版，第 235 页。

罪”,《易经》的“不富以其邻”“无平不陂,无往不复”“迷逋复归”,《左传·文公六年》的“董逋逃,由质要”等法律原则或法律政策。第三种是不稳定的禁与令,即禁止和提倡某种行为,但不涉及具体后果及责任。如《尚书·费誓》:“无敢寇攘、逾垣墙、窃马牛、诱臣妾,汝则有常刑。”至于何为“寇攘”,又处以何种刑罚,是不明示的,有待执政者根据具体情况临时处分。

上述三项内容相互独立存在,不合于一典,它们之间不能发生因果逻辑关联。在各诸侯国,被分立的三项内容统称为“刑”或“法”。“单项立法”的结果是使判例故事成为最重要的法律规范,从而使法官居于十分优越的主导地位。当时的审判方法是《左传·昭公六年》所谓“议事以制,不以刑辟”。孔颖达疏:“临事制刑,不豫设法。”“议事以制”:议,选择;事,指先例、故事;制,裁断。这句话意谓选择适当的先例、故事以为依据来裁判,不预先制定包括何种行为为违法、犯罪,又当给以何种处分这两项内容的成文法律。当时的法律规范主要由先例、故事组成。先例、故事整理和编纂的方式是在五种刑罚后面分别列出处以该种刑罚的先例。这种方法即《尚书·吕刑》所谓“五刑之属三千”。当时还不太讲究系统的罪名之制,故某一刑罚后面囊括罗列各种曾经处以该刑罚的犯罪之先例、故事。法官审判案件,就从这些文献中去寻找最为合适的先例、故事,作为审判的依据,即《周礼·秋官·司寇》所谓“司寇断狱弊讼,则以五刑之法诏刑罚以辨罪之轻重”、《周礼·地官司徒·遂师》所谓“比叙其事而赏罚”、《礼记·王制》所谓“必察小大之比以成之”。当时法官的标准是《国语·晋语》所谓的“直”和“博”:“直能端辨之,博能上下比之。”只有熟知历史典章故事者,才能正确地定罪科刑。春秋时代直接参与审判事务的叔向、子产等,都是“习于春秋”“熟知训典”的知名政治家。

2.战国之法:以法统令

战国是社会大变革的时代,又是变法的时代。“法”是国家制度的代名词。“法”正是政治斗争的工具,是变法的产物。变法以除旧更新为特征,以不断颁布新法令为方式。法令积累到一定程度就显得难于把握了。为了让官僚群体全面掌握法令,最好的方法就是分类编纂。对法令进行分类这种做法,春秋末期即已开始了。郑国子产之“刑书”盖有三篇之格局;晋国赵鞅之“刑鼎”著赵盾“夷蒐之法”,盖有四篇之格局。[①] 子产的“刑书”可能包含了诸项合一的色彩,具有反传统精神。从鲁昭公二十九年(公元前 513 年)晋国“铸刑鼎”,至李悝(约公元前 455～前 395 年)“撰次诸国法,著法经”,大约又过了一个世纪。李悝在

---

① 参见武树臣等:《中国传统法律文化》,北京大学出版社 1994 年版,第 294～304 页。

总结各诸侯国立法司法经验的基础上编纂了《法经》。《法经》有六篇：盗法、贼法、囚法、捕法、杂法、具法。在各篇之下应汇辑该类法令。法是纲，令是目，纲举目张。《法经》的可贵之处是出现了实体法与程序法的内在区分。由于史料缺乏，对当时法令编纂的具体情况已无法详知。

3. 秦国之法：以律统刑

从李悝《法经》到云梦《秦律》，大约过去了两个世纪。这正是封建社会由诸侯称雄向统一王朝转变的时期，也是成文法从确立到成熟的过渡时期。纵观睡虎地秦墓竹简，可知秦律比同时代其他诸侯国之法已有了很大的进步。秦人文化水平不太高，官僚群体的文化水平也有限。况且，秦人不断扩张自己的领土，不断扩大自己的军队和官僚队伍。为了实现国家政权对秦人，并通过官僚机器对扩展的新领土之人民进行有效统治，除了武力之外，法律是最为有效的手段。秦人是一手执刀戈、一手执法典横行天下的。

为了充分发挥法律的规范作用，最有效的办法是把法律制定得越具体、细致、精确越好。这样一来，秦律便完成了诸项合一，即把 A 何种行为是违法犯罪、B 应当承担何种刑罚或责任、C 法律原则或政策这三项内容合为一处。这种法律是公开颁布的，又被广为宣传。这就做到了使法律“明白易知”，“妇孺皆知”。这种法律便成了确切意义上的成文法或制定法。

这种诸项合一的法令或行为规范，早在远古时代的战争誓命中就已初见端倪了。《尚书·甘誓》：“左不攻于左，汝不恭命；右不攻于右，汝不恭命；御非其马之正，汝不恭命。用命赏于祖；弗用命，戳于社。予则孥戳汝。”该誓词立足于罚，将“不恭”的三种表现及其责任说得十分具体。《左传·哀公二年》载，晋赵鞅“铁之誓”：“克敌者，上大夫受县，下大夫受郡，士田十万，庶人工商遂，人臣隶圉免。”该誓词立足于赏，将不同身份之赏格开列得明明白白。誓是在广众之中面对神灵发出的，其语言通俗易懂，使人入耳而难忘，便于大众传播。

战国时的学者们曾经对这种诸项合一的新式法令进行概括。如《墨子·非命》：“发宪出令，设为赏罚，以劝善沮暴。”《管子·立政》：“凡将举事，令必先出，曰：事将为，其赏罚之数，必先明之。立誓者慎守令以行赏罚，记事致令，复赏罚之所加。有不合于令之所谓者，虽有功力，则谓之专制，罪死不赦。”这种严格“缘法而治”的办法，极大地提高了法律的权威。

在秦国的法律规范体系中，主要有法、律、令、事四种表现形式。正如《睡虎地秦墓竹简·语书》所谓"凡良吏明法律令事，无不能也"[①]，"法"是战国变法革新运动中既新起同时又被虚拟化的一个字眼儿，盖泛指国家制度，或特指《法经》之六法。"律"是正式、稳定，且占绝大比重也是最重要的法律规范形式。以"某某律"为形式的如《田律》《效律》《军爵律》者，是其所调整的某一社会领域的法律条文的集约化，因此多少带有后世单项法规的色彩。"某某律"有的是诸项合一的规定，故言"如律""以律""以律论之"；有的则不包含刑罚或处分，但大都明示"以某律论之""比某律论之""以某律责之"，从而依然保持了诸项合一的特征。"令"是临时发布的命令，具有不稳定性。如《语书》谓："法律未足，民多诈巧，故后有间令下者。"可见，令是法律的补充。"事"指"廷行事"，是审判中形成的具有特殊意义的先例、故事，是经过严格程序被确认的规范，也是制定法的补充。

(五)秦"改法为律"的历史地位

秦"改法为律"，是当时政治、军事、经济、历史、文化传统等诸多社会因素共同造成的。秦人尚律，是因为律适应了对内削弱贵族势力，鼓励人民勇于耕战，对外防止复辟，有效扩张等政治需要；秦人尚律，是因为律源于战争之誓辞，其辞通俗易懂，明白易知，且带有神之佐助，令人奋进而无畏；秦人尚律，是因为律源于军令，击鼓而进，鸣金而止，胜者晋爵富且贵，败者无容身之地，足以激励壮士一往无前；秦人尚律，是因为律精于定分，寸铢必较，公私分明，得者当得，损者当损，足以规范民众循规守矩；秦人尚律，是因为律为天下公开之物，官吏权重亦不敢违法以侵百姓，贤贵豪右亦不敢非议法律以自宠；秦人尚律，是因为律可以并吞各国迟滞不进之旧法，足以为大一统之帝国奠定基业。事实证明，这种庞大、具体、精确的成文法体系，确实为秦帝国管理官吏、统制地方和统一天下，发挥了重要作用。

秦的"改法为律"以及经过长期实践缔造的秦律体系，代表了当时的中华民族运用逻辑思维和书面语言描述统治集团意志和规范复杂社会生活的最高水准，展现了涵盖民事、刑事、行政、经济诸多社会生活领域的硕大无比的成文法的恢恢法网，宣示了我国成文立法所期达到的第一个峰巅。以"明白易知"为宗旨的成文法律第一次从贵族的庙堂里走向民间，成为寻常百姓见惯不惊的生活常识。如果我们绕过秦律带来的酷烈之风，似乎仍然可以感受到它的另一个历

① 参见睡虎地秦墓竹简整理小组：《睡虎地秦墓竹简》，文物出版社 1978 年版，第 19、20 页。作者按：此处断句以"法律令事"为句，以"事"为"廷行事"。

史功能——个体自然人第一次从血缘氏族的废墟上挣脱出来，与超血缘的国家建立了直接而简洁的权利义务关系。人们一边藐视着先天的血缘身份，一边通过自己的智慧、汗水和勇敢去开创未来。这种新式法律是公开的，不仅约束一般民众的行为，而且也约束官吏，甚至也间接约束帝王个人的恣意妄为。不仅如此，秦律凭借律、令、事、比、式、程、课等构建的法律体系，为后世历朝法律体系奠定了基础。

七　律与中国古代法律体系

中国古代成文刑法产生于春秋战国，其粗略轨迹为：子产刑书三篇、赵鞅刑鼎四篇、李悝法经六篇。[①]“商鞅传《法经》，改法为律，律之名，盖自秦始。”[②]据《睡虎地秦墓竹简》，秦律有《田律》《仓律》《金布律》《工律》等三十种。此外，《秦律杂抄》还涉及更多律名。

西汉初，朝廷或以秦法酷烈未便采用，故直接沿用法经。《晋书・刑法志》：“萧何定律，除叁夷连坐之罪，增部主见知之条，益事律兴、厩、户三篇，合为九篇。”《唐律疏议》亦谓：“汉萧何更加悝所造户、兴、厩三篇，谓九章之律。”

魏时陈群等奉诏，旁采汉律，增劫掠、诈伪、毁亡、告劾、系讯、断狱、请赇、惊事、偿赃等九篇，为新律十八篇，改汉具律为刑名，列为首篇。

晋时命贾充等增损汉魏律为二十篇：刑名、法例、盗律、贼律、诈伪、请赇、告劾、捕律、系讯、断狱、杂律、户律、擅兴律、毁亡、卫宫、水火、厩律、关市、违制、诸侯。

梁时蔡法度奉诏修律，定为二十篇：刑名、法例、盗劫、贼叛、诈伪、受赇、告劾、讨捕、系讯、断狱、杂、户、擅兴、毁亡、卫宫、水火、仓库、厩、关市、违制。

北魏时常景奉诏修订北魏律，凡十五篇：刑名、法例、宫卫、违制、户、厩牧、擅兴、贼、盗、斗、系讯、诈伪、杂、捕亡、断狱。

北周时赵肃、拓跋迪奉诏修订北周律，凡二十五篇：刑名、法例、祀享、朝会、婚姻、户禁、水火、兴缮、卫宫、市廛、斗竞、劫盗、贼叛、毁亡、违制、关津、诸侯、厩牧、杂犯、诈伪、请赇、告言、逃亡、系讯、断狱。

---

① 参见王宏治：《历代法典说略》(上)，燕山出版社 2008 年版，第 61 页。

② 程树德：《九朝律考》，中华书局 1963 年版，第 11 页。

唐代长孙无忌、房玄龄等奉诏修订唐律，凡十二篇：名例、卫禁、职制、户婚、厩库、擅兴、贼盗、斗讼、诈伪、杂律、捕亡、断狱。

宋代窦仪奉诏修订宋律，名为《宋刑统》，凡十二篇：名例、卫禁、职制、户婚、厩库、擅兴、贼盗、斗讼、诈伪、杂律、捕亡、断狱。

元代官修元律，名为《大元圣政国朝典章》，首开六部格局。凡八部分：朝纲、台纲、吏、户、礼、兵、刑、工。

明代刘惟谦等奉诏修订明律，篇目一准唐律为十二篇，后减为七篇：名例、吏、户、礼、兵、刑、工，并附例文，称《大明律例》。

清代官修《大清律例》，凡七篇：名例、吏、户、礼、兵、刑、工，并附例文。

综上，刑律为历史诸朝法律体系中的重要部分，是国家管理社会生活、界定犯罪行为并进行刑罚制裁的法律规范。除了刑律之外，历朝还制定大量的规范政府机构管理行为的行政法律，如《唐六典》《明会典》《清会典》等，其中包括丰富的经济领域的法律法规。清末修律，模仿大陆法系，编纂新式法律，如《大清新刑律》《大清民律草案》《刑事诉讼律草案》《民事诉讼律草案》，开始了中国法律体系近代化的历程。

第六章　寻找最初的德

——“人无于水监，当于民监”

商代已出现“德”字，这已被出土的甲骨卜辞所证实。《尚书·盘庚》中亦有“用罪伐厥死，用德彰厥善”“汝有积德”“动用非德”“施实德于民”。但甲骨文“德”字的字形、字义与后来周代金文的“德”字有很大差别，就是西周之“德”增加了一个“心”字符。这种字形、字义的演化，正是当时社会生活和人们思想意识演进的一个缩影，同时也宣告一个新的观念的诞生，这就是“德”。

“德”观念自西周初期萌发，经周公提倡而登上政治舞台。“德”观念的形成，以“以德配天”的二元神格局，取代了商末神鬼一元神的格局，从神学角度论证了周人取代殷人统治的合理性。同时，首次将人民的重要性搬上政治舞台。在“德”思想指导下，形成“明德慎罚”的刑事政策，维护了新政权的稳定。春秋末期，孔子继承了西周的“德”的思想，经过加工形成了完整的“德治”理论，对此后整个中国古代社会的法律活动施以重大影响。

一 “德”的字形和字义

甲骨文中有“德”字，但该字形下面没有“心”符。西周金文“德”字增加了“心”符。“德”字的核心部分是“悳”（上臣下心），从该字形演变成“仁”的古字“忎”。“德”字形中的“臣”是了解“德”字本义的关键。

东汉许慎《说文解字》：“德，升也，从彳，悳声。多则切。”“悳，外得于人，内得于己也。从直从心。”“得，行有所得也。”[①]《礼记·乐记》：“德者，得也。”“得”“取”“获”，三字同义。值得注意的是，“直”字形与“臣”字形容易混淆。“悳”的古文写作“㥁”，该字从“囚”。[②] “囚”与“臣”同为俘虏，二字同义。“囚”字中有“人”符，这些信息向我们透露了由“悳”演化到“忎”的巧妙渠道。

清段玉裁《说文解字注》：“德，升也。升当作登。足部曰：迁，登也。此当同之。德训登者，《公羊传》：公曷为远而观鱼？登来之也。何曰，登读言得，得来之者，齐人语，齐人名求得为得来。作登来者，其言大而急，由口授也。唐人诗：千水千山得得来。得即德也。登德双声，一部与六部合韵又取近。今俗谓用力徙前曰德，古语也。”[③]

清桂馥《说文解字义证》：“德，升也，从彳悳声。升也者，钱君占曰：《史记·项羽本纪》：吾为君德。《汉书》作公得。得之言登也。《公羊传》登来，读曰得来。登有升义，德亦从之。又陟，升也。《周礼》太卜：三日咸陟。郑注：陟之言得，读若王德狄人之德。又升与登通，故丧服注：布八十缕为升。升当作登。古升、登、陟、得、德，五字义皆同。陟读为德者，古声同，今为类隔音，是矣。”[④]

通过以上文字，我们可以看到，“德”的本义有两方面：第一，“德”与“得”同义，都是获得某种东西的意思。“得”的甲骨文像以手持“贝”而归，亦《周易》“得朋”之状，在这个意义上，“德”具有获利成功的意思。第二，“德”即“升”“登”“陟”，是向上行进发展的态势，亦有走向成功之意。但是，这些含义与后世的道德之德又有什么关系呢？

---

① 许慎：《说文解字》，中华书局1963年版，第43页。

② 桂馥：《说文解字义证》，齐鲁书社1987年版，第890页。

③ 段玉裁：《说文解字注》，浙江古籍出版社2006年版，第76页。

④ 桂馥：《说文解字义证》，齐鲁书社1987年版，第162页。

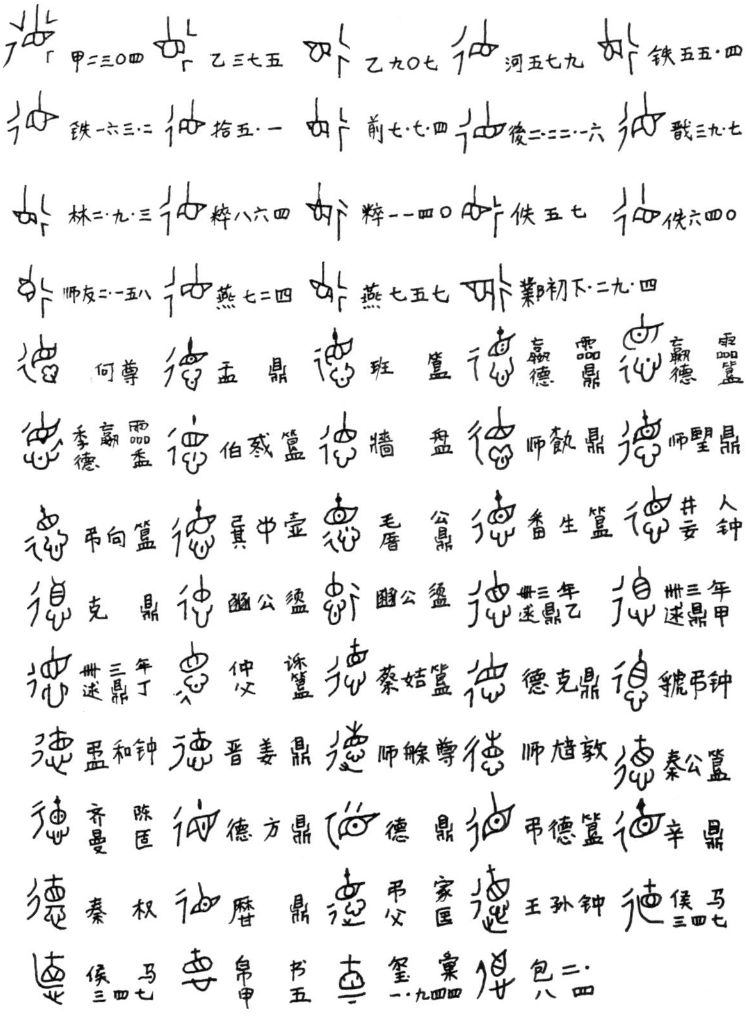

图 6-1-1 古文字中的德①

① 作者摹写。

二 “臣”字的本义——以弓缚首

要搞清楚“德”的本义，必须首先搞清楚“德”字的核心——“臣”字的含义。“臣”是“德”字的核心，也是学界长期聚讼之处。大体有两种观点：一是从“目”说，二是从“臣”说。下面分而述之：

关于从“目”说。《说文解字》：“目，人眼，象形。”《广雅·释诂一》：“目，视也。”“目”字上方加“丨”，即古“直”字。《说文解字》：“直，正见也，从乚从十从目。”徐中舒《甲骨文字典》：直，“从目上一竖，会以目视悬（悬，悬钟），测得直立之意。金文……竖画已讹为卜，小篆乃讹为十，与十由丨讹为十同”。[①] 徐灏《说文解字笺》：“目篆本横体，因合于偏旁而易横为直。”由此，有学者认为：“德的古文就是由直符和行或彳符结体构成的”，“德既由直得声受名，也就具有了一般的正道直行的字义”。[②]

关于从“臣”说。“臣”为古代的战俘、奴隶，这早已为学界所公认。“丨”仍代表绳索，“臣”字上面加“丨”，即“德”的古字。“德”字意味着拘执、牵系奴隶。如果脱离了“德”的古字，而直接依据“直”字来解释“德”，“德”就可以释为“在道路上发生了一件正直的事情”。[③]

其实，甲骨文“德”字的右部不是“目”字而是“臣”字，从这层意思上我同意从“臣”说，但论据不尽相同。我从以下几个方面提出新的诠释：

（一）“臣”字与“目”字字形原本有别后混而互用

在甲骨文里，“臣”与“目”两个字形有明显的不同。正如于省吾所说：“甲骨文以横目为目，以纵目为臣”，“臣与目只是纵横之别”。[④] 其一，“臣”字中含的笔画是半圆形，“目”字中含的笔画是完整的圆形。其二，“臣”字中的半圆横跨框内外，而“目”字中的圆形只在框内。但是，“臣”“目”二字的确也有形近形似之处。正如杨树达《臣牵解》所说：“余谓古文臣与目同形，卧当从人从目。”[⑤]这是

---

① 徐中舒：《甲骨文字典》，四川辞书出版社 1989 年版，第 1385 页。

② 臧克和：《中国文字与儒学思想》，广西教育出版社 1996 年版，第 116 页。

③ 温少峰：《殷周奴隶主阶级“德”的观念》，《中国哲学》第 8 辑，三联书店 1982 年版，第 35 页。

④ 于省吾：《甲骨文字释林》，中华书局 2009 年版，第 333 页。

⑤ 杨树达：《积微居小学金石论丛》，上海古籍出版社 2007 年版，第 116 页。

针对《说文解字》“卧，休也，从人臣而取其伏也”而言的。这是将“目”换为“臣”的一例。除了“卧”字之外，还有“临”字，古文作“临”。《说文解字》：“临，视也。”此字之“臣”似当为“目”。这是将“目”换为“臣”的又一例。至于将“臣”换作“目”或“罒”字的，就是“德”字，对此，下文将述及。总之，正因为“臣”与“目”字形近，又出于刻划的方便，才造成笔误，以致将两字互用。这是探讨“德”字原始字形、字义时务必注意的关键。

“目”字本横写，为“罒”，但后来为什么变为竖写即“目”了呢？徐灏《说文解字笺》说：“目篆本横体，因合于偏旁而易横为直。”然而当“罒”变成“目”时，一方面，“罒”的本形、本义仍然被保留着，如“睘”，《说文解字》说“罒，目惊视也，从目袁声”；又如“罒”，《说文解字》说“罒，目视也，从横目，从辛，令吏将目捕罪人也”。另一方面，“网”字则被简化为“罒”，如“置”，《说文解字》说“置，赦也，从网、直”。这类字还有“羅”“罩”“罟”“罪”“罝”“罛”等。这是古文字演化过程中很有意思的现象。因此，我们面对“德”字中的“罒”形时，必须弄清它的来龙去脉。

(二)“臣”上加“丨”与“目”上加“丨”是两个不同的字

在甲骨文里面，“臣”与“目”很容易混淆。正如陈炜湛所说：“甲骨文臣目两字都像眼睛的形状，总的来说写法是有所区别的，即横者为目，竖者为臣。……目均作横目状，但也有些目写作‘臣’，则与臣同形。而臣有时又并不作竖目状，却作横目形，遂与目同形。故横目者未必不是臣，竖目者未必尽是臣。遇到目或臣，同样需要加以辨别，稍一不慎，仍有可能弄错。”[①]如此，则甲骨文“臣”字上面加“丨”，与“目”字上面加“丨”，本来是两个不同的字。前者即“德”字的右半部，后者即古“直”字，但二字因音同而通用。朱骏声《说文解字定声·颐部》：“德，假借为直。”《左传·襄公二十九年》：“辩而不德，必加于戮。”俞樾评议：“德当读为直。德字古文作悳，本从直声，故即与直通。”可能是由于古“臣”与“目”字形近而互换，才使“直”字（目上加丨）有时替代了“德”字的右半部（臣上加丨），才使古“德”字与“直”字（正直）之义相联系，从而无意之中掩盖了“德”字的原始字形、字义。“目”上加“丨”是“直”字，其字形字义正如徐中舒所说：“从目上一竖，会以目视悬（悬，悬钟），测得直立之意。”[②]古人筑墙修路，以目测直，不论水平之直还是垂直之直，都被抽象化为“丨”。但是，“直”字不论从字形还是字义上说，都与最初的“德”字无关。古“德”即“悳”字的字形、字义是从“臣”上

① 于省吾：《甲骨文字诂林》(一)，中华书局1996年版，第553页。

② 徐中舒：《甲骨文字典》，四川辞书出版社1989年版，第1385页。

加“丨”而来的。因此,必须首先弄清“臣”字的原始含义。

(三)“臣”字的原始含义是“以弓缚首”

学界对“臣”字本义的诠释似无异议。《说文解字》:“臣,牵也,事君也。像屈服之形。”但至于其字形何以“像屈服之形”,历来都说法不一。大体有二说:

一是“竖目之形”说。郭沫若《释臣宰》提出:“臣”字“像一竖目之形,人首俯则目竖,所以像屈服之形者殆以此也”,“臣民字均用目形为之,臣目竖而民目横(古训有‘横目之民’,见《庄子》)臣目明而民目盲,此乃对于俘虏之差别待遇。盖男囚有柔顺而敏给者,有愚戆而暴戾者。其柔顺而敏给者则怀柔之,降服之,用之以供服御而为臣。其愚赣而暴戾者,初则杀戮之,或以之为人牲,继进则利用其生产价值,盲其一目以服苦役,因而命之曰民”。①

二是“束缚之形”说。章太炎认为:“《说文》:臣牵也,事君也,像屈服之形。案:牵,引前也。臣即初文牵字,引申为奴虏,犹曰累臣矣。《书》曰:臣妾逋逃。《易》曰:畜臣妾。《春秋传》曰:男为人臣,女为人妾。《刑法志》曰:鬼薪白粲一岁为隶臣妾,隶臣妾一岁免为庶人。然则臣本俘虏及诸罪人事给为奴,故像屈服之形。其形当横作[illegible],臾缚伏地。前像其头,中像手足对缚著地,后像尻以下两胫束缚,故不分也。”②

郭沫若的“竖目之形”说将“臣”与“民”字对比而论,得出“横目之形”为“民”,“竖目之形”为“臣”的结论,很令人折服。但对于“人首俯则目竖”,即人低下头眼睛就变成竖立之状,则百思不见其义,且古人造字何以如此高深莫测。

章太炎的“束缚之形”说将一个笔画并不复杂的“臣”字,囊括了人的头部、手足、臀部和两胫,又用绳索捆绑,致“手足对缚”“两胫束缚”,使人“臾缚在地”。此说概括出“臣”乃被束缚之奴隶的特征,以此释“像屈服之形”,可谓具体而形象。但面对一个“臣”字,竟能把人体的各部位都凝结在上面,又令人久思而不见其形,且古人造字何以如此抽象隐晦。

“臣”取形于人之眼,则过于小;取形于人之体,又过于大。故取其中,取形于人之首,而又以弓加之。故,“臣”字的本义是“以弓缚首”。其论据有二:

第一个证据是字形。古“臣”字即由外部、内部两部分组成,内部长形半环像人首,外部半圈像弓和弦。甲骨文弓字有两形:张弦之弓和弛弦之弓。古人狩猎或临战时张弦,此后脱弦,与矢一起妥为保藏。《周易·睽》:“先张之弧,后

---

① 参见于省吾:《甲骨文字诂林》(一),中华书局1996年版,第629页。

② 章炳麟:《文始》卷三,燕京大学图书馆藏书,第8页。

说之弧，匪寇婚媾。”“弧”即弓弦。此是说，有一路人马远道而来，可能是强盗，遂张弓备战。走近一看，不是强盗，而是娶亲的队伍，遂脱下弓弦。战争之后，胜利者将弓弦脱下，并用弓弦捆缚战俘，押之以归；或用弓弦捆束战俘脖项，牵之以返。此时，弓还有另外一层作用，就是证明俘虏是属于自己的战利品，别人不能争议。其目的是等待论功行赏。《诗经·鲁颂·泮水》：“矫矫虎臣，在泮献馘。淑问如皋陶，在泮献囚。”这是“既克淮夷”“淮夷卒获”之后论功行赏的情景。《毛传》：“馘，获也，不服者杀而献其左耳曰馘。”献即谳，讯问，谳囚不是审问战俘，而是论功行赏。这是古老军法的重要职能之一。《睡虎地秦墓竹简·封诊式·夺首》中载有两战士战后相互争首级而致诉讼的内容，长官只得“诊首”，凭借创口的特征来判断。① 这是战国时代的事情。但是在远古时代，这种矛盾已经被解决了。因为古人的弓矢上面刻有族徽或记号，挂在俘虏上的弓便是直接的证据。因此，久而久之，以弓弦捆缚他人的脖项，便带有统治、打败或奴隶身份的特定的含义。

第二个证据是从文化传统上来证明的。《左传·襄公六年》载：“宋华弱与乐辔少相狎，长相优，又相谤也。子荡怒，以弓梏华弱于朝。”杜预集解：“张弓以贯其颈，若械之在手，故曰梏。”杨伯峻注：“用弓套入华弱颈项，而己执其弦。”华弱与乐辔（即子荡）从小一起长大，亲密无间，常戏闹无礼，致子荡翻了脸，竟在朝堂之上取弓弦捆华弱脖颈以羞耻之。这段文字的价值并不在于批评贵族们的言行有失检点，而在于再现了一段被人们遗忘或忽略的古老场景。而“以弓套入颈项，而己执其弦”，正是古代“臣”字的本义——“以弓缚首”。子荡对华弱的羞侮之义便在于此。当《左传》的作者将这段文字记载下来之际，也许知道其原始的含义，可惜后来被人们遗忘了。以弓弦系颈，即牵之本义，表示臣服。如杨树达《臣牵解》所说：“秦王子婴降于汉高祖，亦系颈以组，以表牵致之义也。”②

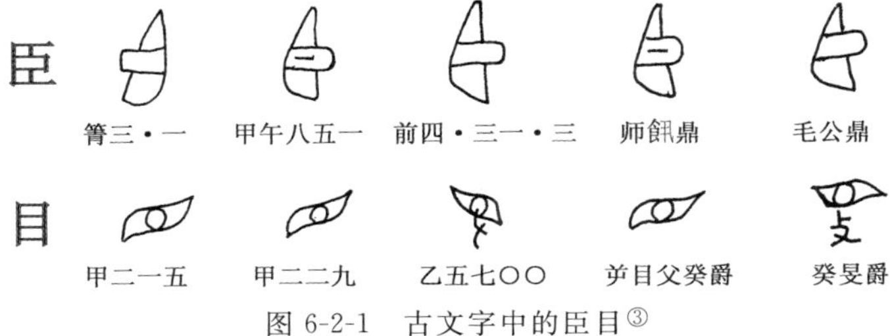

图 6-2-1　古文字中的臣目③

① 参见睡虎地秦墓竹简整理小组：《睡虎地秦墓竹简》，文物出版社 1978 年版，第 256 页。

② 杨树达：《积微居小学金石论丛》，上海古籍出版社 2007 年版，第 117 页。

③ 作者摹写。

三 商人之“德”——以弓缚首，牵之以祭

（一）殷商“德”字的构成

殷商甲骨文的“德”字，由三个部分组成。

其一是“彳”，即“行”字的左侧。“行”字甲骨文作“䒑”。罗振玉《殷墟书契考释》：“行，像四达之衢，人之所行也。”商承祚《殷墟文字类编》：“古从行之字，或省其右作彳，或省其左作亍，许君误认为二字者，盖由字形传写失其初状使然矣。”[①]此处的“彳”代表十字街口、道路、市井或都邑，总之是人群聚集的场所。

其二是“丨”。代表某种器物、数字或工具，如绳索或悬钟。大约是造字者出于“指示”的原因，“丨”又变为“卜”。至金文出现时，“卜”又演变为“十”。小篆亦如此。徐中舒认为：“甲骨文从丨即金文从丨之省形，像结绳形。古代结绳记事，一结为十，再结为廿，三结为卅。”又认为，在古“直”字中，“目”上之“丨”为悬钟。[②]

其三是“臣”。“臣”字的古字是“以弓缚首”即战俘，“臣”上加“丨”是“牵之以归”之义。古代战争常以俘获牲畜、奴虏为目的。《墨子·天志下》：“入其沟境，刈其禾稼，斩其树木，残其城郭，以御其沟池，焚烧其祖庙，攘杀其牺。民之格者，则劲拔之，不格者则系操而归，大夫以为仆圉、胥靡，妇人以为舂酋。”这些战俘可以用来赏赐战争有功之臣，也可以当作礼品赠予他人。如《左传·成公九年》：“晋侯观于军府，见钟仪，问之曰：‘南冠而絷者谁也？’有司对曰：‘郑人所献楚囚也。’”此外战俘还可以用来祭祀，感谢祖先神、上帝神保佑取得战争的胜利。而战俘“臣”便成了祀祭的牺牲品。

（二）臣与牵的关系

《说文解字》：“臣，牵也。”“牵”盖取形于“丨”。又云：“牵，引前也，从牛像引牛之縻也，玄声。”“牵”字用于动词者，如《尚书·酒诰》“肇牵车牛远服贾，用孝

① 汉语大字典编辑委员会：《汉语大字典》（缩印本），四川辞书出版社1992年版，第341页。

② 参见徐中舒：《甲骨文字典》，四川辞书出版社1989年版，第1385页。

养厥父母”。用于名词者，特指祭祀的牛、羊、豕。《周礼·天官·宰夫》：“飧牵。”郑玄注引郑司农曰：“牵，牲牢可牵而行者。”《左传·僖公三十三年》：“脯资饩牵竭矣。”杜预注：“牵谓牛、羊、豕。”孔颖达疏：“牛、羊、豕可牵行，故云牵谓牛、羊、豕也。”于是，“牵”就成了以牛、羊、豕为牺牲的一般的祭祀物品，而战胜后的祭祀则用战俘。这些牺牲即使同时使用，在礼仪上也是有差别的。《礼记·少仪》：执犬牛马，“皆右之，臣则左之”。注：“臣，征伐所获民虏也，《曲礼》云献民虏者操右袂。左之，以左手操其右袂，而右手得以制其非常也。”臣被押往祭坛而杀之，故不得不加倍控制。这种祭祀之风又演化出杀殉之俗，至春秋时仍未断绝。《墨子·节葬》：“天子杀殉，众者数百，寡者数十。将军大夫杀殉，众者数十，寡者数人。”所杀的人当然是战俘或奴隶。

“臣”最初是用来祭祀的俘虏。《周易·随》：“随有获，贞凶。有孚在道，以明何咎。孚于嘉，吉。拘系之，乃从维之，王用享于西山。”《萃》：“用大牲，吉。”《升》所谓“孚乃利用，无咎”“升虚邑，王用亨于歧山”，记录的大约都是战后以俘虏祭祀祖先神的事情。

这种战胜之后以俘虏祭祀祖先神的做法，可以从《逸周书》中的《克殷》《世俘》的记载得到佐证。《克殷》说，周武王进入朝歌，对自焚的纣王“击之以轻吕，斩之以黄钺，折悬诸太白”。紧接着，“王入，即位于社太卒之左。群臣毕从，毛叔郑奉明水，卫叔付礼，召公赞采，师尚父牵牲。尹逸策曰：殷末孙受，德迷先成汤之明，侮灭神不祀，昏暴商邑百姓，其彰显闻于昊天上帝”。然后，“立王子武庚，命管叔相”。《世俘》说，武子征讨纣王，“咸刘商王纣，执夫恶臣百人。大公望命御方来，丁卯，望至，告以馘俘。戊辰，王遂御，循自祀文王”。“牵牲”“告以馘俘”，大约都是讲以俘虏祭祀神。①

“德”字“以弓缚首，牵之以祭”的古义，还可以从其他相关的字义得到佐证。《说文解字》：“德，升也。”《正字通·十部》：“升，登也。”可见“升”“登”与“德”字存在着某种内在的联系。“升”乃古时供祭祀的牲体，在鼎曰“升”。《仪礼·士冠礼》：“若杀，则特豚，载合升。”郑玄注：“煮于镬曰亨，在鼎曰升，在俎曰载。载合升者，明亨与载皆合左右胖。”《逸周书·世俘》载，武王征商，“咸刘商王纣，执夫恶臣百人”，令四方“告以馘俘”。之后，“武王乃翼矢矢宪，告天宗上帝”“王烈祖自太王、太伯、王季、虞公、文王、邑考以列升，维告殷罪”。“列升”盖即同时祭

① 参见黄怀信等：《逸周书汇校集注》，上海古籍出版社1995年版，第358、435页。

祀先祖父兄，其牺牲盖即战俘。此其证也。“登”乃祭祀时盛肉食之礼器。《诗经·大雅·生民》：“卬盛于豆，于豆于登。”《尔雅·释器》：“瓦豆谓之登。”用祭祀之牲体和礼器来注释“德”字，正是对其本义“以弓缚首，牵之以祭”的最好说明。

古代“德”字的本义，还可以从其他几个与“臣”相关的字来论证。首先是“贤”字。《说文解字》：“贤，多财也，从贝臣又声。”贤字甲骨文写作“[illegible]”。《说文解字》：“臤，贤也，从又臣声。读若铿锵之铿，古文以为贤字。”“又”即手。段玉裁注：“谓据之固也，故从又。”杨树达《释贤》：“以臣又为贤，据其德也，加臣又以贝，则以财为义矣。”[①]《玉篇·贝部》：“贤，能也。”可见，古代的“贤”字，正是以手臂之力控制、震慑战俘，勿使逃跑之义。其次是“臧”字。《说文解字》：“臧，善也，从臣戕声。”杨树达《释臧》：“盖臧本从臣从戈，会意，后乃加片声……甲文臧字皆像以戈刺臣之形，据形求义，初盖不得为善。以愚考之，臧当以臧获为本义也。”[②]“臧”字的古文作“臣戈”。可见古代的“臧”字正是以戈擒获、制服俘虏，勿使逃亡之义。

“德”“贤”“臧”(善)都是褒义之字，它们的本义都与战争有关，或以绳索牵系俘虏以归，或徒手制服俘虏，或以戈震慑俘虏。因为他们是胜利者，故而得到颂扬，沙场上的勇武之举便得到道德舆论的称赞。而“臣”则作为战败者，以其降服之状，从反面衬托着战胜者的勇武。今天，当我们面对“德”“贤”“善”字时，似乎仍感受到它们作为人类优秀品质所散发的祥和美好的光环，而其中沉积了数千年的刀光剑影却早已不见踪迹。

四 西周之“德”——怀保小民，以德配天

当甲骨文的“德”字演化到金文的“德”字时，中国的古代社会完成了由“迷信鬼神，不重人事”的时代到“既信鬼神，兼重人事”的时代的转型。而“德”字的演变过程，作为这一社会巨变的真实记录，为我们提供了探讨古代思想观念演变过程的宝贵材料。

---

① 杨树达：《积微居小学金石论丛》，上海古籍出版社2007年版，第51页。

② 汉语大字典编辑委员会：《汉语大字典》(缩印本)，四川辞书出版社1992年版，第593页。

(一)殷商的德观念

商人关于德的观念是与战争、财产和祭祀相联系的。

在甲骨文中，"得"字写作"[illegible]"，像手执贝而归。当时，"德"字与"得"字的意义是相通的。《广雅・释诂三》："德，得也。"《荀子・解蔽》："宋子蔽于欲而不知得。"俞平议："古得、德字通用。"《墨子・节用上》："用财不费，民德不劳。"孙诒让《闲诂》："德与得通"，可证。甲骨卜辞也不乏"德"用作"得"的例子，如"王德出"(类四十七)，"王贞，我又德于大乙"(全四九)，"乍德其受有佑"(佚九六六)。

《说文解字》："得，行有所得也，从彳声。"甲骨卜辞中有"州臣有逃，自宾得。"(合集八四九)《周易・益》："有孚惠我德。"《孟子・滕文公上》："分人以财谓之惠。"《左传・定公九年》："凡获器用曰得。"可见"得"字与财产、财物密切相关。

甲骨文"得"字由三部分组成：彳、贝、又。"彳"象征道路、街头、城邑；"贝"即朋贝，古代货币；"又"即手。"得"字为我们展现了这样一幅图画：人们外出活动，手持货币而返。商代出土文物中有"何贝"形器，正是持贝而返的缩影。外出活动包括买卖交际，即《尚书・酒诰》所谓"肇牵车牛远服贾，用孝养厥父母"。《周易》亦有"西南得朋，东北丧朋"(《坤》)，"出入无疾，朋来无咎"(《复》)，"利有攸往"(《恒》)。朋贝既可因交易而得，又可因战争而获得。

如朋贝系由战争而获得，则"得"字之义又与"俘"字相通。《说文解字》："俘，军所获也，从人孚声。"罗振玉《增订殷墟书契考释》：俘，"金文作孚，为俘之本字，像以手逮人之形，俘是后起形声字"。段玉裁《左氏古经注》："古者用兵所获人民器械皆曰俘。"

战争所获人民即俘虏、奴隶，男为臣，女为妾。而臣妾又可以因买卖而获得，即《易经》所谓"得臣无家"(《损》)，"得童仆"(《旅》)，"得妾以其子，无咎"(《鼎》)。

战争常常以获得奴隶为目标，奴隶也主要来源于战争。后来，随着社会文明的进步，奴隶可以买卖了，奴隶则成了可以交易的财产，故古称"牛马人民"。不管怎么样，"得"作为外出活动"行有所得"的含义就这样产生了。甲骨文"得"字与战争的联系还可从甲骨卜辞中得到佐证。在甲骨卜辞中，"德"字用作动词，其义即为征伐、讨伐。甲骨卜辞中的记载如："今春王德上方……伐坊"(甲一一九三)，"今春王德伐上方"(甲一二七二一)，"不其德伐吕方"(藏一九二三)，"德伐羌方"(前六六二)，"争贞，王德伐"(粹一一四)。"德伐"犹言"征伐"。

在古代社会，最重要的社会活动是战争和祭祀，即"国之大事，在祀与戎"。古人出征前要祷告祖先神，获胜班师之后，当然要向祖先神汇报和致谢。这隆重的仪式便是献俘而祭之。《周易》中的片断也许讲的就是战后献祭之事："随有获，贞凶。有孚在道，以明何咎。孚于嘉，吉。拘系之，乃从维之，至用享于西山。"(《随》)"孚乃利用，无咎"，"升虚邑，王用享于岐山"(《升》)。

总之，在殷人看来，德是这样一幅场面的缩写：祭祀——战争——俘获——祭祀，这是一种政治意义上的"行有所得"。而与"德"并用的"得"字，则是一种经济意义上的"行有所得"。无论如何，当时的"德"字尽管也偶尔被用作类似道德之义，比如"王侯弗若德"(续六·八·四)，"丁亥，卜元德"(明一三七)，多少更改了"德"用作"征伐"的本义，但基本上还不具有后世那样的道德的含义。

(二)西周的德观念

在西周金文当中，"德"字用作征伐之义的例子已经极为罕见了。① 用作财产利益之义的也已成为袅袅余音。《诗经》中的"德"大都用作道德之义，用作财利的极少，如《邶风·谷风》："既阻我德，贾用不售。"而字形的最明显的演变，是在甲骨文"德"字下方增加了一个"心"符，成为今天我们看到的样子。同时，"德"字也被赋予了普遍道德的含义，并在当时的语言文字中逐渐成为主流。

殷末周初，中国古代社会出现了前所未有的剧烈变革。周人乘着破竹之势不断扩大自己的领土和势力。据《逸周书·世俘》载，武王克商，灭国九十九，获战俘亿又七万余人，获民人三亿余人。据《作雒》载，周公东征，灭国十有七国，降服全部反叛的殷民并迁于九毕。这正是一个大兴"德伐"的时期。然而当时的德字却被加上了"心"符。这真是一幅寓意深刻的图画。

西周成王时的《班簋铭》有"显惟敬德"，其"德"字有了"心"符。这是金文中所见最早的"德"字。西周早期制作的礼器铭文中"德"字多见。如成王时的《班簋铭》"显惟敬德"和《无可尊铭》"惟王恭德"，及康王时的《大盂鼎铭》"型禀于文王正德"。② 《尚书》中的《周书》则不胜枚举，如"周公之德""明德慎罚""经德秉哲""明德恤祀""秉德明恤""羞刑暴德""勤用民德""朕心朕德""德明惟明""警德""怀德""奉德""敏德""明德""显德"，等等。西周初期的政治家们大力宣扬

---

① 参见温少锋：《殷周奴隶主阶级"德"的观念》，《中国哲学》第8辑，三联书店1982年版，第35页。

② 李光灿、张国华：《中国法律思想通史》(一)，山西人民出版社1994年版，第149页。

德的思想，要求大家“敬德”。正如郭沫若所言：“这样敬德的思想，在周初的几篇文章中，就像同一个母题的合奏曲一样，翻来覆去地重复着。这的确是周人所独有的思想。”[①]

取得了军事胜利的周人，在惊喜之后很快被一个现实的难题所困扰——周人政权的合法性问题。这是一个宗教或哲学问题，用我们今人的语言来表述就是：人世间到底有没有上帝天命？如果没有的话，谁保佑殷人统治人间数百年？谁又保佑周人夺取了天下？如果有的话，殷人为什么会失去天下？上帝为什么抛弃了殷人，又转而支持周人？经过对历史与现实的缜密思考，周人终于找到了答案。提出这个答案的就是周公姬旦。

周公总结了殷人迷信鬼神、纣王专任暴力而亡的教训，以及周人得道多助以获成功的经验，提出了“以德配天”的理论，从而完善了“天祖二元神”的神权思想体系。这个思想体系即《尚书·蔡仲之命》所谓“皇天无亲，惟德是辅”。这一见解来源于对历史经验的总结。周人指出，当年夏桀无德，“天”于是“乃命令尔祖成汤革夏”[②]。此后，殷人获得天命，“殷之未丧师，克配上帝”[③]，故取得天下。再后来，纣王倒行逆施，“惟其不敬德，乃早堕厥命”[④]。《尚书·召诰》总结道：“我不可不监于有夏，亦不可不监于有殷。我不敢知曰，有夏服天命，惟有历年，我不敢知曰，不其延。惟不敬厥德，乃早坠厥命。我不敢知曰，有殷受天命，惟有历年，我不敢知曰，不其延。惟不敬厥德，乃早坠厥命。今王嗣受厥命，我亦惟兹二国命，嗣若功。”[⑤]周人的胜利是由于获得了天命，如《毛公鼎铭》所说：“丕显文武，皇天弘厌德，配我有周，膺受大命。”[⑥]周人宣布，每一个民族都有自己的祖先神，所有民族共有一个至上神——天帝。哪个民族获得天帝的赞许，天帝就把治理天下的权力交给他们，他们便获得“天命”。同时，天帝是仁慈的，他关心民间疾苦和百姓的愿望。百姓拥护谁，谁便有了“德”，天帝就把“天命”交给他们。殷先王有“德”，故获得天命。但至纣王时，“惟其不敬德，乃早堕厥命”。周人有“德”，得到各族的拥护，从而获得天命。“文王在上，于昭于天，周虽旧邦，其命维新。”一个王朝接受上天的任命之后，能够保持多长时间，这是无

① 郭沫若：《先秦天道观之进展》，《青铜时代》，人民出版社 1954 年版，第 21 页。

② 《尚书·多士》。

③ 《诗经·大雅·文王》。

④ 《尚书·召诰》。

⑤ 孙星衍：《尚书今古文注疏》，中华书局 1986 年版，第 390 页。

⑥ 郭沫若：《两周金文辞大系图录考释》释文部，科学出版社 1957 年版，第 134 页。

法知道的。唯一的办法是“敬德”“明德”，否则便会失去“天命”。因此，“敬德”“明德”成了治国的根本方针。周人不仅用德谱写了人间的历史，还论证了周人统治的合理性，同时更重要的是修正了“天”的形象，从此，“天”从只关心一姓一族之利益的威严无比的神，变成了关心天下各族人民利益的仁慈之神。这是人对神的第一次胜利。

(三)如何敬德明德

那么，在周人看来，怎样才能做到“敬德”“明德”呢？

第一，要牢记殷人迷信鬼神、不重人事、专任暴力而亡国的教训，绝不能重蹈纣王迷信“我不有命在天”、倒行逆施而亡的覆辙。要清醒地意识到，周人对天下的统治权不是来源于自己的祖先神，而是来源于上帝神。上帝喜欢德，周人也要讲究德，以讨上帝之欢心，从而长久地保持天命。

第二，要“明德”就必须克制自己的欲望。周初的统治者经常告诫自己的臣下，《尚书·酒诰》总结了殷人“纵淫逸于非彝”“惟荒腆于酒”“庶群自酒，腥闻在上，故天降丧于殷”的教训。《尚书·无逸》要求“无若殷王受之迷乱，酗于酒德”，“无淫于观、于逸、于游于田”。《尚书·康诰》强调决不可以“惟耽乐之从”“无康好逸豫”。

第三，要“明德”就必须关心民间疾苦，“怀保小民”。在周人看来，殷亡的原因之一是他们“暴虐于百姓”[①]，造成民怨沸腾，从而引起上帝的不满，“弗惟德馨香祀，登闻于天，诞惟民怨”[②]。治理好人民是不容易的，必须尽心尽力才行，即所谓“敬哉，天畏忱，民情大可见，小人难保，往尽乃心，无康好逸豫”[③]。《尚书·无逸》说：“君子所其无逸，先知稼穑之艰难”，“爰知小人之依，能保惠于庶民，不敢侮鳏寡”，“怀保小民，惠群鳏寡”。大意是说，作为统治者不要贪图安乐，要知道农民的疾苦，体谅老百姓的隐忧；要施惠于民，关心爱护人民；要特别关照丧偶的老人。因为对待人民的问题与保持“天命”是直接联系在一起的，所以对待人民的问题是需要花一番工夫的。所谓“惟王受命，无疆惟休，亦无疆惟恤，呜乎！曷其奈何弗敬”[④]，是说今天接受“天命”，固然是一件大好事，同时又是一件

---

① 《尚书·牧誓》。
② 《尚书·酒诰》。
③ 《尚书·康诰》。
④ 《尚书·召诰》。

令人忧愁的事。这种意识同商纣王的“我不有命在天乎”的见解相比较，不知要深刻多少倍。

第四，要“明德”就必须谨慎施刑，即“秉德明恤”“明德慎罚”。《尚书·无逸》反对“乱罚无罪，杀无辜”，而主张实施教化。正如《尚书·酒诰》所说：“群饮，汝勿佚，尽执拘以归于周，予其杀。又惟殷之迪，诸臣惟工，乃湎于酒，勿庸杀之，姑惟教之。有斯明享，乃不用我教辞，惟我一人弗恤，弗蠲乃事，时同于杀。”意思是说，周人有群饮的，要将他们逮捕并处死。若是殷商遗民群饮，就不要杀掉他们，而应当教育他们。经教化之后仍不改悔的，才处以死刑。“明德慎罚”即谨慎地科罪量刑。主要表现在以下几点：其一，“开释无辜”[①]，即释放无罪过的人。其二，反对“罪人以族”（族诛），主张“父子兄弟，罪不相及”[②]，即一人犯罪一人受罚，不连累他的亲属。其三，区别对待。要区别犯罪的故意和过失与累犯（多次犯罪）和偶犯（第一次犯罪）。对前者要从严处罚，对后者可以酌情宽免。《尚书·康诰》说：“人有小罪，非眚，乃惟终，自作不典，式尔，有厥罪小，乃不可不杀。乃有大罪，非终，乃惟眚灾，适尔，既道极厥辜，时乃不可杀。”大意是说，有人犯了小罪，但出于故意（非眚）并且是累犯，（惟终）就要从严处以死刑；相反，有人虽犯了大罪，但出于过失（眚灾）并且是偶犯（非终），就要从宽处罚不要处死。这种区别对待的原则和关于偶犯、累犯及故意、过失的刑法理论，在当时是难能可贵的。

周初统治者强调“人无于水监，当于民监”[③]，监即鉴，即以人民的好恶作为镜子，以察政治的得失。天和上帝是关心民间疾苦的；“皇矣与帝，临下有赫，监视四方，求民之莫（瘼）”[④]。人民的意见与天的意志在某种意义上来看是合一的：“天视自我民视，天听自我民听。”[⑤]“民之所欲，天必从之。”[⑥]人民被如此重视，这还是史所未有的事。

总之，在周人看来，在上帝和人民面前要谨小慎微、战战兢兢、如履薄冰，对自己的言行要严加约束，对人民要关心，时刻注意民心向背……这些精神活动无不由“心”来调整和支配。统治者对上帝的敬畏之心、自我克制之心和对民众

---

① 《尚书·多方》。

② 《左传·昭公二十年》引《尚书·康诰》佚文。

③ 《尚书·酒诰》。

④ 《诗经·大雅·皇矣》。

⑤ 《孟子·万章下》引《泰誓》。

⑥ 《左传·襄公三十一年》引《泰誓》。

的关注之心，最终换来一个“德”字。只有有了“德”，才具备治理天下的资格。这一重要思想的确立表现在古代文字上，便是在甲骨文德字里面加上了“心”符。

西周德观念的产生，是“以德配天”神权思想形成的一个产物，它标志着“迷信鬼神，不重人事”时代的结束和“既信鬼神，注重人事”时代的诞生。这无异于是对古代鬼神世界的一次大地震，是神权思想的第一次大动摇。德观念作为一个桥梁，沟通了上帝与统治者的联系，也沟通了统治者与被统治者的联系。不仅如此，它还促进“明德慎罚”思想的形成，极大地丰富和完善了当时的法律思想和法律制度，从而促成了古代法律文化的第一次飞跃。

在中国古代思想史上，“德”字及其所承载的理念，具有承前启后的重要历史作用。这主要表现在以下两方面：第一，“以德配天”的“德治”思想既继承了先代的神权思想因素，又论证了新政权的合理性。第二，“德治”思想通过神权的折射第一次把人民纳入政治舞台。在周人看来，民心向背与保持“天命”是直接联系在一起的，“民之所欲，天必从之”。所以，对待人民的问题是需要动一番心思的：“惟王受命，无疆惟休，亦无疆惟恤，呜乎！曷其奈何弗敬”；“人无于水监，当于民监”。统治者把人民视为镜子，互相对视，这正是一种“相人耦”。人民被如此重视，这还是史所未有的事。西周的“德治”重民思想和政治实践为“仁”观念的最终产生提供了温床。这种划时代的社会巨变和思想进化，都淋漓尽致地反映在“德”字的演化过程上面。

五　从“德”到“忎”(仁)

(一)西周之“德”——“心”从哪里来?

殷商的“德”是无心之德，西周的“德”是有心之德。西周的“德”字为什么会加上“心”符呢？可能有两个原因：

第一，来源于“慶”(庆)的影响。《尚书·盘庚上》：“无有远迩，用罪罚厥死，用德彰厥善。”大意是：不分远近，对犯罪者我将用死刑来处罚，对有功劳者我将予以表彰。商人之“德”就是获得俘虏，即以俘虏来奖赏有功者。这里就涉及

“慶”字。甲骨文写作“[illegible]”，左心右廌。甲骨文有“御廌”，郭沫若认为是“司法小吏”[①]。最早的法官是军事法官，如章炳麟在《文录·古官制发源于法吏说》一文中所谓：“法吏未置以前，已先有战争矣。军容国容，既不理，则以将校分部其民，其遗迹存于周世者，传曰官之师旅……及军事既解，将校各归其部，法吏独不废，名曰士师，征之《春秋》，凡言尉者，皆军官也，及秦而国家司法之吏，亦曰廷尉，比因军尉而移之国中者也。”[②]军事法官专门负责“谳囚”即论功行赏。甲骨文“慶”字即赏赐。“慶”是一种战后献俘的军礼，实际上是一种法律程序，表示对有功人员将抓获的俘虏变为自己奴隶的确认。这种确认，也可能是促进个体家庭产生的一个渠道。《礼记·礼器》谓：“宗庙之祭，仁之至也。”这种战后献俘实施慶赏的祭祀之礼怎么会含有“仁”的寓意呢？这是因为，“慶”字里面的“心”符含有二义：一是公平，论功行赏；二是妥善地处分俘虏，使被俘的男女老少各有归宿。动词“慶”（赏赐）与名词“德”（俘虏）相结合，就产生了有心之“德”，或者说，有心之“德”的“心”源于“慶”。

第二，这一变化可能直接源于西周“德治”实践。在西周统治者看来，统治人民不能一味地依靠暴力，还应当“怀保小人”，施以小恩小惠，让人民自动地服从支配，既不造反，又不逃亡。“得”与“失”是一对矛盾，不失即得。在古人看来，“心”是思想和情感的器官。从文字发展史的角度来看，“心”字符使用率的提高与社会文明进步程度成正比。以“心”作偏旁的字在甲骨文当中并不多见。至金文、战国文字中则逐渐增多。笔者对以“心”作偏旁的字作了粗略统计：于省吾主编的《甲骨文字诂林》当中12见[③]，姚孝遂主编的《殷墟甲骨刻辞类纂》当中13见[④]，容庚编的《金文编》中63见[⑤]，徐文镜之《古籀汇编》中71见[⑥]，滕壬生之《楚系简帛文字编（增订本）》有153见[⑦]，齐勇的《秦简牍文字编》中38见[⑧]。以上数字不一定全面，仅供参考。金文以“心”为偏旁的字比甲骨文多出近四倍，可能与社会文明进化特别是西周“德”的思想和实践有关。西周“德”字增加

---

① 参见郭沫若：《出土文物二三事》，人民出版社1972年版，第26页。

② 转引自杨鸿烈：《中国法律发达史》，商务印书馆1930年版，第24页。

③ 《甲骨文字诂林》第三册，中华书局1999年版，第1891～1896页。

④ 《殷墟甲骨刻辞类纂》中册，中华书局1989年版，第713、714页。

⑤ 《金文编》，中华书局1981年版，第712～725页。

⑥ 《古籀汇编》下册卷十下，人民美术出版社2012年版，第17～25页。

⑦ 《楚系简帛文字编（增订本）》，湖北教育出版社2008年版，第897～936页。

⑧ 《秦简牍文字编》，福建人民出版社2012年版，第308～314页。

的“心”符具有双重含义：第一，要求统治者关心民间疾苦；第二，换来人民的感恩戴德。西周统治者对“心”的重视，体现了对人类相互依存的共同性认识的一次升华。

(二)西周之“德”的历史意义

西周之“德”比殷商之“德”多了一个“心”符，这一变化具有划时代意义。因为在西周“心”是个新字眼儿。“心”是表现人们内心世界和思想觉悟的一扇窗户，“心”是西周文明的一个标志。随着统治经验的积累，原先那种与天命息息相关的“克明俊德”，逐渐变成了“敬明乃心”“克明厥心”“乃明乃心，享于乃辟”。在政治方面，作为君主应当“横置朕心，施于四方”，作为臣子应当“乃用心引正乃辟安德”[①]“休宕厥心，永袭厥身”“弼匹厥辟，远酋腹心”[②]。后世儒家强调君子匡正君主和加强自我修习的思想盖由此发端。在司法上，西周初期，人们在对终、非终，故、非故的认识之后，产生了对犯罪行为人主观状态的新认识，比如《散氏盘》的“散氏心贼”[③]，“心贼”即“贼心”，故意侵害之心。可以说，西周的“心”为后来的“仁”的另一个字形“忎”的形成做了文化铺垫。

西周的“德”字的核心部分是上“臣”下“心”的。东夷人集体地做了俘虏，便都成了“臣”，“臣”与“人”是一样的地位。“臣妾”“人隶”如牛马一样是可以买卖的。自殷商及至春秋，“人”字均有贬义。这样，在文字使用方面，“臣”与“人”就具备了可以互相替代的社会条件而且并不违背风俗习惯。久而久之，上“臣”下“心”的就演变成了上“人”下“心”的。而这个字可能就是战国时期被视为“仁”之古字——“忎”。

值得注意的是，“惪”字的古字写作“”，上亾中囚下心，亦相当于今“忘”字中间加上“囚”。[④] 从字形上推测，该字字义即心系逃亡之囚。“囚”中有“人”，此字可能成为从“惪”演化为“忎”的一个媒介。

于是，就产生了一个问题：为什么西周没有在发扬“德”的同时，从“夾”“化”“尼”那里出发酿造出“仁”字并进而形成“仁”的观念呢？代商而立的周人提倡

① 参见王辉：《商周金文》，文物出版社2006年版，第273、47、206、156页。

② 霍彦儒、辛怡华：《商周金文编：宝鸡出土青铜器铭文集成》，三秦出版社2009年版，第152页。

③ 参见中国社会科学院考古研究所编：《殷周金文集成》(七)，中华书局2007年版，第5485、5487页。

④ 参见桂馥：《说文解字义证》，齐鲁书社1987年版，第890页。原注：“此从囚，未详。”

“德”而不提倡“仁”，这是因为：第一，“仁”注重人际关系，疏远鬼神，致使“仁”所蕴含的观念与“天命”相隔膜。周人用“以德配天”的理论与天命建立了联系，并通过“怀保小人”“明德慎罚”的“德政”继续保有天命。第二，东夷之“仁”讲求“人相偶”，主张各民族在相互对等的原则下和平相处。在周人与东夷之间尚处于紧张状态的情况下，周人不太可能与东夷民族讲平等相待。第三，周人很注意进行新的思想文化建设，努力塑造周人的历史文化形象，从而有意无意地贬低殷商和东夷的文化传统。比如，在周以后的“历史教科书”中，东夷英雄蚩尤变成了贪心的饕餮，在这种形势下不便推崇东夷的思想观念。第四，周人与殷人风俗迥异。《尚书・酒诰》谓殷人“庶群自酒”“荒腆于酒”“纵淫佚于非彝”。其实，饮酒与婚姻习俗密不可分。《礼记・乐记》：“酒食者，所以合欢也。”周人反对并禁绝殷人“沉湎于酒”之俗，旨在禁止母系“集体族外婚制”，“确立父系血统”的家长制。[①]《史记・梁孝王世家》所谓：“殷道亲亲者，立弟；周道尊尊者，立子。殷道质，质法天，亲其所亲，故立弟；周道文，文者法地，尊者敬也，敬其本始，故立长子。”这一切正好道出了周礼与殷礼的差异。在农业社会中，累世安居的周人很早就形成嫡系继承制。《史记・周本纪》：“古公有长子曰太伯，次曰虞仲。太姜生少子季历，季历娶太任，皆贤妇人。生昌，有圣瑞。古公曰：‘我世当有兴者，其在昌乎？’长子太伯、虞仲知古公欲立季历以传昌，乃二人亡如荆蛮，文身断发，以让季历。”《吴太伯世家》言太伯远奔荆蛮，足见当时不立长而立幼是有悖宗法的。周人用父母之命、媒妁之言以及关于媒氏职分的礼教规范，来改造“以仲春之月合男女于时也，奔则不禁”的东夷风俗。总之，在西周初期，源于东夷风俗的“仁”与周人的文化传统之间尚未融合。因此，那些与东夷殷礼相联系的诸如“化”“尼”等文字及其所蕴含的观念被周人故意忽略，不是很自然的事情吗？

但是，这只是事物的一个方面。在周人的统治下，东夷和殷民族的文化传统并没有中断。这是由于：第一，战败的殷人、夷人仍然保留自己的血缘家族组织，并具有相对独立的生存空间。第二，周人也注意用安抚的手段来换取殷人的服从。如《驹父盨盖铭》：“堇（谨）尸（夷）俗，遂不敢不敬畏王命。”[②]这就是要

---

① 参见周清泉：《文字考古》（一），四川人民出版社 2002 年版，第 129、187 页。

② 中国社会科学院考古研究所编：《殷周金文集成（修订增补本）》（四），中华书局 2007 年版，第 2685 页。

求部下尊重东夷风俗，以期与东夷民族和平共处。第三，风俗靠礼仪来维系，礼仪靠风俗来巩固。在周人的统治下，东夷和殷人的思想观念之所以能够延续下来，在很大程度上仰仗着礼仪的维系。《论语·为政》所谓："殷因于夏礼。""周因于殷礼"。事实也正是这样，及至后世之鲁国，立国于东夷故地和殷民六族七族之间，在周人之礼与殷人之礼相结合的基础上，形成鲁国之礼。《礼记·明堂位》载：西周初，成王封周公于曲阜，使世享天子之礼乐。六月祀周公于大庙，用"东夷之乐""南蛮之乐"，"纳东夷、南蛮之乐于大庙，言广鲁于天下也"。《吕氏春秋·察微》载："鲁人为臣妾于诸侯，有能赎之者，取其金于府。"这种政府出钱解救本国奴隶的"鲁人之法"，不见于其他诸侯国，它很可能源于东夷风俗。而仲春之月的群婚遗俗在各诸侯国不绝如缕，亦足见东夷风俗影响之深远。

图 6-5-1 从"德"到"悉"演变图①

六 春秋时代的重民思潮

自西周初期周公提出"以德配天"思想之后，神权思想便开始动摇。及至春秋，人们逐渐重视民事而轻视鬼神。这一变化在《左传》中得到充分的反映。

《左传·僖公十六年》载："陨石于宋五，陨星也。六鹢退飞过宋都，风也。周内史叔兴聘于宋，宋襄公问焉，曰：'是何祥也？吉凶焉在？'对曰：'今兹鲁多大丧，明年齐有乱，君将得诸侯而不终。'退而告人曰：'君失问。是阴阳之事，非吉凶所生也。吉凶由人。吾不敢逆君故也。'"大意是说，宋国落下五块石头，这是陨星。六只鹢鸟退着飞过宋国国都，是因为风太急。宋襄公问内史叔兴说："这是什么预兆？"叔兴回答："今年鲁国多有丧事，明年齐国有动乱，君王将得到诸侯的拥护但不能保持到最后。"退下来对别人说："国君问得不恰当。这些都

① 作者摹写。

是阴阳的事情，与人事吉凶无关。吉凶是由人事决定的。我说了上面的话是因为不敢得罪君主。”

《左传·襄公十八年》载：“晋人闻有楚师。师旷曰：‘不害。吾骤歌北风，又歌南风，南风不竞，多死声，楚必无功。’董叔曰：‘天道多在西北，南师不时，必无功。’叔向曰：‘在其君之德也。’”大意是说，晋国人听说楚国发兵。师旷说：“不妨事，我几次唱北方曲调，又唱南方的曲调。南方曲调不强，有许多象征死亡的哀音。楚国一定不能取胜。”董叔说：“岁星多在西北方，南方举兵不合天时，一定不能取胜。”叔向说：“决定胜负的在于他们国君的德行。”

《左传·昭公元年》载：“晋侯有疾，郑伯使公孙侨如晋聘，且问疾。叔向问焉，曰：‘寡君之疾病，卜人曰：实沈、台骀为祟。史莫之知。敢问此何神也？’子产曰：‘……由是观之，则实沈，参神也。……由是观之，则台骀，汾神也。抑此二者，不及君身。山川之神，则水旱疠疫之灾，于是乎禜(除疫之祭)之。日月星辰之神，则雪霜风雨之不时，于是乎禜之。若君身，则亦出入、饮食、哀乐之事也。山川星辰之神又何为焉？侨闻之，君子有四时；朝以听政，昼以访问，夕以修令，夜以安身。于是乎节宣其气，勿使有所壅闭湫底，以露其体。兹心不爽，而昏乱百度。今无乃壹之，则生疾矣。’”大意是说，晋侯有病，郑伯派子产去问候。叔向说：“卜人说，寡君之病是实沈、台骀作怪。请问这是什么神灵？”子产说：“由此看来，实沈是参星之神，台骀是汾水之神。但这两个神与晋侯的病无关。人们遇到水旱瘟疫就祭祀山川之神，遇到雪霜风雨不合时令就祭祀日月星辰之神。至于晋侯的病，是由于劳逸、饮食、哀乐。山川星辰之神又怎能降病呢？我听说，君子有四种工作：早晨听政，中午讨论，晚上起草法令，夜里休息。调节生理勿使壅塞。现在没有做到这些，才生病。”

《左传·襄公三十一年》载：“郑人游于乡校，以论执政。然明谓子产曰：‘毁乡校，何如？’子产曰：‘何为，夫人朝夕退而游焉，以议执政之善否。其所善者，吾则行之。其所恶者，吾则改之。是吾师也，若之何毁之？我闻忠善以损怨，不闻作威以防怨。岂不遽止？然犹防川。大决所犯，伤人必多，吾不克救也。不如小决使道。不如吾闻而药之也。’”大意是说，郑人在乡校批评执政的得失。然明建议把乡校毁掉。子产说，让他们议论，好的意见，我就执行，坏的我就改正。我听说用忠善之举来减少怨恨，没听说用权威来防止怨恨。权威也能制止人们的批评，但这同防止水灾一样，洪水决堤之后，伤人必多，不如用小水渠加以疏导。我把这些批评当作预防疾病的药。

《左传·昭公三年》载：晏子曰："此季世也，吾弗知，齐其为陈氏矣。公弃其民，而归于陈氏。……民叁其力，二入于公，而衣食其一。公聚朽蠹，而三老冻馁。国之诸市，屦贱踊贵。民人痛疾，而或燠休之。其爱之如父母，而归之如流水。欲无获民，将焉辟之？"大意是说，齐国已近末世，恐怕要被陈氏所取代了吧。是齐君不爱护百姓，把百姓送给陈氏。……老百姓的劳动果实，三分之二归了国君，只有一分维持衣食。国君的积蓄腐朽生虫，而老人们却挨冻受饿。在市场上，假腿的价格高于鞋价。陈氏体谅百姓的痛苦，百姓爱之如父母，像流水一样归顺他。如想逃避百姓的拥护都办不到。

《左传·昭公三十二年》载："赵简子问于史墨曰：'季氏出其君，而民服焉，诸侯与之；君死于外而莫之或罪，何也？'对曰：'物生有两，有三，有五，有陪贰。故天有三辰，地有五行，体有左右，各有妃耦。王有公，诸侯有卿，皆有贰也。天生季也，以贰鲁侯，为日久矣。民之服焉，不亦宜乎！鲁君世从其失，季氏世修其勤，民忘君矣。虽死于外，其谁矜之？社稷无常奉，君臣无常位，自古以然。故《诗》曰：'高岸为谷，深谷为陵'。三后之姓，于今为庶，主所知也。"大意是说，赵简子问史墨："季氏赶走鲁国君主，百姓顺服他。诸侯亲附他。国君死在外面而没有人惩罚季氏，这是为什么？"史墨说：事物有的成双，有的成三，有的成五，就是为了使它们相互辅助。季氏辅助鲁君已经很久了。鲁君世代放纵安逸，季氏世代勤劳国政，百姓已经忘记国君了。国君即使死在国外，有谁去可怜他呢？社稷之神没有固定的祭祀者，君臣没有固定不变的位置。自古以来就是如此。所以《诗》说：高高的堤岸变成河谷，深深的河谷变成山陵。三王的子孙今天都沦落为平民，这是人们所知道的常识。

《左传》中反映轻天重民思想的地方屡见不鲜。《左传·襄公三十一年》引《太誓》佚文："民之所欲，天必从之。"文公五年，楚灭蓼、六二国，鲁臧文仲总结道："德之不建，民之无援，哀哉。"《左传·昭公二十三年》载楚大夫尹戌所言："民弃其上，不亡何待？"《庄公三十二年》载史嚚的话："国将兴，听于民；将亡，听于神。"《哀公元年》载逢滑的话："臣闻，国之兴也以福，其亡也以祸。……国之兴也，视民如伤，是其福也。其亡也，以民为土芥，是其祸也。"《桓公五年》载季梁的话："夫民，神之主也。是以圣王先成民而后致力于神。"

春秋时代的重民思潮一方面动摇了神的权威，另一方面为儒家的"德治"思想的确立创造了条件。

七　孔子的“德治”思想

春秋以降，政权下递，天子失位，政在诸侯，大夫执国命，政在家门。人间帝王的失势与天上神衹的失威携手同行、互为因果。上帝既不能确保君上之位，又不能造福百姓，故上下务其实而不务其虚。在政治变乱中，“国人”发挥了举足轻重的作用，故“重民”思想兴起。自此，中国古代便进入了“不信鬼神，注重人事”的时代。孔子继承了周公重“德”“明德慎罚”“怀保小民”等思想，并把它们加以完善化和理论化。孔子主要是提出了以“富民”“博施于民”“教民”为主要内容的“为政以德”“富而后教”的“德治”说和“以德去刑”的思想。这些思想标志着在统治阶级与被统治阶级的同一性（互相依存、相互转化）的认识上面达到了空前的高度。

（一）“为政以德”“富而后教”

面对当时“礼坏乐崩”的现实，孔子一方面严厉谴责各种破坏和违反周礼的言行，另一方面也想通过一些改良的方法来缓和当时的阶级矛盾和贵族内部的矛盾。他反对苛政，认为“苛政猛如虎”[①]；反对人殉，“始作俑者其无后乎”[②]，主张“敛从其薄”“使民以时”“使民如承大祭”“博施于民”等等。在治国方针上，他提出“道之以政，齐之以刑，民免而无耻；道之以德，齐之以礼，有耻且格”[③]。他认为，作为统治者，如果用政令、刑罚去驱使人民，人民为了免于刑罚而照着去做（或勉力去做），但是，其内心深处并不知道犯罪是可耻的事情；相反，如果施惠于民，使人民丰衣足食，在此基础上对人民进行教育，让人民在内心深处树立起道德伦理观念，从而自己约束自己的行为。这不仅能够从根本上消除犯罪，还能够实现长治久安。为此，孔子一再提醒统治者对人民必须“宽”“惠”，即必须减轻压迫和剥削。其理由是“宽则得众，惠则足以使人”[④]。在主张“宽”“惠”的同时，孔子特别重视教化的作用。他对统治者不教而杀非常反感，尖锐地指

---

① 《礼记·檀弓》。

② 《孟子·梁惠王上》。

③ 《论语·为政》。

④ 《论语·阳货》。

出“不教而杀，谓之虐”[①]。他提倡“有教无类”[②]，主张不分贫富贵贱和族类，对庶民也进行礼教，通过“齐之以礼”达到“有耻且格”。这也是他对周礼的重大修正，突破了“礼不下庶人”的旧传统。

（二）“宽猛相济”“德主刑辅”

孔子虽倡导“德治”，但从不否定刑罚等暴力的作用。每当教化无效时，他也主张诉诸暴力，使用刑罚。甚至当他听到郑国统治者“尽杀萑符之盗”的消息，竟说：“善哉！政宽则民慢，慢则纠之以猛。猛则民残，残则施之以宽。宽以济猛，猛以济宽，政是以和。”[③]这种“宽猛相济”的思想曾被后世封建统治者奉为圭臬。但在一般情况下，他总是强调德化。因为道德伦理规范的价值要高于法律规范。这种理论被后人概括为“德主刑辅”。“德治”思想是孔子在统治方法上的重要主张。他认为，统治者如行“德治”，就能得到人民的衷心拥护。他还期望通过“德治”，“胜残去杀”，从而达到“无讼”的境界。他说：“听讼吾犹人也，必也使无讼乎！”[④]既然狱讼都不会发生，当然用不着刑罚。这就是一般所说的“以德去刑”，是他替实行“德治”进行辩护的重要理由。在他看来，只要统治者能富民、裕民，而又加强礼教，就能够实现这一理想。

八 “德治”与中华法系

“德治”是先秦儒家政治法律思想的重要组成部分。与后世法家迷信暴力、专任刑罚不同，儒家在统治阶级与被统治阶级关系问题上，对人民的力量和价值有着更为深刻的见解。秦亡汉立，当时的统治集团和知识界都在相当长的历史期间内总结强秦速亡的原因和教训。最终在汉武帝时代确立儒学为正宗学术。曾经被法家视为迂腐之论的“德治”思想随之成为国家制定政策的指导原则。特别是经过董仲舒阴阳五行的加工，孔子的“德主刑辅”说披上了神秘的外衣，似乎更加具有权威性。

---

① 《论语·尧曰》。
② 《论语·卫灵公》。
③ 《左传·昭公二十年》。
④ 《论语·颜渊》。

儒家“德治”思想的进步性表现在以下几方面：

其一，从较深的角度看待违法犯罪现象。法家对违法犯罪现象的认识比较直观和单一，认为人天生都是“好利恶害”的，人人如此，没有例外，而且不能改变。所以，必须运用“赏罚二柄”驱使人民就范。只要实行厚赏重罚，似乎没有不能达到的目标。儒家则认为，人的本性具有善的根源。人们违法犯罪是不幸的事情，其原因有两方面：一是物质生活的原因，比如衣食无着、饥寒交迫，不得不铤而走险，以求生存；二是精神生活的原因，比如心中没有道德观念，不知道违法犯罪是耻辱的事情，不能约束自己的行为。

其二，人民由于物质生活或精神生活的原因而不幸违法犯罪，其根本原因不在于人民，而在于统治者。第一是统治者欲壑难平、横征暴敛、大兴土木，致使民不聊生，不得不铤而走险；第二是统治者不对人民进行教育，或者由于人民穷困潦倒，不具备进行教育的基本条件，人们不知道违法犯罪是耻辱的事情，自然不会约束自己的行为。

其三，要消除违法犯罪现象，统治者必须实行“德治”。为此，统治者必须约束自己的行为，克制自己的私欲，管好臣僚胥吏。要做到这些，必须修身养性，自我改造，读好圣贤之书，即儒家经典。使君成为圣君，臣成为贤臣，才能实现天下太平，长治久安。

这些理论虽然多少带有书斋气，但是在古代政治法律实践中的确发挥了一定的积极作用。这主要表现在：第一，在“德治”思想支配下，王朝不同程度地减少了对人民征收的税赋，有利于生产的恢复与发展，维护了社会的稳定和安宁。第二，在“德治”思想支配下，历代王朝在刑法刑罚制度方面都程度不同地进行了改良。比如，从墨、劓、剕、宫、大辟的前五刑演变到笞、杖、徒、流、死的后五刑；死刑复奏、热审、秋审、勾决、大赦等等。这些改良措施符合社会文明发展的大方向。

第七章　寻找最初的法

——从神判法到人判法

今天的"法"字在古代写作"灋"。"灋"字是对"法"这一社会现象的真实记录，同时也反映了古代先民对"法"这一社会现象的认识和理解。今天，我们虽然无法再现古人的真实想法，但是，我们并非无所作为，因为通过对古代象形文字构成的逆向讨原，我们也许可以窥测古人当初的造字意图。"法"字的产生也许比"法"这一社会现象要晚很久，但是，当"法"字得以产生之际，由于人们对"法"这一社会现象早已有了约定俗成的统一见解，因此，不管"法"字出自哪位历史人物之手，它都已经具备了非如此表现不可的必然性。这是一个很有趣的文化现象。

最迟在西周礼器铭文中就出现了"灋"字。然而商代甲骨文中没有发现"灋"字，而只有其中的"廌"字。但是，商代的金文也许走着与甲骨文不同的路径，殷商晚期的《作册般铜鼋铭》中竟然也出现了"灋"字。到了战国时代，法家高举"变法"旗帜，主张"法者天下共也"，施行"君臣上下贵贱皆从法"的"法治"。李悝的《法经》则成为后世刑法典的滥觞。那么，古"法"字是何时产生的？又是怎样产生的？有哪些历史人物和事件对此施予了重大影响？古"法"字的本义又是什么？

一 “灋”的字形和字义

“法”字不见于甲骨文，最早见于商末金文，写作“灋”。西周金文写作“灋”。东汉时出现简化字“法。”

东汉许慎《说文解字》：“灋，刑也。平之如水，从水。廌所以触不直者去之，从去。法，今文省。”“水，准也。北方之行，像众水并流。中有微阳之气也。凡水之属皆从水”“廌解廌兽也。似山牛一角。古者决讼，令触不直。象形，从豸省。”“薦，兽之所食草。从廌从草。古者神人以廌遗黄帝。帝曰：何食何处？曰：食廌，夏处水泽，冬处松柏。”“去，人相违也。从大凵声。凡去之属皆从去。”①

清段玉裁《说文解字注》：“灋，刑也。刑者，罚罪也。《易》曰：利用刑人，以正法也。引申为凡模范之称。木部曰：模者，法也。竹部曰：范者，法也。土部曰：型者，铸器之法也。平之如水，从水。说从水之意。张释之曰：廷尉，天下之平也。廌所以触不直者去之，从廌去。下廌字今据《韵会》补。此说从廌去之意。法之正人，如廌之去恶也。方乏切。法，今文省。”“去，人相违也。违，离也，人离故从大，大者，人也。”②

清桂馥《说文解字义证》：“灋，刑也。平之如水，从水。所以触不直者去之，从去。方乏切。《释名》：法，逼也。莫不欲从其志。逼，正使有所限也。《文子·问老》：法安所生？曰：法生于义，义生于众，适合乎人心，此治之要也。《慎子》：治国无其法则乱，守法而不变则衰，有法而行私，谓之不法。以力役法者百姓也，以死守法者有司也，以道变法者君长也。刑也者，刑当从井，为荆。本书荆下引《易》：井，法也。经典皆用刑字。《释诂》：刑，法也。书吕命(刑)：唯作五虐之刑曰法。平之如水，从水者，本书：水，准也，谳，议罪也，与法同意。桓子《新论》：治狱如水，习凿齿曰：夫水至平而邪者取法，镜至明而丑者忘怒，水镜之所以能穷物而无怨者，以其无私也。水镜无私，犹以免谤，况大人君子，怀乐生之心，流矜恕之德。法行于不可不用，刑加乎自犯之罪，爵之而非私，诛之而不怒，天下有不服者乎！《续汉书·百官志》：廷尉平一人，掌平决诏狱。华峤《后汉

① 许慎：《说文解字》，中华书局1963年版，第202、224、202、104页。

② 段玉裁：《说文解字注》，浙江古籍出版社2006年版，第470、213页。

书》：吴雄以明法律，断狱平，为廷尉。《魏志》高柔曰：廷尉，天下之平也。安得以至尊喜怒而毁法乎！《天文录》：平星主天下之狱事，若今廷尉之象，故星赞曰：平星执法，正纲纪也。法，今文省。”又云：“去，人相违也。从大凵声。凡去之属皆从去。邱据切。人相违也者，庄公十年《左传》：纪侯大去其国，违齐难也。《论语》：陈文子有马十乘，弃而违之。孔注：损其四十匹马，违而去之。”①

通过以上论述，我们可以看到，“法”具有以下特征：其一，法与刑有关。法的强制性就来源于刑。刑又有刑法、刑罚、型范多种含义。其二，法与水有关，水所具有的特征就间接地成了法的特征。而水的功能又决定着法的特征。其三，法与廌有关。廌是独角兽，是东夷民族蚩尤部落的图腾。因此，法与东夷文化结下了不解之缘。其四，法又与去字有关。去的含义有两种：一是动词弃去，二是人相违。人相违的本义直接关系法的本义。我们可以顺着这些信息去探索法的本来面貌。

图 7-1-1 古文字中的灋字②

① 桂馥：《说文解字义证》，齐鲁书社 1987 年版，第 838、419 页。

② 作者摹写。

图 7-1-2　作册般铜鼋①

图 7-1-3　作册般铜鼋铭②

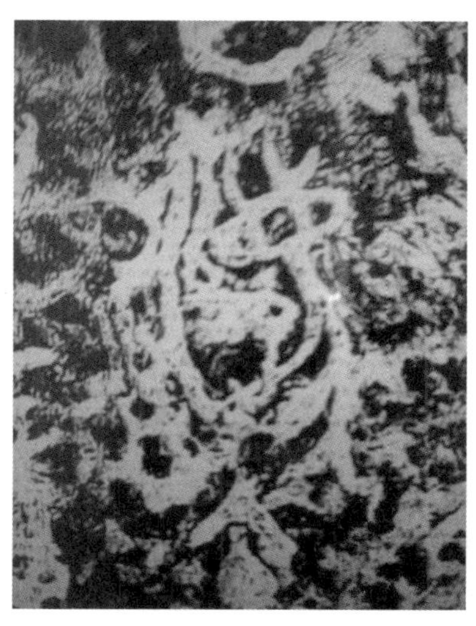

图 7-1-4　作册般铜鼋铭瀼字③

① 《中国历史文物》2005 年第 1 期封面。现藏国家博物馆。

② 《中国历史文物》2005 年第 1 期封面。现藏国家博物馆。

③ 《中国历史文物》2005 年第 1 期封面。现藏国家博物馆。

二 “水”的原始功能：禁忌与流放

在原始社会，个人必须生活在氏族之中，才能获得安全并生存下去。当“血缘”与“地缘”融合为一之际，氏族便具有了相对稳定的生活空间。这种生活空间常常以“名川大山”为其界限。对氏族内部违犯公共生活准则者是要惩罚的。惩罚的目的也许不是出于对“犯罪”者的愤恨，也不是出于“报复主义”或“一般预防”，而是出于集体的自我保护意识，这可以说是中国传统法律文化的集体本位的最初起点。这种集体自我保护意识便是远古的禁忌。

远古禁忌是古老法条和习俗的最初源头。在原始人类心目中，人类社会是受神支配的。社会生活中出现的异常情况都带有渎神性，都可能是神对人的惩罚的征兆。比如，血亲结婚生出怪胎，既是渎神行为的结果，又是厄运的先兆。当人们明白血亲结婚可以产生怪胎这个道理之后，便会严禁之。于是“同姓不婚”这样一条禁忌就产生了。《商君书·画策》说，黄帝制定“父子兄弟之礼，夫妇妃匹之合”，正是对这一禁忌的法律描述，于是才有了该禁忌的演化。如《搜神记》卷十四载：“昔高阳氏有同产而为夫妇，帝放之于崆峒之野。”《淮南子·齐俗训》载：“帝颛顼之法，妇人不辟男子于路者，祓之于四达之衢。”后世的诸多礼仪如“男女授受不亲”“男女不同席”之类，便是由此衍生出来的。到了战国，甚至产生了嫂子溺水，小叔子当不当“援之以手”[①]的疑问。

为了免遭神的惩罚，以保证氏族集体的安全，必须尽快把“犯罪”分子逐出氏族生活的空间，让他在荒野中独自领略神的威严，于是便产生了流放之刑。至于流放地点，在以山作分界的地方便以山为标准，如《尚书·尧典》所谓“放欢都于崇山”；在以水为界限的地方则以水为标准，如《周易》中的“涉大川”。“放逐是原始氏族最可怕的惩罚之一。”[②]因为“凡是部落以外的，便是不受法律保护的。在没有明确的和平条约的地方，部落与部落之间便存在着战争”[③]。因此，流放等于死刑，而且死后灵魂也不能重归故乡。这是同时失去此岸世界和彼岸世界的双重惩罚。

---

① 《孟子·离娄上》。

② ［法］拉法格：《思想起源论》，王子野译，三联书店1963年版，第70页及注。

③ 《马克思恩格斯选集》第4卷，人民出版社1995年版，第96页。

在以水为界的部落，把“罪犯”赶到河那边去，是一个严酷的刑罚，久而久之，江河便同时具有“国界”和“刑罚”的双重职能，从而使“水”具有了行为准则的文化含义。在部落联盟形成以后，部落联盟便具有调节氏族间各种关系的职能。“罪犯”被甲氏族赶到乙氏族领域，可能被乙氏族视为对其权利的侵犯，因为“罪犯”会把不幸和灾难带给他们。解决的办法有两个：一是把“罪犯”流放到更远的地方；二是将“罪犯”就地“消化”掉。于是族内刑罚便产生了，这就是死刑和肉刑。死刑是流刑的代用品。肉刑不论是残其肢体还是刺墨于额，都兼有向神祇谢罪、乞求神祇宽恕和提醒族人免除“传染”两种文化职能。然而，死刑与流刑不同，这就是尸体的处理问题。于是，古人选择了火和水来清除其“不洁”。《周礼·秋官·掌戮》说：“凡杀其亲者焚之。”《礼记·檀弓下》说：“子弑父，凡在官者杀无赦，杀其人，坏其室，洿其宫而豬焉。”这就是说不仅把罪犯杀死，还要毁坏他的住所，用水淹之，以除不洁。《睡虎地秦墓竹简·法律答问》有“疠者有罪”“定杀水中”的规定，即将患麻风病的犯罪者活活淹死在水中。这样，水便与火一样充当了观念上的“清洁剂”。

古人对死这一现象是敬畏而恐惧的，故用酒或水来排除不吉。《周礼·春官·小宗伯》说“王崩，大肆，以秬鬯渳”，即以黑黍香草造的酒浴尸。民间丧礼，则以洗米水加热浴尸。水和酒成了特殊的“清洁剂”。

古代的大难(傩)礼便是在驱逐疫鬼、祈求平安的原始巫术的基础上形成的。《周礼·夏官·方相氏》：“帅百隶而时难(傩)，以索室驱疫。”《礼记·月令·季春》：“命国难，九门磔攘以毕春风。”《论语·乡党》：“乡人傩，朝服而立于阼阶。”可见，大难礼所由来者上矣。《续汉书·礼仪志》载东汉大难礼仪式：众人列队，执戈扬盾，作十二兽舞，把想象中的疫鬼投入洛水中。宗懔《荆楚岁时记》亦载民间难仪：“作金刚力士以逐疫，沐浴转除罪障”。水同样起了消灭疫鬼、保障平安的双重作用。

在古人心目中，水还具有祓除不祥的作用。古有“禊”之俗，即春秋两季在水滨设祭祓除不祥。汉刘祯《鲁都赋》：“素秋二七，天汉指隅，民胥祓禊，国于水游。”《后汉书·礼仪志上》：“上巳，官民皆絜于东流水上，曰洗涤祓除，去宿垢疢为大洁。”《诗经·郑风·溱洧》汉代薛汉注：“郑国之俗，三月上巳，此水招魂续魄，祓除不祥之故也。”晋王羲之《兰亭集序》：“暮春之初，会于会稽山阴之兰亭，修禊事也。”《史记·外戚世家》：“武帝拔霸上还。”南朝宋裴骃《集解》引晋徐广：“三月上巳，临水祓除谓之禊。”

古代“法”字中的“水”，是否有如许慎所言“平之如水，从水”之义呢？在远古社会的行为规范中，会不会产生“公平”“平等”那样的观念呢？我们似乎还提不出支持和否定的客观证据。但是，再琢磨一下许慎所谓：“法者，刑也，平之如水，从水。”“刑”即“型”，指模型、模范。这就是说法像模范一样平直，不偏不颇。从这种直观的技术意义上来概括法的特征，是完全成立的。古人在生产生活中完全能够体味出水的平直特征。生活在东汉的许慎用“平之如水”来概括“法”，很可能受到法家思想的影响。法的目的是消除犯罪和确保集体的平安，是强制性行为规范的一个符号。至于公平、公正之义，是战国法家为了以平等的“法”取代世袭贵族的“礼”而给“法”字新加上去的政治“添加剂”。一千多年以后，明清之际启蒙思想家黄宗羲倡导以“天下之法”取代“一家之法”时，才从本质上涉及法的公平性。

三　“廌”的职能——法官

当最初的象形文字产生之际，最先成为文字的恐怕是古老图腾了。甲骨文中有“御廌”一词。1971 年 12 月，安阳小屯西地殷墟发掘出一批完整的牛胛骨卜骨，有刻辞的几十枚。其中有“御臣”“御廌”“御牧”“御众”字样。郭沫若考证云：“廌或作豸，是莫须有的一种怪兽——“解豸”的省称。《说文》：‘解廌兽也，似山牛一角，古者决讼令触不直者。’盖古时奴隶主于判处罪状时，将牛角去其一，以神乎其事。故后世司法官所戴之冠名解豸冠。字音读如宰，在此即读为宰，当是执法小吏。”①

在这里需要说明：第一，廌既非“莫须有的一种怪兽”，也非“将牛角去其一以神乎其事”，而是传说时代法律实践活动的真实写照，人为所致，反倒不神。第二，商代以“御廌”为法官之名，并非偶然。这说明商人继承了远古法律实践的成果，而且也是当时神判法习俗的一个反映。比如《周易·大壮》和《履》就分别记载了神羊裁判和神虎裁判的材料。

殷商末年的《作册般铜鼋铭》中有“亡灋矢”句，其“法”字写作“灋”。“灋”字读如废。② 西周初期的《大盂鼎铭》中出现了“灋”字。铭文为“天翼临子，灋保先

① 郭沫若：《出土文物二三事》，人民出版社 1972 年版，第 26 页。

② 参见李学勤：《作册般铜鼋考释》，《中国历史文物》2005 年第 1 期。

王”,“勿法朕命”,而后者在金文中多见。“法”通“废”。清吴大澂《说文古籀补》说:“古文法废为一字。”《管子·侈靡》郭沫若集校云:“金文以灋为废字。”“废”有二义:一为“大”,二为“弃”。这是一般的结论。“灋保先王”之“灋”当为“效法”,“保”为“葆扬”,全句义为“效法葆扬”。“勿灋朕命”之“灋”乃“废弃”之义。无论“效法”还是废弃,都与行为规范有着必然联系。

西周金文中的“法”写作“灋”,而甲骨文中只有“廌”字,那么,“灋”字是怎么形成的呢?西周的“灋”为什么比殷商的“灋”字多了一个“去”字呢?

四　去——弓矢的记号不符

许慎《说文解字》将古代“法”字中的“去”释为动词“弃去”。甲骨文“去”有离开之义。但是,《说文解字》又释“去”字为“人相违也”。此义则必有所本,可惜语焉未详。

甲骨文“去”字由“大”“凵”两部分组成,“大”即“矢”字,“凵”即“弓”字。《管子·轻重甲》:“三月解匃,弓弩无[illegible]移者。”“匃”即“装弓箭的器具”。[①]《说文解字》:“勹,裹也,像人曲形,有所包裹。”则“去”字为弓、矢无疑。“匃”字与“医”字形近义同。《说文解字》:“医,盛弓弩矢器也,从匚从矢。”“医”和“匃”都是装“弓弩矢”的器具,两字或可以互代。“匃”与“匋”字也同样可以互代。清王念孙认为:匃当为匋,匋与韬同,弓衣也。《广雅》:韬,弓藏也。韬又与弢同。《说文解字》:弢,弓衣也。[②] 王念孙的意见开阔了我们的视野。盖先秦时齐国用“匃”字,他国用“韬”字,不用“匋”字。后“韬”“弢”行而“匃”字止。

无论如何,《管子·轻重甲》中的“匃”字为我们探讨去字的本义提供了另一个符合逻辑的渠道。如果说“去”是弓、矢相离之义,那么,“夷”则是弓、矢相合之义。“夷”古字表示弓、矢正好是一套。那么,表示弓、矢相离的“去”字究竟意味着什么含义呢?

弓、矢是远古社会重要的生产工具和武器。当时的人们常常在弓矢上面刻上族徽或记号,在因猎获物的归属或损害赔偿问题发生纠纷时,弓矢上面的记

① 汉语大字典编辑委员会:《汉语大字典》(缩印本),四川辞书出版社1992年版,第258页。

② 参见王念孙:《读书杂志》三《说匃》,上海古籍出版社2014年版,第1305、1306页。

号便成了重要的"诉讼证据"。发明了以弓矢上面的记号来裁判案件的方法的,可能是东夷民族,而正式提出这一制度的人就是殷朝末年的箕子。

《周易·明夷》:"箕子之明夷。"就是说,箕子发明了"明夷"的方法。"明夷"即出示弓矢,亦即出示证据之义。谁主张所有权,谁就有义务出示证据。"明"又当"盟"讲。"盟夷",即在出示弓矢之前发誓,宣布自己的主张是真实的,否则会受到神的制裁。其结果,败诉一方将以渎神之罪受到惩罚。

久而久之,在诉讼中出示弓矢和诉讼前发誓两件事,就慢慢合而为一了。《周礼·秋官·司盟》:"有狱讼者,则使之盟诅。"盟诅即发誓,"誓"又写作"矢"。《睡虎地秦墓竹简·为吏之道》:"听其有矢。"《周礼·秋官·大司寇》:"以两造禁民讼,入束矢于朝,然后听之。"《国语·齐语》:"坐成以束矢。"韦昭注:"两人诉,一人入矢,一人不入则曲。""入矢"的本义是证明自己是正确的。有人认为,"入矢"是交诉讼费;有人认为"入矢"是证明自己像矢一样正直,但其原始意义是"明夷"。

《尚书·洪范》是"箕子之明夷"的一个佐证。该篇记述箕子的"洪范九畴"即治理国家的九种大法。其中,第二种治国大法包括五事:"三曰视","视曰明","明作哲";"四曰听","听曰聪","聪作谋";第七种治国大法是"明用稽疑,谋及乃心,谋及卿士,谋及庶人,谋及卜筮。汝则从,龟从,筮从,卿士从,庶民从,是之谓大同"。上述两种治国大法可能是讲司法审判的道理,即观察和讯问的方法。这些内容和《尚书·皋陶谟》所谓"知人则哲,能官人""率作兴事,慎乃宪""屡省乃成",以及《尚书·吕刑》的"哲人惟刑""惟良折狱"等是相通的,而"明夷"也许就是"明用稽疑"的简称。

通过对古代"法"字的分析可以看到:首先,一个世世代代执掌兵刑的部族在古代法律生活中发挥了持久的影响。其次,水在原始社会中具有禁忌上的和行为准则上的特殊功能。最后,在诉讼活动中证据具有重要意义以及由此可产生严重的后果。以上三方面的因素合起来就是"法"。在古人看来,"法"是一种活动,即当人们产生纠纷时由法官来评判的一种审判活动;又是一种行为准则,即通过审判来宣布、通过刑罚来保障人们必须遵从的行为准则。传统是不能割断的。当古"灋"字简化为"法"时,那个廌却在法官的官帽上、在衙门的影壁上悄悄存在了多少个世纪,向人们诉说着遥远的往事。

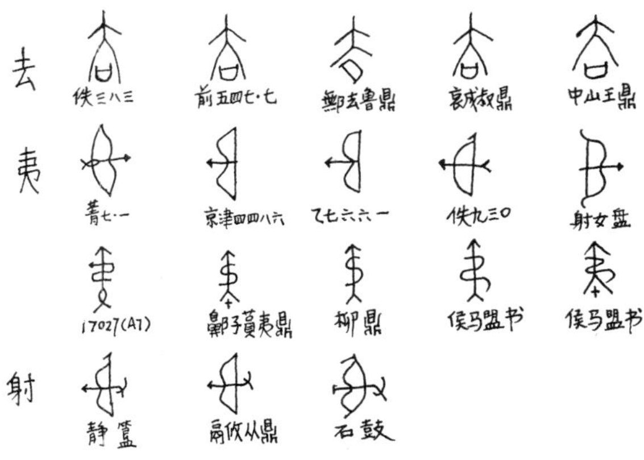

图 7-4-1　甲骨文去夷射字①

五　从"箕子明夷"到"听其有矢"——古代证据制度

(一)关于"箕子之明夷"

"箕子之明夷"语出自《周易・明夷》。对"箕子之明夷"和该卦爻辞的解释,历来众说纷纭,莫衷一是。对于"箕子",顾颉刚、李镜池、高亨先生均以为即殷末贤臣箕子。也有人认为"箕子"乃实即"其子""荄兹""孩子"。② 对于"箕子之明夷",顾颉刚先生以为系古代的一个成语典故:"夷者灭也,明灭故暗晦。"全句即今人所谓"箕子的晦气"。③ 李镜池先生以为"之"即"到","明夷"是古代氏族或国家之名。全句为"箕子到某处"之义。高亨先生认为"明夷"即"鸣雉",又谓缺一"获"字,当为"箕子之获明夷"。全句义为"箕子获得野雉"。④ 刘大钧、林忠军先生认为:"明夷显然是一种鸟,古代认为日中有三足乌,马王堆帛书中就有类似的日上飞鸟。此飞鸟是否与明夷于飞有关,由经文中出现飞、翼字眼考,明

① 作者摹写。

② 参见张大芝:《箕子之明夷新解》,《杭州大学学报》1982 年第 2 期。

③ 顾颉刚:《周易卦爻辞中的故事》,《燕京学报》1929 年第 6 期。

④ 李镜池:《周易卦名考释》,《周易探源》,中华书局 1978 年版,第 275、271 页。

夷是一种飞鸟无疑。”[①]这些研究成果，特别是将爻辞与传说史料结合起来的研究方法，为我们进一步探寻周易古经的原始含义奠定了重要的基础。

箕子即殷末贤臣，商纣王诸父，封国于箕，故名。“明夷”之“明”，辨别、查验之义。“夷”是弓、矢二字的合文，“明夷”的字面含义是查验弓矢。《说文解字》：“夷，从大从弓，东方之人也。”朱骏声《说文解字通训定声》：“东方夷人好战好猎，故字从大持弓，会意。大，人也。”对夷字从“大”之说，陈梦家曾指出：“大则矢之讹变也。”[②]古代“夷”字乃“弓矢之合书”，正由弓、矢二字重叠而成：“卜辞雉从隹，或从弓矢之合书，即雉，省作夷。《说文》以夷为从大从弓，误矣。”[③]张富祥认为：“把《说文》的从大从弓改释为从矢从弓，也就得到正确的解说。”[④]因此，我们可以知道：第一，“夷”的古字字形表示矢、弓合一；第二，“夷”字与东夷有关。“箕子之明夷”中“之”字没有确切语义，整句义即“箕子和明夷”。

(二)弓矢的作用

弓矢是原始人重要的生产工具和武器。“弓箭对于蒙昧时代，正如铁剑对于野蛮时代和火器对于文明时代一样，乃是决定性的武器。”[⑤]按照有关文献记载，东夷最早发明了弓箭。《世本·作篇》：“蚩尤作五兵”“夷牟作矢，挥作弓”“逢蒙作射”。古人重视和珍爱弓矢，常常在弓、矢上面刻上记号或族徽。这种习惯一直延续下来，如《国语·鲁语下》“铭其括曰：肃慎氏之贡矢”。

由于古人习惯于在弓矢上面刻上记号，于是，就使弓矢具有了特殊作用。这表现在三个方面：

第一，在战后论功行赏之际，弓本身就是捕获俘虏的直接证据。以弓缚首便是“臣”字。“臣”即战俘。甲骨文“臣”字即由外部、内部两部分组成：内部长形半环像人首，外部半圈像弓。甲骨文“弓”字有两形：一为张弦之弓，二为弛弦之弓。古人狩猎或临战时张弦，此后脱弦，与矢一起妥为保藏。《周易·睽》：“先张之弧，后说之弧，匪寇婚媾。”“弧”即弓弦。战争之后，胜利者将弓弦脱下，并用弓弦捆缚战俘之脖项，牵之以返。此时，弓还有另外一层作用，就是证明俘虏是属于自己的战利品，别人不能争议，其目的是等待论功行赏。《诗经·鲁颂·泮水》：“矫矫虎臣，在泮献馘。淑问如皋陶，在泮献囚。”这是“既克淮夷”

---

① 刘大钧、林忠军：《周易古经话解》，山东友谊出版社1998年版，第68页。

② 陈梦家：《隹夷考》，《禹贡半月刊》1936年第10期。

③ 黎祥凤：《周易新释》，辽宁大学出版社1994年版，第185页。

④ 张富祥：《说夷》，《淄博师专学报》1997年第3期。

⑤ 《马克思恩格斯选集》第4卷，人民出版社1995年版，第20页。

“淮夷卒获”之后论功行赏的情景。馘，《毛传》说“馘，获也，不服者杀而献其左耳曰馘”。献即谳，讯问。谳囚不是审问战俘，而是论功行赏。这是古老军法的重要职能之一。《睡虎地秦墓竹简・封诊式》中载有两战士战后相互争首级而致诉讼的内容，长官只得“诊首”，凭借创口的特征来判断。这是战国时代的事情。但是在远古时代，这种矛盾早已经被解决了。因为古人的弓矢上面刻有族徽或记号，挂在俘虏脖颈上面的弓便是直接的证据。久而久之，以弓弦捆缚他人的脖项，便带有统治、打败或奴隶身份的特定含义。因此，以弓缚首是带有侮辱性的动作。

第二，矢可能是为了标识罪隶身份而对战俘黥目或眇其一目时的用具。据《尚书・吕刑》载，在蚩尤发明的五刑中有黥刑。殷周之际，黥刑比较流行，《周易・鼎》：“其形（刑）渥（剧）。”《睽》：“其人天且劓。”《噬嗑》：“噬肤。”“剧”“天”“噬肤”盖即文身或黥刑（刺面）。黥目或眇其一目便产生了“民”。《说文解字》：“民，众萌也。从古文之象。”“氓，民也，从民亡声，读若盲。”《贾子・大政》：“夫民之为言萌也，萌之为言盲也。”在甲骨文中，“民”字有两形：其一，上目下十。刘兴隆注：民字“像以物刺人目形，示为罪隶也。与金文民同。典籍民、盲、氓一字”[①]。其二，上目下矢。赵诚注：“构形不明。甲骨文作方国之名，则为借音字。”[②]我推测，目下之“十”或即“甲”符，代表编号。在奴隶眼眶下文以此号以标明归属。甲骨文还有上目下口、上口下目、上目下矢三个字形。[③] 口盖即“丁”，其义相同。目下之“矢”表示黥刑的用具，金文中亦有此字形。殷商曾盛行文身。盖施于内部用“辛”（专用刀具），即文额、文胸、文乳；施于外部用“矢”，即文目或刺瞎一目。《周易・履》《归妹》有“眇能视”。眇，瞎了一只眼，仍能看见东西。盖眇其一目之义。郭沫若《甲骨文字研究・释臣宰》：周代彝器中的民字“作一左目形，而有刃物以刺之”。“周人初以敌为民时，乃盲其左目以为奴征。”[④]梁启超《太古及三代载记・附三苗九黎蚩尤考》：“因其冥昧，亦谓之民。”“民之本义为奴虏。”[⑤]人被眇其一目，视物有碍，故“民”有“冥”“盲”“瞑”之义。

第三，弓矢在诉讼中具有证据意义。矢是确认战利品归属并论功行赏的重要凭据，而最古老的裁判活动可能最早源于战争。《诗经・鲁颂・泮水》：“淑问如皋陶，在泮献囚。”郑玄笺：“善听狱之吏如皋陶者。”淑，善也，又同“叔”。《说

---

① 刘兴隆：《新编甲骨文字典（增订版）》，国际文化出版公司 2005 年版，第 846 页。

② 赵诚：《甲骨文简明词典》，中华书局 2009 年版，第 150 页。

③ 沈建华、曹锦炎：《甲骨文字形表》，上海辞书出版社 2008 年版，第 42 页。

④ 于省吾：《甲骨文字诂林》（一），中华书局 1996 年版，第 629 页。

⑤ 汉语大字典编辑委员会：《汉语大字典》（缩印本），四川辞书出版社 1992 年版，第 893 页。

文解字》:"叔,拾也。"郭沫若认为:叔字"以金文字形而言,实乃从又持戈以掘芋也"①。问,审讯,考察,追究。"淑问",即刨根问底、彻底调查清楚。献,谳、审判。皋陶之所以善于听讼,与其说是仰仗着神羊,不如说是靠着证据,即弓矢。"献囚"的手段靠证据即弓矢,故甲骨文出现了"𪊽"字;"献囚"的目的是论功行赏,故甲骨文出现了"𪋆",即庆赏的"庆"(慶)字,或与"用命赏于祖"有关。还有一个"𪋉"字,"丄"即古代的社。该字或与"弗用命戮于社"有关。皋陶很可能是以证据即弓矢来断案的第一位大法官。后来,这种做法被商人继承,并被箕子所提倡。

(三)"听其有矢"

弓矢是确定民事权利责任的重要依据。在民事、刑事诉讼中,证据的地位是很重要的。《周易·随》:"有孚在道,以明何咎。"孚,信,证据;道,审理。依据证据来审理案件,才能辨别曲直。在猎获物的归属发生纠纷时,弓矢是最可靠的证据。因为猎人的弓矢上面都刻有符号,或者各家箭镞具有各自的特征。《明夷》:"明夷,夷于左股,用拯马壮,吉。"拯,赔偿;壮,通戕,伤。一匹马的左股被射伤,在伤口处发现箭头,据此查到箭的主人并责令其医治马伤,这是对的。"明夷于南狩,得其大首,不可疾,贞。"猎人射伤了一只猛兽,一直尾随追到南方村落,因为兽身上有箭头作为证据,当地人不敢拒绝归还。"入于左腹,获明夷之心,于出门庭。"心,木上的尖刺,《诗经·邶风·凯风》"吹彼棘心",此指箭头。一个猎人追到别人家里索要一只猎物,结果在猎物左腹发现箭头,证明确系他所射,就把猎物背走了。"不明,晦,初登于天,后入于地。"不肯把弓矢交出来验证,太暧昧了,这就证明猎物不是你射的,就好像朝天射了一箭,又落到地上,什么也没射着,你的箭还在那里插着呢!

正因为弓矢是最可靠的证据,所以在诉讼中双方都要出示证据,即"明夷"。《周礼·秋官司寇·大司寇》所载:"以两造禁民讼,入束矢于朝,然后听之。"《国语·齐语》所云:"坐成以束矢。"韦注:"两人讼,一人入矢,一人不入则曲。"《管子·中匡》:"无所诎而讼者,成以束矢。"至此,古老的风俗已经演化成了一种抽象的仪式。《睡虎地秦墓竹简·为吏之道》:"听其有矢,从而则之。"②意思是说,原告起诉时有证据才受理,并按照双方提供的证据来裁判案件。至于"入矢""有矢"的意思,有人认为是发誓,有人认为是证明自己像矢一样正直,还有人认

① 转引自陈初生:《金文常用字典》,陕西人民出版社2004年版,第328页。

② 睡虎地秦墓竹简整理小组:《睡虎地秦墓竹简》,文物出版社1978年版,第288页。

为是交“诉讼费”。这些也许都不是其本义。其实，它们正是从古老习俗“明夷”即出示和检验证据——“明夷”演化而成的。

六　“明夷”与“不富以其邻”“迷逋复归”的古老法条

“明夷”并不是一种简单的证据制度，“明夷”的本质是保护财产所有权，禁止将无主财物据为己有。这和《周易》的“不富以其邻”“迷逋复归”的古老法条是完全一致的。

（一）“不富以其邻”

《周易》有“不富以其邻”（《谦》），即不能通过侵害邻人的手段来致富，这是一条古老的道德准则。筮辞几次谈到“丧牛于易”（《旅》）、“丧羊于易”（《大壮》），就是指殷先王亥到有易部落，被土著居民杀死，牛、羊被抢，后来王亥的后代打败有易，夺回牛羊。筮辞引用这个典故阐明复仇的原则，警告人们不要侵犯他人财产权。

（二）“迷逋复归”

“迷逋复归。”迷，指牛、马、羊跑失，或遗失其他财物；逋，指臣、妾、童、仆等奴隶逃亡；复归，指归还原主。按当时的法律和惯例，凡得到上述财物或奴隶的，应呈报专门机关，归还原主，并可以从原主那里得到偿金，否则将引起诉讼。《震》：“亿丧贝，跻于九陵，勿逐，七日得。”全句意思是：有人遗失巨额货币，赶往几个关口要道去通报，回答说，不必追寻，七天内可以找到。《既济》：“妇丧其茀，勿逐，七日得。”茀，是装饰品，妇人丢失了装饰品，不必追寻，只要通报官府，七日内就可找回。“迷逋”事件常常引起诉讼。如《无妄》：“无妄之灾，或系之牛，行人之得，邑人之灾。”捡了别人跑失的牛而不上报，“行人”（地方官）受理失主的起诉，便在遗失牛的地方进行大搜查，这是当地人的耻辱。

中外奴隶制法律在处理动产（包括奴隶）纠纷上有惊人的相似之处。《汉穆拉比法典》规定，自由民藏匿宫廷和奴隶主的逃奴而不交出的，此家的家长应处死；自由民在原野里捕到逃亡奴婢交还原主的，可以从原主那里得到酬金；如果藏匿而不交还原主，应处死；奴隶说不出主人姓名的，必须调查并遣返给他的主人；理发匠未经主人许可而剃掉奴隶发式标记的，应断其手。①

（三）“明用稽疑”

纣王暴虐，箕子劝谏，不听，披发佯狂为奴，为纣所囚。武王伐纣，释箕子。箕子应武王所咨，作《洪范》，言治理国家的九项措施，即“洪范九畴”，其七为“明用稽疑”。“稽”，《广雅・释言》“稽，考也”，即考核、调查。甲骨文的“疑”字，左部是上匕下矢，右部即“匕”字。《玉篇》：“匕，矢镞也。”《左传・昭公二十六年》：“射子，中楯瓦，繇朐汏辀，匕入者三寸。”注：“匕，矢镞也。”甲骨文“疑”字即由匕、矢、匕三字所组成，一矢二匕，正表示在证据上出现了疑问。“明用稽疑”就是“明夷”，就是通过弓与矢（匕）上面的符号或特征来查清事实，以确定责任。东夷部落的发明并非被商人抢先注册了专利，在那些被刻划成的文字背后，正是人所共知的口耳相传的古老故事，其中就不乏皋陶神判的传说，如同后来的包公案、狄公案一样。古代“灋”字的产生与第一代大法官皋陶相联系，决不是偶然的。②

（四）“明夷”制度

“明夷”制度的本质内容不仅是确定所有权而更重要的是保护合法的所有权。在商代，奴隶和马牛一样都是重要的财产。商末，曾经发生大规模奴隶逃亡的现象。商纣王违背了“迷逋复归”的古训，从而亡国。《尚书・牧誓》载周武王历数商纣王的罪过之一是“乃惟四方之多罪逋逃，是崇是长，是信是使”。《左传・昭公七年》载，楚灵王“即位，为章华之宫，纳亡人以实之”。芋尹无宇的守门奴隶（阍）就藏匿在章华宫里面，芋尹无宇向楚灵王讨回其奴隶而被拒绝。他向楚灵王慷慨陈词道：“周文王之法曰：‘有亡荒阅’，所以得天下也。……吾先君文王，作仆区之法，曰：‘盗所隐器，与盗同罪。’所以封汝也。若从有司，是无所执逃臣也。逃而舍之，是无陪台也。王事无乃缺乎。昔武王数纣之罪以告诸侯曰：‘纣为天下逋逃主，萃渊薮。’故夫致死焉。君王始求诸侯而则纣，无乃不可乎？若以二文之法取之，盗有所在矣。”③意思是说，当年商纣王接收了天下的逃亡者而不归还，从而得罪了各地奴隶主，招致诸侯的反叛。相反，周文王则通过大搜捕把逃亡奴隶归还给奴隶主，从而得到诸侯的拥戴。楚文王制定法律，对隐藏逃亡奴隶的按照盗窃罪来处刑，所以才被封为诸侯。这段话为我们了解

① 参见《汉穆拉比法典》，杨炽译，高等教育出版社 1992 年版，第 20、122 页。

② 参见瞿同祖：《中国法律与中国社会》，中华书局 1981 年版，第 253 页。

③ 杨伯峻：《春秋左传注》（四），中华书局 1981 年版，第 1283～1285 页。

商亡的社会原因提供了证据。

箕子是贤臣，在纣王倒行逆施之际，可能以“明夷”古训力谏纣王，却遭到纣王的囚禁。箕子劝谏的理由，就是“明夷”，即确定并且保护奴隶主对逃亡奴隶的所有权。因此，这一重要历史事件就被人们特意保存下来，成为《周易》的编纂者手中的素材。此即“箕子”与“明夷”相连的原因。周人取得政权之后，掌握舆论导向，极力贬抑纣王的暴虐。箕子由于批评纣王和归顺周人而得到赞扬。周人表彰箕子，意在重申“明夷”所体现的法律原则，以安顿四方诸侯，同时也为了削弱殷商遗民的反抗。

七　“明夷”与西周“灋”字的出现

甲骨文中未见“灋”字。在殷商末年的《作册般铜鼋铭》中“法”字写作“薦”。对这个字，如果仍然引用《说文解字》中“灋者，刑也，平之如水，从水，廌所以触不直者”，在逻辑上也许仍然能够成立。西周金文“灋”字增加了“去”字，这一看起来并不起眼儿的变化，其实反映了审判制度的巨大变革，其意义与西周之“德”较之殷商之“德”多了一个“心”符一样，都堪称划时代的变革。

殷商的“薦”字没有“去”，是因为当时实行神判法，即通过占卜来判决。在甲骨卜辞当中，我们不难发现神判法的记录。这种神判法到了商末发生了动摇。《尚书·洪范》载箕子述治国九畴，其七明用稽疑：“立时人作卜筮，三人占则从二人之言。汝则有大疑，谋及乃心，谋及卿士，谋及庶人，谋及卜筮。”这种注重人事的施政方针，与殷商迷信鬼神的传统做法已经大异其旨了。这种原则贯彻在裁判活动中就是：(1)经验判断(谋及乃心)；(2)征求意见(谋及士庶)；(3)求助卜筮(谋及卜筮)。在这种思想框架下，我们再回过头来看“灋”字：“灋”字中的“廌”代表神兽，“去”代表“明夷”(证据)。因此可以推测，在西周初期，“灋”字就是在神权动摇、人事兴起的特殊社会背景下，并且在总结以往法律实践经验基础上产生的。“灋”字是古代神判法向人判法整体过渡的一个路标。

西周的有“去”之“灋”是接受并确认箕子“明夷”的客观记录。“箕子之明夷”其实宣布了四项原则：(1)保护财产所有权，禁止将无主财物据为己有；(2)产生争讼后不得私自诉诸武力，要由官方裁判；(3)在诉讼中，双方须到场参加诉讼；(4)官人既不是运用神判也不是使用刑讯，而是通过证据而来裁判案件。

"有亡荒阅"的"周文王之法"和"盗所隐器，与盗同罪"的楚文王之法，被称作"二文之法"，它们之间当然存在内在联系。其关键便是一个"盗"字。"盗"之罪名起码在西周初期就已确立。《左传·文公十年》载：周公"作誓命曰：毁则为贼，掩贼为藏，窃贿为盗，盗器为奸。主藏之名，赖奸之用，为大凶德，有常无赦，有九刑不忘"。"二文之法"都是涉及逃逸臣妾牛马之归属权问题的法律原则。再加上纣王故事作为反衬："纣为天下逋逃主，萃渊薮。"杨伯峻注："天下逃亡者，纣为窝藏主，故群集之，如渊为鱼之所藏，兽为薮之所聚处。"①面对隐匿臣妾牛马的行为，周文王的办法是来个大搜查；楚文王的办法是定他个盗窃罪。其宗旨都在于维护臣妾牛马所有者的所有权。

"明夷"所体现的法律原则一直被延续下来。《尚书·费誓》载："马牛其风，臣妾逋逃；无敢越逐，祇复之，我商赉汝，乃越逐不复，妆则有常刑。"这就是说，得到跑失的马牛和逃亡奴隶，不能据为己有，要如数归还原主，这样可得到酬金，否则要受到处罚。《周礼·秋官·朝士》："凡得获货贿、人民、家畜者，委于朝，告于士，旬而举之，大者公之，小者庶民私之。"意思是，凡得到遗失的财物、逃亡奴隶和跑失的牲畜，应向"朝士"报告，由"朝士"招领，十日内无人认领，奴隶马牛归公，小额财物则归拾者，以资酬劳。此处的"朝士"有似于《周易》里面的"行""行人""中行"；"旬日"可能类似于"七日"，是招领的期限。《左传·文公六年》载，"夷蒐之法"，有"董逋逃，由质要"的规定，即处理逃散马牛奴隶归属的争讼，应以购买马牛奴隶的契书为凭据。《周礼·秋官司寇·士师》："凡以财狱讼者，正之以傅别约剂。"《朝士》："凡有责（债）者，有判书以治则听""凡属责（委托债务）以其他傅而听其辞"。《天官冢宰·小宰》："听师田以简稽""听闾里以版图""听称责以傅别""听取予以书契""听买卖以质剂"。《地官司徒·小司徒》有"凡民讼，以地比正之；地讼以图正之"等。《礼记·月令》有"命理瞻伤、察创、视折，审判决，狱讼必端平"，都强调证据对于公平断讼的意义。这些思想和制度，既告别了神判，又杜绝了刑讯。

八　"谳"与"灋"同义——独角虎与廌的联系

在古代文字当中，与"灋"字内涵相通而且具有内在联系的还有一个字——

① 杨伯峻：《春秋左传注》（四），中华书局 1981 年版，第 1285 页。

“谳”字，又写作“灋”。《说文解字》：“灋，议罪也，从水、獻。与灋同义。”“议罪”指刑事诉讼，以确认犯罪事实为工作程序，以对犯罪行为人进行刑事制裁为目的。相当于古代的“狱”。古代“狱”与“讼”有别。《周礼·秋官·司寇》：“以两造禁民讼”，“以两剂禁民狱”。郑玄注：“讼谓以财货相告者”，“狱谓相告以罪名者”。可以说，“谳”概括了刑事诉讼的全部内涵。《礼记·文王世子》：“狱成，有司谳于公。”注：“成，平也，谳之言白也。”《汉书·景帝纪》：“诸狱疑，若虽文至于法而于人心不厌者，辄谳之。”注：“谳，平议之。”

甲骨文有“谳”字。卜辞有：“乙卯卜狄贞谳羌。”[①]金文也有“谳”，该字为增“犬”字。《师旂鼎铭》：“旂对厥谳于尊彝。”《朕匜铭》：“伯杨父乃成谳。”[②]《睡虎地秦墓竹简·秦律·繇律》：“縣毋敢擅坏更公舍官府及廷，其有欲坏更殹，必谳之。”《法律答问》：“擅杀刑髡其后子，谳之。”[③]

许慎为什么说“灋”“与灋同义”呢？许慎的这句话向我们披露了什么信息呢？今天，那些曾经为东汉学者所熟知的故事，我们已经很难找到了。我们只能通过古文字来探寻其中的原委。

《字汇·水部》：“灋与讞同。按：此字有从言者，从水者。从言，以言议罪也；从水，议罪如水之平也。议各有取。”该字的核心部分是“獻”。从水、从言的字，可能是后来形成的。

“獻”由“鬳”“犬”二字构成。《说文解字》：“鬳，鬲属，从鬲，虍声。”可见，“鬳”字由“鬲”“虍”二字构成。“鬳”字的本义可能是虎形鬲，或刻有虎形象的鬲。“虍”即“虎文”。《说文解字》：“虍，虎文也，象形，凡虎之属皆从虍。”“虒”应当是虎的一种。《说文解字》：“虒，委虒，虎之有角者也。从虎，厂声。”“虒”读如“豸”即“廌。”司马相如《上林赋》“虒虒”，李善注引如淳曰“虒，音此，虒，音豸”。

我们知道，“獬豸”“解廌”又作“觟䚦”“解䚦”“解廌”。《集韵·蟹韵》：“廌，说文：‘解廌，兽也。’或作䚦。”于是，我们终于明白，“廌”即“䚦”。那么，虎形鬲亦即廌形鬲、独角虎形鬲。由此可以推断，“灋”与“灋”“灋”最早曾经是相通的字。

那么，金文的“谳”字为什么比甲骨文多了一个“犬”字符呢？《说文解字》：“獻，宗庙犬名羹獻，犬肥者以獻之。从犬，鬳声。”商承祚《殷契佚存》：“獻本作鼑或鬳，从虎从鼎或从虎从鬲。后求其便于结构，将虍移于鼎或鬲之上，以虎上而字之下体写为犬形，遂成獻矣。以传世古甗证之，三足之股皆作虎目，即此字

① 姚孝遂：《殷墟甲骨刻辞类纂》（下），中华书局 1989 年版，第 1064 页。

② 武树臣：《中国传统法律文化辞典》，北京大学出版社 1999 年版，第 414 页。

③ 参见睡虎地秦墓竹简整理小组：《睡虎地秦墓竹简》，文物出版社 1978 年版，第 77、182 页。

之取义。后写误作𤫊，乃用为进𤫊字。”[①]根据商承祚的意见，“𤫊”本来由“虎”“鬲”二字构成，后来，由于传写之变，将“虍”置于上，“几”置于右侧而为“犬”。如此，则“𤫊”字本义当为虎形(虎纹)之鬲，即虎鬲。“犬”字可以忽略不议。

值得注意的是，虎属于“仁兽”即“夷兽”，东夷之兽。《山海经·海内北经》：“林氏国有珍兽，大若虎，五采毕具，尾长于身，名曰驺吴，乘之日行千里。”“驺吴”即“驺虞”。《说文解字》：“虞，驺虞也，白虎黑文，尾长于身，仁兽，食自死之肉。”“驺虞族的祖灵图腾是虎，是兽王。”[②]《山海经·海外东经》：“君子国在其北，衣冠带剑，食兽，使二文虎在旁。”可见，东夷的君子国与虎是有渊源关系的。良渚神徽即蚩尤骑虎形，河南濮阳西水坡史前墓葬发现独角虎和人骑虎造型，甲骨文、金文都有独角虎的象形字。凡此等等，使我们不禁联想到廌与独角虎的关系。“𤫊”与“灋”之所以“同义”，其要害在于“䚦”通“廌”，“廌”与独角虎同源，从而为我们探讨“灋”的起源和社会功能提供了一条新的途径。

图 7-8-1　虎抱人提梁壶[③]

① 汉语大字典编辑委员会:《汉语大字典》(缩印本)，四川辞书出版社 1992 年版，第 579 页。

② 周清泉:《文字考古》(一)，四川人民出版社 2002 年版，第 115 页。

③ 商代。现藏日本京都泉屋博物馆。孙华:《中国美术全集:青铜器》(二)，黄山书社 2010 年版，第 339 页。作者按:其型为人与虎相拥抱。人首并不在虎口中，人首与虎下颌相接触。虎右前肢及人左臂均做友好抚摸状。盖与神虎裁判有关，其蕴意似为神虎保护无辜者，与西王母保佑天下平安的蕴意相似。

图 7-8-2 古文字鬳虎①

九 “太极”与“人极”：远古佱(法)的伦理基因

“太极”一词出现于战国。“大一、太一、太乙、太始、太极、大恒等虽名称各异而义实相同。”②如前所述，“乘”即“仁”的原形，即“亽”“太”，故“太极”即“仁极”亦即“人极。”经过一千多年，宋周敦颐《太极图说》亦言“人极”③，也许并非偶然。“人极”指人类自身再生产的最高准则，即“同姓不婚”的“男女之大防”，是人类组成人群社会必须遵从的重要规矩。古代“法(佱)”的伦理精神即源于此。

许慎《说文解字》谓“法”之古字有二形：其一为“灋”，其二为“佱”。可惜，他对“佱”字本义未加解释。王筠《说文解字句读》：“佱，从亼从正，会意，亼者集

---

① 作者摹写。

② 刘大钧：《大一生水篇管窥》，《周易研究》2001 年第 4 期。

③ 杨方达：《易学图说会通》，齐鲁书社 2012 年版，第 14 页。

也。”《说文解字》:“亼,三合也。从人一,像三合之形。”清桂馥《说文解字义证》:“三合也者,本书纠绳三合也。读若集者,《书·允征》:辰弗集于房,传云:集,合也。馥案:北人呼市为集,所谓合市也。”关于“㚘”字的内涵,学界曾经有过研究。[①] 今天,寻找“㚘”字的本义仍然是一件困难的事情,我们不得不更多地依靠“㚘”字的字形结构来进行窥测。

“㚘”字由上下两部分组成:上面的“仒”字,即“仁”字的古形。“人”即“大”,“仒”即“亼”,亦即人二。下即“止”。“止”有二义:一为履行,二为停止。联想到上大下倒大的[illegible]造字,该字原意是男女二人抵足而眠。“㚘”字下面的“止”即表示适可而履、行有所止。甲骨文有门亻止、门女止字形,其字本义也许与男女相会的规矩有关,或即《周易·艮》彖辞所谓“艮,止也,时止则止,时行则行”。怎样才能实现适可而履、行有所止呢?其办法就是文身。殷商时代行成人礼,八岁成童文额,男二十文胸,女十四文乳,甲骨文、金文“童”“文”“奭”形字可证。东夷民族最早实行文身,如《礼记·王制》“东方曰夷,被发文身”。《尚书·吕刑》谓蚩尤作黥,黥最早即文身。文身的目的是杜绝父与女、母与子、兄弟与姐妹之间的性行为,故蚩尤兄弟八十一人身强体壮而天下无敌。通过文身既强健了体魄,又文明了精神,即《周易·贲》彖辞所谓“刚柔交错,天文也,文明以止,人文也”。文身就是“人文”,就是“文明以止”,就是人类文明。人文、文明的要义不仅在于获得物质生活资料,还在于为了人种的生存延续而做到自我觉悟和自我约束。可见,伦理主义的基因自远古时代就已注入行为准则的深层。

实施文身的官吏即“御廌”,郭沫若命之为“司法小吏”。金文有“[illegible]”即教字,“爻”即“校”,囚具,最早是文身的用具。殷商晚期《作册般铜鼋铭》的“灋”字写作“濾,”其蕴意与神判有关。至西周康王时《大盂鼎铭》“法”字写作“灋。”“灋”是社会通用的通过裁判而宣示的行为规范,“㚘”是血缘集团内部适用的靠自我约束和舆论调整的行为规范。古代的“㚘”(法)字是中国古代法所蕴含的伦理精神的一个古老记号。

---

① 参见蔡枢衡:《中国刑法史》,广西人民出版社 1983 年版;张永和:《灋义探源》,《法学研究》2005 年第 3 期;许进雄:《再谈金与法》,《许进雄古文字论集》,中华书局 2010 年版;刘敬林:《〈说文〉法与其古文㚘及乏之形义关系辨》,《古汉语研究》2011 年第 1 期;张伯元:《法古文拾零》,《政法论丛》2012 年第 1 期。

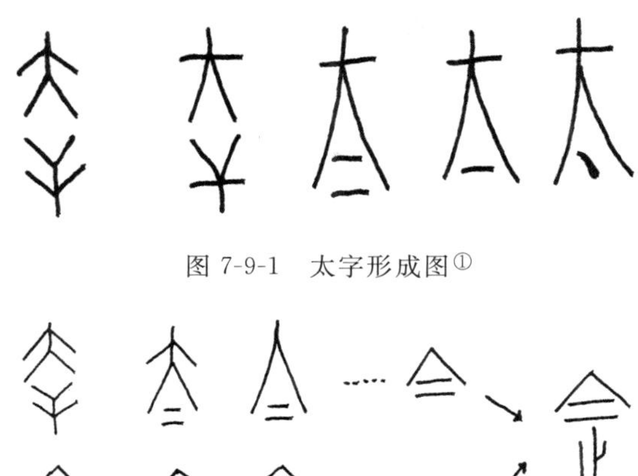

图 7-9-1　太字形成图①

图 7-9-2　企字形成图②

十　春秋战国的“法治”思潮

战国、秦代，是新兴地主阶级通过各诸侯国的变法运动登上政治舞台，并进而通过兼并战争实现中国统一的时代。此间，一批出身卑微但凭着自己的努力而获得土地的平民，构成了社会变革的激进势力。他们的代表法家学派强烈要求保护自己的人身安全、土地私有权和参与国家政治活动。他们把自己的意志说成是对社会全体成员都是公正无私的“法”，要求用“后天”的人为功利代替“先天”的血缘身份，要求废除“为国以礼”的“礼治”，推行“以法治国”的“法治”。“法治”思潮是中国古代社会平民意识的第一次觉醒。它的奋斗目标是：按地域划分居民，反对以血缘来确定阶级；打破宗法等级与政治等级的合一结构，使土地所有权与行政统治权分离开来；废止分封制与世卿制。法家的最终目标是建立官僚制的中央集权政体，以实现“君臣上下贵贱皆从法”“天下事无小大皆决于上”的“法治”。

① 作者摹写。

② 作者摹写。

法家提出实行“法治”的理论依据，主要包括以下几个观点：其一，“不法古，不循今”的进化史观。法家认为，人类社会是发展运动的，而且越变越好。法律制度因势而立。要生存、安定和发展，必须致力于富国强兵，实行“法治”是历史的必然。其二，“好利恶害”的人性论。在法家看来，“趋利避害”是古往今来人人固有的本性。“好利恶害”并非坏事，《商君书・错法》说“人情者有好恶，故赏罚可用”“人性有好恶，故民可治也”。治理国家不能靠道德说教，只能用赏罚和“法治”。其三，“废私立公”的公法观。法家把“法”和“礼”对立起来，认为前者代表社会的共同利益，后者代表贵族的一己私利。因此，为了“兴公利”，必须实行“不别亲疏，不殊贵贱”的“法治”。其四，民富国强的功利主义。法家把“趋利避害”的人性与国家的富强结合起来，用赏赐诱使，用刑罚震慑，驱使人们耕、战、告奸，生产粮食多的、杀敌有功的、揭发违法犯罪的，可以得到官爵田宅。任何人不论出身如何，只要努力按国家法令去做，就能得到富贵荣华，而国家也就强盛起来了。一个国家只有实行变法、厉行法治，才能生存和发展。

法家不仅提出完整的“法治”理论，而且还紧紧围绕至高无上的君权、庞大的官僚机器和成文法这三大法宝，设计出施行法治的具体策略。

其一，“尊君”——“天下之事无小大皆决于上”。法家不仅强调君主持有最高立法权即“生法者君也”，而且还主张君主拥有最高司法权和行政权，以实现“独治”。只有“独治”才能维护司法统一并实现加对臣下的控制。

其二，“驭臣”——“守法者臣也”。在集权政体下，臣僚是被君主雇佣、受君主指使、对君主负责的官僚。如果说，在西周春秋时代，国君与各级贵族之间是靠着无形而脆弱的血缘纽带来维系的话，那么，在战国和秦代，君主与臣下之间便早已撕掉了温情脉脉的血缘薄纱，完全是靠着两者之间“君臣相市”的冷冰冰的交换关系或权利义务关系来维持的。而且在这种关系中，处处表现着“君尊臣卑”的等级差异精神和赏罚的功利色彩。君主靠着权势、法律和帝王之术驾驭臣下。

其三，“明法”——“天下事无小大皆决于法”。《韩非子・八说》：“法者，编著之图籍，设之于官府，而布之于百姓者也。”法家主张制定和公布成文法，使法律成为衡量人们言行是非曲直的标准，使社会生活的各个领域“皆有法式”，“事皆决于法”。这种法律又是公开的，既公布又加以宣传解读。《商君书・定分》指出，公布成文法的好处是使“万民皆知所避就”，如此一来则“吏不敢以非法遇民，民不敢犯法以干法官”。既然法律是公布的让百姓了解的东西，那么在制定法律时，就应当做到“为法必使之明白易知”，运用通俗易懂的文字，以使家喻户晓，人人皆知。事实上，新兴地主阶级在变法革新中的确实现了法律的普及。《韩非子·五蠹》载“今境内之民皆言治，藏商管之法者家有之”，《战国策·秦策一》载“妇人婴儿皆言商君之法”，就是证明。这就彻底打破了以往“判例法”时代那种“刑不可知则威不可测”的神秘色彩。

在法家“法治”政策的指引下，新兴地主阶级仰仗秦人的铁骑，建立了统一集权的王朝。由于统治经验的缺乏，过低估计人民反抗的力量，过高估计国家暴力的作用，专任刑罚，终于招致人民揭竿而起、天下响应，一个威严无比的强大王朝顷刻间土崩瓦解。留给后世的不是镇国九鼎，也不是金铜仙人，除了无尽的思量之外，还有什么呢？

十一　劲士精神与古代法律实践

《荀子·儒效》：“行法志坚，不以私欲乱所闻，如是，则可谓劲士矣。”“劲士”又被法家称作“法术之士”“端直之士”“能法之士”“智术之士”“法术之士”。“劲士”精神是与荀子倡导的“大儒风范”并行的一种施政行法的风格。其本质特征就是忠于国家和法律，既不畏强权又不谋私利，矢志不渝，不惜以身殉国、殉法殉职的精神。“劲士”精神来源于古代史官（包括占卜之史和载言记事之史）信仰神祇、忠于史实、“书法不隐”“以死奋笔”的“古之良史”（《左传·宣公二年》）的传统。“劲士”精神是伴随着超血缘的官僚国家和成文法的出现而产生的，是继“孝”观念之后产生的“忠”观念的产物。当一个超血缘的统一国家诞生之后，新式成文法取代了古老的礼。治理国家就需要一种新的精神，这就是“劲士”精神。正是靠着这种精神，国家法律才能够被实际推行，国家法律也才能保持它在时间上和空间上的一致性。“劲士”精神的理想蓝图是实现“君臣、上下、贵贱皆从法”的“大治”。也正因如此，“劲士”群体常常处于危险的境地。“劲士”群体的敌人既不在战场，也不在乡村野外，他们是与皇帝保持千丝万缕联系的权贵，他们有太多的既得利益需要保护。权贵们的既得利益常常与国家的政策和法律处于对立之中。因此，《史记·商君列传》中载，历经数次变法的商鞅慨叹道“法之不行，自上犯之”。《韩非子·孤愤》亦谓：“智法之士与当途之人不可两存之仇也。”然而历代的变法都离不开“劲士”的冲锋陷阵甚至英勇捐躯。后世清官如包公、海瑞等大都继承了"劲士"精神。他们敢于为民请命，不畏豪强，不徇私情，不贪财利，被人民长久歌颂和怀念。他们是一些心存理想、以身赴命的英雄人物。

先秦时代形成的劲士精神和"法治"理想以及成文法理论，对后世的法律实践活动发生了重大影响。这主要表现在以下几个方面：

首先是立法与变革。在古代社会，大凡新的王朝诞生，或经历重要的社会变革即"变法"，总会伴以重要的立法活动，经过审慎的立法程序，制定法典，颁行天下，"与民更始"；或除旧制，行新政，励精图治。居统治地位的政治集团大都不被因循守旧的观念所羁绊，而是与时俱进、因时制宜。在这种情况下，成文法起着不可替代的巨大作用。其突出的事例如：西汉初期刘邦的废秦苛法，"约法三章"；唐高祖李渊的"约法十二条"；北魏孝文帝拓跋宏参酌中原法律改定律令；北宋王安石变法；等等。

其次是法律研究。在西周初期，关于"眚"（过失）、"非眚"（故意）、"终"（累犯）、"非终"（偶犯）和"父子兄弟罪不相及"的思想和刑事政策，不仅有效维系了新政权的稳定，还深化了古代的刑法理论。这种刑法思想当时在世界领域处于领先地位。尔后，成文法的诞生促进了律学的问世。此后整个古代社会的律学，正是成文法的孪生兄弟。由于成文法是用专门术语（法言法语）写成的，而严格依法办事的前提是正确理解"法令之所谓"。春秋以降，伴随着成文法登上舞台，私家聚徒讲法之风兴起。其中，邓析就是最突出的一例。他不仅制定了"竹刑"，还教人们"法律之所谓"，指导当事人打官司。战国时的商鞅、墨子等都从研究成文法的"刑名"之学兼而研究逻辑的"形名"之学。从秦朝开始，统治者十分重视官方对成文法的研究和注释。《睡虎地秦墓竹简》中的《法律答问》便是对法律术语的官方注解。汉代大儒董仲舒、马融、郑玄等都通经而明法，在国家立法和司法实践中留下足迹。尔后，在圣贤之学的经学昌明弘扬之际，研究法律实践问题的律学亦不绝如缕。晋张斐的《律表》（律序）以及唐长孙无忌的《唐律疏议》、明代邱濬的《大学衍义补》、清代薛允升的《唐明律合编》、清末沈家本的《历代刑法考》等等，都是杰出的实践法学研究成果。及至明清，官方和民间研究成文法典和案例的著述数量惊人。清末推行新政之际，由谙熟中国法律传统的沈家本担任"修律大臣"主持修律活动，实为民族之幸。注重实践的学风之另一产物是法律艺术的发达。法律艺术包括立法艺术、司法艺术、法律文献编纂艺术、法律解释艺术、法医勘验艺术等等。其中，秦简中的《封诊式》、宋宋慈的《洗冤集录》就是典型的代表。《洗冤集录》是世界上第一部法医学著作，曾经被翻译成多国文字。

最后是严肃执法。在古代社会，由于对成文法的崇尚，在司法活动中曾涌现出许多不计私利、执法如山、不畏权贵甚至敢于犯上的正直法官。《汉书・张释之传》载，西汉廷尉张释之严格依法断案，两次触怒汉文帝。《后汉书・董宣传》载，东汉洛阳令董宣执法不阿，被称为“强项令”。《后汉书・苏章传》载，东汉冀州刺史苏章执法不私其友。《后汉书・桥玄传》载，东汉太尉桥玄因执法而牺牲爱子。《三国志・魏书・李通传》载，三国汝南郡阳安都尉李勇以枉法者仇，以执法者亲。《三国志・魏书・司马芝传》载，司马芝执法不受太后令。《隋书・赵绰传》载，隋朝大理寺少卿执法屡犯帝颜。《旧唐书・戴胄传》载，唐朝大理寺少卿戴胄执法无私、力抗帝旨。更不必说宋代执法不阿、为百姓称颂的包拯、海瑞了。

总之，正是靠着“尊君尚法”的劲士精神和“事皆决于法”的成文法传统，才有效地维系了封建时代的泱泱大国，保障了古代社会的生存和发展。在深入开展社会主义法治国家建设的今天，在社会深刻转型及利益多元的背景下，在充斥着错综复杂人际关系的社会环境中，“劲士”精神特别值得我们重温和借鉴。

第八章　寻找最初的仁

——从"相人耦"到"仁者爱人"

"仁"是先秦也是中国古代社会最重要的思想观念。"仁"盛行于春秋时代，此后经久不衰。"仁"来源于东夷民族的物质生活和精神生活，是对东夷民族古老风俗习惯的抽象和升华。商代甲骨文中的"仁"字原形正是对东夷民族这一精神文化成果的象形表述。西周时，"德"的思想是对"仁"的一次文化规避和政治移植。春秋时的"仁"被视为与宗法血缘意识相联系的个体自然人的优秀品质，成为与个体自然人的美好外观形象相对应的美好内心素质。经过孔子的加工和提升，"仁"上升为君子应当必备的全部美好品质的集合体和美好社会的最高境界。"仁"观念对中国古代社会生活曾经产生巨大影响。"仁"可以说是中华民族奉献给人类的最崇高、最辉煌的礼物。然而，关于"仁"的一些最基本的问题——"仁"是在怎样的社会背景下产生的，其本义是什么，其沿革是怎样的，其本质特征是什么，这些特征又是怎样形成的，其对中国古代社会的影响具体表现在哪些方面等等，似乎都已经有了结论，并达成了共识，但是又似乎都是隔靴搔痒、语焉未详、人云亦云。"仁"盛行于春秋时代，其既非无源之水，亦非突兀降临。在春秋之前，"仁"字很可能已经存在千余年之久。因此，寻找"仁"的精神源头和"仁"字的古老原形，无疑具有重要意义。

一　“仁”的字形和字义

在古文字当中，“仁”的字形主要有两种类型：一是从人从二的“仁”，另一个是从人从心的“忎”。关于上述字形的演变过程，将在后文详细介绍，这里先讨论从人从二的“仁”。

（一）古人心中的“仁”

关于“仁”的含义，最晚至春秋时期就大体形成共识了。东汉许慎《说文解字》：“仁，亲也。从人从二。忎，古文仁，从千心。𡰥，古文仁，或从尸。”徐铉注：“仁者兼爱，故从二。如邻切。”①

清段玉裁《说文解字注》：“仁，亲也。见部曰：亲者，密至也，从人二。会意。《中庸》曰：仁者，人也。注：人也，读如相人偶之人，以人意相存问之言。《大射仪》：揖以耦。注：言以者，耦之事成于此意相人耦也。《聘礼》：每曲揖。注：以相人耦为敬也。《公食大夫礼》：宾入三揖。注：相人耦。《诗・匪风》笺云：人偶能烹鱼者，人偶能辅周道治民者。正义曰：人偶者，谓以人意尊尊偶之也。《论语》注：人偶同位人偶之辞。《礼》注云：人偶相与为礼仪皆同业。按：人耦犹言尔我亲密之词。独则无耦，耦则相亲。故其字从人二。孟子曰：仁也者，人也。谓能行仁恩者人也。又曰：仁，人心也。谓仁乃是人之所以为人也。与《中庸》语意皆不同。如邻切。忎，古文仁，从千心作。从心千声。𡰥，古文仁。或从尸。按古文夷亦如此。”②

清桂馥《说文解字义证》：“仁，亲也。从人二。如邻切。亲也者，仁、亲声相近。《释名》：仁，忍也。好生恶杀，善含忍也。《一切经音义》八：《周礼》云：六德，一曰仁。郑玄曰：爱人及物曰仁，上下相亲曰仁。《周语》：慈惠保民，亲也。《荀子・不苟篇》：交亲而不比。注云：亲谓仁恩。《尹文子》：仁者所以博施于物。《尸子》：人则人亲之。《吕氏春秋・爱类篇》：仁也者，仁乎其类者也。《韩诗外传》：爱由情出谓之仁。《一切经音义》六：谥法曰：贵贤亲亲曰仁。从二者，徐锴本作二声。锴通论云：二亦声也。《春秋元命苞》：仁者情志，好生爱人。其

---

① 段玉裁：《说文解字注》，浙江古籍出版社2006年版，第161页。

② 段玉裁：《说文解字注》，浙江古籍出版社2006年版，第365页。

立字,二人为仁。忎,古文仁,从千心。𡰥,古文仁,或从尸。"①

一般认为,"仁"字产生于春秋时代。"仁字是春秋时代的新名词。"②在春秋时代,"仁"的使用率极高。比如,《左传》"仁"字30余见,《国语》"仁"字20余见,《论语》"仁"字109见。当时的知识界对"仁"的含义作了概括。比如,《左传·昭公十二年》:"仲尼曰:古也有志:克己复礼,仁也。"《左传·成公九年》:"不背本,仁也。"《左传·襄公七年》:"恤民为德,正直为正,正曲为直,参合为仁。"《国语·周语下》:"言仁必及人","仁,文之爱也","爱人能仁"。《国语·晋语一》:"为仁者,爱亲之谓仁。为国者,利国之谓仁。"《国语·楚语下》:"明慈爱导之以仁。"《论语·颜渊》:"子曰:克己复礼为仁。""樊迟问仁,子曰:爱人。""仲弓问仁,子曰:出门如见大宾,使民如承大祭。"这种对"仁"的认识和探讨一直延续到战国时代。比如,《孟子·尽心下》:"仁也者人也。"《告子上》:"仁,人心也。"《尽心上》:"仁者无不爱也","仁者以其所爱及其所不爱。"《墨子·兼爱下》:"兼相爱,交相利","兼即仁矣"。《庄子·天地》:"兼爱无施,此仁义之情也。"《礼记·中庸》:"仁者人也,亲亲为大。"《礼记·表记》:"仁者人也,道者义也","仁有数义,有长短小大,中心憯怛,爱人之仁也"。《韩非子·解老》:"仁者谓其中心欣然爱人也。"《荀子·君子》:"仁者,仁此者也。"《吕氏春秋·爱类篇》:"仁也者,仁乎其类者也。"到了两汉,由于经学特别是文字学的发展,当时的知识界对"仁"字的含义和构造作了简洁的概括。西汉董仲舒《春秋繁露·必仁且智》:"仁者所以爱人类也。""爱人类"似乎多少超越了"爱人"的政治界限而更具有哲学色彩。东汉郑玄谓:"爱人及物曰仁。上下相亲曰仁。"③

东汉许慎《说文解字》从文字学角度总结道:"仁,亲也。从人二。忎,古文仁,从千心。𡰥,古文仁,或从尸。"清段玉裁《说文解字注》在注释"仁"字时,直接援引东汉郑玄的研究成果:"仁,亲也。见部曰:亲者,密至也,从人二。会意。《中庸》曰:仁者,人也。注:人也,读如相人偶之人,以人意相存问之言。《大射仪》:揖以耦。注:言以者,耦之事成于此意相人耦也。《聘礼》:每曲揖。注:以相人耦为敬也。《公食大夫礼》:宾入三揖。注:相人耦。《诗·匪风》笺云:人偶能烹鱼者,人偶能辅周道治民者。正义曰:人偶者,谓以人意尊尊偶之也。《论语》注:人偶同位人偶之辞。《礼》注云:人偶相与为礼仪皆同业。按:人耦犹言尔我亲密之词。独则无耦,耦则相亲。故其字从人二。孟子曰:仁也者,人也。谓能行仁恩者人也。又曰:仁,人心也。谓仁乃是人之所以为人也。与《中庸》

① 桂馥:《说文解字义证》,齐鲁书社1987年版,第680页。

② 《郭沫若全集(历史编)》(二),人民出版社1982年版,第87页。

③ "仁"字条引《周礼》:"六德,一曰仁。"桂馥:《说文解字义证》郑玄注,齐鲁书社1987年版,第680页。

语意皆不同。如邻切。忎，古文仁，从千心作。从心千声。𡰥，古文仁。或从尸。按古文夷亦如此。”[①]其中，“揖以耦”指互相作揖示敬，“人偶能烹鱼者”。《诗经·桧风·匪风》：“谁能烹鱼，溉之釜鬵。谁将西归，怀之好音。”郑玄注为“人偶能割烹者”“人偶能辅周道治民者”。烹鱼，可能是一人烧火、一人调制鱼羹的烹饪方法。烹鱼或即享渔，可能是一种和耦耕相似的靠二人合作的捕鱼方法；人偶能辅周道治民者，指臣子合作辅佐君王治理天下。

《说文解字》又云：“唯东方从大，大，人也。夷俗仁，仁者寿，有君子不死之国。孔子曰：道之不行，欲之九夷，乘桴浮于海。”关于“君子之国”，《山海经·海外东经》载：“君子国在奢比之尸北，其人好让不争。”《大荒东经》载：“有君子之国，其人衣冠带剑。”关于“让”，《春秋穀梁传·定公元年》谓：“人之所以为人者，让也。”可见，让与仁联系密切。

（二）古人之“仁”对我们的启发

许慎和郑玄的论述，似乎汇集了至东汉为止古代社会主流知识体系关于“仁”字字义的集体记忆，同时也为我们今天的研究提供了重要的线索。那么，这些记忆向我们传递了什么样的信息呢？这些信息又使我们产生了什么样的联想呢？

第一，在古文字中，“人”“夷”“仁”是通用的，三者可以互代。[②] 三者之中，“人”是基础。“人”在先而“仁”在后。在今天所见的“仁”字产生之前，曾有“忎”“𡰥”这两个更久远的字形。“仁”所孕育和承载的内涵最早是由“人”字来承载的。因此，由“人”“夷”衍生而来的具有观念意义的“仁”，最初曾经植根于人们朴实无华的日常生活，它天然地关注人与人的关系而不是人与神的关系。

第二，“仁”所涉及的“人”的最初领域，首先是作为物质生产和人类自身再生产的基本单位的成员——具有血缘关系的亲人，因此，“仁”重视亲人之间的亲密关系，并且首先从亲人的群体关系出发来塑造“仁”的形象。

第三，“仁”也重视一般的非血缘性的人际关系，即“以人意相存问之言”，亦即以人相待，把别人也视为同样的人。人与人之间的关系是对等的，彼此都把对方当作人来看待，你如何对待我，我便如何对待你，你不愿意别人如何待你，你便首先不要如何待人。

---

① 段玉裁注：《说文解字注》，浙江古籍出版社 2006 年版，第 365 页。

② 参见于省吾：《释人尸仁𡰥夷》，《大公报·文史周刊》（天津）14 期，1947 年 1 月 15 日；王献唐：《炎黄氏族文化考》，齐鲁书社 1985 年版，第 39 页；于省吾主编：《甲骨文字诂林》第 10 册，中华书局 1999 年版，第 7、8、9、10 页。

第四,“仁”的本质特征是“相人耦”,或即“人相偶”。“相耦”是一种相互尊重的风俗和合作精神。它体现在日常礼仪(相揖)、日常生活(烹调)、生产(捕鱼)、政治活动(君臣合作)等方面。用“相人耦”概括“仁”的特征,这一意见得到学术界的肯定。如阮元《孟子论仁论》云:“此字明是周人始因‘相人偶’之恒言而造仁字。”[①]殷善培:“相人偶”应是汉人的恒言。郑玄之后,其义久淹,至乾嘉学者才重新寻得以相人偶训仁的古训。[②] 王艳勤:“郑玄以相人偶释仁是深切儒家之脉的。”[③]应当说明,在春秋时代,“偶”字似乎就已成为具有特定意义的字眼儿了。如《左传·桓公六年》:“人各有偶。”《僖公九年》:“送往事居,耦俱无猜。”但是,古老的“相人耦”的精神在社会动荡年月里似乎是被压抑得不合时宜的。

第五,“夷俗仁”。“仁”的本义与“东方之人”“东方之族”“东方之地”的风俗有着某种联系。“仁”既不是上天派生的,也不是个别圣人创造的,它来源于古老民族的生活和风俗。这种风俗曾经为古老先民视为平常琐事、见惯不惊。

第六,古代的仁字有两种写法:一从人从二的“仁”,二是从千从心的“忎”。这两种写法可能和当时的历史条件、地域文化有关。

第七,作为东夷后裔的孔子创立了“仁”的学说。他在困顿之际曾经向往“九夷”,晚年又因“西狩获麟”而止笔,这些故事似乎披露了他内心隐藏的东夷情节,同时在某种程度上也暗示了“仁”与东夷民族的历史关系。《史记·孔子世家》载:“鲁哀公十四年春,狩大野,叔孙氏车子钼商获兽,以为不祥。仲尼视之,曰:麟也。取之。曰:河不出图,洛不出书,吾已矣夫!”孔子作《春秋》,止于获麟。二年后,孔子卒。《春秋公羊传·哀公十四年》:“麟者,仁兽也,有王则至,无王者则不至。”《说文解字》:“麒麟,仁兽也,麇身,牛尾,一角,从鹿其声。”古代“仁”与“夷”二字多通用,故“仁兽”当为“夷兽,非中原之兽也”。[④] 麒麟与独角兽廌可能存在某种联系。“卜辞廌字除用为人名用字之外,其余多不可解。但有一点是清楚的,即廌既是兽,却未见有作为逐获对象的,这或可说明,廌兽早在殷商时期就已是人们心目中的一种灵兽,不可猎取。古者决讼,令触不直,麒麟是仁兽,廌就应该是义兽。”[⑤]由此可以推断,孔子对麟的感情似与东夷蚩尤部落的图腾独角兽廌存在联系。不然为什么在孔子墓前神道旁立角端兽呢?

---

① 《揅经室集一集》卷九,邓经元点校,中华书局 1993 年版,第 206 页。

② 参见殷善培:《从相人偶到达——论阮元的仁学》,林庆彰、张寿安主编:《乾嘉学者的义理学》(下),台湾研究院中国文哲研究所 2002 年印行,第 601～620 页。

③ 王艳勤:《原仁》,《孔子研究》2007 年第 2 期。

④ 史树青:《麟为仁兽说——兼论有关麒麟的问题》,《古文字研究》第 17 辑,中华书局 1989 年版,第 405 页。

⑤ 贾文:《甲骨文从人大女子的义近形旁字举例(一)》,《承德民族师专报》2002 年第 1 期。

角端兽亦独角兽，此举恐非偶然。

总之，许慎、郑玄的总结代表了至汉代为止的古代知识体系对“仁”的共同认识，它们为我们今天进一步的研究提供了重要的线索。至此，我们不禁会问：春秋时代盛行的内容丰富且深邃的“仁”，是突然间产生的吗？其源头又在哪里呢？

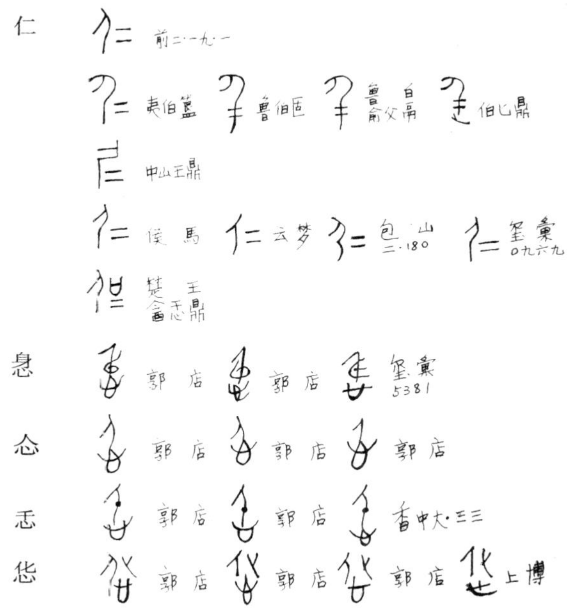

图 8-1-1　古文字中的“仁”①

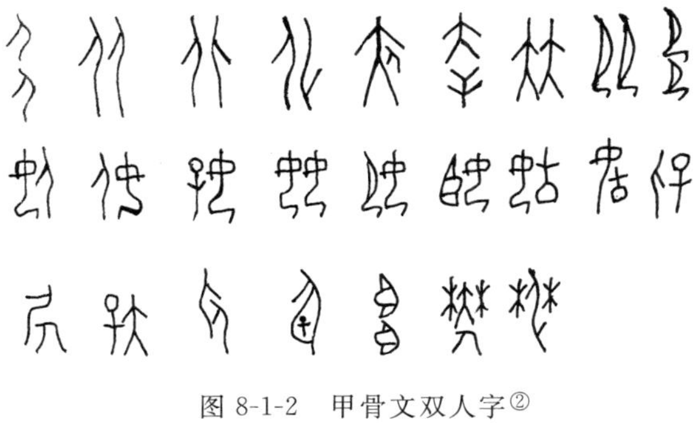

图 8-1-2　甲骨文双人字②

① 作者摹写。

② 作者摹写。

二　甲骨文中的“仁”字

（一）甲骨文里有没有“仁”

甲骨文是我国古代最早最系统的文字。在1899年甲骨文被发现之前，根据清代阮元的意见，“仁”字始见于西周的成康之际。他认为，周人继承了殷人“相人耦”的文化传统，并在此基础上创造了“仁”字。阮元在《论语论仁论》中说：“仁字不见于虞夏商书及《诗》三颂《易》卦爻辞之内，似周初有此言而尚无此字。……盖周初但写‘人’字，周官礼后始造仁。”又《孟子论仁论》中说：“夏商以前无仁字。……故仁字不见于尚书虞夏商书。《诗》雅颂《易》卦爻辞之中此字，明是周人始因‘相人偶’之恒言而造为仁字……然则仁字之行，其在成康以后乎？”[①]于省吾亦认为：“仁德之仁，至早起于西周之世。”[②]

19世纪末，殷墟甲骨文的发掘开拓了古文字研究的新纪元。1913年，罗振玉所撰《殷虚书契》（即《殷虚书契前编》）收录疑似“仁”字字形，但并未将其注释为“仁”字。[③] 此后，一些著名学者先后将此字形注释为“仁”字。商承祚编、罗振玉考释《殷虚文字类编》（番禺商承祚不移轩刻本1923年）卷八第一页释右第三行第一字形为“仁”字。[④] 1934年孙海波编《甲骨文编》（大东书局1934年）、徐文镜的《古籀汇编》（上海商务印书馆1934年）均取商承祚之说，列为“仁”字。此间，亦有学者对甲骨文“仁”字形提出谨慎怀疑意见。最具代表性的学者有叶玉森和于省吾。1934年，叶玉森所撰《殷墟书契前编集释》卷二第三十四页著录此版卜辞，并注谓“亻上不完，似非仁字”[⑤]。1947年，于省吾所撰《释人尸仁𡰥夷》，认为“商承祚编《殷虚文字类编》第八有‘仁’字，系误摩”，又说：“初无仁字，后世以人事日繁，用各有当，因别制仁字。仁德之仁，至早起于西周之世。”[⑥]

1953年，董作宾作《古文字中之仁》指出：“甲骨文中，所谓仁字者只此一见，

---

① 参见《揅经室集一集》卷八《论语论仁论》、卷九《孟子论仁论》，邓经元点校，中华书局1993年版，第179、206页。

② 于省吾：《释人尸仁𡰥夷》，《大公报·文史周刊》（天津）14期，1947年1月15日。

③ 罗振玉：《殷虚书契》卷二，日本永慕园1913年影印本，第19页第一行。

④ 商承祚编、罗振玉考释：《殷虚文字类编》卷八，番禺商承祚不移轩1923年刻本，第1页释右第三行。

⑤ 叶玉森：《殷墟书契前编集释》卷二，上海大东书局1934年影印本，第34页。

⑥ 于省吾：《释人尸仁𡰥夷》，《大公报·文史周刊》（天津）14期，1947年1月15日。

盖由于误认。”该字“右边二字，乃是记卜兆次数之数字，正在卜兆上，与下方之一同，非仁字右边之二也”。“仁之一字关系吾国政治哲学人生哲学者至钜，为伦常道德之本原，儒家思想之中心。而考之甲骨金文，皆不可见。此不足证殷周之必无仁字也。”[①]六十年来，董作宾的“卜兆次数”说影响极大。学界虽然一直存在诸多怀疑和否定殷商甲骨文中有“仁”字的意见，这些意见除了上述阮元所谓“仁字之行，其在成康以后乎”、叶玉森所说“亻上不完，似非仁字”、于省吾所云“‘仁’字系误摩”之外，主要还有以下几种：其一，郭沫若 1944 年在《孔墨的批判》中指出：“‘仁’字是春秋时代的新名词，我们在春秋以前的真正古书里找不出这个字，在金文和甲骨文里也找不出这个字。这个字不必是孔子所创造，但他特别强调了它是事实。”[②]其二，侯外庐认为：“‘仁’字在可靠的古书中，不但不见于西周，而且不见于孔子以前的书中。”“更据内部材料，‘仁’字不但不见于殷代甲骨文，更不见于周代吉金，其为后起之字，实无问题。”[③]其三，1965 年，李孝定编著的《甲骨文字集释》将“仁”字列入“存疑”类，并指出：“商承祚《类编》八卷一葉收作仁，海波编《文编》八卷二葉下亦收此作仁。”亻旁的“二”及下文的“一”，“并卜辞序数，非仁字。古人、仁当无别，仁应是后起字”。[④] 其四，孟世凯认为：“此卜辞应是某方国向商王朝进贡二十四马的记录。”“目前还没有看出哪些字或词是属于概念性的，尤其是反映道德、伦理方面的。”[⑤]第五，白奚认为：“仁的观念产生于春秋时期，最早也早不过西周，因此，我们也很难想象这种极为深刻而重要的观念来自比西周还要早一千年的夷狄之邦。”[⑥]这些意见的共同之处是排除了殷商甲骨文中有“仁”字的可能性。

（二）对“卜兆次数”说的质疑

董作宾的“卜兆次数”说更具有“一票否决”的权威，似乎成为甲骨文中无“仁”字的铁证，此说支配学界六十年之久，至今无人质疑。

众所周知，董作宾先生是“甲骨四堂”之一，是学界景仰的甲骨学大师。他的研究成果极丰，为甲骨文研究做出了卓越贡献。但是，董作宾先生的“卜兆次数”说并非无懈可击，因为“卜兆次数”说不符合卜辞中使用序数的一般规律。

---

① 宋镇豪、段志洪：《甲骨文献集成》第 11 册，四川大学出版社 2000 年版，第 392 页。

② 郭沫若：《十批判书》《郭沫若全集》(二)，人民出版社 1982 年版，第 87 页。

③ 侯外庐：《中国思想通史》(五)，人民出版社 1956 年版，第 612 页。

④ 李孝定：《甲骨文字集释》，乐学书局有限公司 1965 年版，第 4529 页。

⑤ 孟世凯：《甲骨文中礼、德、仁字的问题》，《齐鲁学刊》1987 年第 1 期。

⑥ 白奚：《仁与相人偶》，《哲学研究》2003 年第 7 期。

这主要表现在:第一,甲骨卜辞中如一、二、三、亖这样的序数一般都被刻画在卜辞的上下左右比较空旷的位置,而不刻画在字里行间,以避免序数与卜辞相混淆,误为卜辞的组成部分,同时也可能是为了便于占卜人员分辨卜辞的不同区域和段落。第二,甲骨卜辞中的序数,像"仁"字形那样左为偏旁,右为序数的用法,很难找出同样例子。第三,有不少甲骨卜辞的版面上只有序数,没有卜辞,据此推测,可能是先刻序数,以便合理使用版面。据韩鉴堂推测,"商人在占卜时,往往一事多卜,贞卜史官每灼烧一次甲骨,就要在卜问过的兆枝上方刻上一个序数。有一块甲骨上刻着十几个兆序,说明这次占卜,史官灼烧了十几次甲骨。在兆序刻完之后再刻卜辞"。而且,"字不能刻在兆纹上,如果和兆纹重叠,就是'犯兆'了"。[①] 如果是这样的话,处于字里行间的"仁"字形右侧的"二",就不可能是事先刻画的序数,也就不可能在序数"二"的左侧再刻上"亻"字。第四,从卜辞书写刻画的规律来看,序数如一、二、三、亖,许多都是从"千里路"(龟甲中心线)分别向左右横向依次排列的,而且序数的笔画简洁平直清瘦,"仁"字形右侧之"二",笔画厚实,两端浑圆,上一与下一两横长短不一。而再审视序数之"二",两横长短几乎是一样的。可见,卜辞文字中的"二"与卜辞序数之"二"风格迥异。反过来说,"仁"字形右侧之"二"如果是序数之"二",就应当符合序数书写的一般特征。第五,从刻有"仁"字形的卜辞版式来看,"仁"字形右侧的"二"似乎不在卜兆的纹路上,与下方的"一"上下位置明显不对称,"二"居竖行之右,"一"居竖行之中。因此,确认"二"与"一"之间存在逻辑关系的证据仍显不足。因为从许多卜辞版式来看,序数都是横向排列的。第六,如果按照孟世凯的意见,"此卜辞应是某方国向商王朝进贡二十四马的记录"(前注),那么此版卜辞当属"记事刻辞",而非"占卜刻辞"。既然不占卜,"仁"之"二"是不是"卜兆序数"就值得推敲了。当然,由于无法看到原始甲骨刻辞,对甲骨背面的凿穴和灼烤形成的纹路无法进行辨认。这个疑问就只能留给学界继续核实了。

毋庸置疑,甲骨文中的"仁"字是个孤例。然而认定置于字里行间的"仁"之右侧之"二"为占卜序数,似乎也是一个孤例,况且不符合使用占卜序数的一般规律。如果"卜兆次数"说不能成立,那么甲骨文中的"仁"字形尽管是个孤例,尽管"亻"上方有一点残缺,但仍然不足以构成否定其为"仁"字的客观性。仅仅以"仁"字形只出现一次而简单地否定"仁"字的存在,总是显得有点武断。换一个角度看问题,"仁"字形的罕见也许有罕见的道理,其中可能是因为当时的"仁"字有多种写法,而从人从二的"仁"字是在最后阶段也就是有了重文符号二

---

① 韩鉴堂:《图说殷墟甲骨文》,文物出版社 2009 年版,第 118、120 页。

以后出现的新字。尽管如此，问题的最终解决仍有待于新史料的出现。

今天，我们回顾这次争论，仍然能够感受到它的学术意义。虽然这次争论以否定甲骨文中有“仁”字而告一段落，但是，作为一种研究活动，这种论争似乎并未因此而偃旗息鼓。正如董作宾《古文字中之仁》所说：“仁之一字关系吾国政治哲学人生哲学者至钜，为伦常道德之本原，儒家思想之中心。而考之甲骨金文，皆不可见。此不足证殷周之必无仁字也。”①相反，这次争论的意义就是鼓励我们继续思考——春秋之“仁”是突然产生的吗？春秋的“仁”字是怎么写的？如果甲骨文里面没有“仁”，那么“仁”字的古老原形是什么样子呢？“仁”字和“仁”观念究竟是怎样产生的呢？

图 8-2-1　甲骨卜辞“仁”字形②

图 8-2-2　甲骨卜辞拓片一③

图 8-2-3　甲骨卜辞拓片二④

图 8-2-4　甲骨卜辞拓片三⑤

① 宋镇豪、段志洪：《甲骨文献集成》第 11 册，四川大学出版社 2000 年版，第 392 页。

② 罗振玉：《殷虚书契》卷二，日本永慕园 1913 年影印本，第 19 页第一行。作者按：“二”“一”似在兆纹上。“一”比“二”尺寸略长。

③ 严一萍：《商周甲骨文总集》(一)，台北艺文印书馆 1984 年版，第 59 页。编号：248 正。作者按：序数四周有空间。

④ 严一萍：《商周甲骨文总集》(一)，台北艺文印书馆 1984 年版，第 57 页。编号：235 正。作者按：序数不在字里行间。

⑤ 严一萍：《商周甲骨文总集》(一)，台北艺文印书馆 1984 年版，第 51 页。编号：201 正。作者按：卜辞序数是分别向左右横向排列的。

图 8-2-5　甲骨卜辞拓片四[①]

三　夷俗仁：在东夷风俗中寻找"仁"的原型

《说文解字》中"夷俗仁"三字，概括了"仁"与东夷民族风俗习惯的内在联系，暗示着研究"仁"的基本方向。王献唐是最早通过文字研究东夷风俗的学者。他说："以字体求对象，以对象证夷俗"，"执形体以求夷俗，固各一一相合"。[②] 所谓从东夷风俗中去寻找"仁"的原形，就是通过甲骨文的典型文字去再现东夷民族的古老风俗习惯，并发现"仁"的原形，进而揭示"仁"产生的原始路径。这种注重风俗的研究方法或途径之所以能够成立，是因为以下诸因素：

第一，在成熟的甲骨文文字系统形成之前，存在着一个古文字积累、传播、

---

① 严一萍：《商周甲骨文总集》(一)，台北艺文印书馆 1984 年版，第 19 页。编号：97 正。作者按：似先刻序号，后刻卜辞。

② 王献唐：《炎黄氏族文化考》，齐鲁书社 1985 年版，第 38、37 页。

约定俗成的漫长过程。在此过程中，自然会不断吸收新鲜营养，其中就包括殷商甚至东夷民族的风俗习惯。

第二，殷商民族是东夷民族的一支。在学术界，关于殷商民族及其文化的来源问题，有一种观点认为“商人原出于东夷”，“原始的商族可能是山东地区东夷族之一支”。[①] 作者同意这种意见。早在殷商立国之前，东夷民族积累的生活经验和口耳相传的故事，就已经形成一种集体的共识。曾几何时，当某个文字被刻画之际，这个文字所期表达的意义便无不与当时的社会生活和集体共识相一致。因此，通过甲骨文字材料既可以了解殷商社会，同时甚至也可以窥测东夷时代的社会情景。正是在这个意义上，我们可以说甲骨文可以充当今天研究殷商史和史前史的“活化石”。

第三，古文字是象形文字，它所表现的内容常常是生活中为先民司空见惯的场景，这些场景虽经岁月沧桑却依然能够被今人所领会。这就使甲骨文中的典型文字成为再现古代生活的一扇窗户。

第四，老一辈学者在通过风俗来研究古文字方面已经取得显著成果。比如，清吴大澂最先将“蹲踞”之状界定为“夷”，“古夷字作人即今之尸字也”。[②] 1907 年，章太炎提出“古只有人字。人类相爱，名曰人偶，于是又作仁字”，“东夷性仁，由此仁形，用作夷字。其后复造从大从弓之夷字”。[③] 王献唐亦谓：“夷”字形“体像夷人之形也”，“夷人好踞，故字像其形”，“夷人踞蹲，踞蹲为夷，故亦呼此形状曰夷”，“以夷人之状态印证字体，正为象形，情实显著”。[④] 于省吾认为，“尼”字“像人坐于人上之形”，“作为独体字的尼字的发生时期，当然要早于商代中叶武丁之世，它很可能产生于夏末商初之际”。“尼字的发生，自然要先有人坐于人上的作风”。[⑤] 近年来，这种研究角度得到学界的注意。比如，刘文英指出，“仁”的观念来源于古老的礼仪，表示互相问候和尊重。[⑥] 张立文认为，礼仪是仁之观念的原形，“相人偶”是一种礼俗，可能来自夷人，表现一种亲密的心态。[⑦] 张富祥《说夷》：“古夷人由蹲踞习俗得称，当取义于最正规的跪踞姿势，亦即取义于最郑重的跪踞礼节。”[⑧]不仅如此，周清泉还指出，甲骨文中跽坐的人形

---

① 张富祥：《东夷文化通考》，上海古籍出版社 2008 年版，第 321、431 页。

② 吴大澂：《字说》，振新书社 1918 年据光绪十二年刊本影印版，第 30 页。

③ 章太炎：《章太炎讲国学》，东方出版社 2007 年版，第 14 页。

④ 王献唐：《炎黄氏族文化考》，齐鲁书社 1985 年版，第 29 页。

⑤ 于省吾：《释尼》，《吉林大学社会科学报》1963 年第 3 期。

⑥ 参见刘文英：《仁的抽象与仁的秘密》，《孔子研究》1990 年第 2 期。

⑦ 张立文：《略论郭店楚简的仁义思想》，《孔子研究》1999 年第 1 期。

⑧ 张富祥：《说夷》，《淄博师专学报》1997 年第 3 期。

(卩)和正立的人形(大),正反映了远古社会中两种不同的身份。[①] 还有学者从“夷”“弔”“尸”“辟”“化”“尼”等几个典型文字,探讨了远古东夷民族的风俗习惯。[②]

根据“夷俗仁”的思路和“仁”字的寓意特征,著者按图索骥,在甲骨文当中寻找“仁”的原形。粗略看来,与“仁”字存在关联并且可以充当“仁”字直接原形的有以下六个字形:仌、夹、乘、化、尼、兒。双人组成的间接原形素材还有一些,这里不再一一讨论。

(一)仌:二人相亲

董作宾的《古文字中之仁》谓:“仁,人字重文,古或作仌,又作仁,意谓人与人之间,互相亲爱,为人之道,亦即人道,义自可通……《春秋元命苞》:‘二人为仁。’此与徐灏之说,皆近情理。”[③]董作宾的意见虽然比较宽泛,但是他提出“重文”符号在“仁”字形成中的特殊规律,他还指出了由“仌”发展到“仁”的轨迹。这一见解启发我们从人的对应关系(人相偶)入手,去寻找“仁”的原形。

(二)夾:抱哺其子

叶玉森不仅从人的对应关系探讨“仁”字,更可贵的是,他指出“仁”的初文是“夾”。他说:“𡰥,古夷字。汉书樊哙传与司马𡰥战砀东。注:𡰥读与夷同。山海经非人羿莫能上,今本作仁羿并夷羿之譌(讹),盖仁夷古通假。卜辞之夾,疑即仁之初文。篆从二人,仁谊不显。此像一小人在大人臂亦下,隐寓提携扶持之意,乃仁之真谛。卜辞假仁为夷曰鬼夷方,即易爻辞、诗大雅之鬼方,竹书纪年之西落鬼戎。”孙诒让释“夾”为“夷”字。该字除方国名之外,在甲骨卜辞中多见“其夾”词例,其义为“辅”“近”,与《尚书·多方》“夾介乂我周王”的“夾”和《左传》之“夾辅”同义。[④] 我们知道,在卜辞和金文里“夷”写作“亻”“尸”字。“夾”是否系“夷”的另一种字形,值得继续研究。但从夷风夷俗的眼光来看,这种可能性依然是存在的。该字象征母亲抱哺其子,表示母亲对子女的关怀爱护。当然也不排除子女保护母亲之义。后来的“夾辅”之义可能就是从这里演化而成的。

---

① 周清泉:《文字考古》(一),四川人民出版社 2003 年版,第 347 页。

② 武树臣:《寻找最初的夷》,《中外法学》2013 年第 1 期。

③ 宋镇豪、段志洪主编:《甲骨文献集成》第 11 册,四川大学出版社 2001 年版,第 392~393 页。

④ 于省吾:《甲骨文字诂林》(一),中华书局 1996 年版,第 238 页。

（三）乘：抵足而眠

中国社会科学院考古研究所的《甲骨文编》列甲骨文“乘”字 15 例，有两个类形。[①] 于省吾《甲骨文字诂林》列“乘”字 3 例，也有两个类形。[②] 李宗焜《甲骨文字编》列“乘”字 35 例，亦有两个类形。[③] 综合上述资料来看，学界对“乘”存在两个字形是没有疑义的。这两个类形是：第一形，上“大”下倒置的“大”，即“”；第二形，上“大”下“木”，即“”。笔者根据姚孝遂主编的《殷墟甲骨刻辞类纂》做统计，在甲骨文中，第二形 129 见，第一形 8 见。[④] 可以推测，在初始阶段，它们曾经是两个完全不同的字形。其中，十分奇怪的是，上“大”下“木”字形“”下方的所谓“木”字的上端皆不出头，明显地改变了“木”字的原形。

先说第二形即上“大”下“木”的“”。这个字被学界隶定为“乘”字，似无异义。如王襄《类纂正编》：该字即“古乘字”。王国维《戬考》：（乘）“象人乘木之形。”陈邦怀《小笺》：“此字王徽君释为乘，谓像人乘木之形，甚塙（确）。考乘字所从之木，是古櫱𣡵字。《说文解字》：‘櫱，伐木余也。’许君曰：‘古文櫱从木无头。’卜辞乘字，从大，像人乘木上，从木，像木无头形，盖伐木余也。古者伐木人乘木上，为乘之初谊，車乘殆引申谊，乘马又車乘引申谊也。”[⑤]

但是，甲骨文字学界忽略了“乘”字有二形，从而忽略了一个重要的字：正“大”和倒“大”组成的“”。在甲骨文中，“大”即正面人形，倒置亦人形。如果俯视正倒两个人组成的图形，正是两个人抵足而眠之状。这个字反映了东夷民族抵足而眠的生活习惯。在周围民族看来，那个有抵足而眠习惯的民族，就被称为“夷”或“仁”。这也许是“夷俗仁”的原形之一。顺着这个思路推测，正“大”和倒“大”组成的“”，就应当读为“夷”或“仁”。

第一和第二两种字形由于形近而误，久而久之，前者逐渐被后者取代，没有留下一点踪迹，只剩下我们今天看到的“乘”字。当然，还有一种可能，就是正“大”和倒“大”组成的，后来经过简化演变成“夳”“太”“泰”字。《说文解字》谓“泰”之古文作“夳”[⑥]，于是“夳”字就与“乘”字分道扬镳了。如果是这样的话，东

---

① 参见中国社会科学院考古研究所编辑：《甲骨文编》，中华书局 1965 年版，第 257、258 页。

② 参见于省吾：《甲骨文字诂林》（一），中华书局 1999 年版，第 297 页。

③ 参见李宗焜：《甲骨文字编》（上），中华书局 2012 年版，第 82～84 页。

④ 参见姚孝遂：《殷墟甲骨刻辞类纂》（上），中华书局 1989 年版，第 106～108 页。

⑤ 于省吾：《甲骨文字诂林》（一），中华书局 1996 年版，第 298 页。

⑥ 宋镇豪、段志洪：《甲骨文献集成》第 12 册，四川大学出版社 2001 年版，第 16 页。

夷故地的“泰山”似本应读作“夷山”“仁山”。而《左传·庄公十一年》所载“乘丘之役”的“乘丘”(今山东兖州附近,一说在曲阜)似本应读作“夷丘”“仁丘”。

与“乘”字相联系的一个词是“望乘”。笔者根据姚孝遂《殷墟甲骨刻辞类纂》统计,在甲骨文中,“乘”132见,“望乘”121见。[①] “望乘”一词出现次数之多,而且跨越年代十分久远,这种现象十分罕见。关于“望乘”,学者已经进行过深入研究。张秉权《殷虚文字丙编考释》:“望乘是人名,是武丁时代下危的一员主将。在卜辞中,望是一个地名。”“望乘大概是望国的诸侯,常在王室服务。”[②]林沄《甲骨文中的商代方国联盟》谓:“武丁卜辞中最常见的‘王比望乘’……在大量的有关望乘的卜辞中都没有对他们身份的称谓。……可以推测他们是伯,可定望为方。但这种解读法都可以引起争议。……(对望乘)则经常称‘王比望乘’‘王自比望乘’的例子。可见在征伐活动中他们和商王是处于对等地位的。所以,把他们理解为商王属下的将领是不妥的。…望应该和前举各类例子一样,是和商王联盟的方国名。”[③]裘锡圭《论歷组卜辞的时代》说:“望乘这样的人名显然是由一个族氏和一个私名构成的。……这种人名为什么也重复出现于不同时期呢?立足于人名为族氏这一基点上的异代同名说,对此也无法作出完满的解释。”[④]

在甲骨卜辞中,如果用正“大”和倒“大”组成的取代“乘”字的话,“望乘”就应当读为“望夷”或“望仁”。他们也许是中原人对边远居民及其居住地的习惯称谓。这样一来,为什么“大量的有关望乘的卜辞中都没有对他们身份的称谓”?“望乘”又为什么会“重复出现于不同时期”?这些疑问,也就不难回答了。可惜,商代以后,“乘”字淹没或取代了正“大”和倒“大”组成的,使我们缺少了探索“仁”字衍生过程的一个渠道。

尽管如此,令人惊讶的是,今天的“乘”字竟然依旧保留了它古老的基因。《广雅·释诂》:“乘,二也。”《古今韵会举要·径韵》:“物双为乘。”《文选》张华《鷦鷯赋》:“乘居匹游。”如果从来就没有正“大”和倒“大”组成的,那么,“物双为乘”的本义又从何而来呢?

(四)化:靠背而眠

甲骨文里面有一个也许值得重新研究并重新界定的,就是“化”字。该字

① 参见姚孝遂:《殷墟甲骨刻辞类纂》(上),中华书局1989年版,第106~108页。

② 于省吾:《甲骨文字诂林》(一),中华书局1999年版,第298页。

③ 于省吾:《甲骨文字诂林》(三),中华书局1996年版,第2390页。

④ 于省吾:《甲骨文字诂林》(一),中华书局1996年版,第766页。

由左右对称的正人、倒人组成。关于“化”字的本义，朱芳圃《殷周文字释丛》说：“《说文》匕部：‘化，教行也，从匕从人，匕亦声。’按化像人一正一倒之形，即今俗所谓翻跟头。《国语·晋语》：‘胜败若化。’韦注：‘化言转化无常也。’《荀子·正名篇》：‘状变而实无别而为异者谓之化。’杨注：‘化者改旧形之名。’皆其引申之义也。（化）孳乳为货，说文贝部：‘货，财也，从贝，化声。’徐锴曰：‘可以交易曰货，货，化也。’对转元，孳乳为换。”[①]徐仲舒认为：“化”字“像人一正一倒，所会意不明”[②]。刘兴隆认为：“化”字“像一人上下翻腾以示变化。”[③]何琳仪认为：“化字从一正人，从一倒人，会生死变化之意。春秋金文作化（中子化盘），战国文字承袭春秋金文。”[④]赵诚：“匕，构形不明。有人以为像匕（与后世之匙类似）之形。但出土之匕与匕字的形体不合，而商代人又把有些匕字写成像人（亻）的形状，从反面证明匕字在当时人们心目中并不是匕（匙）的象形，而是像人站立拱手侧面之形。甲骨文除用为祖妣之妣，还用作副词，有‘连续’之义。”[⑤]

“化”的原形是正反两个人形。“化”字右侧的“匕”字本来就是“人”字。诚如《说文解字》所谓：“匕相与比叙也，从反人。匕亦所以用比取饭，一名柶，凡匕之属皆从匕。”“匕变也，从到人，凡匕之属皆从匕。”可见，起码在东汉时，人们的记忆中仍然清楚地知道，“化”字是由一个正人和一个“反人”亦即“到人”“倒人”组成的。后来，用“匕”取代“反人”（倒人），就无异于造了一个新字出来，亦杨倞注《荀子》所谓“化者改旧形之名”，以旧形表示新义。如《六韬》：“太上好化，群臣好得。”可以推测，起码在春秋战国时就产生了“人”“匕”合成的“化”字，即“货”字𠤎。也许还会更早些。无论如何，“化”“仁”两字很早就各自分化出来，各走其路了。及至今天，我们只知其“化”，却不知其“仁”。为什么造成这种变化呢？正如裘锡圭所说：“在早期的文字里，存在着表意的字形一形多用的现象。同一个字形可以用来代表两个以上意义都跟这个字形有联系，但是彼此的语音并不相近的词。”[⑥]周清泉认为，“化”字之“匕”象征“果实核内之胚芽”[⑦]。此义与人类或动物的“胎孕为化”是相通的。杨琳认为“化与毓同义”，“像人后有倒子之形”。[⑧] 这些见解都揭示了“化”字的本义。如《吕氏春秋·过理》：“（纣）剖

① 朱芳圃：《殷周文字释丛》，中华书局1962年版，第148～149页。

② 徐仲舒：《甲骨文字典》，四川辞书出版社1989年版，第912页。

③ 刘兴隆：《新编甲骨文字典》，国际文化出版公司2005年版，第504页。

④ 何琳仪：《战国古文字典》（下），中华书局1998年版，第835页。

⑤ 赵诚：《甲骨文简明词典》，中华书局2009年版，第289页。

⑥ 裘锡圭：《文字学概要》，商务印书馆1988年版，第5页。

⑦ 周清泉：《文字考古》（三），四川人民出版社2014年版，第852页。

⑧ 杨琳：《释化》，《汉字研究》第1辑，学苑出版社2005年版，第1页。

孕妇而观其化。”又如《淮南子·泰族训》:“雄鸣于上风,雌鸣于下风,而化成形。”可见,起码在口耳相传的文化长河当中,“化”的本义既未中断也未失传。

在甲骨文中,“化”字多作人名。[①] 甲骨文“化”字由一个正立的“人”和一个倒立的“人”相并组成,如果俯视之,则像二人以背靠背、抵足而眠。正如泉涸之鱼“相濡以沫”一样,该字表示亲人在严冬之际“相亲以热”。这正是“相人偶”的本义,后来又从“相人偶”派生出“仁者爱人”和相互对等匹配公平之义。因此,在殷商时代,甲骨文“化”字形很可能就是“夷”字和“仁”字的原形,并且充当了由“人”向“夷”“仁”演化的一个过渡桥梁。可以说,“化”是代表东夷风俗的一个具有典型意味的文化符号。“化”字后来发生分化,一个方向是货贝的货即“化”字,另一个方向是“尼”。

与“化”字直接相关的一个词是“臿疋化”。张秉权《卜辞臿疋化说》谓:“在甲骨文的著录中,有关臿疋化或臿、疋、化的记载,约有二百数十版。”[②]这和“望乘”一样在卜辞中都是十分罕见的现象。

学界对“臿疋化”有不同解释。这主要由于对“臿”“疋”二字的理解不同,对“化”字似乎没有异议。对“臿疋化”的解释可谓见仁见智,主要有以下几种意见:

第一,专名。“臿疋化三字在卜辞中,常常连在一起,构成一个专名。”代表人名或地名、族名、方国名。[③]

第二,人名。“臿疋化是武丁时的一个重要的方国领袖,或单称臿,是人名。”[④]

第三,地名。“臿疋化为殷西边陲要地。”[⑤]

第四,“臿”为动词,与“伐”同例,卜辞有“臿伐”,即追击。[⑥] 如果是这样理解的话,“疋化”就是名词,作宾语,即被追击的对象。“臿疋化”即追击“疋化”。

第五,“疋”是动词,即格,各,即至,进入。[⑦] 那么,“臿疋化”即为“臿”进入“化”地(或族)。

---

① 参见姚孝遂:《殷墟甲骨刻辞类纂》(上),中华书局1989年版,第69页。又于省吾:《甲骨文字诂林》(一),中华书局1996年版,第149页。

② 宋镇豪、段志洪:《甲骨文献集成》第24册,四川大学出版社2001年版,第219页。

③ 参见宋镇豪、段志洪:《甲骨文献集成》第24册,四川大学出版社2001年版,第219页。

④ 于省吾:《甲骨文字诂林》(二),中华书局1999年版,第783、982页。

⑤ 于省吾:《甲骨文字诂林》(一),中华书局1999年版,第780页。

⑥ 参见于省吾:《甲骨文字诂林》(二),中华书局1999年版,第981、984、985页。

⑦ 参见于省吾:《甲骨文字诂林》(二),中华书局1999年版,第781页。

第六，“疋”是动词，即格击、格杀。[①] 这样，“畐疋化”即为“畐”格击“化”。

第七，“畐”字“其本义为双手持有结之绳”，“本为传递信息之意”。[②] 那么，“畐疋化”的意思是把信息传递给“疋化”。

在“畐疋化”一词中，“化”居尾部。对“畐疋化”无论怎样理解，似乎都应当把“化”视为一个名词，包括人名、地名、族名、方国名。根据“化”的字形，如果把“化”释为“夷”“仁”，那么，“畐疋化”就应读为“畐疋夷”“畐疋仁”。这样。它作为一个民族或方国在卜辞中出现两百多次就不奇怪了。同时，古代文献中如《世本·作篇》所云“化益作井”、《吕氏春秋·求人》所云“得陶化益”的“化益”，就似当读为“夷益”或“仁益”了。

（五）申：男女合欢

“申”源于“化”字，从“化”演变而成，即靠背而眠的二人重叠起来，表示男女媾精之形。“申”字是一个四通八达的十分奇妙的字。首先，在社会领域，“申”与“身”同。甲骨文“身”字写作“”。同时，“身”亦同“孕”。《诗·大雅·大明》：“大任有身，生此文王。”《广雅疏证》：“孕重妊娠身也。”“身”字像人腹中有子之状，该字形也是二人结构。其次，在自然领域，“申”“電”“雷”“神”同源。（关于“申”字的文化含义，请看后文——“仁与太极图的起源”）

（六）兒：男女亲昵

“兒”即“儿”。《说文解字》：“儿，仁，人也。古文奇字人也。象形。孔子曰：在人下，故诘屈。凡儿之属皆从儿。”章太炎认为：“人儿夷[illegible]仁尸六字于古特一字……古彝器人有作[illegible]act者，重人则为[illegible]，以小画二代重文则为仁，明其非两字矣。”[③]“兒”字的甲骨文由两个相向的人字组成。具体而言，该字形表示男女二人双手相牵、双腿相交的亲昵之状。其字义与“尼”字同，且“兒”“尼”或音同，音同义同，二字或可互代。古代男女亲昵的雕塑，正是“兒”字的绝妙注释。

以上，我们探讨了“仁”字的六个原形，间或描述了“仁”的精神本源。从人从二的“仁”字，是在上述“仁”字的原形字的基础上形成的。其中，重文符号“二”的使用，是“仁”字产生的技术条件。据此我们似乎仍然可以判断，古老的东夷的风俗习惯已经逐渐孕育出类似行为准则的思想意识，这些意识正是“仁”

---

① 参见于省吾：《甲骨文字诂林》（二），中华书局1999年版，第781页。

② 于省吾：《甲骨文字诂林》（二），中华书局1999年版，第983页。

③ 章太炎：《章太炎全集》（三），《检论》卷五《订文》附《正名杂义》，上海人民出版社1984年版，第492页。

的最初萌芽。思想来源于生活、来源于风俗习惯。试想母系氏族时期，周边氏族男青年们都“嫁”到同一个氏族。“四海之内皆兄弟”，在长辈领导下，他们一同外出打仗、捕猎，碰上寒冷的夜晚，他们抵足而眠、靠背而卧，逐渐养成超血缘的兄弟之情，就是最初的“化”“乘”，也就是后来的“仁”。“仁”自一开始即具有超血缘的凝聚力，这也许是“仁”能够兼容其他道德的优越之处。“仁”之俗在对外关系上的表现是谦让。《山海经·海外东经》载，君子国“其人好让不争”。谦让与宽容是相通的。《左传·襄公四年》载，夷羿收留无家可归的外族人寒浞，而且信而使之，正是“夷俗仁”的一个例证。这与殷王朝重用异族人伊尹完全一致。《论语·微子》云：“微子去之，箕子为之奴，比干谏而死。孔子曰：殷有三仁焉。”《公冶长》：“伯夷、叔齐不念旧恶，怨是用希。”在孔子眼中，达到“仁者”标准的人物屈指可数。在殷商末年君主暴虐、国家混乱的特殊情况下出现的“三仁人”，在周初出现的伯夷、叔齐那样的兄弟相让、以死明志的忠贞之士，不能不是殷商文化长期培育熏陶的结果。此类“仁人”成为后世儒家歌颂和历代知识分子终生效法的楷模。《论语·子张》所谓：“纣之不善，不如是之甚也。”傅斯年则谓：“世传纣恶，每每是纣之善”，“世人贬纣之话正是颂纣之言”。[①]

但是，今天，尽管我们相信在殷商时代形成了“仁”的风俗，但仍然没有理由证明在殷商时代就形成了“仁”的思想。“仁”的思想之所以在当时没有形成，其原因可能是：第一，神权思想固化了种族的血缘差别；第二，当时的身份制度使一部分人比如臣妾被视为财产；第三，人们交往有限，限制了人们对等的人际观念的萌发；第四，还没有产生重新整理思想材料的社会需要，当然也就没有产生完成这一使命的思想家。这个历史留下的遗憾，终于被后人来完成了。

图 8-3-1 “兒”字形成图[②]

① 欧阳哲生编：《傅斯年全集》(一)，湖南教育出版社 2003 年版，第 467 页。

② 作者摹写。

图 8-3-2　伏羲女娲双龙塑像①

四　金文中的“仁”

(一)西周春秋金文中的“仁”

郭沫若在 20 世纪 40 年代曾经断言:“‘仁’字是春秋时代的新名词,我们在春秋以前的真正古书里找不出这个字,在金文和甲骨文里也找不出这个字。”②但是,到了 1974 年,考古界有了新发现。考古人员在河北省平山县发掘了战国时期中山国墓葬群,在其中的 M1 号墓发现中山王鼎,其铭文为:“天降休命于朕邦,有厥忠臣赒,克顺克卑,无不率仁,敬顺天德,以左右寡人。”该墓主下葬时

① 东汉。伏羲女娲双龙画像砖,四川省彭州市碱厂崖墓出土,现藏四川省博物馆。信立祥:《中国美术全集:画像石画像砖》(三),黄山书社 2009 年版,第 661 页。作者按:右上角的双人雕塑与“皃”字十分相似。

② 郭沫若:《郭沫若全集》(二),人民出版社 1982 年版,第 87 页。

间约在公元前 310 年左右。[①] 有学者认为铭文“无不率仁”的“仁”字应当读作“夷”[②]。作者认为，从铭文内容和字形来看，以读“仁”为宜。此例是战国时期金文中存在从人从二的“仁”字的新证。

但是，事物总是不肯停下它的脚步。1981 年 8 月 4 日，周原考古队在陕西省扶风县黄雄乡强家村发掘了一座西周墓，编号 81 强 M1，出土文物 600 余件，均收藏于宝鸡市周原博物馆。其中一件夷伯夷簋，又称“夷伯簋”，时间被定为西周晚期（或曰“懿孝之际”）。此器分甲乙簋，器、盖同铭，款式稍异，盖铸铭文 5 行 38 字，器铸铭文 4 行 34 字，缺“辰在壬寅”4 字。

盖铸铭文如下：

隹（唯）王征（正）月初吉辰才（在）壬寅尸（夷）白（伯）尸（夷）于西宫益贝十朋敢对阳（杨）王休用乍（作）尹姞宝簋子二孙二永宝用

器铸铭文如下：

隹（唯）王征（正）月初吉仁白（伯）尸（夷）于西宫益贝十朋敢对阳（杨）王休用乍（作）尹姞宝簋子二孙二永宝用[③]

器铸铭文中的“仁”字写作“[illegible]”。两相对照，可以看到，“尸（夷）白（伯）尸（夷）于西宫”与“仁白（伯）尸（夷）于西宫”，上句是“尸（夷）白（伯）”，下句是“仁白（伯）”。这说明“尸（夷）”字和“仁”是可以互代的通用字，尸伯、夷伯、仁伯是一样的。这无形中又一次佐证了学界关于古代“尸”“夷”“仁”为一字的论断。西周晚期（或曰“懿孝之际”）的夷伯夷簋是西周金文存在从人从二的“仁”字的有力证据。

对于器铸铭文中的[illegible]字，穆海亭以为是“尼”字，读作“夷”。[④] 此系采取郭沫若的意见。郭沫若在《两周金文辞大系考释·罿卣》中指出：“《孝经》‘仲尼居’，释文：‘尼本作𡰥，古夷字。’《汉书·高帝纪》‘司马𡰥……颜师古均以为𡰥古夷字。’按𡰥当是古尼字，从尸二声……唯尸夷尼迟古音相近，故得通用耳。”[⑤]但是，东汉的许慎却认为“𡰥”是“仁”的古字。东汉许慎《说文解字》“仁，亲也。从人二。忎，古文仁，从千心。𡰥，古文仁，或从尸”，可证，并未说“从尸二声”。当然，说“二”读如“尼”应当也是有根据的。比如日语读“二”如“尼。”清段玉裁《说

① 河北省文物管理处：《河北平山县战国时期中山国墓葬发掘简报》，《文物》1979 年第 1 期。

② 也有学者认为应当读为“仁，”并认为“这是金文中迄今所见唯一的一个‘仁’字”。白奚：《仁字古文考辨》，《中国哲学史》2000 年第 3 期。

③ 参见霍彦儒、辛怡华：《商周金文编：宝鸡出土青铜铭文集成》，三秦出版社 2009 年版，第 16 页；又见周原扶风文管所：《陕西扶风强家一号西周墓》，《文博》1987 年第 4 期。

④ 参见穆海亭、郑洪春：《夷伯簋铭文笺解》，《中国考古学研究论集——纪念夏鼐先生考古五十周年》，三秦出版社 1987 年版。

⑤ 郭沫若：《两周金文辞大系考释》，（东京）文求堂书店 1935 年版，第 15 页。

文解字注》在注释“仁”字时，直接援引了东汉郑玄关于“人相耦”的注释，并强调“𡰥，古文仁。或从尸，按古文夷亦如此”。后退一步说，此字即便读作“尼”，如前所述，“尼”也是“仁”字的原形。如此，则𡰥即当为“仁”字。

看来，自汉代以后，对“𡰥”字就有两种注释：一是认为“𡰥”是“仁”的古字；二是认为“𡰥”是古代的“尼”字，读作“夷”。其实，𡰥和“仁”二字没有质的差别，因为“尸”与“亻”都是“人”形，只不过膝盖弯曲程度不同而已。亦可视之为“仁”的原形字。因此，𡰥就是“仁”，或者说，当时的“仁”就写作“𡰥”。关键在于“二”是读音还是重文符号。笔者认为，“二”应当是重文符号，而带有重文符号的字往往是晚出的。于省吾指出，“尼”字形“像人坐于人上之形”，反映了远古的生活状况，“作为独体字的尼字的发生时期，当然要早于商代中叶武丁之世，它很可能产生于夏末商初之际”。[①] 既然“尼”字在先，“𡰥”字在后，那么，为什么将“𡰥”释为古“尼”字而非古“仁”字呢？为什么相见不相识呢？这是不是无形中受到春秋始有“仁”，“仁”字始见于战国中山王鼎之成见的影响，从主观的观念上就认为西周不应当出现“仁”呢？

从人从二的“仁”字又见于春秋早期的《鲁伯俞父簠铭》。其铭文为：“鲁伯俞父作姬仁簠，其万年眉寿永宝用。”[②]铭文的“仁”字写作“𡰥”，这可能是“仁”字的一种过渡型的写法。之所以将“二”写在“亻”字中间，很可能是为了与带有重文符号的𡰥字形相区分。《兮甲盘铭》“至于南淮尸（夷）淮尸（夷）旧我帛晦人”，被加上重文符号“二”而简写为“淮二尸二”，其中，“尸二”写作“𡰥”。[③] 又如前述《睘卣铭》中“尸白尸白”，简化成“尸二白二”。“尸二”也写作“𡰥”。很显然，由两个“尸”字简化而成的“𡰥”，与作为“仁”之本字的“𡰥”的字形，仅从外形上来看的确无法区分。但是，如果换一个角度来看，这一特征正好说明作为“仁”之古字的𡰥字，最初正是由两个“尸”字演化而成的。这无意之间揭示了“仁”字与重文符号之间的内在联系。

对于《鲁伯俞父簠铭》中的“仁”字，古文字学界历来意见不一。吴荣光、吴云、刘体智释“年”，方濬益释“仁”，刘心源释“𡰥”，杨树达释“壬”。[④] 该字的主体是“亻”或“尸”，次体是“二”，“壬”的原型亦为“亻”“二”所构成。《说文解字》：壬“像人裹妊之形，承亥壬以子，生之叙也”。妇人有孕，遂有二人。“壬”亦存在从

---

① 于省吾：《释尼》，《吉林大学社会科学报》1963 年第 3 期。

② 中国社会科学院考古研究所编：《殷周金文集成》（四），中华书局 2007 年版，第 2938、3442 页。

③ 参见中国社会科学院考古研究所编：《殷周金文集成》（七），中华书局 2007 年版，第 5482 页。

④ 参见杨树达：《积微居金文说》，上海古籍出版社 2013 年版，第 137、138 页。

人从二的内因，亦可视之为“仁”的原形字。因此，其释“年”者，形似也；其释“仁”者，神似也。考虑到“亻”“尸”都是“人”，各配以“二”，便都成为从人从二的“仁”，不必另生枝节，故笔者以为释“仁”为宜。

（二）重文符号“二”的出现

事实上，从人从二的仁字的形成，离不开重文符号“二”的使用。“二”可能含有对应匹配之义，但是最初的“二”恐怕与重文符号有关。董作宾《古文字中之仁》说：“于《说文解字》之外别立新说者，当推徐灏。徐氏作《说文解字注笺》于仁字下笺云：戴氏侗引尤叔晦曰：古文有因而重之以见义者：因子而二之为孙，子二是也。因人而二人为太，大二是也。因人为二人，为仁，亻二是也。”“徐氏此说，谓二是重文，于甲骨金文均有其证。甲骨又又（有佑）作又二，金文尤习见。则仁即人字重文，又或作仌，又作亻二，意谓人与人之间，互相亲爱，为人之道，亦即人道，义自可通。”①章太炎认为：“人儿夷仌仁𡰥六字于古特一字……古彝器人有作仌者，重人则为仌，以小画二代重文则为仁，明其非两字矣。”②王献唐说：“什么是仁？仁字是人的重文；什么是人？人和夷是一个字。”③刘文英同意章太炎的说法，认为“仁”字之“二”系重文符号。④ 周清泉指出：“仁字本是人人二字的重文。在金文中，如子子孙孙的重文多写作“子二孙二”，其子孙字下的二，是表示重文的符号。”⑤

重文符号是一种书写习惯，旨在节省笔墨。有学者提出，重文符号只适用于字词，而不适用于字的内部结构。⑥ 此言不谬，在金文里，重文符号似乎多适用于字词。以《兮甲盘铭》为例，本来应当写作“至于南淮尸（夷）淮尸（夷）旧我帛晦人”⑦，由于简化，就写成了“至于南淮二尸二旧我帛晦人”，节约了“淮尸”二字。其中，“尸二”写作“”。那么，在甲骨文里有没有使用重文符号的例子呢？裘锡圭指出：“甲骨文重文符号使用得很少。”⑧但是，在甲骨文里，在单字的内部结构中使用重文符号的例子还是存在的。比如，“弜”字，以“二”作重文符号就

---

① 宋镇豪、段志洪：《甲骨文献集成》第 11 册，四川大学出版社 2001 年版，第 393 页。

② 章太炎：《章太炎全集》（三），《检论》卷五《订文》附《正名杂义》，上海人民出版社 1984 年版，第 492 页。

③ 王献唐：《山东古国考》，齐鲁书社 1983 年版，第 219 页。

④ 参见刘文英：《仁之观念的历史探源》，《天府新论》1990 年第 6 期。

⑤ 周清泉：《文字考古》（一），四川人民出版社 2002 年版，第 447 页。

⑥ 参见白奚：《仁与相人偶》，《哲学研究》2003 年第 7 期。

⑦ 中国社会科学院考古研究所编：《殷周金文集成》（七），中华书局 2007 年版，第 5482 页。

⑧ 裘锡圭：《甲骨文中重文和合文重复偏旁的省略》，宋镇豪、段志洪：《甲骨文献集成》第 37 册，四川大学出版社 2001 年版，第 531 页。

变成“勿”，以“丨丨”作重文符号就变成“弗”字。[1] 再如，上大下大的“乘”字加上重文符号“二”就变成“𡗜”。试以此逻辑来推论，“尺”“化”“尼”诸字加上重文符号“二”而变成“仁”是完全可能的。因此，董作宾、章太炎关于“仁”字源于人字的重文的意见是完全可以成立的。

时至春秋时代，西周的政权及其典章文物、正宗文化，伴随着“礼崩乐坏”的社会潮流而渐渐失去昔日的光辉，原来屈居末流实则“先进于礼乐”的野人文化开始复兴。因为“先开化的乡下人自然是殷遗，后开化的上等人自然是周宗姓婚姻了”[2]。只有在这时，东夷民族的“仁”的观念才悄悄获得生机。经过孔子加工改造的“仁”成为春秋乃至古代中国最重要的哲学观念。孔子的伟业即在于“为往圣继绝学”。

就目前所见文献，西周晚期的《夷伯夷簋器铭》和春秋早期的《鲁伯俞父簋铭》是“仁”字的最早出现的两个记录，前者比平山中山王墓铜器铭文的“仁”字早了近500年。这一事实首次证明西周已有“仁”字，这一判断如果能够成立的话，则其意义重大。尽管我们尚不能从铭文中阐释“仁”的哲学内涵，但是“仁”字的出现可能多少标志着人们对“相人耦”习俗的一种首肯甚至升华。更不必说，西周晚期的“仁”字无疑填补了“仁”上自殷商下至春秋的一个真空地带，而且也与当时思想文化发展的轨迹相合拍。小而言之，西周晚期“仁”字的存在，无意之中还给《尚书》《诗经》中的“仁”字存在的客观性提供了一个有力的旁证。西周金文的“仁”字与《尚书·金縢》的“予仁若考(予仁而孝)，能多才多艺，能事鬼神”和《论语·尧曰》中的“周有大赉，善人是富。‘虽有周亲，不如仁人。百姓有过，在予一人’”，似乎可以互相印证。因此，上述二器铭对我们鉴别甲骨文里的“仁”字和探讨“仁”观念的早期史具有重要价值。关键在于，周人从殷商直接继承“仁”字的可能性，比周人“始因‘相人偶’之恒言而造仁字”的可能性要大得多。所以，西周有“仁”字，是殷商有“仁”字的一个有力的逻辑证据。当春秋时代的知识分子大谈其“仁”的时候，他们也许清楚地知道，“仁”并不是他们发明的新东西，而是从前代延续下来的。这个延续过程也许不是凭借笔墨，而是民众的口耳相传。

综上，我们也许可以推测，从人从二的“仁”字始见于甲骨文，又见于西周、春秋、战国时期的金文。这一推测是我们今天探讨“仁”观念的衍生历史的一个前提。正如董作宾所云“仁”字“考之甲骨金文，皆不可见。此不足证殷周之必

---

① 张宗骞:《卜辞弜弗通用考》,《燕京学报》1940年第28期。

② 傅斯年:《傅斯年全集》(三),湖南教育出版社2003年版,第243页。

无仁字也”。他并不认为“不见”就等于“必无”，足见老一辈学者治学之严谨和客观。今天“不见”非永远“必无”，此大家之言也！

图 8-4-1 夷伯夷簋铭“仁”字①

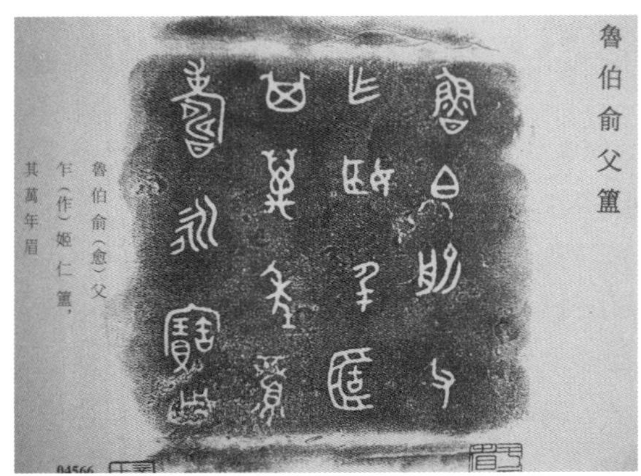

图 8-4-2 鲁伯俞父簠铭“仁”字②

① 霍彦儒、辛怡华：《商周金文编：宝鸡出土青铜器铭文集成》，三秦出版社 2009 年版，第 16 页。右侧倒数第二字似为“仁”字。

② 参见中国社会科学院考古研究所：《殷周金文集成》（四），中华书局 2007 年版，第 2938、3442 页。

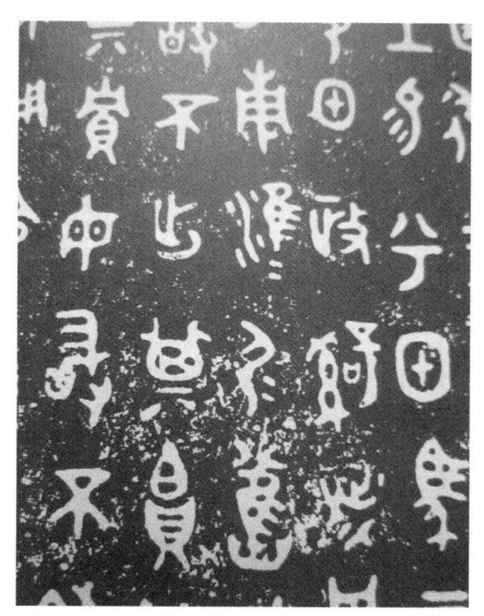

图 8-4-3　兮甲盘铭“尸二”字形①

图 8-4-4　中山王壶铭“仁”字②

图 8-4-5　“仁”字形成图③

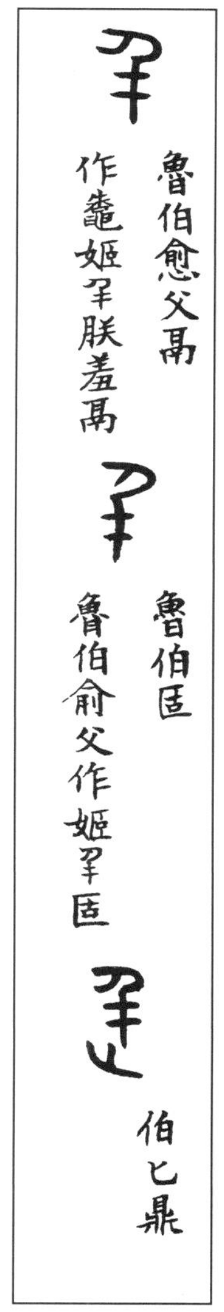

图 8-4-6　金文“仁”字形④

① 中国社会科学院考古研究所:《殷周金文集成》(七),中华书局 2007 年版,第 5482 页。

② 朱德熙、裘锡圭:《平山中山王墓铜器铭文的初步研究》,《文物》1979 年第 1 期。

③ 作者摹写。

④ 容庚:《金文编》,中华书局 1985 年版,第 1275 页。

五　西周之德:源于"仁"而衍生"悳"

(一)从无心之"德"到有心之"德"

西周政权吸取殷商迷信鬼神、不重人事而亡国的教训,实行既信鬼神又重人事的新政策。"以德配天""明德慎罚"的思想就是在这种新的政治环境下产生的。可以说,在西周初期,"德"是个新字眼儿,"德治"思想是个新思想。西周的"德"字是继往开来的,它所承载的理念具有承前启后的重要历史作用。这主要表现在以下两方面:

首先,"以德配天"的"德治"思想既继承了先代的神权思想因素,又论证了新政权的合理性。《尚书·蔡仲之命》:"皇天无亲,惟德是辅。"《尚书·召诰》总结道:殷先王有"德",故获得天命。但至纣王时,"惟其不敬德,乃早堕厥命"。周人有"德",得到各族的拥护,即《毛公鼎铭》所谓"丕显文武,皇天弘厭德,配我有周,膺受大命"。[①]《诗经·大雅·文王》:"文王在上,于昭于天,周虽旧邦,其命维新。"周人不仅用德谱写了人间的历史,还修正了"天"的形象,从此,"天"从只关心一姓一族之利益的威严无比的神,变成了关心天下各族人民利益的仁慈之神。这是人对神的第一次胜利。

其次,"德治"思想通过神权的折射第一次把人民纳入政治舞台。在周人看来,民心向背与保持"天命"是直接联系在一起的,即《尚书·泰誓》所云"民之所欲,天必从之"。[②] 所以,对待人民的问题是需要花一番功夫的。如《尚书·召诰》所说:"惟王受命,无疆惟休,亦无疆惟恤,呜乎!曷其奈何弗敬。"《尚书·酒诰》:"人无于水监,当于民监。"统治者把人民视为镜子,互相对视,这正是一种"相偶"。人民被如此重视,这还是史所未有的事。西周的"德治"重民思想和政治实践为"仁"观念的最终产生提供了温床。这种划时代的社会巨变和思想进化,都淋漓尽致地反映在"德"字的演化过程上面。

---

① 郭沫若:《两周金文辞大系图录考释》释文部毛公鼎铭,科学出版社1957年版,第134页。

② 《左传·襄公三十一年》引《泰誓》佚文。

(二)从有心之“德”到有心之“忎”

西周的“德”字的核心部分是上臣下心的(㥁)“”。东夷人集体做了俘虏，便都成了“臣”。“臣”与“人”是一样的地位,“臣妾”“人隶”如牛马一样是可以买卖的。自殷商及至春秋,“人”字均有贬义。这样,在文字使用方面,“臣”与“人”就具备了可以互相替代的社会条件而且并不违背风俗习惯。经过“德”的另一个古字形的传递,久而久之,上臣下心的就演变成了上人下心的。而这个字可能就是战国时期被视为“仁”的古字的“忎”的原形。

到了西周后期,社会情况发生了很大变化。西周文明已通过完备的周礼发展到峰巅,从而使得居支配地位的西周文明能够居高临下地吸收和消化其他民族的文化成果,也正是在西周后期的文化背景之下,我们终于惊喜地从当时的青铜礼器铭文中发现了从人从二的“仁”字。

“德”是西周出现的新字,“仁”是春秋出现的新字。西周之“德”的核心字是上臣下心的。战国时期出现了仁的另一个字形:“忎”。在文字使用方面,当“臣”与“人”具备了可以互相替代的社会条件时,西周的统治者就悄悄地绕过了源于“人相耦”的从人从二的“仁”字,在“德”的政治文化氛围中创造了从人从心的“忎”。当战国时的“忎”字被我们发现时,其实它已经走过了近千年的路程。

图 8-5-1　从德至忎形成图[①]

① 作者摹写。

六　春秋战国——“仁”观念的问世

(一)“仁”兴盛于春秋后期

春秋时代是我国古代社会急剧变革的时代。伴随着周王朝的衰落,诸侯分立,政权下移,平民登上政治舞台。在思想学术领域,神学思想进一步动摇,礼治思想失去社会基础,德治思想成为空洞口号。周人缔造的礼制国家既没有能够挽救天下的衰败,又没有给人们指出未来的方向。原来作为评判人民行为是非善恶的“礼也”“非礼也”已经失去市场。在这种情况下,伴随着人们的希望,一个新名词产生了,这就是“仁。”

刘文英说:“从历史过程来看,确实德的观念在先,仁的观念在后,后者是前者所产生的。”“仁从德内明确分化,大概始于西周末年。”[①]那么,“仁”观念是怎样形成的呢?

根据文献记载,我们可以对“仁”的内涵的演进轨迹作出粗略的描述。简单来看,“仁”大致经过了三个阶段:“西周之仁”“春秋之仁”和“孔子之仁”。

“仁”在《尚书》中出现两次:《尚书·金縢》“予仁若考,能多才多艺,能事鬼神”和《尚书·泰誓》“虽有周亲,不如仁人”。这里的“仁”可以理解为与宗法血缘意识相联系并具有相对独立性的个体自然人的一种优良素质。

在春秋时代,“仁”字已经在被人们口耳相传了多少岁月的古老的诗歌中出现。比如《诗经·郑风·叔于田》:“不如叔也,洵美且仁。”《齐风·卢令》:“其人美且仁。”《左传·僖公八年》:“目夷长且仁。”此处的“仁”似乎成了个体的“自然人”所具备的与其年龄、形体等自然条件相对应的美好的内心品德。

“仁”兴盛于春秋后期。如《国语·晋语一》:“杀无道以立有道,仁也。”《左传·昭公二十年》:“度功而行,仁也。”可见,“仁也”“非仁也”逐渐取代“礼也”“非礼也”,成为衡量人们行为是非曲直的时兴用语。虽然当时的“仁”仍属众多道德条目之一,与敬、忠、信、义、智、勇、敏、惠、让等居同等地位,但因为“仁”的内涵不清晰,外延尚无界限,故而具有“兼并他者”的能力。比如:“忠者,仁也”;“直者,仁也”;“勇而有礼,仁也”;等等。经过合并同类项,“仁”的价值便不断提

① 刘文英:《仁的抽象与仁的秘密》,《孔子研究》1990年第2期。

高。这种趋势在春秋时已现端倪。如《左传・襄公七年》:“恤民为德,正直为正,正曲为直,参合为仁。”“仁”如同布匹一样成为能够交换其他商品的特殊商品。这些新的情况,为孔子的思想研究和创造活动提供了新的营养和契机。

(二)“仁”是孔子思想的核心

孔子用舍弃、修正、创新三种态度来对待前代思想成果:第一,孔子舍弃了神鬼。孔子注重现实社会,以《庄子・齐物论》所谓“六合之外,圣人存而不论”的态度,将鬼神推到视线以外。第二,孔子修正了周礼。他把依附神祇、崇尚血缘、注重仪式的贵族之礼,改造成远离鬼神、人人适用、注重感情的平民之礼。他主张对一般民众进行教育,使他们“有耻且格”。他特别要求君子通过修身养性,在内心树立伦理道德来约束自己的过分行为,以维护贵族制度的长治久安。第三,孔子创新了“仁”。孔子把“仁”提升为涵盖众德的最高道德,形成新的思想学说,其核心就是“仁”。

为了提高“仁”在众多道德条目中的特殊地位,孔子采取了三个有效的措施:

第一,有意降低“仁”的“使用价值”。孔子不轻易许人以“仁”,屡屡以“焉得仁”“不知其仁”搪塞之。

第二,突出“仁”的社会实践性。统治者要实现“仁”,唯一的途径是实行“宽”“惠”“泛爱众”,“博施于民而能济众”。[①] 这样一来,劳动人民便无形中充当了君子成为君子的客观要件。同时,“仁”也就成了维系君子与小人之间联系的纽带,甚至成为约束统治阶级成员过分行为的紧箍咒。

第三,提高“仁”的社会地位。在孔子心目中,“仁”是涵盖了全部道德条目的最高道德,是君子自我修炼、陶冶情操的最高目标,同时也是改造现实社会并为之奋斗终生的最高理想。孔子以毕生精力始终追求的“杀身成仁”和“朝闻道夕死可矣”的神圣精神,鼓舞着历代仁人志士努力经世致用,为实现“仁”的伟大社会理想而勇敢献身。

刘文英指出:“仁的观念在中国文化中具有十分悠久的历史渊源,它经过长期的历史积淀而不断提升,由孔子铸就一个哲学范畴,并作为其思想的核心。在一定意义上可以说,没有仁这个范畴,就没有孔子的哲学,就没有孔子创立的儒家哲学学派。”“它最集中最突出地表现了孔子在哲学上对人的发现和对人的反思。”“仁者人也,还体现了孔子的人道主义精神,它实际上是东方人道主义的

---

① 《论语・雍也》。

第一个自觉的命题。仁所体现的人道主义精神，本来源于仁德本义当中那种古朴的平等观念，只是经过孔子的抽象和提升，才成为一种自觉的理论。”①

（三）战国时期的几个“仁”字

战国时期，思想学术界的进一步活跃促进了语言文字领域的繁荣。应当说，思想的演进与文字的演进是同步发展的。试举一例，《孟子·告子上》说：“仁，人心也。”于是我们在楚系简帛文字里面发现了上“亻”下“心”的“仁”字。这应该说不是巧合。根据滕壬生的《楚系简帛文字编（增订本）》，春秋战国时期的“仁”字还有以下有几种写法：（1）上“身”下“心”之“仁”；（2）上“人”下“心”之“仁”；（3）上“化”下“心”之“仁”；（4）上“千”下“心”之“仁”。②

庞朴说：“𢗚这个字，前不见古人，后不见来者。”③柴毅龙则认为：“𢗚与仁原意不合。”④其实，这个字既前有古人又后有来者。为什么这么说呢？关键是要搞清楚“千”字的来龙去脉。甲骨文的“千”字实际上有两个脉络：一是作为数字的“千”字，可能形成于数字表现的习惯，约定成俗，并没有什么特别之处；二是作为“忎”字组成部分的“千”，其实就是“亻”。“千是在亻字下部加一横画构成的。”⑤诚如白奚所说：“郭店楚墓竹简中，所有的仁字皆写作‘𢗚’，忎当是由此𢗚演化而来的。忎字上半部的千字本来就是身体的象形，与古文身字的字形很相近，当是身字的省变。”⑥作为仁字组成成分的“千”字形，其前身应当是“孕”“身”。最初“孕”“身”可能是一个字，后分化为二。

可见，“忎”这个字是由“𢗚”逐渐简化而形成的，其基础仍是“亻”字。我们看到，字形虽然简化了，但忎的含义并没有改变。身，孕也，怀孕妇女和她的亲人们，都时时关心着那个腹中的胎儿。这种惴惴不安、如履薄冰、“如保赤子”然而又充满喜悦的心情，不就是“仁”的萌芽吗？这样看来，疼爱其子的“忎”与抱哺其子的“夾”就殊途同归了。同时，人们对孕妇腹中胎儿的关切，是否源于对宗法家族或家庭成员血缘传递的重视呢？是否包含着对胎儿的性别的猜测和期待呢？是否也包含子女对母亲的感激和孝敬之情呢？

从西周的“臣心”演化到战国的“忎”字，并不是简单的同义反复，而具有

---

① 刘文英：《中国哲学史》（上），南开大学出版社2002年版，第80、83页。

② 滕壬生：《楚系简帛文字编》（增订本），湖北教育出版社2008年版，第740、925页。

③ 庞朴：《仁字臆断》，《寻根》2001年第1期。

④ 柴毅龙：《孔子仁字本义探源》，《昆明师专学报》1994年第2期。

⑤ 赵诚：《甲骨文简明词典》，中华书局2009年版，第257页。

⑥ 白奚：《仁字古文考辨》，《中国哲学史》2000年第3期。

十分重大的意义：前者强调统治者与被统治者的君臣之别，也暗含着利益的因素；而后者则淡化了人的政治差别，强调亲人之间的自然感情，即母子之情。天下之母，无不爱其子也。这种感情是普遍存在的人皆有之的。如果说，“化”和“尼”字形凝聚了东夷民族的风俗习惯和文化积淀，那么，“臣心”则展现了周人把异族奴隶（臣）也当作人来对待的宽阔心胸和双赢的政治智慧。而这种思想无不与“相人耦”的精神暗合。当这两种思想素材交织在一起的时候，就一定会酝酿出新的思想萌芽。“以德治民”的政治道德终于获得了向“仁者爱人”升华的契机。因此，我们有理由推测，在西周，当有心之“德”字继续使用的同时，当“臣”与“亻”因为均来源于东夷民族并且都处在同一社会地位的时候，上人下心之“忎”字就悄悄地取代了“臣心”。今天，我们从出土楚简中发现的这些古老的“仁”之前身的忎字，其实已经走过了漫长的岁月。

（四）“仁”字的两个脉络

先秦语言文字曾经像诸侯林立一般充满着民族和地域色彩。傅斯年先生说：“三代及近于三代之前期，大体上有东西不同的两个系统。这两个系统，因对峙而生争斗，因争斗而起混合，因混合而文化进展。夷与商属于东系，夏与周属于西系。”[①]白奚认为“仁”字有两个演变线索：北方以“仁”为代表，南方以“忎”为代表。[②] 刘宝俊认为：“仁”是秦国文字，“𡰥”是三晋文字，“忎”是楚国文字。[③]本人试着按照傅斯年提出的历史轮廓，将与“仁”有关的先秦文字粗略地划分为东夷文化系和西周文化系两个脉络：

第一个脉络是东夷文化系。这个系列的文字往往表现出地域上的稳定性。从人从二的“仁”字初现于西周晚期的《夷伯夷簋器铭》，又现于战国时期的中山王鼎铭，云：“无不率仁，敬顺天德。”[④]中山国在东夷故地，沿用东夷习俗，实属自然。《太平寰宇记》引《战国策》轶文“中山专行仁义，贵儒学”可证。秦人是东夷民族的一支，自然受到东夷文化的浸润。秦人于殷末周初自东夷故地西迁至西陲。“秦本东夷族，在周公东征后西迁。”[⑤]商末嬴族自山东故地迁至西陲。[⑥] 及至秦朝成立，六王毕，四海一，车同轨，书同文。从人从二之“仁”字又见于《睡虎

---

① 傅斯年：《傅斯年全集》（三），湖南教育出版社 2003 年版，第 181～182 页。

② 参见白奚：《仁字古文考辨》，《中国哲学史》2000 年第 3 期。

③ 刘宝俊：《论战国古文仁字》，《中南民族大学学报（哲学社会科学版）》2013 年第 3 期。

④ 朱德熙、裘锡圭：《平山中山王墓铜器铭文的初步研究》，《文物》1979 年第 1 期。

⑤ 顾颉刚：《从古籍中探索我国的西部民族——羌族》，《社会科学战线》1980 年第 1 期。

⑥ 参见杨东晨：《嬴族的西迁和秦国的建立》，《汉中师范学院学报（哲学社会科学版）》1989 年第 4 期。

地秦墓竹简·为吏之道》，亦云“刚能柔，仁能忍”[①]，岂偶然哉！

第二个脉络是西周文化系。这个系列的文字往往表现出摆脱东夷文化的影响，从而具有创新色彩。比如对“心”符的偏爱，“忎”字就体现了这一特征。“忎”字的形成有两条线索：第一条线索是从[illegible]到“忎”，上部的“化”字本来由两个“人”字构成，可能是由于简化，两个“亻”变成一个“亻”，“亻”字中间加一横表示重文符号，表示省略，就变成了“千”字，从而演化成“忎”。第二条线索是从[illegible]到“忎”，也就是从“身”到“千”。在这个过程中，也不排除曾经历了由“身”字分化出二人即“化”的可能性。所以，可以说西周文化系中的“忎”多少残留着从东夷文化系“仁”字巧妙继承演变的痕迹。当东夷文化系的“仁”字形成以后，无论如何，周人都无法完全绕开它而独辟蹊径了。

我们今天从《说文解字》中读到的文字，也许已经百变其形了。今天，为我们见惯不惊的那些工工整整的方块字，原来那些丰富古朴直观的色彩早被磨刷得所存无几，它们曾经承载着的鲜活故事和先民的风韵似乎早已荡然无存。

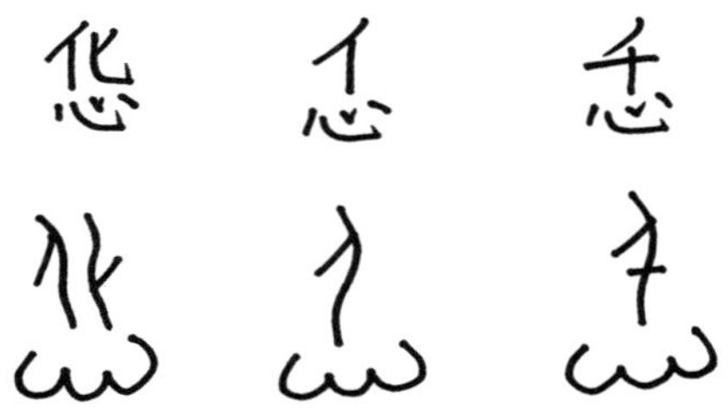

图 8-6-1　楚系文字“仁”[②]

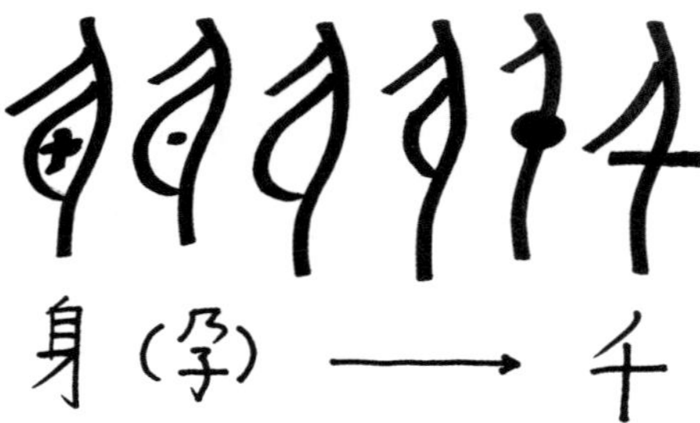

图 8-6-1　千字形成图[③]

① 睡虎地秦墓竹简整理小组编：《睡虎地秦墓竹简》，文物出版社 1978 年版，第 281 页；方勇：《秦简牍文字编》，福建人民出版社 2012 年版，第 240 页。

② 作者摹写。

③ 作者摹写。作者按：身、孕、壬三字相通。

七　“仁”的本质特征是“相人耦”

“仁”的本质特征是“相人耦”或曰“人相偶”。“相人耦”并非源于高深的理论，而是源于东夷民族的生活习惯，比如靠背而息（化）、抵足而眠（𡗜）、抱哺其子（夾），从这些习惯之中衍生出男女之爱（尼、皃）、兄弟之情、母子之恩（身、弔）。这些人与人之间的真挚情感又上升为一种行为规范和伦理观念，最后都纳入“仁”的范畴。其中，男女之爱成为自远古社会以来一个永恒的艺术主题。伏羲、女娲、高禖等艺术形象经久不息，并为古代民众所喜闻乐见。这些形象是以艺术手法对“相人耦”原始意境的最真实的视觉描述。

“仁”字本身就有“耦合”之义。清王念孙《广雅疏证》：“惠爱恕和人仁也。”疏引宋均注：（仁）“与他人相耦合也。”“仁”的相偶之义源于甲骨文“仁”的几个原形所代表的古老风俗。这些风俗似乎还应当包括“烹渔”“耦耕”那样的生产活动，甚至还可能涉及东夷民族的生理特点。《广雅疏证》：“釐孳健颌匹偶耦孪也。”疏：“方言，陈楚之间，凡人兽乳而双产谓之釐孳，秦晋之间谓之健子，自关而东赵魏之间谓之孪生。《尧典》传云：乳化曰孳，釐健语之转，釐孳犹言连生。方言：娌，耦也，娌与釐亦声近义同，健亦连也。”所谓“乳化曰孳”，乳，生子；“化”即双人结构，意为生两个孩子，叫作“孳”（即孪）。“夾”亦母哺双子之状。《广雅疏证》：“双耦娌匹贰乘再两二也。”疏：“《周官·校人》乘马，郑注云：二耦为乘。凡经言乘禽乘矢乘壶乘韋之属，义与此同也。”[①]即便是那个被掩盖了本义的“乘”字，竟仍然保留着“双耦”之义，岂偶然哉！这也许反映了这样一个规律：文字即使有可能被知识人群误解误传，然而文字所蕴含的本义却凭借着大众口耳相传的渠道得以保留原貌。

（一）“相人耦”：夏商以来之恒言

清段玉裁在注释“仁”字时，直接吸收了东汉许慎、郑玄等人的研究成果：“仁，亲也。见部曰：亲者，密至也，从人二。会意。《中庸》曰：仁者，人也。注：人也，读如相人耦之人，以人意相存问之言。《大射仪》：揖以耦。注：言以者，耦

① 以上三处引文分别见王念孙：《广雅疏证》，江苏古籍出版社2000年版，卷一上第12页、卷三上第82页、卷四上第114页。

之事成于此意相人耦也。《聘礼》:每曲揖。注:以相人耦为敬也。《公食大夫礼》:宾入三揖。注:相人耦。《诗·匪风》笺云:人耦能烹鱼者,人耦能辅周道治民者。正义曰:人耦者,谓以人意尊尊偶之也。《论语》注:人耦同位,人耦之辞。《礼》注云:人耦相与为礼仪皆同业。按:人耦犹言尔我亲密之词。独则无耦,耦则相亲。故其字从人二。孟子曰:仁也者,人也。谓能行仁恩者人也。又曰:仁,人心也。谓仁乃是人之所以为人也。与《中庸》语意皆不同。如邻切。忎,古文仁,从千心作。从心千声。𡰥,古文仁。或从尸。按古文夷亦如此。"[①]

透过许慎特别是郑玄的注释,我们可以得到什么启发呢?第一,仁者亲也,从人二。仁表示一个人和另一个人之间的亲密关系,这种关系源于人们之间的感情,这种感情的基础可能与血缘有关。第二,仁者人也,人即相人耦之人。仁的前提是人,仁与人没有本质差别,人不是孤立的,人首先是人的集体,人是人们社会联系的一个符号。第三,仁是"以人意相存问之言"。仁是一种特殊的语言文字符号,即把所有区别于动物的人,不论其氏族、长幼、男女,都视为与自己毫无二致的人一样对待,当你把对方视为和你一样的人的时候,就是仁。第四,以相人耦为敬。礼仪强调互相对等,没有差别,体现互相尊重的含义。第五,相人耦就是合作。合作才能捕鱼,合作才能治理国家。可见,"仁"的基本精神主要有两方面:一是主观上的互相友爱之情,二是客观上两种事物相互对等、互相匹配。

用"相人耦"注释"仁"之本义,是汉代学术界通用的"恒言",也是"秦汉以来民间恒言",甚至是周人之恒言。阮元《论语论仁论》云:"康成所举相人偶之言,亦是秦汉以来民间恒言,人人在口,是以举以为训。初不料以后此语失传也。"《孟子论仁论》云:"明是周人始因'相人偶'之恒言而造为仁字。"[②]

西周初期"以德配天"的"德"思想,第一次通过神的折射把人民推上政治舞台。在周人心目中,民心向背决定着"天命"的得与失,即《左传·襄公三十一年》引《泰誓》云"民之所欲,天必从之"和《尚书·酒诰》所云"人无于水监,当于民监"。统治集团把人民当作一面镜子,临鉴对视,也是一种"相人耦"。西周初期的"德"恰是"周人始因'相人偶'之恒言"而被赋予全新的内涵。西周的重"德"思想和"怀保小人""明德慎罚"的政治法律实践,为后世"仁"观念的萌芽提供了土壤和营养。

---

① 段玉裁:《说文解字注》,浙江古籍出版社2006年版,第365页。

② 阮元:《揅经室集》上,《揅经室集一集》卷八《论语论仁论》,卷九《孟子论仁论》,邓经元点校,中华书局1993年版,第194、206页。

(二)“相人耦”是男女之交的代名词

“相人耦”源于东夷风俗,体现了亲人之间互相帮助相互尊重的深厚情感。从某种角度而言,“相人耦”集中体现了男女之间的情谊及其所构成的婚姻形态。在人类社会,人们除了从事物质生活资料的生产活动之外,还从事人类自身的再生产。在传说中,伏羲、女娲是创造了婚姻之礼的人文始祖。在汉代的画像作品当中,伏羲、女娲人身蛇尾,两尾相交,暗喻交媾,伏羲执矩,女娲执规。整幅作品似乎在昭示着一种规矩,即“相人耦”之礼、男女相交之礼、婚姻嫁娶之礼。嫁娶之礼自然会包含一些具体的礼节仪式,但是,最重要的嫁娶之规矩就是同血缘的男女不得婚配的“同姓不婚”。“同姓不婚”的规矩是靠文身来实现的。文身同时伴以仪式,仪式又与禁忌结合。古老先民靠着文身符号和禁忌,严格实行族外婚,禁止父亲与女儿、母亲与儿子、兄弟与姐妹之间的性行为。同时,由于近亲之间的性行为会产生畸形怪胎,这种违规行为被人们视为对神祇的亵渎并招致对氏族整体的无情惩罚。因此,“同姓不婚”原则能够被严格实行。

物质生活资料的生产活动是解决人类生存的物质条件,而人类自身的再生产则是解决氏族集体的延续和发展。因此,古人在实行“同姓不婚”的同时,又十分重视人口的繁衍和增殖,即兼而重视人种的数量和质量。在古代传说中,主管人口增殖的神祇就是高禖,又称“高媒”“郊禖”“皋禖”,即伏羲。但是,关于高禖的身份,自古及今众说纷纭,莫衷一是。据周清泉总结,大致有三种说法:一是战国《吕氏春秋·仲春纪》和《礼记·月令》所说玄鸟至日所祭祀的高禖;二是汉代形成的以专司嫁娶的媒神为高禖;三是闻一多依据晋束皙所谓“皋禖者,人之先也”提出的以夏商周三代王的先妣为高禖。[①] “高禖”一词最早见于《吕氏春秋·仲春纪》,其文字与《礼记·月令》相同。从《礼记·月令》的文字中,我们似乎可以发现,高禖与殷人图腾玄鸟(燕子)有关,与天子和万民的婚配特别是生子有关,与时令和自然现象有关。由于认知水平有限,古人不明白生育的原因,在他们心目中,高禖也许是在冥冥之中执掌人间婚配生子的神祇。这个神祇可能成为与部落祖先神具有某种血缘联系并具有同等神格和权威。《礼记·月令》:(仲春之月)“是月也,玄鸟至。至之日,以大牢祠于高禖,天子亲往,后妃帅九嫔御。乃礼天子所御,带以弓韣(弓衣也),授以弓矢,于高禖之前。是月也,日夜分,雷乃发声,始电,蛰虫咸动,启户始出。先雷三日,奋木铎以令兆民

① 参见周清泉:《文字考古》(一),四川人民出版社2002年版,第119~134页。

曰：‘雷将发声，有不戒其容止者，生子不备，必有凶灾。’日夜分，则同度量，均衡石，角斗甬，正权概。”这段文字信息量很大，大意是说：这一月，燕子飞回。燕子飞回这一日，要用太牢祭祀高禖，天子亲自前往主祭，后妃率领九嫔陪伴前往。这是祈求后嗣的祭礼，所以去的时候带着弓矢，祭时天子在高禖神前亲自给已怀孕的后妃嫔妇佩带弓套弓箭（祈求生男）。这一月，（春分节候）日夜并长，雷鸣有声，开始闪电，冬眠的动物开始活动，破洞而出。春分前三日，要振动木铎告诫黎民百姓：雷电将要发生，如有人不加警戒，男女交合，那将使出生的孩子生理残缺或性情偏颇，或有各种灾祸。天时日夜并长，就应使长度、重量、容积的单位统一，使秤锤、斗概平正。① 同时，（仲春之月）“是月也，乃合累牛、腾马，游牝于牧”，即将成年牛马放牧于野，令其交合。《月令》还强调：仲夏之月，“君子斋戒”“止声色”“游牝别群，则挚腾驹”。“仲冬行夏令，则其国乃旱，氛雾冥冥，雷乃发声”。一再告诫人们必须遵守规矩，即人类自身再生产必须服从自然规律。不仅对人类，对家畜亦应如此，否则就会遭到天罚。

根据传说，伏羲就是最早创造嫁娶之礼的圣王，而嫁娶之礼又来自天道即自然规律。可以说，伏羲是依照天道来制造人间的礼法的人文始祖。这种人间礼法在汉代艺术作品中，体现为伏羲、女娲手里分别举着的矩和规。这正是对中国古代自然法的绝妙描述和艺术再现。

祭祀高禖的礼仪可以追溯到原始社会。“从文献的记载可知，在西周以前，甚至上推至原始社会晚期，高禖的祭祀活动不仅是一种固定的文化形态，而且是一种两性交合的生殖宗教活动。”“这种在特定的节日中聚会男女祈求子嗣之风，可能源自于氏族产生以前更加遥远的时代，并且在后来的节日或宗教活动中仍可见其遗风。”②华胥氏与姜嫄履大人迹而生伏羲，正是远古野合的朴实描述。③ 后来，从这种宗教活动衍生出国家的一项社会管理职能。《周礼·地官·媒氏》：“媒氏掌万民之判。”“仲春之月，令会男女，于是时也，奔者不禁。若无故而不用令者，罚之。司男女之无夫家者而会之。”可见，当时的政策是鼓励大龄男女成家生育的。应当注意，对男女定期相会之事的“不禁”，并不等于放任不管。在这种场合，国家仍然坚持管理的职能。有一个古老的字值得仔细推敲，这个字就是“囮”。其中的“化”是“仁”字的原形字，表示二人靠背而眠。“囮”的本义是捕捉鸟兽的方法，用雌鸟、牝兽吸引雄鸟、牡兽，带有一点欺骗的意味，于是便产生了一些名词：用来引诱雄鸟的雌鸟叫作“鸟媒”，用来引诱牡鹿的牝鹿

① 参见潜苗金：《礼记译注》，浙江古籍出版社 2008 年版，第 184、185 页。

② 刘惠萍：《伏羲神话传说与信仰研究》，陕西师范大学出版社 2013 年版，第 301、302 页。

③ 参见闻一多：《神话与诗》，天津古籍出版社 2008 年版，第 109～114 页。

叫作"鹿媒",用来引诱公象的母象叫作"象媒"。还有用鱼来引诱鸟,此鱼可称"鱼媒"。史前的"鹳鱼石斧图"似乎再现了一幅捕猎的场景:人们在浅滩用鱼引诱鹳鸠,再以石斧击之。石斧不是人们想象的那样——是王权的象征。可以想象,如果用年轻妇女当诱饵捕捉敌方战士,她们就应当叫作"女媒"。但是,"囮"字的本义可能是男女相会于亳社。媒氏把本族青年女子组织起来,集中在亳社,招徕四方精明强壮的小伙子们,不仅让他们留下子嗣,而且最好让青年们留下来为女方的氏族贡献智慧和力量。在这个过程中,媒氏的任务是避免"同姓相婚"。此时,文身符号就起着决定性的作用。靠着文身符号可以辨别男女血缘的亲疏远近。"囮"所根植的社会应当是母系社会。《论语·颜渊》所谓"四海之内皆兄弟",肯定是母系社会当中男孩子们远嫁他乡而形成的现实。母系社会所形成的某些风俗习惯,即使到了父系社会也很难销声匿迹。

或许是为了鼓励男女相会以增殖人口,或许仅仅是为了重温古老群婚的旧梦,一种古老的婚姻风俗毕竟被保留下来了。《周礼·媒氏》:"以仲春之月合男女,于时也,奔则不禁。"周清泉认为:"这是母系时代族外集体婚制在周时的流风遗俗。"①到了春秋时代,我们从《墨子·明鬼下》的记载中可以看到当时的风俗:"燕之有祖(泽),当齐之(有)社稷,宋之有桑林,楚之有云梦也。此男女之所属而观也。"这些场所"可能都是仲春之月男女会合的地方"②。这些男女相会的地方还有郑国的溱水、陈国的宛丘。《诗经·周南·关雎》中的佳句:"关关雎鸠,在河之洲。"以雎鸠到河边寻找鱼的情景,来比拟君子对淑女的倾慕。《郑风·出其东门》:"出其东门,有女如云。"《溱》:"士与女,殷其盈矣。"《鄘风·桑中》:"期我乎桑中,要我乎上宫。"《诗经》中亦不乏表现春天举行祓禊之礼和男女会和的恋歌。③《太平寰宇记》载岭南风俗:每月中旬,男女相会,"二更后两两相携,随处相合,至晓则散"④。《炎徼记闻》记载苗族的风俗是"未婚男女吹芦笙以和歌","中意者男负女去";瑶族风俗是"踏歌而偶奔者,入窑峒,插柳辟人"。⑤可以说,在中国古代,"礼法与淫奔的较量,一直延续到明清"⑥。

古代文学艺术作品,对男女之情的素材始终高度关注。雌雄相偶、牡牝匹配的题材极多。诗歌中精心的隐喻,绘画艺术中以鸟鱼代男女的巧妙掩饰,无

① 周清泉:《文字考古》(一),四川人民出版社2002年版,第129页。
② 刘惠萍:《伏羲神话传说与信仰研究》,陕西师范大学出版社2013年版,第301页。
③ 参见孙作云:《诗经与周代社会》,中华书局1996年版,第302～315页。
④ 乐史:《太平寰宇记》卷一六三《岭南道七》,中华书局1985年版,第414页。
⑤ 田汝成:《炎徼记闻》卷四,中华书局1985年版,第55、61页。
⑥ 周清泉:《文字考古》(一),四川人民出版社2002年版,第130页。

疑都在追求人间的永恒主题。

“仁”即源于这个永恒主题——“相人耦”，不仅兼容了古老的男女之谊和以诚相待，而且还强调严格遵从规矩。这就使“仁”从一开始就具备了既合于天道人情又合于礼仪的双重品质。

（三）孔子之“仁”与“相人耦”之恒言

到了春秋时代，前代关于“仁”和“相人耦”的传言在民间广为传播。“偶”字似乎就已成为具有特定意义的字眼儿了。如《左传·桓公六年》：“人各有偶。”《僖公九年》：“送往事居，耦俱无猜。”孔子“述而不作，信而好古”；“子曰：我非生而知之者，好古，敏以求之者也”（《论语·述而》）。孔子关于“仁”的知识自然与前代文化有着密切关系，而前代文化的载体就包括“夏商以来相传之言”，即“古人之恒言”。故阮元说：“孔门师弟所述，半为古人之恒言。”①《左传·僖公三十三年》所记晋臼季之言：“臣闻之，出门如宾，承事如祭，仁之则也。”《论语·颜渊》：“仲弓问仁。子曰：‘出门如见大宾，使民如承大祭。己所不欲，勿施于人。在邦无怨，在家无怨。’”《左传·昭公十二年》：“仲尼曰：‘古也有志：克己复礼，仁也。’”《论语·颜渊》：“子曰：‘克己复礼为仁。一日克己复礼，天下归仁焉。为仁由己，而由人乎哉？’”加上《论语·尧曰》载商汤所云：“朕躬有罪，无以万方，万方有罪，罪在朕躬。”周武王所云：“周有大赉，善人是富。虽有周亲，不如仁人。百姓有过，在予一人。”刘宝楠《论语正义》引宋翔凤语，谓此句系周武王封诸侯之辞，尤其像封姜太公于齐之辞。② 此说可信。武王对身为东夷后裔的姜太公言说东夷常用之语，是很自然的事，反映了武王希望姜太公忠心辅佐周王室的殷切心情，不同民族之间以诚相待，君臣合作，正是“仁”的内涵之一。《为政》：“子曰：书云：‘孝乎为孝，友于兄弟，施于有政。’”《微子》：“周公谓鲁公曰：‘君子不施其亲，不使大夫怨乎不以，故旧无大故，则不弃也，无求备于一人。’”如此等等，这些与“仁”有关的格言警句，大都是上古以来之恒言。在春秋时代，仅《左传》所记夏之恒言（夏书、夏训）就有十四条。③ 夏代的恒言警句能够传至春秋时代，可见民间口耳相传之生命力。有些恒言可能直接进入孔子的课堂并被编进“教科书”。孔子关于“仁”的思想正是在“上古相传之恒言”的基础上加工升华而成的。

到了汉代，经学家以“相人耦”来阐释“人”“仁”，此语就成了汉代知识界的

---

① 阮元：《揅经室集》上，《揅经室集一集》卷八《论语论仁论》，邓经元点校，中华书局 1993 年版，第 185 页。

② 参见杨伯峻：《论语译注》，中华书局 1980 年版，第 203 页杨注。

③ 武树臣：《儒家法律传统》，法律出版社 2003 年版，第 223～231 页。

“恒言”。如阮元云：“相人偶之言，亦是秦汉以来民间恒言，人人在口，是以举以为训。初不料以后此语失传也。”[①]王念孙所说：“人者偶也，言与造化者为偶也。”“人与偶同义，故汉时有相人偶之语。”[②]“人与偶同义”，“人”与“仁”同义，“仁”与“偶”亦同义。汉代以后，在学术领域，“相人耦”从“仁”的内涵里面悄悄地淡化消失，此现象值得深思。究其实，盖与以父系家庭为核心的伦理观念渐居支配地位有关。因为“相人耦”之“仁”毕竟源于古老的婚姻习俗，而且带有原始平等匹配精神，这和太极图散失的原因是相同的。（详见后文“仁与太极图的起源”）

图 8-7-1　鹳鱼石斧图[③]

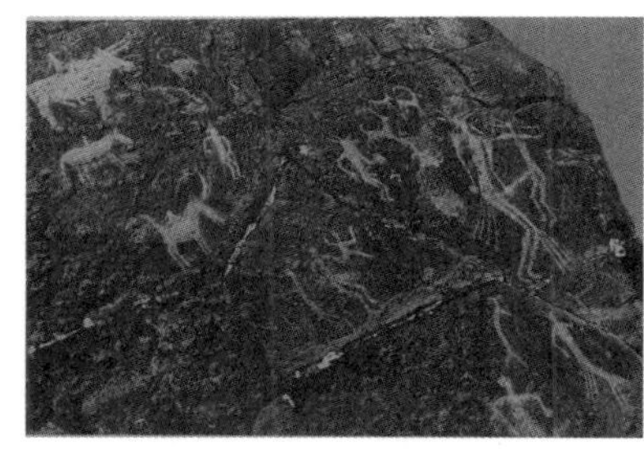

图 8-7-2　古代岩图[④]

① 阮元：《揅经室集》上，《揅经室集一集》卷八《论语论仁论》，邓经元点校，中华书局 1993 年版，第 194 页。

② 王念孙：《读书杂志》（四），上海古籍出版社 2014 年版，第 1986 页。

③ 新石器时代。张安治：《中国美术全集：原始社会至南北朝绘画》（绘画编Ⅰ），人民美术出版社 1986 年版，第 35 页。作者按：鹳是水鸟，盖古人以鱼为诱饵，将鹳诱至河岸，以石斧击之。这可能是以鱼为媒的牧猎方法，与鸟媒、鹿媒、象媒一样。

④ 康家石门子生殖崇拜岩画。王嵘：《西域艺术史》，云南人民出版社 2006 年版，第 36 页。

图 8-7-3　古代岩图①

图 8-7-4　双虺图②

图 8-7-5　四龙玉雕③

图 8-7-6　鸠鱼图④

① 示意图局部。

② 战国兵器图案。此图取自民国黄濬的《邺中片羽》。参见闻一多:《伏羲考》,马昌仪:《中国神话学百年文论选》上册,陕西师范大学出版社 2013 年版,第 387 页。

③ 战国晚期。河北省平山县三汲乡七汲村中山国 6 号墓出土,现藏河北省文物研究所。墨玉雕塑,与双虺图造型相似。杨伯达:《中国玉器全集》(上),河北美术出版社 2005 年版,第 292 页。

④ 东汉。禽鱼人畜图局部。张安治:《中国美术全集:原始社会至南北朝绘画》(绘画编Ⅰ),人民美术出版社 1986 年版,第 102 页。

图 8-7-7　接吻雕塑①

图 8-7-8　伏羲女娲双龙像②

图 8-7-9　伏羲女娲执规矩像③

图 8-7-10　伏羲女娲西王母像④

---

① 四川彭山寨子山崖墓壁，现藏故宫博物院。郎绍君：《中国造型艺术辞典》，中国青年出版社 1996 年版，第 43 页。

② 东汉。伏羲女娲双龙画像砖，四川省彭州市碱厂崖墓出土，现藏四川省博物馆。信立祥：《中国美术全集：画像石画像砖》(三)，黄山书社 2009 年版，第 661 页。

③ 东汉。山东省嘉祥县武宅山村武氏祠，现藏山东省嘉祥县武氏祠文物管理所。信立祥：《中国美术全集：画像石画像砖》(一)，黄山书社 2009 年版，第 198 页。

④ 东汉。山东滕州市大郭村出土，现藏滕州市博物馆。常任侠：《中国美术全集：画像石画像砖》(19)，上海人民美术出版社 1988 年版，第 21 页。

图 8-7-11　伏羲女娲西王母像①

图 8-7-12　伏羲女娲像②

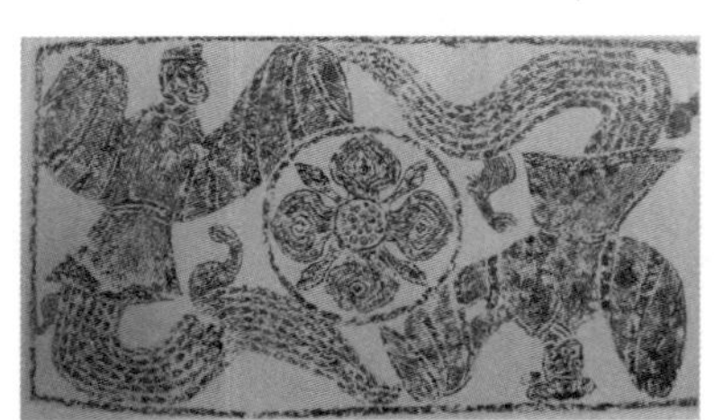

图 8-7-13　伏羲女娲像③

图 8-7-14　合欢图④

---

① 东汉。山东微山县两城镇出土，现藏微山县博物馆。常任侠：《中国美术全集：画像石画像砖》(19)，上海人民美术出版社 1988 年版，第 33 页。

② 东汉。四川郫县新胜乡出土，现藏四川省博物馆。常任侠：《中国美术全集：画像石画像砖》(19)，上海人民美术出版社 1988 年版，第 80 页。

③ 东汉。安徽省宿州市褚兰镇金山孜出土，现藏安徽省博物馆。伏羲与女娲围绕莲花追逐起舞，莲花象征多子多福。信立祥：《中国美术全集：画像石画像砖》(二)，黄山书社 2010 年版，第 391 页。作者按：此图与"化"字何其相似。

④ 东汉。四川省成都市新都区出土，现藏四川省博物馆。信立祥：《中国美术全集：画像石画像砖》(三)，黄山书社 2010 年版，第 645 页。作者按：画面中有三男一女，盖系对古代群婚野合情景的描述。

图 8-7-15　合欢图①

图 8-7-16　双龙雕塑②

图 8-7-17　伏羲女娲图③

图 8-7-18　伏羲女娲图④

① 东汉。四川省德阳市出土，现藏重庆市博物馆。信立祥：《中国美术全集：画像石画像砖》(三)，黄山书社 2010 年版，第 666 页。

② 东汉。山东省滕州市官桥镇东站村出土，现藏山东省滕州市博物馆。信立祥：《中国美术全集：画像石画像砖》(一)，黄山书社 2010 年版，第 148 页。

③ 唐代。新疆吐鲁番阿斯塔纳唐墓出土，现藏新疆维吾尔自治区博物馆。中国古代书画鉴定组编：《中国绘画全集》第 1 卷，文物出版社 2005 年版，第 95 页。

④ 唐代。新疆吐鲁番阿斯塔纳唐墓出土，现藏新疆维吾尔自治区博物馆。中国古代书画鉴定组编：《中国绘画全集》第 1 卷，文物出版社 2005 年版，第 96 页。

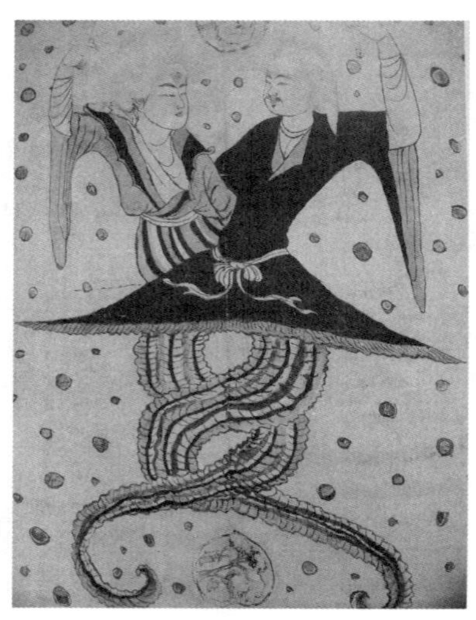

图 8-7-19　伏羲女娲图[①]

八　从“相人耦”到“人己和”
——孔子法律思想的历史逻辑

“仁”的思想兴盛于春秋。“仁”是孔子思想也是法律思想的核心。在迄今为止的孔子思想研究当中，有两个问题似乎并没有完全解决，仍然需要深入探讨：(1)孔子“仁”的思想是怎么形成的，孔子之“仁”的内涵是什么？(2)在孔子法律思想当中，“仁”的核心地位是如何体现的？

(一)“相人耦”的哲理化：孔子的“人己和”思想

郭沫若说：“‘仁’字是春秋时代的新名词。”[②]春秋以降，神权和礼制进一步衰落。原先衡量人们行为是非善恶的“礼也”“非礼也”已经失去实际意义，“仁也”“非仁也”成为评判人民行为是非善恶的新标准。同时，前代以来关于“仁”

① 唐代。发现于新疆吐鲁番哈拉和卓古冢，现藏中国历史博物馆。中国古代书画鉴定组编：《中国绘画全集》第 1 卷，文物出版社 2005 年版，第 97 页。

② 郭沫若：《郭沫若全集》(二)，人民出版社 1982 年版，第 87 页。

和“相人耦”的传言在民间广为传播。如《左传·桓公六年》：“人各有偶。”《襄公十四年》：“天生民而立之君，使司牧之，勿使失性。有君而为之贰，使师保之，勿使过度。是故天子有公，诸侯有卿，卿置侧室，大夫有贰宗，士有朋友，庶人、工、商、皂、隶、牧、圉皆有亲昵，以相辅佐也。”《僖公九年》：“送往事居，耦俱无猜。”《说文解字》：“偶，相人也。”“人”即“仁”，“相人”即“相仁”，你是人，我也是人，互相关心，以人相待。孔子关于“仁”的学说既取材于古代，又有所创新。

1. 孔子之“仁”与“古人之恒言”

阮元《论语论仁论》说：“孔门师弟所述，半为古人之恒言。”[①]《论语·述而》：（孔子）“述而不作，信而好古”；“子曰：我非生而知之者，好古，敏以求之者也”。孔子关于“仁”的知识自然与前代历史文化有着密切关系，而前代的历史文化就是靠着“夏商以来相传之言”来承载的，即“古人之恒言”。下面举例来说明：

例一：《左传·僖公三十三年》所记晋臼季之言：“臣闻之，出门如宾，承事如祭，仁之则也。”《论语·颜渊》：“仲弓问仁。子曰：‘出门如见大宾，使民如承大祭。己所不欲，勿施于人。在邦无怨，在家无怨。’”

例二：《左传·昭公十二年》：“仲尼曰：‘古也有志：克己复礼，仁也。’”《论语·颜渊》：“子曰：‘克己复礼为仁。一日克己复礼，天下归仁焉。为仁由己，而由人乎哉？’”

例三：《论语·微子》：“周公谓鲁公曰：‘君子不施其亲，不使大夫怨乎不以，故旧无大故，则不弃也，无求备于一人。’”《论语·子路》：“子曰：‘君子易事而难说（悦）也。说之虽不以道，说也。及其使人也，求备焉。’”

例四：《论语·季氏》：“子曰：‘求，周任有言曰：陈力就列，不能者止。’”《论语·卫灵公》：“邦有道则仕，邦无道则可卷而怀之。”《论语·先进》：“所谓大臣者，以道事君，不可则止。”

例五：《论语·雍也》：“子贡曰：‘如有博施于民而能济众，何如？可谓仁乎？’子曰：‘何事于仁，必也圣乎！尧舜其犹病诸！夫仁者，己欲立而立人，己欲达而达人。能近取譬，可谓仁之方也已。’”

此外，世传的格言警句还有一些。比如《论语·卫灵公》：“子曰：无为而治者，其舜也与？夫何为哉。恭己正南面而已矣。”《论语·尧曰》载商汤言：“朕躬有罪，无以万方，万方有罪，罪在朕躬。”周武王所云：“周有大赉，善人是富。虽有周亲，不如仁人。百姓有过，在予一人。”《为政》：“子曰：书云：‘孝乎为孝，友于兄弟，施于有政。’”如此等等。这些恒言不仅成为孔子教学的内容，而且被孔

① 阮元：《揅经室集》（上），邓经元点校，中华书局1993年版，第185页。

子加工成为新“仁”学的组成部分。

2.“人己对称，正是相人偶之说”

阮元《论语论仁论》说：“人己对称，正是郑氏相人偶之说。”[①]从某种角度而言，孔子之“仁”与上古之“仁”的区别，在于将“相人耦”的朴素精神上升为“人己”关系论，即“人己和”。“人己和”包含两个层次：一是“人己相同”，即自己和他人是一样的人，你怎么想，别人也会怎么想，你想得到什么，别人也想得到；二是“人己相和”，即相互体谅、相互尊重、彼此合作，达到和谐共处。“和”是协调、合作。《论语·学而》：“礼之用，和为贵，先王之道，斯为美。”《论语·子路》：“君子和而不同。”“人己和”是关于自己和对方友好相处的新道德观。如前所述，“克己复礼仁也”的恒言，上升成“为仁由己，而由人乎”“出门如宾，承事如祭，仁之则也”的恒言，上升成“己所不欲，勿施于人”。至此，原先“相人耦”的朴素精神，终于上升为具有哲学意义的人生观。这种人生观认为，任何一个普通的自然人的生存发展都离不开他人和人的群体，都以他人和群体的生存发展为前提，一个人正是由于能够与他人相匹配并进而结合成人的群体而具有社会意义，即《荀子·非相》所谓“人之所以为人”。这种人生观充满着个人的平等和真诚的合作精神，即《论语·雍也》所谓“己欲立而立人，己欲达而达人”。这样一来，就使孔子的“仁”虽然源于“相人耦”却远远超越了“相人耦”。

阮元《孟子论仁论》说：“仁之篆体从人二，训为相人偶。”[②]“仁”是通过“自己”与“他人”的关系来体现的。《论语》在很多场合讨论了“自己”和“他人”的关系。《论语》言“人”162次，言“己”29处。[③] 其中有不少场合是人、己对言的。比如从《论语》首篇《学而》“不患人之不己知，患不知人也”，到尾篇《尧曰》“不知言，无以知人也”，再如“修己以安人”“修己以安百姓”“君子求诸己，小人求诸人”“不患人之不己知”“躬自厚而薄求于人”“古之学者为己，今之学者为人”“我不欲人之加诸我也，吾亦欲无加诸人”，等等。正如阮元所说：“人己对称，正是郑氏相人偶之说。”孔子的“人己和”就是远古先民心中的“相人耦”。

3.孔子的“人己和”体现了“仁”的本质特征

就“仁”的哲学意义而言，“仁”的本义是一个人从对方的眼睛中审视自己的映象。从“相人耦”到“人己和”，是中国先民人类自觉的一次飞跃。于是，在“仁”的环境下，一切有别于动物的个体自然人，都失去了其后天经历所造成的种种差异，获得了在人的群体中生存的平等而普遍的价值，因为你和我都是同

① 阮元：《揅经室集》（上），邓经元点校，中华书局1993年版，第183页。

② 阮元：《揅经室集》（上），邓经元点校，中华书局1993年版，第201页。

③ 参见杨伯峻：《论语译注》，中华书局1980年版，第221、213、218页。

样的人，彼此都应当以人相待。

如果说“相人耦”是古老风俗意义上的“仁”，那么，孔子的“人己和”就是哲学意义上的“仁”。第一，“人己和”思想的立脚点放在现实社会的人际关系上面，从现实的社会关系出发来探讨人们的行为规范，这无形中就杜绝了神学思想的浸润和影响。这一特征符合春秋时代思想发展的大势。第二，“人己和”思想在相当程度上摒弃了人与人之间的种族差别，这就使一切区别于动物的人，都具有“人”的先天资格，能够走到“仁”的旗帜下面，成为共同构成社会的平等成员。第三，“人”与“己”之间是对等的可以互换的，你是“己”，同时又是“人”。一个人在考虑“己”时，也应当同时考虑“人”。你期待别人如何待你，你就应当如何待人。第四，一个人要“立”“达”，不是通过他人的“不立”“不达”的手段来实现，而是通过他人的“立”“达”，同时也通过整体社会的“立”“达”来实现。一个人的生存和发展成为一切人生存和发展的条件。孔子“人己和”思想的道德表述就是“忠恕”。“子曰：吾道一以贯之。”“夫子之道，忠恕而已矣。”[①]“忠”即“己欲立而立人，己欲达而达人”[②]。“恕”即“己所不欲，勿施于人”[③]。

“忠恕”是“人己和”的普遍适用的最高道德。“忠恕”适用于血缘群体中才体现为“孝悌”或“孝慈”。“孝慈则忠”[④]，一个人在家族领域做到“孝悌”“孝慈”，才容易做到“忠”。因此，可以说“忠恕”是“母道德”，“孝悌”“孝慈”是“子道德”，孔子的“人己和”思想是人的同类（人类）概念诞生的标志。它的进步性在于淡化血缘纽带并始终关注个体自然人的生存与发展。当然，一种思想的进步性不能脱离当时的社会环境。孔子的“人己和”思想或许只有在商品经济和宽容政体的环境中才能大放异彩。这就使孔子的“仁”或多或少披上了“早熟”的或悲剧性的色彩。

（二）“人己和”与孔子法律思想的三个支柱

孔子“人己和”思想包含适用于血缘亲族的“孝悌”“孝慈”，其适用范围是父子、兄弟、夫妇、长幼关系，即《论语·学而》所谓“孝悌也者，其为仁之本欤”。注意，“本”不是“根本”而是出发点。另一个是适用于超血缘群体的“忠恕”，其适用范围是君臣。君臣又可以细化为君主与庶人、君主与臣僚两个层次。这样，孔子“人己和”实际上可以划分为以下三个领域，并且形成孔子法律思想的三个支柱：

---

① 《论语·里仁》。
② 《论语·雍也》。
③ 《论语·颜渊》。
④ 《论语·为政》。

1.亲属相耦的礼治思想

“人己和”的第一个领域是血缘亲族。在孔子看来，每个人都无一例外地生活在家族当中。因此，“孝悌”是最普遍、最重要的伦理观念。故《论语·学而》说：“君子务本，本立而道生。孝悌也者，其为仁之本欤。”孝，敬爱服从父母；悌，尊敬服从长辈。如果“弟子入则孝，出则悌”，就不会“犯上作乱”。反过来，父母对子女也要慈爱。父母之慈集中表现在子女小时候的“三年之爱”，因此子女对死去的父母要尽“三年之丧”①。孔子不仅重视孝的行为，即“生，事之以礼；死，葬之以礼，祭之以礼”，而且更重视孝的感情。“今之孝者，是谓能养，至于犬马，皆能有养，不敬何以别之？”②一个人，尽管很贫穷，只要心里敬爱父母，就完成了孝。

春秋战国时期，涉及君臣、父子、兄弟、夫妇、长幼的“五伦”观念逐渐形成。“五伦”体现着“相人耦”的相互匹配精神。正如梁启超所说：“五伦全成立于相互对等关系之上，实即‘相人偶’的五种方式。故《礼运》从五之偶言之，亦谓之‘十义’：父慈子孝兄良弟悌夫义妇听长惠幼顺君仁臣忠。人格先从直接交涉者体验起，同情心先从最亲近者发动起，是之谓伦理。”③

孔子的“人己和”与礼有着密切联系，或者说“人己和”是靠礼来维系的。这种源于感情的五种伦理，需要礼仪化、规范化，以便于代代相传。礼仪使人们既接受内心的调整，所谓习惯成自然，又便于接受舆论的监督。伦理之礼还可以加工成为政治领域的礼，诸侯臣服天子，卿士事奉诸侯，诸侯之间、卿士之间、庶民之间，无不相规以礼。各个阶层的人群都各自适用相应的礼。但是，应当注意，孔子的礼已经不是原来意义上的周礼。孔子对周礼进行了修正，把依附神祇、崇尚血缘身份、注重钟鼓玉帛仪式的贵族之礼，改造成为远离鬼神、注重感情、人人适用的平民之礼。他主张对民众进行教育，“道之以德，齐之以礼”，使民众做到“有耻且格”④。他虽然也主张对违礼行为进行制裁，但他始终认为政令刑罚的作用是有限的，只有靠教化才能改变人们的内心世界。孔子要求君子通过自我修养树立伦理道德，做“君子儒”，不做“小人儒”，做社稷之臣。他特别要求君主“克己复礼”“非礼勿行”，约束自己的过分行为，宽以待卿士，惠以待庶民，其目的是缓和社会矛盾，从而维护贵族制度的长治久安。这样一来，就使孔子之仁和孔子之礼紧紧地结合在一起。

---

① 《论语·阳货》。

② 《论语·为政》。

③ 梁启超：《先秦政治思想史》，中华书局1936年版，第75页。

④ 《论语·为政》。

2. 君民相耦的德治思想

“人己和”的第二个领域是君子与庶人。孔子虽然也强调人民对君子的服从，但这种服从是有条件的。他更强调君子的责任和义务。孔子对寻常百姓心怀尊敬之情。孔子主张尊重庶民批评当权者的意见，“天下有道，则庶人不议”[①]。他用“仁”来赞扬“不毁乡校”的子产。他主张实行德政，“子曰：道千乘之国，敬事而信，节用而爱人，使民以时”。“谨而信，泛爱众，而亲仁”[②]，“使民如承大祭；己所不欲，勿施于人”[③]。“因民之所利而利之”，“宽则得众，信则民任”[④]。他要求官吏对人民心怀怜悯之心，即使破了案，也不要沾沾自喜：“上失其道，民散久矣，如得其情，则哀矜而勿喜”[⑤]。孔子的德治思想与前代的德治思想有很大区别。前代的德治既没有摆脱神权的羁绊，又带有明显的趋利动机。而孔子的德治思想有两个显著特点：一是孔子的德治基于对平民的深切同情和尊重。比如，“子曰：‘三军可夺帅也，匹夫不可夺志也’”[⑥]；平民虽然贫穷，衣衫不完，但在内心深处却认为在人格上和贵族是平等的，没有必要自惭形秽。“子曰：衣敝缊袍，与衣狐貉者立，而不耻者，其由也与？”[⑦]意思是说，穿着破烂的旧丝棉袍和穿着狐貉裘衣的贵族站在一起，而不觉得惭愧不安的，恐怕只有仲由吧。“子曰：‘先进于礼乐，野人也，后进于礼乐，君子也。如用之，则吾从先进。’”[⑧]在孔子看来，那些心中充满良俗善质的平民，反倒是最值得信赖的。二是孔子认为君子有责任对人民行德政，不行德政就失去了做君子的资格。孔子把最美的道德品行都集中于“仁”，把实现“仁”的希望寄托于“君子”。与血缘身份相比，孔子更重视道德品行。君子必须完成一系列道德规范，如温、宽、信、敏、惠等等，才能成为真正的君子。这样，对人民的“德政”便无形中成了统治者必须履行的义务。“仁”不仅成为君子自我陶冶、修养习性的最高目标，同时也成了联系统治阶级与被统治阶级的一个桥梁。这就使孔子的德治思想和贤哲思想密切相连。

3. 君臣相耦的贤哲思想

“人己和”的第三个领域是君主与大臣。孔子主张君仁臣忠、君臣共治。他

---

① 《论语·季氏》。
② 《论语·学而》。
③ 《论语·颜渊》。
④ 《论语·尧曰》。
⑤ 《论语·子张》。
⑥ 《论语·子罕》。
⑦ 《论语·子罕》。
⑧ 《论语·先进》。

的基本要求是《论语·八佾》所谓“君使臣以礼，臣事君以忠”。首先，君主要成为天下臣民的表率，自己要做到“正”。“其身正，不令而行。其身不正，虽令不从”[①]。君主应当严于律己而宽以待臣，即所谓“躬自厚薄责于人”[②]。君主切不可迷恋权势，认为做君主的乐趣，就是别人都不敢反对我。“无乐乎为君，唯其言而莫予违也。”[③]这是“丧邦”之言。君主对待臣下要公平，要摈弃个人好恶，不能“爱之欲其生，恶之欲其死”[④]。其次，作为大臣，其最高境界是所谓“事君，能致其身”[⑤]。大臣应当像史鱼那样正直：“直哉史鱼，邦有道，如矢，邦无道，如矢。”[⑥]大臣不能欺骗君主，但要敢于批评君主的过失：“子路问事君，子曰：勿欺也，而犯之。”[⑦]大臣不要怕因直言进谏而被罢官：“直道而事人，焉往而不三黜？枉道而事人，何必去父母之邦？”[⑧]对于恶君，不必过于执著，“邦有道则仕，邦无道则可卷而怀之”[⑨]。“所谓大臣者，以道事君，不可则止。”[⑩]“以道事君”的“道”就是“义”和“仁”。“君子之仕也，行其义也”，“不降其志，不辱其身”[⑪]。“志士仁人无求生以害仁，有杀身以成仁”[⑫]。“士不可以不弘毅，任重而道远。仁以为己任，不亦重乎？死而后已，不亦远乎？”[⑬]总之，君仁是臣忠的前提，臣忠是君仁的保障，否则其结果必然是君不君、臣不臣。孔子总结殷亡之教训，殷末虽有“三仁”，“微子去之，箕子为之奴，比干谏而死”[⑭]，但都未能挽救国家覆亡的命运，关键还在于君主。

上述孔子法律思想的三个支柱，即学术界概括的礼治、德治、人治思想。“相人耦”“人己和”揭示了“仁”与礼治、德治、人治思想的内在逻辑联系。同时也显示了“仁”在孔子法律思想中的核心地位。

“仁”的思想既不是突然出现的，也不是孔子凭空创造的，而是孔子在继承前代思想成果和政治法律实践经验教训的基础上，经过加工、升华而形成的。

---

① 《论语·子路》。
② 《论语·卫灵公》。
③ 《论语·子路》。
④ 《论语·颜渊》。
⑤ 《论语·学而》。
⑥ 《论语·卫灵公》。
⑦ 《论语·宪问》。
⑧ 《论语·微子》。
⑨ 《论语·卫灵公》。
⑩ 《论语·先进》。
⑪ 《论语·微子》。
⑫ 《论语·卫灵公》。
⑬ 《论语·泰伯》。
⑭ 《论语·微子》。

从文化渊源来看，“仁”作为伟大的哲学思想最早来源于远古风俗。古老风俗培育了行为规范，行为规范酿造着思想观念。在大变革的春秋时代，孔子的“仁”既是批判旧制度的武器，也是建设新社会的旗帜。孔子的法律思想是对殷周法律实践的历史总结。孔子的法律思想成为儒家法律思想的基石，也是中国古代贵族法律文化的基石。尽管战国以后儒学发生数次嬗变，但是，这些思想基石都未发生根本性的动摇，但是这只是问题的一个方面。“皮之不存，毛将焉附。”在秦汉以后的集权帝制时代，礼治、德治、人治主张逐渐从贵族政体移植到集权政体上面，其社会环境和实际作用已经发生诸多变化。特别是其中的“君臣共治”问题，君臣相耦的宽容政治，被尊君卑臣的帝王政治冲决得体无完肤，从而使孟子的“民贵君轻”说成为古代民主思想之绝唱。因此，“君臣共治”问题始终成为历代王朝兴盛衰亡的重要因素。明清之际启蒙思想家黄宗羲提出的限制君权、提高相权、学校议政等主张，曾被视为开启新时代的旗帜。然而其古老的文化渊源，正是孔子“人己和”的“仁。”在孔子的心目中，“人”与“己”已经在很大程度上摆脱了“孝慈”的血缘纽带，成为陌生人群体当中个体自然人之间的平等对应关系，从而使“己所不欲，勿施于人”成为个体自然人的“圣经”。

九　“仁”对古代政治法律实践的影响

(一)“仁”与殷周政治法律实践

在殷商时代，“人相耦”之“仁”虽然还没有上升为一种理论或思想，但是，它作为一种深厚的文化传统或思维模式，对殷周政治法律实践活动施以潜在的影响。这主要表现在以下几个方面：

1. 王祖共祀和以德配天的神权政治

在殷商时代，神权政治居支配地位，事无大小皆决于神祇，这从甲骨卜辞中可以得到充分证明。在殷人的心目中，神祇是由先王和贵族祖先构成的群体。先王和贵族祖先是“相耦”即互相匹配的。正如《尚书·盘庚》所谓“兹于大享于先王，尔祖其从与享之”。现实的殷王要处罚不从王命的贵族，也是先向先王汇报，由先王告诉那个贵族的祖先，以示警戒，然后行罚。可见，现实统治者和天上的统治者也是“相耦”即互相匹配的。西周统治集团为了证明自己统治的合理性,对前代神权思想进行改造,提出了“皇天无亲,惟德是辅”。[①]“以德配天”,即人神“相耦”的新二元神理论,即至高无上的上帝与祖先神相匹配,祖先神从上帝神那里获得天命。上帝喜欢“德”,谁有“德”上帝就把天命授给谁。“德”就是民心所向。夏桀无德,商汤有德,故天命归汤。商纣无德,周人有德,故天命归周。“德”中又引申出统治阶级与被统治阶级相匹配的含义。从“以德配天”思想引申出“怀保小人”“明德慎罚”的主张,即《左传·襄公三十一年》引《泰誓》“民之所欲,天必从之”和《尚书·酒诰》“人无于水监,当于民监”。统治集团把人民当作一面镜子,临鉴对视,正是一种“相人耦”,即统治阶级与被统治阶级“相人耦”。西周初期的“德”恰是“周人始因‘相人偶’之恒言”而被赋予全新的内涵。春秋以降,重民轻神思想得到进一步发展。如“民之所欲,天必从之”[②]、“夫民,神之主也。是以圣王先成民而后致力于神”[③]、“国将兴,听于民,国将亡,听于神”[④]、“国之兴也,视民如伤,是其福也。其亡也,以民为土芥,是其祸也”[⑤]。重民轻神思想告别了“迷信鬼神,不重人事”的时代,开启了“远离鬼神,注重人事”时代。西周的重“德”思想和春秋的重民轻神思想,为后世“仁”观念的形成提供了土壤和营养。

2.国家法律维护伦理主义的差异性

“人相耦”讲求血缘群体相互友爱的亲情,并从中引申出具体成员的责任和义务,对违背公共生活准则的行为加以制裁。《吕氏春秋·孝行》引《商书》:“刑三百,罪莫重于不孝。”西周初期,周公“制礼作乐”,将父系家族的行为规范上升为国家法律。《尚书·酒诰》说:“纯其艺黍稷,奔走事厥考厥长。肇牵车牛,远服贾,用孝养厥父母。”《韩非子·说疑》引《周记》(即《逸周书》):“故《周记》曰:无尊妾而卑妻,无孽适子而尊小枝,无尊嬖臣而匹上卿,无尊大臣而拟其主也。”《尚书·康诰》宣称:“元恶大憝,矧惟不孝不友。子弗祗服厥父事,大伤厥考心;于父不能字厥子,乃疾厥子。于弟弗念天显,乃弗克恭厥兄;兄亦不念鞠子哀,大不友于弟。惟吊兹,不于我政人得罪,天惟与我民彝大泯乱。曰:乃其速由文王作罚,刑兹无赦。”这应当是古代“不孝”罪的最早记录,也是《孝经》“五刑之属三千,罪莫大于不孝”的滥觞。由于“礼”的支配使法律充满“尊尊”“亲亲”的差

① 《尚书·蔡仲之命》,又《左传·僖公五年》引《周书》佚文。

② 《左传·襄公三十一年》。

③ 《左传·桓公五年》。

④ 《左传·庄公三十二年》。

⑤ 《左传·哀公元年》。

异性。诸如“君臣无狱”“父子无讼”“直钧则幼贱有罪”[1]，“王之同族有罪不即市”[2]，“有赐死而无戮辱”[3]，“公族无宫刑”[4]，“命夫命妇不躬坐狱讼”[5]，等等。《㑄匜铭》所载牧牛的罪名即“敢以乃师讼”，故处以鞭笞和墨刑。[6] 正如王国维《殷周制度论》所言：“周之制度典礼，乃道德之器械。而尊尊、亲亲、贤贤、男女有别四者之结体也，此之谓民彝。其有不由此者，谓之非彝。《康诰》曰：勿用非谋非彝。《召诰》曰：其惟王勿以小民淫用非彝。非彝者，礼之所去，刑之所加也。”[7]

3.崇尚圣贤实行君臣共治

殷商历史充满了君臣合治的精神。《鬻子・汤政》：（汤）“得庆誧、伊尹、湟里且、东门虚、南门蠉、西门疵、北门侧，得七大夫佐以治天下，而天下治。”《尚书・君奭》历数商代名臣贤辅：成汤有伊尹，太戊有伊陟臣扈，祖乙有巫贤，武丁有甘盘傅说，等等。宰辅傅说曾经是胥靡（刑徒）。其中，最突出的贤臣是伊尹。《墨子・尚贤下》：“汤得而举之，立为三公。”《孟子・万章上》：“伊尹相汤以王于天下。”据《史记・殷本纪》记载：“（汤之孙）帝太甲既立三年，不明，暴虐，不遵汤法，乱德，于是伊尹放之于桐宫。三年，伊尹摄行政当国，以朝诸侯。帝太甲居桐宫三年，悔过自责，反善，于是伊尹乃迎帝太甲而授之政。帝太甲修德，诸侯咸归殷，百姓以宁。”伊尹的做法和《孟子・万章下》所说“君有大过则谏，反复之而不听，则易位”的精神完全一致。《吕氏春秋・本味》说：“伊尹生空桑。”空桑是东夷故地，故伊尹是东夷贤士。异族人能够成为贤相且被后人祭祀，是十分奇异的事。《左传・成公四年》：“非我族类，其心必异。”《僖公十年》：“神不歆非类，民不祀非族。”但是，殷人还没有周人这样的观念。甲骨卜辞多见对伊尹的祭祀，“与先公先王合祭或配享”。“也有不少单独的祭祀，总之享有商人先祖大体相同的祭典。”[8]“卜辞表明，殷人对有功于商祖的异姓名臣是非常尊崇的。在这些名臣去世后，对他们进行频繁而隆重的祭祀，并且世代不断。卜辞记录，商人最重视的异族神有伊尹、伊奭、黄尹、黄奭、咸戊。”[9]有些贤臣本身就是氏族领

---

① 《左传・昭公元年》。
② 《周礼・秋官・小司寇》。
③ 《汉书・贾谊传》。
④ 《礼记・文王世子》。
⑤ 《周礼・秋官・小司寇》。
⑥ 参见武树臣：《中国传统法律文化辞典》，北京大学出版社 1999 年版，第 325 页。
⑦ 王国维：《观堂集林》（上），中华书局 1959 年版，第 477 页。
⑧ 宋镇豪：《商代战争与军事》，中国社会科学出版社 2010 年版，第 42 页。
⑨ 宋镇豪：《商代史论纲》，中国社会科学出版社 2011 年版，第 379 页。

袖。在君臣合作的背后,存在广泛的政治同盟。汤就是因为得到东夷人的支持,才取代夏桀的。商末纣王无道,虽有比干、箕子、微子、商容诸贤臣,但在商纣王淫威之下,其自身性命尚且难保,岂能发挥作用。周人十分重视宰辅的作用。周公相王室以尹天下,曾经长期摄政。

周初封疆土建诸侯。《荀子·儒效》载:"(周公)兼制天下,立七十一国,姬姓独居五十三人。"同姓贵族与异姓贵族结成同盟,即《论语·尧曰》所谓"周有大赉,善人是富。虽有周亲,不如仁人"。此系周武王封齐侯姜太公于齐之辞。[①]据《史记·周本纪》记载,西周厉王暴虐无道,宠信佞臣,贪财专利,引起众怒,厉王使卫巫监察谤者。召公以"防民之口,甚于防水"规劝,不听,终于被国人驱逐,逃亡于彘(今山西霍县)。"召公、周公二相行政,号曰'共和'。"始为共和元年(前841年)。十四年后,厉王死,太子静即位,为周宣王,共和执政结束。一说厉王被逐后由共伯和执政。

纵观殷周政治法律实践活动,有三个特点:一是神权动摇,注重人事,关心民心向背;二君臣共治,尊重贤臣;三是注重维护宗法伦理规范。这三个特点从某个角度来看,就是体现三个"人相耦":统治阶级与被统治阶级的"人相耦",君主与大臣的"人相耦",血缘亲属之间的"人相耦"。这些实践成果是对历时千百年施政的成功经验和失败教训的总结,同时为孔子"仁"观念的形成提供了重要的历史素材。

(二)"仁"对中华法系的影响

在探讨"仁"的起源时,我们不难发现,"相人耦"之"仁"的基本精神是"爱人"。由于爱之主体与客体之异,"爱人"又分为两方面:一是血缘群体的亲人之爱,即"孝悌";二是超血缘群体的对等之爱,即"忠恕"。可见"仁"的内涵本身就不是单一的而是"相耦"的。"仁"的血缘意识来源于氏族社会的血缘群体,即亲人之间的互相友爱之情。这种亲情的萌芽从甲骨文的"夾""弔"字可略见一斑,《论语·阳货》所谓"三年之爱"和"三年之丧"即由此演化而来。这种血缘意识又经过文身、礼仪、禁忌的综合作用而变得根深蒂固。"仁"的超血缘意识来源于氏族部落社会的交往,即姻亲和族际合作关系。这种超血缘社会关系的雏形可以从甲骨文的上人下人的"尼"、左人右人的"化"、上大下倒大的"乘"字形体现出来。在实行族外婚的母系氏族时代,族外的男青年嫁到本族,一方面和本族女子建立婚姻关系,产生男女之情;另一方面,来自异族的男青年们在日常劳

---

① 参见杨伯峻:《论语译注》,中华书局1980年版,第203页,注引刘宝楠《论语正义》引宋翔凤语。

动、狩猎和战争中结成深厚的兄弟之谊。“四海之内皆兄弟”[①]的情怀盖源于此。而异族的首长“大人”之间实即氏族部落之间的交往，更促进了合作精神的养成。

中华法系起步于西周，至唐代最终确立。中华法系的形成，除了农耕生产方式、宗法家族组织、君主集权政体诸原因之外，还受到传统思想意识的影响，其中最重要的就是“仁”。“仁”所具有的血缘亲情意识和超血缘的对等匹配意识，从内容和形式两方面对中华法系施以重大影响。这主要表现在以下几个方面：

第一，“仁”与古代法的伦理主义精神。中华法系作为世界主要法系，其特征之一就是伦理主义精神。伦理主义亦即家族主义，即崇尚宗法家族的秩序、行为规范和伦理道德。伦理主义是在血缘亲属之间“相偶”关系的基础上形成的。世界上没有哪个古老法系像中华法系那样，始终以伦理主义作为其法律实践活动的价值目标。正如瞿同祖所说：“家族主义及阶级概念始终是中国古代法律的基本精神和主要特征，它们代表法律和道德伦理所共同维护的社会制度和价值观念。”[②]伦理主义的社会基础是宗法家族的亲人之爱。这种亲人之爱一方面维系着家族的生存与发展，另一方面又作为一种基本生活体验而推广到社会，即“仁及天下”。至迟到西周，就出现了具有伦理色彩的法。《尚书·康诰》以“不孝不友”为“元恶大憝”，要求“刑兹无赦”。此为《孝经·五刑》“五刑之属三千，罪莫大于不孝”的滥觞。秦律规定：免老告子不孝，官府应立即查办。西汉奉儒学为一尊，尔后“以服制论罪”“犯罪存留养亲”“子孙违犯教令”“同姓不婚”以及“别籍异财”“七出”“义绝”“三不去”“官当”“八议”“十恶”等等，相继入律。及至《唐律疏议》“一准乎礼”，原先的民间礼仪大都因为被国家提升为成文法律而获得极大权威。

第二，“仁”与君臣共治传统。中国古代居支配地位的国体既不是西方那样的民主政体，也不是寡头政体，而是君主政体。中国君主政体的基本特点是君臣共治，君臣之间也是一种“相偶”关系，即所谓“君子和而不同”。这一传统最早可以追溯到原始社会末期的部落联盟的尧舜时代。西周春秋的贵族政体是培育君臣共治传统的政治土壤。天子、诸侯、大夫构成了血缘君臣关系和超血缘君臣关系的共同体。臣子在君主面前有相当的发言权。春秋战国时代的孔子、孟子对贵族政体进行总结，提出仁义之君和社稷之臣的概念。要实行君臣

① 《论语·颜渊》。

② 瞿同祖：《中国法律与中国社会》，中华书局1981年版，第327页。

共治，必须贯彻“君使臣以礼，臣事君以忠”[①]的原则；相反，如果“君之视臣如土芥，则臣视君如寇仇”[②]。臣下对君主的忠诚在本质上是忠于国家社稷，“以道事君”[③]，“君子之仕也，行其义也”[④]，故臣下为维护天下利益应当敢于直言犯上。这些贵族气质即使在后世的集权帝制时代依然发挥积极影响。在集权帝制时代，君臣共治体现在皇族与官僚群体共治，在地方则是地方官僚与乡绅共治。应当看到，君臣共治并没有被法律化、制度化，其状态在很大程度上取决于皇帝的觉悟。君臣共治得好，皇帝的专断行为就往往被约束，好的意见就容易被采纳，国家就清明，否则就衰败。明末清初的启蒙思想家黄宗羲提出限制君权、提高相权、学校议政的建议，这是对儒家君臣共治传统的最集中的诠释。

第三，“仁”与贤哲主义。中国古代虽然经历过神权时代，但是在政治领域，很早就摆脱神权的羁绊，加之又经历了较长的贵族时代，君主个人素质之优劣十分重要，从而形成了尊崇圣君贤哲的传统。尧、舜、禹、汤、文、武，都是圣君的形象。伊尹、箕子、微子、比干、伯夷、叔齐、周公旦、管仲、子产、叔向，都是贤臣的形象，其中多有被孔子称之为“仁”者。孔子反对以“唯其言而莫予违”[⑤]为乐趣的丧邦之君，孟子更主张“唯仁者宜在高位”，“君仁莫不仁，君义莫不义”，“其身正而天下归之”[⑥]。先秦儒家将这一传统总结为“人治”思想，即《礼记·中庸》所谓“为政在人”，“文武之政，布在方策，其人存则其政举，其人亡则其政息”。儒家还提出达成贤哲的方法，就是自修和实践。自修即“为仁在己”“克己复礼”；实践就是泛爱民众，宽惠于民。历代统治者十分重视法官的选任。如《尚书·吕刑》：“非佞折狱，惟良折狱。”又如唐代《宝应元年正月南郊赦》：“大理寺官署，比来礼部所授，多非其才，宜令精选有志行文学，兼详明法律者，注拟。”民间教育是培育未来官僚的基地，选拔任用考核官僚的制度，是实现贤哲的政治条件。在法与人的作用上，古代社会的主流意见都更倾向于人。法是人制定的，又靠人来实行。法律难免出现漏洞，全靠人来补救。于是，在成文法不宜于时用之际，就创制适用判例（案例），从而形成中国古代独有的成文法与判例制度相结合的混合法。在司法活动中，法官常常将国法和人情结合起来，发挥个人感召力量并通过教育来调解结案，以期实现“无讼”和谐的理想。

---

① 《论语·八佾》。
② 《孟子·离娄下》。
③ 《论语·先进》。
④ 《论语·微子》。
⑤ 《论语·子路》。
⑥ 《孟子·离娄上》。

第四，“仁”与德治仁政。在中国古代史上，虽然出现过迷信暴力、专恃刑罚的特殊阶段，但是总体而言，国家施政的基本政策是德治仁政。孔子在周公“以德配天”“明德慎罚”思想的基础上，形成了系统的德治理论。德治的简洁表述就是“富而后教”。首先，统治者要约束自己的过分行为，杜绝大兴土木、横征暴敛、穷兵黩武、与民争利。要轻徭薄赋、予民休息，让人民富裕起来。其次，在此基础上对人民进行教化，使人们在心中树立道德伦理观念，从而自觉约束自己的行为；如果相反，则必然招致人民的反抗甚至灭亡。统治阶级和被统治阶级的关系也是一种“相偶”关系。两者既可以相互依存，又可以互相转化，即《荀子·王制》所谓：“传曰：‘君者舟也，庶人者水也，水则载舟，水则覆舟。’”儒家“德治”并不是一般地排斥刑罚的作用。但是正如《论语·为政》所说：“道之以政，齐之以刑，民免而无耻；道之以德齐之以礼，有耻且格。”道德伦理规范的作用高于国家法律，能够持久地发挥作用并实现长治久安。要让人民做到有耻守礼，只能靠教育而不能靠政令刑罚。而要求人民接受教育，必须改善他们的物质生活条件，为此统治者必须实行德治仁政。在一定条件下，儒家的德治思想有利于制约统治阶级的任意行为，有利于社会的稳定和生产的发展。

第五，“仁”与慎刑恤狱。在历代统治阶级看来，法律刑政虽然不可废止，但治理国家不能单靠法律刑政。而且，一味推行法律刑政，往往会引起社会动乱。慎罚的思想起源很早。《左传·襄公二十六年》：“夏书曰：‘与其杀不辜，宁失不经。’”西周产生了区别犯罪的故意、过失、累犯、偶犯诸情节，提出“罪止其身”（罪人不孥）、“勿庸杀之，姑为教之”[①]的刑罚原则。孔子、孟子视犯罪为社会现象，应从改变引起犯罪的社会条件即施行仁政入手，而反对一味严刑。《论语·子张》谓：“天下失道，民散久矣，如得其情，则哀矜而勿喜。”可以说，“仁”成为历代恤刑的精神支柱。历代恤刑之举，首推汉文帝除肉刑。诚如沈家本所说：“汉文帝除肉刑，千古之仁政也。”文帝下诏：“夫刑至断人肢体刻肌肤终身不息，何其刑之痛而不德也，岂称为民父母之意哉！”虽然后世多有恢复肉刑之论，其言凿凿，然“仁人君子必痛止之”。汉代以降，慎刑恤狱措施甚多。比如：疑难案件的集体详谳制，皇帝死刑复核勾决制，热审、秋审、大赦之制，等等。清末修律，修律大臣沈家本上奏：“治国之道，以仁政为先。自来议刑法者，亦莫不谓裁之以义而推之以仁，然则刑法之当改重为轻，固今日仁政之要务，而即修订之宗旨也。”建议删除凌迟、枭首、戮尸、缘坐、刺字诸酷刑，废止民族、良贱歧视，禁止人口买卖，等等，事皆施行。这些改革开启了中华法系近代化的征程。

---

① 《尚书·酒诰》。

"仁"作为中国古代最重要的哲学观念，起源于远古的风俗、礼仪、禁忌，进而演变成古老的行为规范。在行为规范的基础上又形成思想观念或学说。"仁"作为一种社会价值观，天然地远离鬼神，既重视人们内心的修养，又重视人们的社会实践；"仁"作为现实生活的宗旨，既重视血缘亲族之爱，又重视超血缘的个体自然人之间的对等联系；"仁"作为一种最高道德，既诉诸谦谦君子，又涵盖寻常百姓；"仁"作为一种社会理想，既关注人的物质生活，又关注人的心性良知。总之，"仁"作为中华文化的精髓，不仅对古代的政治法律实践活动施以重大影响，而且对今天仍然具有现实意义。中华民族伟大复兴本身即包含文化的复兴，"仁"的普世内涵应当而且也能够成为重塑中华民族道德情操的精神寄托。

十　"仁"与太极图的起源

甲骨文中是否存在从人从二的"仁"字，学术界尚无定论，但甲骨文中有"仁"的原形字"化""申"(身)"乘"。它们反映了东夷民族"相人耦"的古老风俗，也是酝酿"仁"字的文化土壤。"囮"字本义是"牝牡相诱"，既反映古代狩猎方式，又反映古代婚姻习俗。古人从男女媾精化生子女的现象，悟出"天地交而万物通"即阴阳交合孕育万物的规律，从而产生太极图的雏形。甲骨文"易"字乃倾水之状，隐喻天倾水于地、男倾水于女乃致生生不息之义，亦即"太一生于水"的本义。"太极"实际"人极"，"人极"即"同姓不婚"的"男女之大防"，是人类自身再生产必须遵从的规矩。

(一)甲骨文"仁"字的三个原形字："化""申""乘"

在甲骨文里有许多双人结构的字，其中有一些字与"仁"字的寓意是相通的。这些字反映了古代先民的风俗习惯。"仁"的原形字中，最重要的是"化""申""乘"。

首先是"化"，写作"𠤎"。左正人右倒人，俯视之为二人靠背而眠之风俗，隐喻男女之交。在古文字当中"人""夷""尸""仁"等诸字是相通的。[①] 尽管"化"字掩盖了"仁"字的古形，但却仍然保留了"仁"的古义。比如《易・咸卦》彖辞传：

① 参见于省吾：《释人尸仁𡰥夷》，《大公报・文史周刊》(天津)14期，1947年1月15日。

“天地感而万物化生。”《大戴礼记·本命》:(女)“十四,然后其化成。”王聘珍注:“化犹生也,育也。”《吕氏春秋·达理》:“(商纣)剖孕妇而观其化。”高诱注:“化,育也,视其胞里。”《尚书·尧典》:“鸟兽孳尾。”孔传:“乳化曰孳。”正义:“胎孕为化。”《庄子·人间世》:“虫,雄鸣于上风,雌应于下风而风化。”《说文解字》:“娲,古之神圣女,化万物者也。”杨琳以为,“化之从倒人意同毓之从倒子”[①]。“化字义关乎上古风情”,“化字本义就是女娲教行,教女子以出嫁之道”。[②] 可见,“化”字本与男女生育有关。

其次是“申”字,写作“ ”。“申”由“化”字演变而成,表示靠背而眠的二人重叠起来,隐喻男女媾和之状。“申”字又是一个四通八达的字。首先,在社会领域,“申”与“身”同。甲骨文“身”字写作“ ”。《说文解字》:“申,神也。”段注:“或曰神当作身。……《释名》《晋书·乐志》《玉篇》《广韵》皆云申,身也。许说身字从申省声,皆其证。此说近是。”同时,“身”亦同“孕”。《诗经·大雅·大明》:“大任有身,生此文王。”《广雅疏证》:“孕重妊娠身也。”其次,在自然领域,“申”“電”“神”同字。《说文解字》:“申,神也。”“神,天神引出万物者也。”“籀文虹从申,申,電也。”“電,阴阳激耀也。”令人惊奇的是甲骨文的“申”字亦即“電”“雷”“神”诸字。后来的“電”“雷”“神”,是被加上“雨”“示”才分化出来的。杨树达《释神祇》说:“在古文中,申也電也神也实一字也,其加雨于申而为電,加示于申而为神,皆后起分别之事也。”[③]这说明在古人心目中,“申”“身”“孕”“電”“神”诸字曾经指向同一事物,具有同样的特征。此处最值得品味。它似乎高度地概括了天地、阴阳、乾坤、男女、牡牝等一切事物的本性。因此可以说,“申”是一个非常重要而奇妙的字,是联系中国古代“人文”和“天文”意识、政治和哲学理念的一个枢纽,从“申”字最终又演化出太极图的雏形。

最后是“乘”字。甲骨文中被判定的“乘”字有两种写法,其实是两个完全不同的字:一是 ,上大下木,大即人,以示人在木之上;二是 ,上大下倒大,上正人下倒人,反映了东夷二人抵足而眠之风俗。后来加上重文符号变成“夳”“太”,演变成后来的“泰”字。[④] 该字就其本义似当读为“仁”或“夷”。“太”字本为“仁”“夷”,那么,“太极”本应为“仁极”“夷极”“人极”。《说文解字》:“夳,古文

① 杨琳:《释化》,《汉字研究》第1辑,学苑出版社2005年版,第1页。

② 国光红、陈光苏:《传上古风情的几个古文字——释令今化尼及》,《山东师范大学学报(文)》2000年第1期。

③ 杨树达:《积微居小学金石论丛》,上海古籍出版社2007年版,第25页。又见宋镇豪、段志洪:《甲骨文献集成》第12册,四川大学出版社2001年版,第64页。

④ 宋镇豪、段志洪:《甲骨文献集成》第12册,四川大学出版社2001年版,第16页。

泰。”泰山或可读为𡗕山、仁山、夷山。《周易·泰》象辞:“天地交而万物通。”正因为“乘”字源于“仁”字,所以才保留了“双耦”之义。《广雅疏证》谓:“双耦婗匹贰乘再两二也。”疏曰:“《周官校人》乘马,郑注云:二耦为乘。凡经言乘禽乘矢乘壶乘韦之属,义与此同也。”①

(二)从鸟媒到人媒:“囮”的文化寓意

如前所述,“化”的本义是“仁”。那么,与“化”有关的字便与“仁”有关。其中,最具有典型意义的字就是“囮”字。“囮”应当是一个历史久远的字。“囮”的古形是⿴囗隹,或写作“[illegible]”,该字“像隹在口中。隹为禽类泛形泛称……即囮字的初文。《说文先训》释⿴囗隹与囮同。”②也有学者认为“⿴囗隹即⿴囗繇字之初文。”③但是,“隹”与“囮”中的“亻”有何联系呢?这种联系不是字形上的,而是文化上的。如果看一看甲骨文金文里的“鬱”“鬱”字,那似乎是男女野合于林中的情景。因此,古文字中诸如“⿴囗隹、[illegible]、图、囚、囡、⿴囗𠆢、因”等字形,特别是“囡”字形,或许与“囮”有渊源关系。如此则可以推测,在甲骨文当中囮字的存在是符合逻辑的。这就为我们在殷商社会背景下描述“囮”的文化意义提供了可能性,否则就成了无的放矢。《离骚》:“吾令鸩为媒兮,鸩告余以不好,雄鸠之鸣逝兮,余犹恶其佻巧。”谢济世《离骚解》:“雄者尤善鸣,人常养为媒,以诱他鸠。”《周礼·秋官·翨氏》:“翨氏掌攻猛鸟,各以其物为媒而掎之。”贾公彦疏:“若今取鹰隼者,以鸠鸽置于罗网之中以诱之。”《说文解字》:“囮,译也,从口化,率鸟者系生鸟以来之,名曰囮,读若譌,⿴囗繇囮,或从口从繇,又音由。”段注:“译当作诱……率鸟者系生鸟以来之名曰囮,率,捕鸟毕也,将欲毕之,必先诱致之。潘安仁曰:暇而习媒翳之事。徐爰曰:媒者少养雉子,至长狎人,能招引野雉,因名曰媒。读若譌。⿴囗繇囮或从繇。徐爰注:雉媒,江淮间谓之游,唐吕温有由鹿赋,游与由皆⿴囗繇字也。”徐锴《说文解字系传》:“化者诱禽鸟也,即今之鸟媒也。”④日本学者释空海《篆隶万象名义》:“囮⿴囗繇,鹿媒。”⑤《广雅疏证》:“囮,鸟媒也。案囮与⿴囗繇义同而音异,囮从化声读若讹,⿴囗繇从繇声读若由。”⑥“凡媒之以类相诱者,皆以雌诱雄。”“充类言之,则人之以异性相诱者,宜得此称。”⑦“囮”字向我们透露了以下重要信息。

---

① 王念孙:《广雅疏证》,江苏古籍出版社 2000 年版,序第 1、2 页。

② 刘兴隆:《新编甲骨文字典》,国际文化出版公司 2007 年版,第 369 页。

③ 孙雍长:《从甲骨文看殷周时代的田猎文化》,《广州大学学报(社科版)》2007 年第 1 期。

④ 徐锴:《说文解字系传》,中华书局 1987 年版,第 245 页。

⑤ [日]释空海:《篆隶万象名义》,中华书局 1995 年版,第 288 页。

⑥ 王念孙:《广雅疏证》,江苏古籍出版社,2000 年版,第 159 页。

⑦ 宋镇豪、段志洪:《甲骨文献集成》第 11 册,四川大学出版社 2001 年版,第 334 页。

首先，“囮”反映了殷商捕猎的一种技艺，即后世以雌性禽兽如鸟、鹿、象做诱饵，捕获雄性禽兽及其群体。[①] 当时的古人发现以此方法可以捕获活的禽兽以便饲养。他们已经懂得雌雄交尾可以繁衍后代。当时的古人很可能已经相对稳定地居住在某一地方，以便在那里修建一个牢固的牧场。人类居住在相对固定的地域有利于形成更为稳定的婚配形式。

其次，“囮”反映了殷商的一种婚配方式。通过甲骨文我们可以推测当时可能存在着几种婚配方式：(1)野合的婚配方式，即大体上没有制度约束的婚配。甲骨文的“鬱”“鬱”字盖反映了男女野合之状，同时也正好说明“仁”与“申”同字。(2)媒合的婚配方式，即有一定制度约束的婚配。“囮”即表示男女相会于亳社，有专人管理，避免近亲结婚。(3)聘合的婚配，即有似后世按照六礼实行的婚配。媒合的婚配形式可能是母系氏族背景下的一种婚配形式。女子不离开氏族，从周围氏族的男子当中选择配偶。这就需要母系氏族出面组织管理，以维持社会安定。在媒合婚配的场合，其管理者犹如媒氏。《周礼·地官·媒氏》：“掌万民之判合”，“令男三十而娶，女二十而嫁”，“仲春之月，令会男女，于是时也，奔则不禁”。注：“媒之言谋也，谋合异类使和成者。”“判，一半也，得耦为合，主令其半，成夫妇也。”可以推测，在“判”施行之前，古人应以文身符号区分血缘身份，以实行同姓不婚。“令会男女”的目的是促进生育。《周易·姤》象传：“天下有风，姤(偶)。后以施命诰四方。”《左传·僖公四年》：“唯是风马牛不相及也。”孔传：“牝牡相诱谓之风。”把女孩子们组织起来，打扮得漂漂亮亮的，去把周围最强壮、最英俊的小伙子们吸引过来。“既来之，则安之。”物质生活资料的充实和社会生活空间的拓展，使先民希望扩大人类自身再生产，这是很自然的事情。

最后，“囮”为古人提供了观察和描述自然界的一个模式。在任何社会，人们都面临两种生产活动：物质生活资料的生产和人类自身的再生产。而且只有在物质生活达到一定程度的时候，才能从事艺术、宗教、哲学的思考。古人从禽兽的牝牡相诱以产子、人类的男女婚配以繁衍后代的共有现象当中，抽象出阴阳相交“生生不息”的概念，并运用这个模式去描述自然界，得出《周易·泰》象辞所谓“天地交而万物通”的道理。这个认识的轨迹是从自然到人间再回到自然。诚如刘书惠所说：“正是由于嫁娶与生殖，才有了宇宙创生”，并且“将婚姻视为宇宙创造的开端”。[②]

---

① 参见孙雍长：《从甲骨文看殷周时代的田猎文化》，《广州大学学报(社科版)》2007 年第 1 期。

② 刘书惠：《出土文献中的创造神话与〈周易〉宇宙生成观》，《长春师范学院学报(人文社会科学版)》2010 年第 11 期。

“囮”字的产生离不开口耳相传的历史故事。《古史考》:“伏羲制嫁娶,以俪皮为礼。”《风俗通义·陰教》:“女娲祷祠神祇而为女媒,因置婚姻。”伏羲、女娲成了最早制定婚嫁之礼的部落领袖。据传,大洪水之后,伏羲、女娲兄妹得救,始为婚姻,遂为人类始祖。在汉代武梁祠《伏羲女娲图》里面,伏羲、女娲皆人身蛇尾,伏羲执矩,女娲执规,二人呈交尾状。伏羲、女娲对后世的重大贡献就是创立婚姻嫁娶之礼,其中就包括用文身来区别血缘,防止近亲通婚。闻一多指出:“伏羲、女娲的名字都是战国时才开始出现于记载中的。”[①]尽管伏羲、女娲之名出现得比较晚,但关于他们的传说和避免近亲通婚的观念应当更为久远。当文字产生之际,这些古老传说和观念便渗入到文字的笔画里面。甲骨卜辞已经是十分成熟的文字体系,它在漫长的形成过程中自然凝结了丰富的传说故事和生活经验。这些古老而宝贵的材料多如九牛,恐怕我们只能窥探到一毛而已!

(三)从“囮”到“申”:太极图的雏形

“囮”中之“化”实为“[illegible]”,即男女共寝之状。二人合并一处,就是“申”字“[illegible]”,此刻已经在孕育新的生命。“申”与“身”“孕”同字。男女媾精,孕育子孙,生生不已。甲骨文“申”与“電”“神”同字。古人从男女媾精化生子女的现象,悟出“天地交而万物通”,即阴阳交合孕育万物的规律,以男女合体隐喻天地之交——雷电,这些古老而质朴的蕴意在《周易·系辞上》里面就变成了玄妙的理论:“易有太极,是生两仪”,“刚柔相推,变在其中”,“乾知大始,坤作成物”,“天地絪缊,万物化醇,男女媾精,万物化生”。国光红以《邺中片羽》所载“双虺”造型为伏羲部落图腾,提出“回还双虺抽象之正是太极图”,“太极图就是以牝牡相诱为意的抽象化了的伏羲部落图腾”。认为“太极图必是伏羲配经旧物,而非陈抟所能作伪”,“太极图却因为与图谶之书不易划清界限而被付之一炬”。[②] 这些意见具有启发意义。作者从“囮”字形出发推测太极图(阴阳合抱)的起源,就是受到国光红的启发。国光红通过“双虺图”推导出“太极图之原始形容盖即盘旋交媾之双蜥”,与作者的基本思路是一致的。但是,“囮”字形比“双虺图”更为绝妙精深。“囮”的绝妙精深之处不仅是体现了人的行为,而且涵盖了自然规律,如《礼记·乐记》所谓“礼者天地之序也”,从而实现了外部形象与内在蕴意之间天衣无缝般的巧妙统一。

阴阳合抱太极图大约在殷商时代产生,可能在识字的贵族当中流传。当时或许除了象征男女交媾之外还没有更多哲学内涵。西周以后,周人试图用父系

---

① 马昌仪:《中国神话学百年文论选》上册,陕西师范大学出版社 2013 年版,第 384 页。

② 参见国光红:《太极图古文字证》,《周易研究》1997 年第 3 期。

家庭习俗来改变殷人带有母系色彩的婚嫁习俗，以彻底清除殷商文化的影响，其措施就是禁酒。《史记·卫康叔世家》：“周公旦惧康叔齿少……告以纣之所以亡者以淫于酒，酒之失，妇人是用，故纣之乱自此始。”这一纪录在向我们透露了纣由于淫乱导致内部分裂而亡国的信息的同时，似乎还揭示了群饮与男女风情的关系。禁酒的结果，是抑制了酒后的合欢，这才是禁酒的文化目标，即《左传·庄公二十二年》所谓“酒以成礼，不继以淫，义（宜）也”。饮酒终于和自由群婚划清了界限。禁酒的文化任务是艰巨而持久的，至春秋时仍未完成。如《左传·隐公五年》“春，公将如棠观鱼”，《左传·庄公二十三年》春“公如齐观社”，都受到大臣的批评，这种舆论导向多少抑制了贵族的不检点行为。在禁酒（实则禁止较自由的群体婚配习俗）的背景下，阴阳合抱太极图样可能由于带有淫乱嫌疑而被禁绝，以致失传，或为民间私下流传而被拒绝于大雅之堂。直至唐宋以后被重新发现时，它除了玄而又玄、令人费解的哲学蕴意之外，其原始内涵似乎早已荡然无存。

（四）“易”之本义为洒酒以祭，酒为男女合欢之媒介

“易”字的古形古义即“男女交爵”。《礼记·坊记》：“礼，非祭男女不交爵。以此坊民。……男女授受不亲。”郑玄注：“交爵谓相献酢”。《诗经·大雅·行苇》：“或献或酢，洗爵奠斝。”郑玄笺：“进酒于客曰献，客答之曰酢。”交爵可能是古代男女饮酒合欢的风俗，盖即今斟酌碰杯或喝交杯酒。“易”所蕴含的“男女交爵”之古形古义，与《易》之本义最相符合。诸家解“易”均不如此说最为质朴原始。

甲骨文已有“易”字。郭沫若《文史论集》指出，“易”是“益”的简化，“益”是“溢”的初文，“像杯中盛水满出之形”。[①] 徐中舒认为，该字“像两酒器相倾注承受之形，故会赐与之义”[②]。直观字形，似以酒器斟酌倾酒之状。“古时饮酒是先用勺从酒坛即尊中取酒，叫酌，再以勺中酒酌量分注于饮者杯中，叫斟。”“《礼记·乐记》：‘酒食者，所以合欢也。’合欢即《周礼·媒氏》所说的‘仲春之月，合男女，奔者不禁’的合男女之欢。在母系社会的商代是实行集体族外婚制的，此族的女群与外族之男群是人尽可夫或人尽可妻的。在合欢之前必饮酒，即俗话所说的‘酒为色媒’。……由于商人集体以酒为色媒，酒后合欢，故周人在责难商人以酒亡国的罪名中，总是酒色并称，这是实行配偶婚制的父系周人，对实行

---

① 汉语大字典编辑委员会：《汉语大字典》（缩印本），四川辞书出版社1992年版，第628页。

② 徐中舒：《甲骨文字典》，四川辞书出版社1988年版，第1063页。

集体婚制的商人的责难，故斥之为‘沉湎嗜酒，冒乱女色’。”[①]殷代男女相会于亳社，先行以酒祭社之礼，后自饮。其礼盖以酒洒地。不论是酒祭还是自饮，都离不开斟酌的动作。这就是“易”字的本义。祭祀的对象盖即高禖。《礼记·月令》：“仲春之月……玄鸟至，至之日，以太牢祀于高禖。”《诗经·大雅·生民》：“克禋克祀，以弗无子。”毛传：“去无子求有子，古者必立郊禖焉。”高禖的原形就是女娲。《风俗通义·阴教》：“女娲祷祠神祈而为女媒，因置婚姻。”甲骨文有⿲亻卣女字，左为亻，中为卣，右为女。卣是酒具。可证古代男女相会之际是要饮酒的，且与《礼记·乐记》“酒食者所以合欢也”相印证。殷商遗址发掘大量酒器也不是无原因的。当时人们使用的酒可能就是用香草汁调和的鬱鬯酒。观“鬱”字形，似野合之状。于省吾认为，该字即指“鬱鬯”。“周代金文有鬱鬯，典籍皆作鬱鬯……鬱鬯是舂捣鬱金香草，煮其汁以调和鬯酒，气味浓鬱，统治阶级用以诱神祈福。”[②]《周礼·春官·鬱人》：“凡祭祀宾客之祼事和鬱鬯以实彝而陈之。”郑玄注：“筑鬱金煮之以和鬯酒。”唐李白诗《客中行》有“兰陵美酒郁金香”一句，“郁金”即为香草名。“鬱”字的本义不仅与饮酒有关，而且与野合有关，其深层蕴意值得琢磨。可见，殷商的饮酒之俗是与当时的婚配形式融为一体的。迄今为止，中国人结婚仍需饮交杯酒，此俗与数千年酒文化传统是分不开的。西周初期的禁酒措施可能出于移风易俗的目的，与商鞅变法实行“民有二男以上不分异者倍其赋”的意义是相似的。先以酒祭祀高禖，后以酒助兴。倾酒于地之仪式带有象征意义，酒代表水，水具有神秘力量。《管子·水地》：“人，水也，男女精气和而水流形。”相反，《说文解字》说“死，澌也”，水尽为澌。水是决定生死的关键。男倾水于女致其孕育后代生生不息，与天降雨于土地致草木萌发茁壮生长，其隐含之义都是相通的。“水就是活生生的太一。”[③]这也许就是“太一生水”“太一藏于水”的本义。故《郭店楚简·语丛》谓：“易所以合天道、人道者也。”

“太极”一词出现于战国。“大一、太一、太乙、太始、太极、大恒等虽名称各异而义实相同。”[④]如前所述，“乘”即“仁”的原形，即“夳”“太”，故“太极”即“仁极”亦即“人极。”经过一千多年，宋周敦颐《太极图说》亦言“人极”[⑤]，也许并非偶然。“人极”指人类自身再生产的最高准则，即“同姓不婚”的“男女之大防”，是

---

① 周清泉：《文字考古》(一)，四川人民出版社 2003 年版，第 185、187 页。

② 于省吾：《甲骨文字释林》，中华书局 2009 年版，第 328 页。

③ 庞朴：《一个有机的宇宙生成图式》，《道家文化研究》第 17 辑，三联书店 1999 年版，第 301 页。

④ 刘大钧：《大一生水篇管窥》，《周易研究》2001 年第 4 期。

⑤ 参见杨方达：《易学图说会通》，齐鲁书社 2012 年版，第 14 页。

人类组成人群社会必须遵从的古老规矩。两千多年以来，治易者众多，论议者众多，著述者众多，然而易的原理不过是寻常百姓的日常生活。六十四卦所描述的正是由一父一母三男三女所组成的八口之家的悠久故事。①

图 8-10-1　申字形成图②

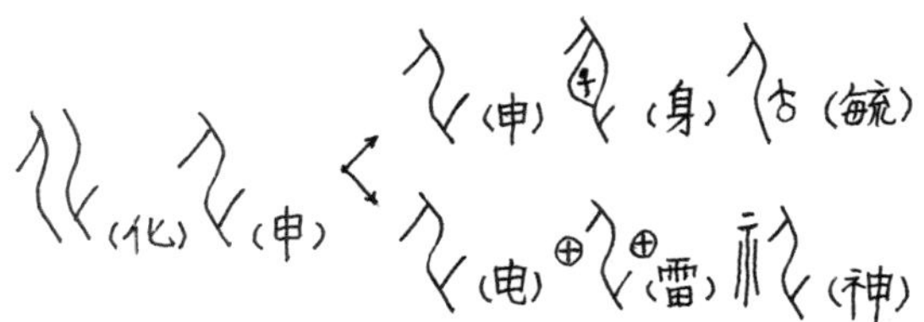

图 8-10-2　申字衍生图③

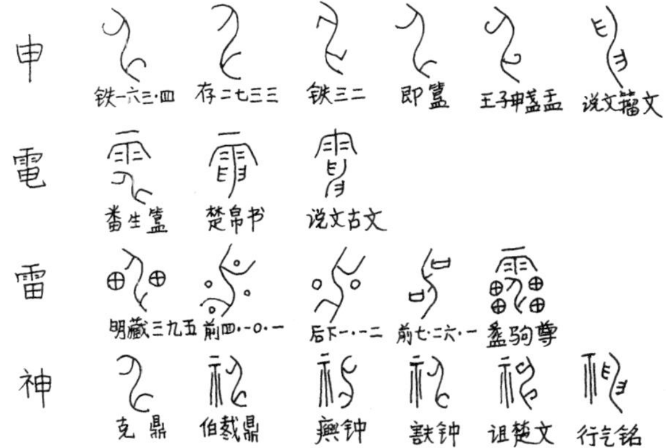

图 8-10-3　古文“申”“电”“雷”“神”④

① 参见周清泉:《文字考古》(一),四川人民出版社 2003 年版,第 10 页。
② 作者摹写。
③ 作者摹写。
④ 作者摹写。

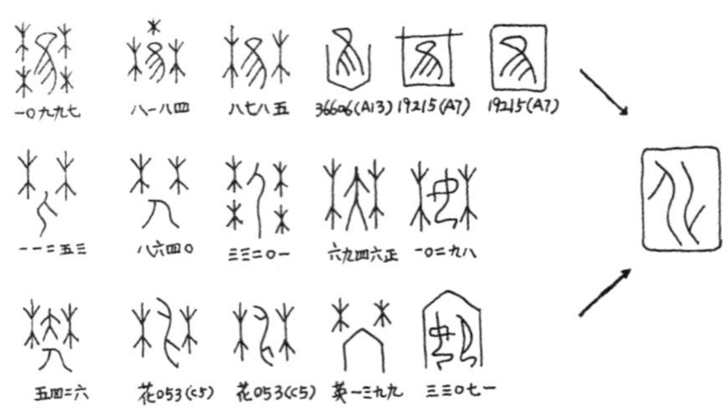

图 8-10-4　囮字形成图①

图 8-10-5　太字形成图②

图 8-10-6　易字形成图③

图 8-10-7　双虺图④

① 作者摹写。

② 作者摹写。

③ 作者摹写。

④ 马昌仪:《中国神话学百年文论选》上册,陕西师范大学出版社 2013 年版,第 387 页。作者按:下面的虺似怀孕之状。

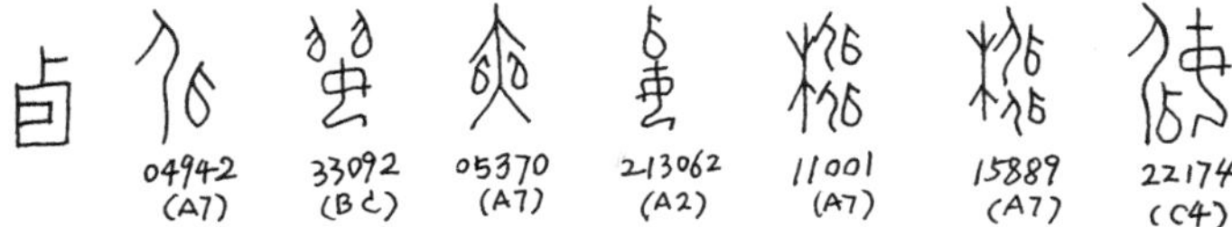

图 8-10-8　甲骨文卣①

图 8-10-9　太极图衍生轨迹②

十一　仁·中国结·人类文明

(一)仁与中国结

今天,中国结不仅在中国,而且在世界各国都被视为中国的象征。中国结为什么能够冠以“中国”二字?因为中国结代表了中国的民族精神——团结、友爱、善良、平等、亲情、互尊、共存、融洽、和谐。

那么,中国结来源于何物?是来源于中国古老“结绳记事”的交易习惯,还是来源于“结绳织网”的渔猎风俗,或者是来源于男耕女织的纺织技艺?

中国结来源于仁,来源于亲人之爱、男女之爱、兄弟姐妹之爱。这种爱既是内向的——它以亲人为基础,又是外向的——同姓不婚原则使年轻人不断勇敢地踏上生疏的土地,去编织“四海之内皆兄弟”的亲戚之网。

---

① 作者摹写。

② 作者摹写。

看一看古代的艺术作品你就会明白，中国结象征着乾坤和谐、周而复始、生生不息的生命历程——一个结，既是儿女，又是兄妹，又是父母。一个人，由于获得了人的环境，不断抛弃了源于自然界的野蛮和粗鄙，从而使自己成为异于禽兽的具有人类尊严和人格的社会之人。仁的内涵，就是一个人从对方的瞳孔里看到自己的映象。

(二)仁与人类文明

中国古代法律文化当中有许多重要的观念。大体而言，“礼”是调整血缘亲族内部关系的伦理观念，“德”是调整支配阶级与被支配阶级之间关系的政治观念，“法”是调整皇权与官僚群体之间关系的治理观念。但是，这些观念还都没有上升到哲学的层次。真正上升到哲学层次的也许只有仁。仁不仅是中国法律文化也是中国传统文化当中最重要的哲学观念。仁曾经对中国古代社会生活包括政治法律实践施以极大影响。仁不仅属于儒家、属于中国，还属于人类。《世界人权宣言》即吸收了仁的观念，由于在国际语言中找不到与仁相对应的词，仁被翻译为“良心”。[①] 世界宗教大会通过的《全球伦理宣言》，确认“己所不欲勿施于人”为人类普适的“道德金律”。[②] 可以说，仁是中华民族奉献给全人类的宝贵精神财产。仁所具有的善良、平等意识和对他人外族的深切的同情心，永远藐视那种权衡利害、损人自利的小人之心，始终成为君子世代追求的终极目标。仁是博爱精神，仁是人的群体，仁是理性世界，仁是共存共荣。大家都是同样的人，大家生活在一个世界，“四海之内皆兄弟”。仇怨使人偏执，宽容使人伟岸；你希望他人如何待你，你就首先应当如何待人。英国历史学家汤因比说，现在是世界的战国时代，这是一个失掉了共同目标和共同价值观的世界。能够收拾这一局面的恐怕就是中国。[③] 中国的伟大在于她心中有仁。我们相信，中华民族的仁与世界其他主要宗教教义一样，具有净化人类内心世界的力量。仁的境界与理想和人类共同价值观可以并行不悖、携手同行。

---

① 参见鞠成伟：《儒家思想对世界人权理论的贡献》，《环球法律评论》2011 年第 1 期。

② 参见潘斌：《人际和谐的伦理探源》，《伦理学研究》2012 年第 4 期。

③ [日]深代淳郎：《天声人语 · 伟大的预言》，韩日新闻社昭和五十一年(1976 年)版，第 349 页。原文为日文。

图 8-11-1　伏羲女娲像①

图 8-11-2　伏羲女娲西王母像②

图 8-11-3　中国结③

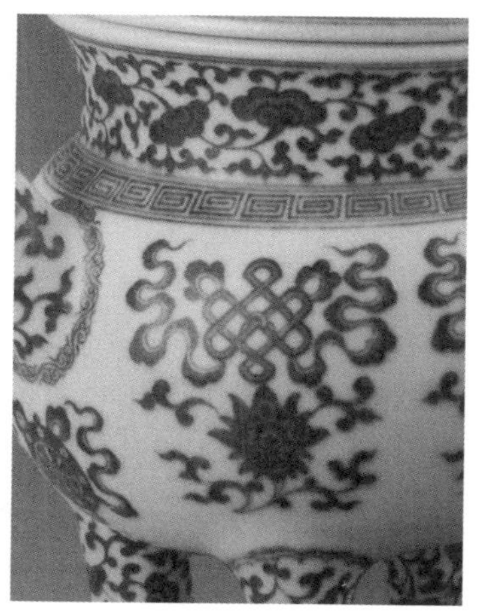

图 8-11-4　陶瓷绘画④

① 东汉。四川郫县新胜乡出土，现藏四川省博物馆。常任侠：《中国美术全集·画像石画像砖》(19)，上海人民美术出版社 1988 年版，第 80 页。

② 东汉。山东微山县两城镇出土，现藏微山县博物馆。常任侠：《中国美术全集·画像石画像砖》(19)，上海人民美术出版社 1988 年版，第 33 页。作者按：伏羲、女娲交尾之状，正是中国结的原型。

③ 作者拍照。

④ 清代。《北京文物精粹大系》编委会、北京市文物局：《北京文物精粹大系·陶瓷》(下)，北京出版社 2003 年版，第 208 页。作者按：中间的图案即中国结。

图 8-11-5 伏羲女娲图①

① 唐代。新疆吐鲁番阿斯塔纳唐墓出土，现藏新疆维吾尔自治区博物馆。中国古代书画鉴定组编：《中国绘画全集：战国一唐》第 1 卷，文物出版社 2005 年版，第 96 页。

主要参考文献

一、古文字工具书类

[汉]许慎:《说文解字》,中华书局 1981 年版。

[清]段玉裁:《说文解字注》,成都古籍书店 1981 年版。

[清]桂馥:《说文解字义证》,齐鲁书社 1987 年版。

[清]王筠:《说文释例》,中华书局 1987 年版。

[清]王筠:《说文解字句读》,中华书局 1984 年版。

[清]朱骏声:《说文通训定声》,中华书局 1988 年版。

[清]郝懿行:《尔雅义疏》,上海古籍出版社 1983 年版。

[清]王念孙:《广雅疏证》,江苏古籍出版社 2000 年版。

[清]张玉书:《康熙字典》,大众文艺出版社 2008 年版。

章太炎:《章太炎说文解字授课笔记》(缩印本),朱希祖等记录,王宁整理,中华书局 2010 年版。

汉语大字典编辑委员会:《汉语大字典》(缩印本),四川辞书出版社 1992 年版。

孟世凯:《甲骨学辞典》,上海人民出版社 2009 年版。

赵诚:《甲骨文简明词典》,中华书局 1998 年版。

徐中舒:《甲骨文字典》,四川辞书出版社,1989 年版

刘兴隆:《新编甲骨文字典(增订本)》,国际文化出版公司 2005 年版。

陈初生:《金文常用字典》,陕西人民出版社 2004 年版。

王文耀:《简明金文词典》,上海辞书出版社 1998 年版。

何琳仪:《战国古文字典》(全二册),中华书局 1998 年版。
王辉:《古文字通假字典》,中华书局 2008 年版。
王大鹏、邵莉:《甲骨文常用字集字字典》,上海大学出版社 2012 年版。
王恩田:《陶文字典》,齐鲁书社 2007 年版。

二、古文字整理研究类

吴大澂:《字说》,振新书社 1918 年据光绪十二年刊本影印。
郭沫若:《甲骨文合集》,中华书局 1978～1982 年版。
郭沫若:《两周金文辞大系图录考释》,科学出版社 1957 年版。
郭沫若:《出土文物二三事》,人民出版社 1972 年版。
商承祚:《甲骨文字研究》,天津古籍出版社 2008 年版。
沈建华、曹锦炎:《甲骨文字形表》,上海辞书出版社 2008 年版。
徐中舒:《汉语古文字字形表》,中华书局 2010 年版。
宋镇豪、段志洪:《甲骨文献集成》(全四十册),四川大学出版社 2000 年版。
严一萍:《商周甲骨文总集》(全十六册),台北艺文印书馆 1984 年版。
陈婷珠:《殷商甲骨文字形系统再研究》,上海人民出版社 2010 年版。
胡厚宣:《甲骨学商史论丛初集》,河北教育出版社 2002 年版。
胡厚宣:《甲骨文全集释文》(全四册),中国社会科学出版社 2010 年版。
于省吾:《甲骨文字诂林》(全四册),中华书局 1996 年版。
于省吾:《甲骨文字释林》,中华书局 2009 年版。
滕壬生:《楚系简帛文字编(增订本)》,湖北教育出版社 2008 年版。
高明:《古陶文汇编》,中华书局 1990 年版。
方勇:《秦简牍文字编》,福建人民出版社 2012 年版。
陈斯鹏等:《新见金文字编》,福建人民出版社 2012 年版。
于省吾:《商周金文录遗》,中华书局 2009 年版。
杨升南:《甲骨文商史丛考》,线装书局 2007 年版。
朱芳圃:《殷周文字释丛》,中华书局 1962 年版。
胡澱咸:《甲骨文金文释林》,安徽人民出版社 2006 年版。
胡厚宣:《甲骨学商史论丛初集》,河北教育出版社 2002 年版。
杨树达:《积微居小学述林》,中华书局 1983 年版。
杨树达:《积微居金文说》,上海古籍出版社 2013 年版。

陈梦家:《殷虚卜辞综述》,中华书局 1988 年版。

姚孝遂主编:《殷墟甲骨刻辞类纂》(全三册),中华书局 1989 年版。

李宗焜:《甲骨文字编》(全四册),中华书局 2012 年版。

韩鉴堂:《图说殷墟甲骨文》,文物出版社 2009 年版。

容庚:《金文编》,中华书局 1981 年版。

徐文镜:《古籀汇编》,人民美术出版社 2012 年版。

徐中舒:《殷周金文集录》,四川辞书出版社 1986 年版。

中国社会科学院考古研究所编:《殷周金文集成(修订增补本)》,中华书局 2007 年版。

霍彦儒、辛怡华:《商周金文编:宝鸡出土青铜器铭文集成》,三秦出版社 2009 年版。

高明、涂白奎:《古文字类编(增订本)》,上海古籍出版社 2008 年版。

中华书局编:《宋人著录金文丛刊初编》,中华书局 2005 年版。

叶正渤:《叶玉森甲骨学论著整理与研究》,线装书局 2008 年版。

王辉:《商周金文》,文物出版社 2006 年版。

叶正渤:《金文标准器铭文综合研究》,线装书局 2010 年版。

齐航福、赵安民:《殷墟花园庄东地甲骨刻辞类纂》,线装书局 2010 年版。

白冰:《青铜器铭文研究》,学林出版社 2007 年版。

睡虎地秦墓竹简整理小组编:《睡虎地秦墓竹简》,文物出版社 1978 年版。

吴镇烽:《陕西金文汇编》,三秦出版社 1989 年版。

吴镇烽:《商周青铜器铭文暨图像集成》,上海古籍出版社 2012 年版。

臧克和:《尚书文字校诂》,上海教育出版社 1999 年版。

马如森:《商周铭文选注释》,上海大学出版社 2013 年版。

王祥之:《图解汉字起源》,北京大学出版社 2009 年版。

王瑛:《张景峰绘画与古汉字》,人民美术出版社 2009 年版。

章太炎:《国故论衡》,上海古籍出版社 2003 年版。

洪治纲主编:《章太炎经典文存》,上海大学出版社 2003 年版。

何靖:《中国文字起源研究》,巴蜀书社 2011 年版。

裘锡圭:《古文字论集》,中华书局 1992 年版。

张政烺:《甲骨金文与商周史研究》,中华书局 2012 年版。

蔡运章:《甲骨金文与古史新探(增订本)》,科学出版社 2012 年版。

严一萍:《金文总集》,台北艺文印书馆 1983 年版。

李孝定:《甲骨文字集释》,台北乐学书局有限公司 1965 年版。

周法高:《金文诂林》,香港中文大学 1975 年。

约斋:《字源》,台北艺文印书馆 2005 年版。

[日]岛邦男:《殷墟卜辞研究》,濮茅左、顾伟良译,上海古籍出版社 2006 年版。

[日]白川静:《金文通释》,(神户)白鹤美术馆 1964 年版。

[日]白川静:《字统》,(东京)平凡社 1994 年版。

[日]白川静:《常用字解》,苏冰译,九州出版社 2010 年版。

[韩]孙晟:《东洋法的象征》,(首尔)东国大学出版社 2007 年版。

三、古史研究类

王国维:《观堂集林》,中华书局 1959 年版。

顾颉刚等:《古史辨》,海南出版社 2003 年版

顾颉刚:《中国上古史研究讲义》,中华书局 2007 年版。

王献唐:《山东古国考》,齐鲁书社 1983 年版。

王献唐:《炎黄氏族文化考》,齐鲁书社 1985 年版。

蒙文通:《蒙文通文集》,巴蜀书社 1998 年版。

欧阳哲生编:《傅斯年全集》,湖南教育出版社 2003 年版。

朱自清等:《闻一多全集》,开明书店 1948 年版。

何光岳:《东夷源流史》,江西教育出版社 1990 年版。

张富祥:《东夷文化通考》,上海古籍出版社 2008 年版。

逄振镐:《东夷文化研究》,齐鲁书社 2007 年版。

陈民镇:《中华文明起源研究——虞朝、良渚文化考论》,安徽大学出版社 2010 年版。

邱文山:《齐文化与中华文明》,齐鲁书社 2006 年版。

张忠培、严文明:《中国远古时代》,上海人民出版社 2014 年版。

王迅:《东夷文化与淮夷文化研究》,北京大学出版社 1994 年版。

晁福林:《夏商西周的社会变迁》,中国人民大学出版社 2010 年版。

周清泉:《文字考古》(一、二、三册),四川人民出版社 2003、2014 年版。

李学勤:《走出疑古时代》,长春出版社 2007 年版。

王贵元:《汉字与文化》,中国人民大学出版社 2005 年版。

孙淼:《夏商史稿》,文物出版社 1987 年版。

柳诒徵:《中国文化史》,东方出版社 2008 年版。

刘斌:《神巫的世界——良渚文化综论》,浙江摄影出版社 2007 年版。

徐旭生:《中国古史的传说时代(增订本)》,文物出版社 1985 年版。

丁山:《中国古代宗教与神话考》,上海书店 出版社 2011 年版。

丁山:《古代神话与民族》,商务印书馆 2005 年版。

李玉洁:《中国古史传说的英雄时代》,科学出版社 2010 年版。

朱凤瀚:《新出金文与西周历史》,上海古籍出版社 2011 年版。

马昌仪:《古本山海经图说》,广西师范大学出版社 2007 年版。

方辉:《海岱地区青铜时代考古》,山东大学出版社 2007 年版。

黄震云、孙娟:《汉代神话史》,长春出版社 2009 年版。

陆思贤:《神话考古》,文物出版社 1995 年版。

段宝林:《神话与史诗》,民族出版社 2010 年版。

袁珂:《中国神话史》,上海文艺出版社 1988 年版。

袁珂:《山海经校注》,上海古籍出版社 1980 年版。

李学勤主编:《中国古代文明与国家形成研究》,中国社会科学出版社 2007 年版。

[英]巴兹尔·戴维逊:《古老非洲的再发现》,屠尔康、葛佶译,三联书店 1973 年版。

四、出土器物整理研究类

高嵩、高原:《岩画中的文字和文字中的历史》,宁夏人民出版社 2007 年版。

高伟:《东方古星象岩画研究》,南京出版社 2009 年版。

朱乃诚:《中华龙:起源和形成》,三联书店 2009 年版。

王永波、张春玲:《齐鲁史前文化与三代礼器》,齐鲁书社 2004 年版。

李学勤:《文物中的古文明》,商务印书馆 2008 年版。

谢天宇主编:《中国玉器收藏与鉴赏全书》,天津古籍出版社 2004 年版。

杨伯达:《中国玉器全集》,河北美术出版社 2005 年版。

杨晶:《中国史前玉器的考古学探索》,社会科学文献出版社 2011 年版。

雷广甄:《走进牛河梁》,世界知识出版社 2007 年版。

杨伯达等:《古玉今韵——朝阳牛河梁红山玉文化国际论坛文集》,中国文史出版社2008年版。

张明华:《古代玉器》,文物出版社2006年版。

郭大顺:《红山文化》,文物出版社2005年版。

张学海:《龙山文化》,文物出版社2006年版。

包和平、黄士吉:《文明曙光——红山诸文化纵横谈》,民族出版社2010年版。

郝跃南:《三星堆与长江文明》,四川文艺出版社2004年版。

段勇:《商周青铜器幻想动物纹研究》,上海古籍出版社2012年版。

[日]林己奈夫:《神与兽的纹样学——中国古代诸神》,三联出版社2009年版。

五、艺术文献类

常任侠:《中国美术全集·画像石画像砖》(19),上海人民美术出版社1988年版。

中国古代书画鉴定组编:《中国绘画全集:战国—唐》,文物出版社1997年版。

信立祥:《中国美术全集:画像石画像砖》,黄山书社2010年版。

张亚莎、邢军:《中国美术全集:岩画版画》,黄山书社2010年版。

罗世平:《中国美术全集:墓室壁画》,黄山书社2010年版。

罗世平:《中国美术全集:宗教雕塑》,黄山书社2010年版。

杨泓:《中国美术全集:墓葬及其他雕塑》,黄山书社2010年版。

王世仁:《中国美术全集:建筑》,黄山书社2010年版。

孙华:《中国美术全集:青铜器》,黄山书社2010年版。

孙华:《中国美术全集:玉器》,黄山书社2010年版。

《北京文物精粹大系》编委会、北京市文物局:《北京文物精粹大系·石雕卷》,北京出版社1999年版。

《北京文物精粹大系》编委会、北京市文物局:《北京文物精粹大系·织绣卷》,北京出版社2000年版。

《北京文物精粹大系》编委会、北京市文物局:《北京文物精粹大系·青铜器卷》,北京出版社2002年版。

《北京文物精粹大系》编委会、北京市文物局:《北京文物精粹大系·陶瓷卷》,北京出版社2003年版。

《北京文物精粹大系》编委会、北京市文物局:《北京文物精粹大系·工艺品卷》,北京出版社2006年版。

范梦:《世界美术通史》,中国青年出版社2001年版。

牛克诚:《原始美术》,中国人民大学出版社2010年版。

王嵘:《西域艺术史》,云南人民出版社2006年版。

郎绍君:《中国造型艺术辞典》,中国青年出版社1996年版。

李松:《中国美术史:先秦至两汉》,中国人民大学出版社2014年版。

李学锋、郑觐:《世界雕塑全集:东方部分》,河南美术出版社1990年版。

后 记

当拙著《寻找独角兽——古文字与中国古代法文化》即将付梓之际，首先要感谢山东大学。由于山东大学的聘任，使我在退休之后能够继续从事数年的教学研究工作，特别是使我有机会研究东夷法文化这个新课题。其次，要感谢山东大学出版社，由于出版社的鼎力支持，才使我有机会整理出版这本小书。

我从1978年春读本科时起，就在张国华老师指导下学习中国法律思想史。1982年春毕业留校任教，从事中国法律思想史教学研究工作。1985年开始集中精力研究中国传统法律文化，至今已有三十余年。此间，基本上注重宏观的大写意式的研究和表述方法，也写了诸如《中国传统法律文化》(北京大学出版社1994年)、《儒家法律传统》(法律出版社2003年)、《中国法律样式》(台海出版社2004年)、《中国法律文化大写意》(北京大学出版社2011年)这样的著作。1997年春，怀着复兴古代混合法的梦想，到人民法院工作，并继续在母校任教和指导博士生，但是很少进行微观的工笔画式的专题研究。这不能不说是一种缺憾。1990年以后，我每年都去日本进行学术交流，了解到日本的法史学者几乎都从事微观研究，各有领地，互不交叉。我曾经问过他们，为什么不搞宏观研究？他们回答说，宏观研究比较危险(日语的意思是靠不住)，那是大学问家的任务，专心搞自己的领域，比较可靠。当时我心里想，人生如此短暂，若只从事微观研究，那样的作品又有几个人愿意看呢？难道这就是"知我者，二三子"的境界吗？后来，杨一凡先生整理出版了大量法史文献，多次邀请我参加整理研究工作，但由于各种原因，未能成行。长期以来，一个古老而具有魅力的研究课题一直萦绕在心头，挥之不去，这就是研究中国法的起源问题，或者说是中国法的原生形态，是中国法律文化研究不能回避的重要课题。这个念头是我第一次听张国华老师讲中国法律思想史后就产生的。记得张国华老师第一次讲课时就讲到古文字和独角兽，使我浮想联翩。为实现这个梦，我曾经搜集了不少材料，外出开会时必定去当地博物馆看一看。有的展品禁止拍照，我就用笔画下来。但是仍然感觉不得要领，无从下笔，便搁置起来。自从拜读了周清泉先生的大作《文字考古（一）》（四川人民出版社2003年版）之后，深为周清泉先生研究视野、方法特别是深厚的历史文化功底所震撼。我那时正在北京奥组委法律事务部工作，晚上经常加班。下午五六点钟快要下班的时候，在瑞士洛桑的国际奥委会刚上班，电传就发过来了，我们必须马上把法文翻译成中文。类似这样的空当比较多，我就一边等着工作人员翻译文件，一边读甲骨文书籍，就这样上了瘾。虽已过耳顺之年，我却渐渐痴迷于古文字。在古文字研究方法上，可以说我是私淑于周清泉先生的。然未经专门训练，却自不量力，对几个在古代法文化中具有典型意义的古文字，试着进行了解剖式的探寻，提出了前人所未曾言却并不成熟的看法，这似乎正应了“无知者无畏”那句话。此间，由于喜爱古代石器玉器收藏，虽明知其为伪造仿做之物，只要与古代器物相仿佛即可，不必在意其出身真假。关于琮玦韘实为射箭辅助工具的见解，就是在无意之间感悟出来的。这样一来，自然又旁及文物考古，进而关注古代绘画雕塑等艺术作品，忽然发现古代文物、古代艺术、古代文字和文化本是相通的。有时竟瞬间顿悟：原来做学问竟有如此之多的乐趣！数十年来，古文字研究和新的出土文献的研究获得长足发展，为我们今天探讨这个僻冷课题提供了有利条件。自从我的友人哈骏处长告诉我，故宫博物院单霁翔先生披露，故宫博物院尚有一千余麻袋的殷墟甲骨尚待整理。于是，我就怀着一个梦，盼望着有朝一日，在那一千余麻袋的殷墟甲骨里发现那个独有的“仁”字。2010年11月，本人荣幸地被山东大学聘为人文社科一级教授。学校给我们安排了很好的工作生活条件，全力支持我们从事教学和学术研究活动。山东不仅是孔子孟子的故乡，还是东夷文化的重要发祥地。这些因素使我自然对东夷法文化课题倍感亲切，并试着从法律文化的角度进行发掘探索。特别是在给学生讲授中国法律文化概论课，在讲到其中的古文字部分时，由于PPT的使用，增加了学生们的兴趣，使我产生了一个想法，就是写一本面向普通读者的图文并茂的书。今天，将这些既不成熟又不规范的研究成果连缀起来，于是便有了这本小书。

我长期从事中国法史研究，在做学问的理念上受恩师张国华教授的影响极大。总扩起来，无非就是这样两句话——“写文章要敢于言他人所未言者，好的学问应当让普通百姓喜欢”。言他人所未言，绝非孤芳自赏，而是为往圣继绝学。绝学者，被历史尘埃淹没之真相者也。让百姓喜欢，亦绝非图财媚俗。好的学问包括但不都是书斋式的学问，有不少学问本应而且能够贴近社会生活，给人们以些许启迪。张国华教授多次教导我，做学问首先要寻找和设计一个好的研究空间或框架，并引用《礼记·学记》里面的话：“善待问者如撞钟，叩之以小者则小鸣，叩之以大者则大鸣。待其从容，然后尽其声。”他曾告诉我，他原本立志研究“三礼”，但由于经历“文革”，之后又担任系主任工作繁忙等原因，未能实现。他还建议我继续关注“三礼”。由于学力有限，加之工作调动，我也没有能够实现。想起来不免汗颜，愧对恩师的期待。回味起来，作为一个学者或教师，真正能够达到上述境界是非常难的，我深感自己就远远没有做到。本书试图以典型古文字为线索，以古文献和传说史料为参考，以某些出土材料和艺术作品为佐证，对中国法律文化的原生形态及其渊源作出新的大写意式的描述，虽然不免有挂一漏万和错误偏颇之处，然其宗旨仍在于努力实现——“写文章要敢于言他人所未言者，好的学问应当让普通百姓喜欢”——这两句话。至于是否能够达到这个目的，还有待于实践的检验。

在本书中，作者所摹写了一些古文字字形和图示，虽很用心，却仍很蹩脚。同时对个别字形试着作出自己主观的判断，难免有错误之处，还望方家指正。摹写古文字字形时，主要依据参考文献中列出的古文字工具书和专著，读者如果需要的话，可以按图索骥查看原著。本书所使用的图片均来自正式出版物，这些文献著作亦在参考文献中列出。至于图像资料所表达的内涵，我没有什么发言权，竟斗胆在不起眼儿的地方悄悄加上几句按语，还留待读者细细品味。读者如有兴趣，可阅读艺术考古方面的研究成果。遗憾的是，由于篇幅所限，许多很有价值的研究成果，包括中国法史方面的著作和大量学术论文，均未能列入参考文献。值此机会，向上述文献的作者和制作者表示衷心的感谢！特别应当指出的是，本书采用了我的友人韩国东国大学孙晟教授《东洋法的象征》一书中的几幅图片，其中有几幅朝鲜王朝(相当于我国明代)司法官员的补服(原件现存于韩国高丽大学博物馆)。去年秋天，孙晟教授将补服的仿制件赠送给北京大学法学院。不久以后，孙晟教授因病逝世。孙晟教授是韩国著名商法教授，但是，他酷爱中国古代文化特别是古文字。他自己修建了一座“法字博物馆”，里面陈放着关于“灋”的文献和独角兽雕塑。韩国人民至今崇奉独角兽獬豸和三足乌，每年秋天举办獬豸文化节。在人们心里，獬豸是给世间带来幸福的吉祥兽。“礼失而求诸野”，独角兽不仅属于中原，独角兽属于亚洲，属于辽阔的东夷故乡。

我在山东大学法学院工作期间，得到学校和学院领导、行政管理人员和教研室各位老师的各种关心和照顾。此间，法学院法史教研室的林明、马建红、傅礼白诸教授，以及中国法律思想史专业委员会、中国法律文化研究会的诸多同仁们，特别是杨一凡、王宏治、郭成伟、乔聪启、马小红、李力、武建敏诸教授，人民出版社的李春林，商务印书馆的王兰萍，《中外法学》的梁根林，《殷州学刊》的董士忠，《河北法学》的冯兆慧诸编审，山东大学《周易研究》的林忠军教授，《山东大学学报》的李春明，北京大学出版社的李铎，《法学杂志》的刘宇琮、付强，《新闻报道》的杨秀珍诸编辑，徐州市律师曹英博女士等，先后提供了各种帮助。在写作过程中，杨一凡先生，北京市文物局哈骏处长、北京法律文化研究中心吴小云女士、曹英博女士先后提供了许多宝贵资料，我的博士研究生林丛同学多次帮我查对文献。给我提供各种帮助的同仁还有很多，恕不一一列举，在此一并致以由衷的谢意！

最后，向山东大学出版社特别是责任编辑尹凤桐老师表示深深的感谢。由于拙著涉及许多古文字，插图较多，且规格不一，给编辑工作带来不少困难和麻烦。在编辑过程中，尹凤桐老师不仅付出辛勤劳动，而且在技术方面提出许多很好的建议。最后，希望广大读者特别是大方之家不吝赐教！

武树臣

于北京昌平北七家蓬莱苑寓所

2015 年 3 月 3 日